Kohlhammer

Johannes Kals

Energieorientierte Betriebswirtschaftslehre

Eine Einführung

2., erweiterte und aktualisierte Auflage

Verlag W. Kohlhammer

Dieses Werk einschließlich aller seiner Teile ist urheberrechtlich geschützt. Jede Verwendung außerhalb der engen Grenzen des Urheberrechts ist ohne Zustimmung des Verlags unzulässig und strafbar. Das gilt insbesondere für Vervielfältigungen, Übersetzungen, Mikroverfilmungen und für die Einspeicherung und Verarbeitung in elektronischen Systemen.

Die erste Auflage des Werks ist 2010 unter dem Titel »Betriebliches Energiemanagement« erschienen.

2., erweiterte und aktualisierte Auflage 2025

Alle Rechte vorbehalten
© W. Kohlhammer GmbH, Stuttgart
Gesamtherstellung:
W. Kohlhammer GmbH, Heßbrühlstr. 69, 70565 Stuttgart
produktsicherheit@kohlhammer.de

Print:
ISBN 978-3-17-043933-7

E-Book-Formate:
pdf: ISBN 978-3-17-043934-4
epub: ISBN 978-3-17-043935-1

Für den Inhalt abgedruckter oder verlinkter Websites ist ausschließlich der jeweilige Betreiber verantwortlich. Die W. Kohlhammer GmbH hat keinen Einfluss auf die verknüpften Seiten und übernimmt hierfür keinerlei Haftung.

Vorwort

Gerade beim existenziellen Thema Energie könnte den Leser interessieren, mit welcher Motivation und aus welchem Blickwinkel der Verfasser die Dinge betrachtet. Ich stamme aus einem wertkonservativen Elternhaus, habe Berufserfahrung in der konservativen Branche Unternehmensberatung und übe als Professor für Betriebswirtschaftslehre einen Beruf aus, dem ebenfalls ein konservatives Image anhaftet. Konservativ heißt bewahrend. Ich bin der Überzeugung, dass wir entweder unsere derzeitige Wirtschaftsweise bewahren können oder unsere natürlichen Lebensgrundlagen.

Eine spirituelle, an keine spezifische Religionsrichtung gebundene Grundhaltung erleichtert es mir, Gewohntes aufzugeben und notwendige Schritte ins Neue zu wagen. Eine Quelle spiritueller Überzeugungen ist bereits die Auseinandersetzung mit dem Begriff der Energie: Im Buch ist Energie im Sinne der Physik definiert als Fähigkeit eines Systems, Arbeit zu verrichten. Seit Einstein wissen wir, dass Energie und Materie letztlich das Gleiche sind. Doch was das Wesen von Energie ist und wo sie herkommt – diese Antworten können die Naturwissenschaften nicht geben. Die Beschäftigung mit Energie verweist uns also auf die Existenzfragen des Menschen, was unser Ursprung ist, wer wir sind, weshalb wir da sind und wohin die Reise geht. Allein die Tatsache, dass etwas existiert, stimmt optimistisch.

Eine Widmung? Unseren Kindern!

Neustadt an der Weinstraße/Ludwigshafen, im September 2024   Johannes Kals

Inhaltsverzeichnis

Vorwort 5

1   **Konzeption und Vorgehensweise** 13
    1.1   Systematik der energieorientierten BWL (Energie-BWL) 13
    1.2   Ein neuer Ansatz der BWL – überflüssig, hilfreich oder zwingend? 18
    1.3   Einbettung des Energiemanagements 21

2   **Das »Big Picture« als Hintergrund unternehmerischen Handelns**   26
    2.1   Klimawandel, -schutz und -anpassung..................... 26
    2.2   Technologien zur Nutzung regenerativer Energien........... 29
        2.2.1   Grundzüge der technischen Energiewende mit Schwerpunkt Erzeugung........................... 29
        2.2.2   Windenergie und Elektromotor/Generator............ 32
        2.2.3   Solarenergie: methodische Herausforderungen anhand der eigenen Anlagen und Desertec 33
        2.2.4   Umwandlung und Speicherung: Power-to-X (PtX) und Wasserstoff 40
        2.2.5   Gaskraftwerke, Kohlekraftwerke, Carbon Capture and Storage (CCS) und weitere Energieformen 44
        2.2.6   Steuerung und Netzstabilität: Intelligente Netze (Smart Energy Grids)............................. 48
        2.2.7   Sahara und Sibirien: persönliche Eindrücke........... 51
    2.3   Rechtliche Regelungen und betriebswirtschaftliche Interdisziplinarität.................................... 54
    2.4   Volkswirtschaftlich-wirtschaftspolitische Hintergründe 56
        2.4.1   »Pigou-Steuer« und Kostensenkung der Erneuerbaren durch technologischen Fortschritt 57
        2.4.2   Weitere Handlungsmöglichkeiten, Hemmnisse und Kritikpunkte................................... 60
        2.4.3   Lernkurve, EEG und Marktparität 61
        2.4.4   Die nächste Industrielle Revolution 63
    2.5   Skizze einer nachhaltigen Glokalisierung................... 65
        2.5.1   Zwei Kernpunkte 66
        2.5.2   Blitzlichter zur Auswirkung auf Sektoren und Branchen   68

		2.5.3	Was wollen wir wirklich?	71
		2.5.4	Staatstheoretische Überlegungen praktisch weitergedacht	74
		2.5.5	Der römische Kaiser und wir – Dankbarkeit und Perspektiven	77
3	**Energiebilanzen zur Informationsversorgung**			**79**
	3.1	Überblick: Von der Nachhaltigkeits- zur Treibhausgasbilanz		79
		3.1.1	Nachhaltigkeitsbilanzen	80
		3.1.2	Umweltbilanzen und Ökobilanzierung	84
		3.1.3	Energiebilanzen	89
		3.1.4	Treibhausgas- und Kohlendioxidbilanzen	91
		3.1.5	Scope 1, 2, 3 und die Festlegung der CO_2-Emissionsfaktoren	98
	3.2	Naturwissenschaftlich-technische Grundlagen der Messung und Formen von Energie		102
	3.3	Energiefluss im Unternehmen und Verknüpfung mit der Kostenrechnung		111
	3.4	Vertiefung der energiebezogene Kostenrechnung		121
		3.4.1	Systematische Berücksichtigung von Energie in der etablierten Kostenrechnung	121
		3.4.2	Modellrechnung einer Großbäckerei	127
	3.5	Lebenszyklusanalyse und Einbettung in Wertschöpfungsnetzwerke		131
	3.6	Digitalisierung als Enabler		135
		3.6.1	Von der »klassischen« Betriebsdatenerfassung zu Big Data	135
		3.6.2	Entwicklungsstufen der Datenverarbeitung	139
		3.6.3	Perspektiven und Bedenken	145
	3.7	Controlling und Kennzahlensysteme		148
		3.7.1	Ein controllingorientierter Ansatz	149
		3.7.2	Kennzahlen (KPI) und Kennzahlensysteme	152
4	**Energiemanagement in betrieblichen Funktionen**			**159**
	4.1	Überblick		159
	4.2	Facility Management		161
		4.2.1	Begriff, Gegenstand und Abgrenzung des Facility Management	162
		4.2.2	Energiebezogene Klassifizierungen von Wohn- und Bürogebäuden	168
		4.2.3	Besonderheiten von Gewerbebauten (»Nichtwohngebäude«)	175
		4.2.4	Klima- und Beleuchtungstechnik	178
		4.2.5	Zukunftsperspektiven	188

4.3	Logistik		188
	4.3.1	Strukturierung des Schnittfelds von Logistik und Energie	188
	4.3.2	Logistikkonzeptionen	189
	4.3.3	Materiallogistik	196
	4.3.4	Personenlogistik	199
	4.3.5	Ausgewählte technologische-organisatorische Entwicklungen und Perspektiven	205
	4.3.6	Herausgehoben: Das Ein-Liter-Auto und die Marktwirtschaft	210
4.4	Energiebeschaffung		212
	4.4.1	Vorüberlegungen	212
	4.4.2	Klassifizierung der Energiebeschaffung	213
	4.4.3	Beschaffung elektrischer Energie	217
	4.4.4	Power-Purchase-Agreements	225
4.5	Produktionsplanung und -steuerung (PPS)		226
	4.5.1	Planungsaufgaben und -ebenen	226
	4.5.2	Operative Programmplanung	228
	4.5.3	Operative Faktorplanung	229
	4.5.4	Operative Prozess-/Ablaufplanung	230
4.6	Produktion		238
	4.6.1	Elektrische Antriebe	238
	4.6.2	Druckluft	240
4.7	Instandhaltung		242
	4.7.1	Begriff, Pläne, Strategien	243
	4.7.2	Verantwortlichkeiten	246
	4.7.3	Energierelevanz unterlassener Instandhaltung	248
4.8	Green IT		249
	4.8.1	Begriffe, Trends und Übersicht	249
	4.8.2	Produktion der Geräte	251
	4.8.3	Betrieb der Geräte	253
	4.8.4	Lebensdauer, Recycling und Entsorgung der Geräte	254

5 Wirtschaftlichkeit, Strategie und Ethik 258

5.1	Wirtschaftlichkeitsrechnung		258
	5.1.1	Total Cost of Ownership (TCO) und Life-Cycle Costing (LCC)	258
	5.1.2	Optimaler Ersatzzeitpunkt	263
	5.1.3	Energetische Amortisation und Erntefaktor	266
	5.1.4	Contracting	268
	5.1.5	Sensitivitätsanalysen	272
	5.1.6	Wirtschaftlichkeit versus Amortisationszeit – Überblick über wichtige Kriterien der Investitionsrechnung	277
5.2	Energiestrategien		279

		5.2.1	Energiestrategie als Teil der Unternehmensstrategie ...	280
		5.2.2	Energiestrategie interpretiert als Freigabekriterien für Investitionen	283
		5.2.3	Szenariotechnik	286
		5.2.4	Stärken-Schwächen-Analyse (SWOT-Analyse)	286
		5.2.5	Betriebliche Energiekosten als strategischer Wettbewerbsfaktor	290
		5.2.6	Risikomanagement	293
	5.3	Ethisch-normative Fundierung		295
		5.3.1	Definition von Ethik und Moral.....................	296
		5.3.2	Wissenschaftlichkeit bei der Einbeziehung ethischer Werte	298
		5.3.3	Inhalte ethischer Theorien	300
6	**Organisatorische Umsetzung**......................................			**307**
	6.1	Charakteristika und Entwicklung der managementorientierten DIN ISO Normen		307
	6.2	Anforderungen der DIN ISO 50001 Energiemanagementsysteme		313
		6.2.1	Kontext der Organisation, Beginn des »Plan«	313
		6.2.2	Führung	314
		6.2.3	Planung...	315
		6.2.4	Unterstützung, Start von »Do«	315
		6.2.5	Betrieb	316
		6.2.6	Bewertung, »Check«	316
		6.2.7	Verbesserung, »Act«	316
	6.3	Zusammenfassende Bewertung der DIN ISO 50001		317
		6.3.1	Vorteile und Nutzen der Normen und Zertifikate	317
		6.3.2	Nachteile und Hinderungsgründe.....................	317
	6.4	Integriertes Management		320
		6.4.1	Was ist zu integrieren?	320
		6.4.2	Dokumentation und Motivation	321
	6.5	Aufbauorganisation..		324
		6.5.1	Intern: Neben der Linie als Stab, Zentralabteilung oder Matrixfunktion	325
		6.5.2	Intern: Als zusätzliche Aufgabe eines Managers in der Linie in KMU......................................	329
		6.5.3	Extern: Dienstleister	329
		6.5.4	Zusammenfassende Diskussion	330
	6.6	Prozess-/Ablauforganisation		331
		6.6.1	Herangehensweise und Fallbeispiel	331
		6.6.2	Erfassung von Geschäftsprozessen gemäß des Lebenszyklus von Anlagen	332
		6.6.3	Exemplarische Arbeitsanweisung für den Detailprozess »Wartung Druckluftkompressor«	333

	6.7	Projektmanagement: ausgewählte Besonderheiten im Energiebereich	335
		6.7.1 Welche Art Energieprojekte sind adressiert?	335
		6.7.2 Metaplanung der Projekte: Energieprogramme top-down oder bottom-up festlegen?	336
		6.7.3 ABC-Klassifizierung von Maßnahmen	338
		6.7.4 Schnittstellen und Konflikte – Facetten einer energetischen Hallensanierung	339
7	Epilog	....	343
Literaturverzeichnis		....	345

1 Konzeption und Vorgehensweise

Wissenschaft und Praxis sind dabei, sich dem Energiemanagement zuzuwenden. Noch aber bleibt die Behandlung des Themas vielfach hinter seiner Bedeutung zurück. Energie ist eine der entscheidenden Zukunftsfragen der Menschheit, wir heizen das Klima auf und verheizen dabei die Ressourcen kommender Generationen. Wir erzeugen durch unsere Wirtschaftsweise eine Knappheit, die zu Kriegen führt und ärmeren Ländern Chancen nimmt. Die Gründe für eine neue Industrielle Revolution, für einen Übergang vom Ölzeitalter zu erneuerbaren Energien, sind zwingend. Diese Top-down-Perspektive scheint in dieser Schrift immer wieder durch. Insbesondere Kapitel 2 zeichnet das große Bild einer nachhaltigen Lebensweise in Deutschland und der Welt. Kapitel 7 enthält als »Epilog« eine hoffnungsvolle, persönliche Perspektive.

Dieses Buch nimmt aber vorrangig in den Kapiteln 3 bis 6 eine praxisorientierte Bottom-up-Sichtweise ein, Abschnitt 1.1 erklärt genau. Unternehmen sollen ihre aktuellen Energiekosten in den Griff bekommen und ihre Energieversorgung zukunftssicherer machen. Dieses Know-how ist auch für Studierende noch eine besondere Qualifikation, mit dem sie später in Unternehmen Verantwortung übernehmen können. Es ist zu hoffen und zu erwarten, dass die Methoden des Energiemanagements in Zukunft zum selbstverständlichen Handwerkszeug der Manager gehören und deshalb auch in der Breite in Hochschulcurricula Eingang finden.

1.1 Systematik der energieorientierten BWL (Energie-BWL)

Die buchstäblich existenziellen Herausforderungen der Nachhaltigkeits- und Energiewende betreffen unsere gesamte Kultur. Als Stichworte seien Politik, Gesellschaft, Technologie, Wirtschaft und Wertesystem genannt. Welche Rolle kann nun die BWL in diesem Konzert spielen? Einerseits ist diese Rolle festgelegt, denn in einer Marktwirtschaft muss die BWL darauf abzielen, Gewinne zu erwirtschaften. Anderseits gibt es eine große Zahl von Detailentscheidungen, bei denen Energie- und Treibhausgaseinsparungen in Übereinstimmung mit dem Gewinnziel stehen. Dies gilt es systematisch herauszuarbeiten. Es wird sich zeigen, dass dabei fast alle Funktionen der BWL tangiert sind. Damit sind die Voraussetzungen gegeben, einen umfassenden Ansatz zu formulieren. Zudem stehen wichtige, aktuelle Herausforderungen an, an denen die BWL arbeitet Beispiele sind Energie- und Treibhausgas-Bilanzierung, Energiebeschaffung oder Dekarbonisierung der Prozesse. Die folgende Darstellung 1.1 zeigt eine Systematik der energieorientierten oder -bezogenen Betriebswirtschaftslehre oder kurz Energie-BWL (Kals 2016, S. 195). Sie illustriert gleichzeitig das Vorgehen in den Kapiteln 3 bis 6.

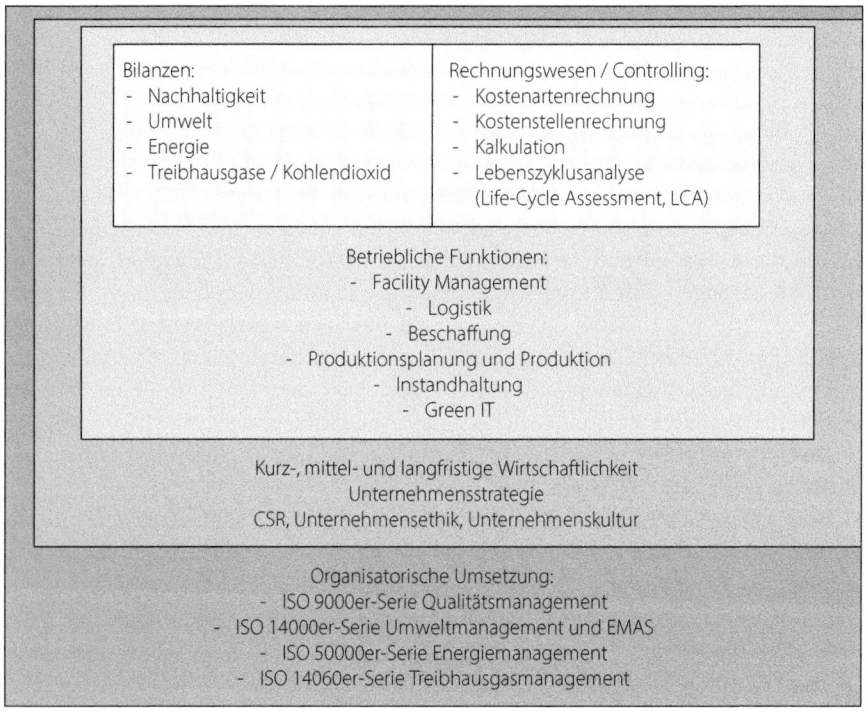

Dar. 1.1: Systematik der Energie-BWL

Die grundlegende Informationsversorgung: Bilanzen und Rechnungswesen

Der obere Kasten zeigt den Kern der Informationsversorgung des Managements als Basis für alles Weitere (▶ Kap. 3). Hier kommt es auf die Verknüpfung der vorwiegend naturwissenschaftlich-technischen Bilanzen (links) mit dem Rechnungswesen bzw. Controlling (rechts) an.

Auf der linken Seite strukturieren sich

- Nachhaltigkeitsbilanzen in die drei Säulen Ökonomie, Ökologie und Soziales.
- Die Auskopplung von Umweltbilanzen betrifft die ökologische Säule und umfasst den stofflichen Input (z.B. Roh-, Hilfs- und Betriebsstoffe) und Output (z.B. Produkte, Abfall, Abwasser, Abluft).
- Fokussieren wir uns hier auf Energie, so entstehen Energiebilanzen. Sie fassen vor allem den Input zusammenfassen (z.B. Strom, Öl, Gas). Der Energieoutput

über Wärmestrahlung, Abwasser usw. ist schwer zu berechnen und wird kaum systematisch erfasst.
- Allerdings entsteht das Treibhausgas Kohlenstoffdioxid CO_2 bei der Verbrennung fossiler Energieträger. Eigene Bilanzen stellen auf der Basis der Energiebilanzen die CO_2-Emissionen dar.

Zwei **Hintergrundbemerkungen** zum Begriff der Bilanz und zur Rolle des Geldes:

- Im betriebswirtschaftlichen Sinne sind **Bilanzen** klar definiert und auch umfangreich rechtlich geregelt. In Deutschland insbesondere über das HGB oder das Aktiengesetz, international in den International Financial Reporting Standards (IFRS). Daneben haben sich seit Jahrzehnten die Begriffe Umweltbilanz, Ökobilanz oder Energiebilanz etabliert. Sie sind auch über Normen geregelt, wenn auch nicht mit Gesetzesrang (z. B. DIN EN ISO 14040 Ökobilanz/Lebenszyklusanalysen). Die EU-Standards zur Nachhaltigkeitsberichterstattung verbinden bestehende Ansätze. Ohne sich hier in die begrifflichen Feinheiten verästeln zu wollen, sei dem Leser zugetraut, aus dem jeweiligen Kontext zu erkennen, wie weit die Bilanz naturwissenschaftlich-technisch-stofflich oder kaufmännisch ausgerichtet ist.
- Das führt zur zweiten Bemerkung über die Bewertung mit Geld, die **Monetarisierung**: Die BWL war lange blind für externe Kosten, da sie eben nicht im internen Rechnungswesen und den Bilanzen erscheinen. Externe Kosten tragen Dritte und nicht die wirtschaftlich Handelnden. Zentrales Beispiel hier ist der Ausstoß von CO_2, der räumlich und zeitlich entfernt Klimafolgen auslöst, die andere tragen. Somit ist die Internalisierung externer Kosten im Gange, insbesondere über eine CO_2-Abgabe. Doch engagierte Unternehmen bemühen sich längst, ein umfassendes Bild ihrer Tätigkeit zu bekommen. Solide physikalisch-chemisch-biologische Umweltbilanzen erlauben dann auch eine Bewertung mit Geldgrößen, die allerdings stark von methodischen Basisentscheidungen abhängen.

Der rechte Teil des ersten Kastens über Rechnungswesen/Controlling verknüpft die Teilbereiche der Kostenrechnung mit den stofflichen Bilanzen:

- Die Kostenartenrechnung erfasst in der Buchhaltung den Input und Output des Unternehmens,
- die Kostenstellenrechnung verfolgt die Wertschöpfung im Betrieb,
- die Kostenträgerrechnung kalkuliert die Produkte,
- die interne Kostenrechnung ist einzubetten in Lebenszyklusanalyse (Life-Cycle Assessment – LCA) der Produkte. Hier stellen sich Herausforderungen. Unternehmen konzentrieren sich natürlich auf das, was von ihrem Eingangstor bis zum Ausgangstor vorgeht (gate-to-gate). Doch zusehends fragen Anspruchsgruppen wie Kunden oder die Öffentlichkeit nach der gesamten Wertschöpfungskette. Also der Bewertung von Produkten mit den verschiedenen Produktionsstufen über den Gebrauch bis hin zum Recycling oder zur Entsorgung.

Damit müssen sich Unternehmen zusehends als Teil von Wert(schöpfungs)netz(werken) denken.

Die Verwendung der Informationen in den betrieblichen Funktionen

Mit dem oberen Kasten sind die informationellen Grundlagen für die betrieblichen **Funktionen** im folgenden Kasten gelegt (▶ Kap. 4).

- Es mag überraschend erscheinen, dass Facility Management oben steht. Denn es lässt sich darüber streiten, ob es sich überhaupt um ein Fach der BWL handelt – vielleicht eine Unterfunktion der Immobilienwirtschaft, die sich hauptsächlich um den Einsatz von Hausmeistern kümmert? Ansonsten klingt das eher als Gegenstand des Bauingenieurwesens. Tatsächlich versteckt sich hier ein Appell an die BWL, diesem Bereich mehr Aufmerksamkeit zu widmen. Laut der »Arbeitsgemeinschaft Energiebilanzen« dient etwas ein Viertel des Energiebedarfs in Deutschland dem Heizen (▶ Kap. 4.1). Deshalb müssen sich auch Unternehmen mit Büro- und Produktionsgebäuden an der »Wärmewende« beteiligen. Zudem soll den Lesern Grundlagenwissen für den persönlichen Bereich mitgegeben werden, z. B. das Verständnis eines Energieausweises.
- Logistik reiht sich als zweites in die Reihe der Funktionen ein, da auch hier etwa ein Viertel des deutschen Energiebedarfs entsteht. Dieser Bereich umfasst Personen- und Güterlogistik.
- Die Einführung des 4. Kapitels zeigt die innere Logik der weiteren behandelten Funktionen: Energiebeschaffung, Produktionsplanung und -Steuerung, Produktion, Instandhaltung und Green IT.

Die energetischen Besonderheiten bei Wirtschaftlichkeit, Strategie und Ethik

Der nun folgende Kasten der obigen Abbildung bettet die Funktionen in dreifacher Weise ein, durch Überlegungen zur **Wirtschaftlichkeit, Strategie und Ethik** (▶ Kap. 5):

- Auf der Grundlage der üblichen Investitionsrechnung zeigt das erste Teilkapitel die Besonderheiten der kurz-, mittel- und langfristigen rechenhaften Wirtschaftlichkeit im Hinblick auf energiebezogene Entscheidungen.
- Die Entscheidungen basieren auf einer entsprechenden Energiestrategie, die als Teilbereich der gesamten Unternehmensstrategie zusehends eigenständig festgelegt wird.
- Und letztlich ist gerade dieses Thema eine normative Frage der Corporate Social Responsiblity (CSR), Unternehmensethik und Unternehmenskultur.

Theoretisch wäre die Reihenfolge umgekehrt: Erste die Werte, dann die Strategie und darauf basierend die harten Rechnungen. Doch in der Praxis ist es – um ehrlich zu sein – zumeist in der hier gewählten Reihenfolge. In diesem Kastenmodell stellen die konkreten, praktischen Instrumente und Rechnungen deshalb bewusste den Kern dar, um den sich die übergreifenden Überlegungen herumgruppieren.

Der letzte Kasten: organisatorische Umsetzung

Wie erfolgt nun die **organisatorische Umsetzung** dieses Gesamtkomplexes? Als Ansatz bieten sich die zertifizierbaren Managementsysteme an, die sich im Laufe der Zeit in die hier skizzierte Richtung entwickelt haben (▶ Kap. 6):

- Die DIN EN ISO 9000er-Serie zum Qualitätsmanagement dient als Ausgangspunkt.
- Aus der Auskopplung der Umweltperspektive hat sich die 14000er-Familie zum Umweltmanagement entwickelt.
- Der Energieaspekt wurde im Laufe der Zeit so wichtig, dass eine eigene Familie, die 50000er-Normen, entstand.
- Der Treibhausgasaspekt, mit dem Leit-Treibhausgas CO_2, gewann schließlich eigene Regelungen unter dem Dach der 14060er-Nummerierung.

Herausforderungen der Energie-BWL und Zielgruppe

Das Thema ist nicht ohne fachliche Tücken. Drei Herausforderungen seien kurz erläutert:

- **Interdisziplinarität**: In der Wissenschaft hindert die zögerliche Zusammenarbeit der Fachrichtungen. Ohne Ingenieure sind technische Lösungen nicht zu realisieren, ohne Betriebswirte ist ihre Rentabilität nicht nachzuweisen, ohne Juristen keine Betriebserlaubnis zu erlangen. Bei rasantem technischem Fortschritt im Energiebereich ist zudem eine stetige Weiterentwicklung geboten.
- **Informationsverfügbarkeit und bereichsübergreifende Zusammenarbeit**: In Unternehmen stellen sich darüber hinausgehende Probleme. Die notwendigen Informationen sind über die organisatorischen Einheiten verstreut. Controlling, Betrieb, Technische Planung, Rechtsabteilung, alle müssen ihr Wissen einbringen, um beispielsweise die Klimatechnik zu optimieren. Die Kompetenzen sind oft über verschiedene Konzerngesellschaften verteilt, beispielsweise Betreiberunternehmen und Immobilienverwaltungsgesellschaft. Zusätzlich sind oft noch externe Dienstleister (wie Ingenieurbüros) involviert. Schon deshalb sind die Hürden, umfassend-rationale betriebliche Entscheidungen zu fällen, hoch.
- **Dynamische Rahmenbedingungen**: Nun hängt das Thema aber auch von zahlreichen Rahmenbedingungen ab, die aus der Unternehmensperspektive bestenfalls durch Lobbytätigkeit zu beeinflussen sind. Dieser Einbettung widmet sich das zweite Kapitel.

An Leser welcher Fachrichtung richtet sich dieses Buch? Energiemanagement lebt aus der interdisziplinären Zusammenarbeit insbesondere von Betriebswirten und Ingenieuren. Der Verfasser hat einen betriebswirtschaftlichen Hintergrund und bemüht sich, das Buch auch für Leser aus anderen, insbesondere technisch geprägten Fachrichtungen gut lesbar zu machen. Allerdings können grundlegende Methoden beispielsweise der Investitionsrechnung, Kostenrechnung oder Organisation nicht von Grund auf erklärt werden. Diese betriebswirtschaftlichen Basiskenntnisse sind aber bei Ingenieuren, die Führungsverantwortung in der Wirtschaft haben, normalerweise vorhanden und können deshalb hier guten Gewissens vorausgesetzt werden. Studierende in nicht-betriebswirtschaftlichen Studiengängen, die mittelfristig Führungsverantwortung anstreben, sind gut beraten, sich solche betriebswirtschaftlichen Grundkenntnisse anzueignen.

Umgekehrt finden sich für Betriebswirte technische Herausforderungen in diesem Buch, denn ohne ein grundlegendes technisches Interesse lässt sich Energiemanagement nicht angehen. Betriebswirte als Führungskräfte in der Industrie haben sich in aller Regel in die technischen Kernprozesse ihres Unternehmens eingearbeitet. Wer sich nur für BWL interessiert, wird nicht ins Top Management gelangen. Die technischen Beispiele in diesem Buch können deshalb Studierenden der BWL als Anlass dienen, sich tiefer mit solchen technischen Detailfragen zu befassen.

1.2 Ein neuer Ansatz der BWL – überflüssig, hilfreich oder zwingend?

Der Gegenstandsbereich der BWL ist das Unternehmen und sein Wirtschaften. Wirklichkeit können wir erkenntnistheoretisch nie »wertfrei« (▶ Kap. 5.3) wahrnehmen. Wir benötigen immer Modelle als vereinfachte Abbildungen der Wirklichkeit. Damit müssen wir bescheiden anerkennen, das alles, was ausgedrückt, beschrieben, in Konzepte gegossen ist, nur Facetten und Sichtweisen sind. Hilfreich, die Wirklichkeit anzunähern, aber nie ist alles erfassbar. Neue »Ansätze« der BWL haben schon oft die Disziplin vorangebracht. So lässt sich Altbekanntes wie durch eine farbige Brille neu betrachten und Neues integrieren. Zur Veranschaulichung hier einige Beispiele für Ansätze, die zeigen, wie die BWL die Entwicklungen in der Welt aufgegriffen hat und das immer noch tut:

- Nach dem zweiten Weltkrieg hat Erich Gutenberg aus dem im Wiederaufbau befindlichen Köln den »**produktionsorientierten Ansatz**« geprägt. Naheliegend, angesichts des Wirtschaftswunders und der Fokussierung auf den Sektor Industrie.
- Große Beachtung fand seit den 1970er-Jahren der »**entscheidungsorientierte Ansatz**« von Edmund Heinen. Es ist plausibel und unmittelbar eingängig, dass alles in der Zukunft Gestaltete von vergangenen Entscheidungen abhängt. Diese Ansätze sind wie Wellen, die wieder abflauen, uns aber fruchtbaren Boden bringen, der bleibt und in den Wissensbestand aufgenommen wurde.

- Dem »**verhaltenorientierten Ansatz**« in BWL und VWL (Behavioral Economics) kommt heute eine besondere Bedeutung zu. Allzuoft sind die Wirtschaftswissenschaften noch vom Bild des Homo oeconomicus geprägt. Doch schon Adam Smith als Begründer der Nationalökonomie und Volkswirtschaftslehre hat vor den »Weath of Nations« (1776) ein Buch über »The Theorie of Moral Sentiments« (1759) geschrieben. Er sah den Menschen als moralisches, nach Höherem strebendes Wesen. Der verhaltensorientierte Ansatz erinnert uns daran, menschliche Motivation nicht auf Eigennutz zu reduzieren.
- Die Darstellung 1.2 zeigt den aktuellen Bezug im Zusammenhang von **umwelt-, nachhaltigkeits- und energieorientiertem Ansatz**.

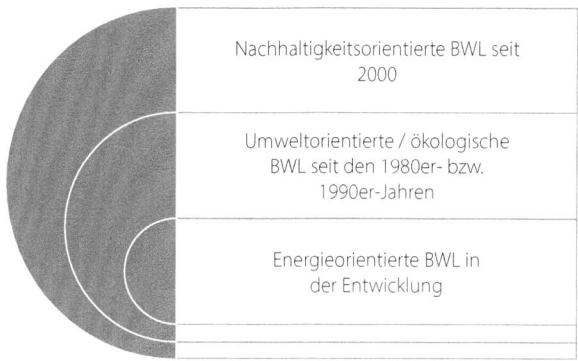

Dar. 1.2: Zusammenhang des nachhaltigkeits-, umwelt- und energieorientierten Ansatzes

Hierbei springt die zeitliche Entwicklung von der mittleren Ebene der Umweltorientierung (z. B. Letmathe, Strebel) zur übergreifenden Nachhaltigkeit (Schaltegger) hin zur Energie als Unteransatz. Die Literatur zum Nachhaltigkeitsmanagement wächst sehr stark (z. B. Dathe u. a. 2024, Ernst u. a. 2023, Posch u. a. 2023, Sailer 2022). Die dahinterstehenden gesellschaftlichen Entwicklungen sind jedem, der bereits die Zeitungen über so lange Zeit verfolgen konnte, bekannt (ansonsten ist auf Geschichtsbücher zu verweisen). Die Entwicklung der Umweltbewegung, das Aufgreifen der Themas Nachhaltigkeit durch die Vereinten Nationen sowie die Energiekrisen mit Klimawandel sind Treiber, deren Wirkungsmacht offensichtlich ist.

Die Ansätze haben sich stets aus wechselnden Anforderungen der Zeit ergeben, die dann zu neuen Herausforderungen in der betrieblichen Praxis führen. Es ist konsequent, den Vorschlag einer Energie-BWL gerade in Deutschland zu machen:

Deutschland wird als Labor für die Welt gesehen. Spätestens seit dem Erneuerbare-Energien-Gesetz (2000) und der Entscheidung über das Auslaufen der Atomkraft (2011) schauen die internationale Fachwelt und Politik auf Deutschland: Schafft Deutschland die Energiewende und behält seinen Wohlstand? Es ist nicht der zweiprozentige Anteil an den weltweiten Treibhausgasemissionen, die uns bedeutend machen. Es ist die mögliche Vorbildfunktion. Dabei geht es vordergründig um die Erhaltung des Lebensstandards, tatsächlich jedoch um eine weiterentwickelte Lebensweise. Die Erwartungen der ausländischen Kollegen an unsere Energiesysteme betreffen den Dreiklang Versorgungssicherheit, Ökologie und Bezahlbarkeit bzw. Wirtschaftlichkeit. Sie sind aber darüber hinaus nicht besonders konkret.

Wie können wir die Erwartungen der Welt erfüllen? Das nächste Kapitel thematisiert die Industrielle Revolution, die auch den Aufbruch in eine neue Lebensweise beschreibt. Hier liegt nach Überzeugung des Verfassers ein entscheidender Schlüssel. Pointiert formuliert: Im Stau stehen steigert das Bruttoinlandsprodukt nicht, verbraucht ökologische Ressourcen und senkt die Lebenszufriedenheit. Letztlich haben wir alle Karten auf der Hand, im Sinne des Happy Planet Index (HPI) glücklich zu sein. Hier fließen Lebenserwartung, Zufriedenheit (Glück), Ungleichheitsfaktor und der ökologische Fußabdruck ein. Jetzt müssen wir unsere Karten klug ausspielen. Ein dieser Karten ist die Energie-BWL, die danach fragt, was ein Betriebswirt über Energie wissen soll.

Noch einige Überlegungen zur fachlichen Verortung der Energie-BWL. In einer **institutionenorientierten Einteilung** der BWL gibt es bei der der Bedeutung des Themas starke Unterschiede:

- In der Energiewirtschaft selbst ist entsprechendes Wissen zwingend. (Allerdings richtet sich dieses Buch ganz ausdrücklich an alle Branchen.)
- Bei der energieintensiven Industrie (Zement, Papier, Maschinenbau, Auto, Chemie usw.) versteht sich die Bedeutung ebenfalls von selbst.
- Bei Dienstleistungen wie Verkehr und Logistik, aber auch in Krankenhäusern und an Hochschulen ist die Herausforderung ebenfalls selbstverständlich.
- Letztlich benötigt der kleinste Freelancer noch ein Büro und einen Laptop, damit sind auch für ihn die Grundlagen und Facility Management relevant.

Der hier verfolgte Ansatz ist also eine **funktionsbezogene Einteilung** der BWL, was sich insbesondere im Kapitel 4 ausdrückt. Dieser Ansatz lässt sich in allen Branchen/Institutionen anwenden.

In der **Hochschulehre** haben sich die Inhalte in höheren Semestern des Bachelorstudiums und in Masterprogrammen bewährt. Die Instrumente der oben schon umrissene Fächer sollten bekannt sein, um sie dann im Hinblick auf Energie-Herausforderungen anzuwenden, zu erweitern und zu ergänzen. Damit festigen die Studierenden ihr Wissen für ihre Rolle als Profi, Privatperson und Staatsbürger. Berufstätige, die üblicherweise stärker mit ihrer Zeit haushalten müssen, können sich aus der Kapitelstruktur gezielt heraussuchen, was sie in ihrer Funktion benötigen.

Wissenschaftliche Veröffentlichungen sind **monographisch** angelegt. Das heißt, ausgewählte, enge Einzelfragen so tief zu beantworten, wie es noch niemand gemacht hat. Da junge Wissenschaftlicher veröffentlichen müssen, um im akademischen Spiel erfolgreich zu sein, wächst die Flut sehr spezieller Publikationen.

Dieses Buch (dessen Autor nichts mehr erreichen muss) geht hingegen den Weg der **Synthese**, der Zusammenschau. Damit lässt sich dieser Gesamtansatz der energiebezogenen BWL natürlich auch leicht kritisieren, denn es finden sich viele unbeachtete Aspekte und unbearbeitete Schnittstellen. Das nimmt der Verfasser in Kauf, nachdem sich das Grundmodell schon lange bewährt hat. Es geht nicht darum, einen Schlussstein zu setzen, sondern zum Aufbruch beizutragen. Lose Enden, die in Monografien möglichst zu vermeiden sind, finden sich hier viele. Sie fordern den Leser auf, gedanklich voranzuschreiten.

Um die Frage aus der Überschrift dieses Abschnitts 1.2 aufzugreifen, ob Energie-BWL überflüssig, hilfreich oder zwingend ist: »Überflüssig« ist sie auf keinen Fall, offenkundig ist sie in weiten Anwendungen auch »hilfreich«. Für viele Herausforderungen erscheint sie konsequent, folgerichtig, geradezu »zwingend«.

1.3 Einbettung des Energiemanagements

Der Begriff es Energiemanagements ist en vogue, bleibt jedoch von der Systematisierungskraft deutlich hinter dem skizzierten Ansatz zurück. Weder im akademischen Bereich noch in der Praxis hat sich bisher eine einheitliche Auffassung durchgesetzt, was unter Energiemanagement zu verstehen ist. Auch das Verständnis der beiden einzelnen Begriffe – Energie und Management – kann in unterschiedlichen Zusammenhängen stark variieren. Analysieren wir beide Begriffe zunächst einzeln, bevor das Energiemanagement genauer umrissen und definiert wird.

Welchen **Energiebegriff** haben unterschiedliche wissenschaftliche Disziplinen?

- Die **Physik** definiert Energie als die Fähigkeit eines Systems, Arbeit zu verrichten. Gemäß der berühmten Einsteinschen Formel $E = m \times c^2$ ist Energie gleich der Masse multipliziert mit dem Quadrat der Lichtgeschwindigkeit. Damit ist Masse also im physikalischen Sinne geronnene Energie.
- Auf diesen Erkenntnissen der Grundlagenforschung bauen die **Ingenieurwissenschaften** auf, um konkrete Probleme der Energieversorgung zu lösen. Energie ist das, was in Joule, Kilowattstunde oder Grad Celsius gemessen wird.
- Demgegenüber haben **Geisteswissenschaften** wie die Psychologie einen weniger operationalen (messbaren) Energiebegriff. Mit Energie sind hier die Vitalität, Tatkraft und Entschlossenheit eines Menschen oder eines sozialen Systems gemeint. Auch in der Betriebswirtschaftslehre blitzt dieser weiche Energiebegriff in der Personalwirtschaft und in Motivationstheorien auf.
- **Dieses Buch** legt jedoch den harten, naturwissenschaftlich-technischen Begriff zugrunde, indem Energiemanagement als Querschnittsfunktion im Schnittfeld von Umweltmanagement, Produktionswirtschaft, Logistik und anderen betroffenen etablierten betriebswirtschaftlichen Funktionen verstanden wird.

Auch beim häufig verwendeten Begriff **Management** gibt es starke Abweichungen im Verständnis und in der Verwendung. Etymologische Wurzel (also die Wortherkunft) ist das lateinische »manus agere«. Wörtlich zu übersetzen mit »an der Hand führen«, frei übersetzt als »handhaben«. Die Bandbreite dessen, was gehandhabt werden kann, ist in der Praxis des Wortgebrauchs offen. Beispiele sind

- alle betrieblichen Funktionsbereiche (wie Beschaffungsmanagement, Produktionsmanagement, Absatzmanagement),
- alle großen oder kleinen Projekte (von Bau des Airbus A380 bis zum 20-Minuten-Dienstgang),
- technische Prozesse (Management der Stromversorgung im Gebäude oder Automobil) und
- nicht zuletzt managt sich auch jeder selbst (Selbstmanagement).

Zusammenführend ist also **Energiemanagement** kurz zu definieren als die Handhabung von Energie. Die VDI-Richtlinie 4602 bezeichnet Energiemanagement ausführlicher aber weniger prägnant als »die vorausschauende, organisierte und systematisierte Koordination von Beschaffung, Wandlung, Verteilung und Nutzung von Energie zur Deckung der Anforderungen unter Berücksichtigung ökologischer und ökonomischer Zielsetzungen«.

Die VDI und unser Ansatz hier gehen von technisch-betriebswirtschaftlichen Herausforderungen im Unternehmen aus. Der Gegenstandsbereich des Energiemanagements lässt sich aber auch gemäß der in Darstellung 1.3 dargestellten Ebenen strukturieren. Dabei stellen drei vorgelagerte Ebenen einen Rahmen für Unternehmen dar.

Erste Ebene: Globale Verflechtungen und Probleme des Energiemanagements

Energie schafft wirtschaftliche und auch politische Abhängigkeiten, die nicht nur entscheidend für die Aufrechterhaltung des jeweiligen nationalen Lebensstandards sind. Denn letztlich steht das Überleben von Staaten, Völkern und Menschen auf dem Spiel. Das machen folgende Beispiele deutlich:

- Der Ukraine-Krieg und der Stopp von Gaslieferungen aus Russland führten im Winter 2022/23 zu ernsten Befürchtungen, die Menschen und Unternehmen in Deutschland nicht mehr versorgen zu können. Es ist dann ohne Beschränkungen abgelaufen. Aber um soziale Verwerfungen aufgrund der stark gestiegenen Preise zu vermeiden, hat die deutsche Regierung »Gas- und Strompreisbremsen« zu hohen staatlichen Kosten eingesetzt.
- Im Nahen Osten wird Wasser zusehends der begrenzende Faktor, um Regionen bewohnbar zu machen oder zu halten. Anlagen zur Meerwasserentsalzung können hier einen Beitrag leisten, so dass praktisch Energie durch den Einsatz in Entsalzungsanlagen zu Trinkwasser umgewandelt werden kann.

1.3 Einbettung des Energiemanagements

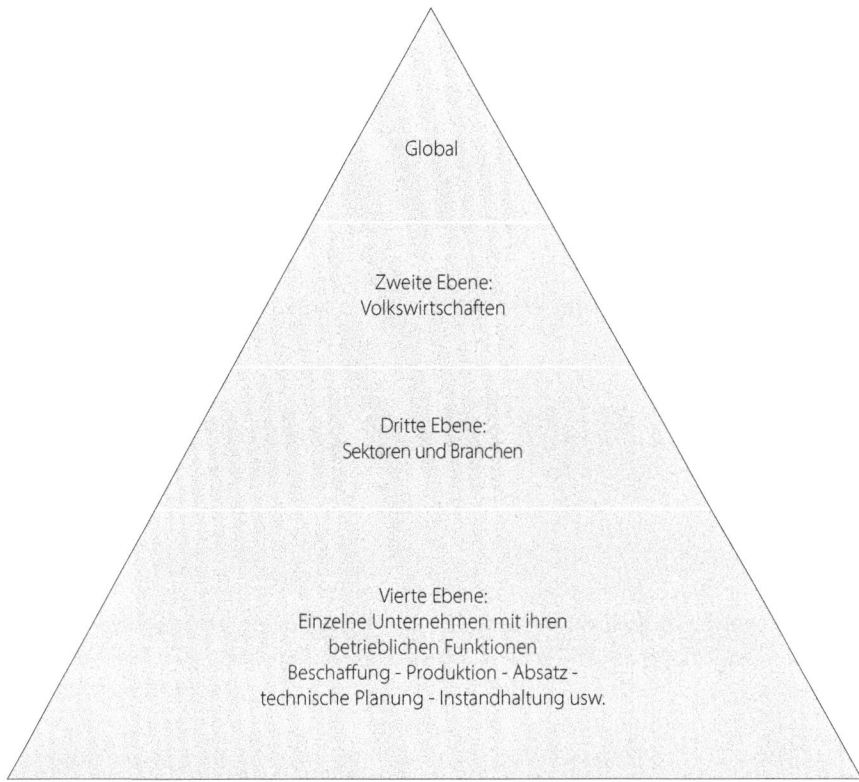

Dar. 1.3: Ebenen des Energiemanagements

- Die Motive für kriegerische Interventionen etwa der USA im mittleren Osten sind sicher vielfältig, aber die Sicherung von Energieressourcen gehört in jedem Fall dazu.

Die Zusammenhänge und Rahmenbedingungen der globalen Ebene sind für Unternehmen von großer Bedeutung. Die Verfügbarkeit bestimmter Energieträger, ihre Preise und auch denkbare krisenhafte Entwicklungen sind hier begründet. Im strategischen Energiemanagement ist es deshalb notwendig, die globalen Entwicklungen im Blick zu haben.

Zweite Ebene: Staaten und Volkswirtschaften

Staaten managen die Energieversorgung ihrer Volkswirtschaften in Analogie zu den unternehmerischen Funktionen Beschaffung und Produktion, indem sie

- den Bedarf feststellen und die Beschaffung von Primärenergie sichern (z. B. durch Lieferverträge, Pipelinebau oder Bergbaugenehmigungen),

- die notwendigen Anlagen zur Energieumwandlung (z. B. Kraftwerke) bauen lassen sowie
- die Infrastruktur für die Verteilung sicherstellen (z. B. Stromnetze) und Einfluss auf die Preisgestaltung nehmen (z. B. über Steuern und Regulierungsbehörden).

Hinzu kommen noch Aktivitäten wie Erforschung, Beratung, Beschränkung der Energienutzung durch Umweltschutzvorschriften.

Dritte Ebene: Sektoren und Branchen

Innerhalb der Volkswirtschaften ist folgenden Sektorenunterteilung üblich:

- Urproduktion,
- Industrie,
- Dienstleistung,
- Informationswirtschaft

Innerhalb der Sektoren sind dann Branchen (Bergbau, Maschinenbau, Banken, IT-Beratung) zu unterscheiden. Die Relevanz des Energiemanagements nimmt in der Sektorenentwicklung in der Tendenz ab: Bei der Urproduktion (die auch die Energiegewinnung umfasst) und in der Industrie ist die Energieintensität hoch, bei Dienstleistungen und Informationswirtschaft geringer. Die Informationswirtschaft wird seit einigen Jahren als vierter Sektor aus dem Dienstleistungssektor ausgekoppelt, weil sie in der deutschen, reifen Wirtschaft die höchsten Wachstumsraten erzielt. Das ist ein Grund dafür, dass trotz steigendem Bruttoinlandsprodukt (BIP) der absolute, gesamte Energieverbrauch leicht sinkt. Noch deutlicher wird die Entwicklung bei Betrachtung der Energieproduktivität, hier in der Ausprägung: Um 1.000 Euro BIP zu generieren, ist wie viel Energieeinsatz nötig? Laut UBA (2024) stieg die Energieproduktivität zwischen den Jahren 2008 und 2022 um 26 Prozent – ein jährlicher Anstieg von 1,7 Prozent.

Neben der Sektorenverschiebung ist der sinkende spezifische Energieverbrauch auf eine steigende technische Effizienz zurückzuführen. Die Bedeutung des Energiemanagements ist jedoch in keiner Branche völlig zu vernachlässigen, solange noch ein Gerät elektrisch betrieben, eine Dienstfahrt gemacht oder ein Raum geheizt wird.

Unter »Energiebranche« oder »Energiewirtschaft« fallen zunächst die **Energieversorgungsunternehmen (EVU)**. Das sind sowohl die bekannten großen Unternehmen, aber auch kleine Stadtwerke bis hin zu Unternehmen oder Privatleuten, die eine Fotovoltaikanlage auf dem Dach betreiben. Die Energiebranche hat Querschnittscharakter und umfasst die Urproduktion bis hin zu Dienstleistungen wie Energieabrechnungen oder Energiehandel. Der Staat überlässt privatwirtschaftlichen EVU viele der auf der volkswirtschaftlichen Ebene genannten Aufgaben und er organisiert auch seine eigenen Aktivitäten in privatwirtschaftlicher Form (beispielsweise kommunale Energieversorger in der Rechtsform einer GmbH).

Für die Energiebranche gelten viele eigene Regelungen und marktliche Besonderheiten.

Mit ihrer institutionellen Gliederung (Industriebetriebslehre, Handelsbetriebslehre usw.) setzt die Betriebswirtschaftslehre an den spezifischen Problemen der Sektoren und Branchen an. In diese Gliederung passt die Energiebetriebslehre. Damit ist eine BWL-Spezialisierung gemeint, die sich auf die Energiewirtschaft konzentriert.

Vierte Ebene: Unternehmen mit ihren Funktionen

Die vierte Ebene steht hier im Mittelpunkt. Die betriebswirtschaftlichen Funktionen spiegeln sich in den organisatorischen Einheiten des Unternehmens wider. Doch die funktionale Gliederung hat den Nachteil, dass energiebezogene Geschäftsprozesse nicht im Zusammenhang erscheinen. Die Darstellung 1.4 macht das prinzipielle Problem des Konflikts zwischen funktionaler und prozessorientierter Strukturierung in arbeitsteiligen Unternehmen deutlich. Ein einfaches, funktionales Organigramm enthält die drei organisatorischen Einheiten (im Sprachgebrauch: Abteilungen) Beschaffung, Produktion und Absatz. Sie haben ihre jeweiligen energiebezogenen Aufgaben (Stromeinkauf, energiesparenden Einsatz von Maschinen oder Tourenplanung bei der Auslieferung). Die Pfeile zeigen den dazu quer verlaufenden Kernprozess der Auftragsausführung (Fulfillment), der die Wertschöpfung viel unmittelbarer darstellt als das Organigramm.

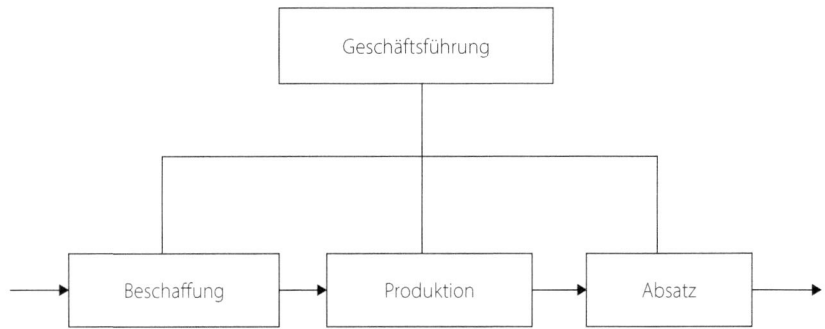

Dar. 1.4: Organisatorisch Einheiten und Geschäftsprozesse

Zusammenfassend: Energiemanagement ist einerseits sehr viel breiter als die Energie-BWL, was das Ebenenmodell aus Darstellung 1.3 deutlich macht. Anderseits kann es Missverständnisse durch ein sehr viel engeres Verständnis geben. So konzentriert sich »Energiemanagement-Software« typischerweise auf die Datenerfassung und -auswertung, also nur ein kleiner Ausschnitt des hier vertretenen Konzepts. Energiemanagementsysteme nach DIN ISO fokussieren hingegen auf die Organisation, wieder eine andere Sichtweise. Sie passt gut zum hier vertretenen Ansatz und das 6. Kapitel greift sie auf.

2 Das »Big Picture« als Hintergrund unternehmerischen Handelns

Wie kann die Menschheit nachhaltig leben? Aus der Vogelperspektive gibt es klare Wege und Maßnahmen, wie eine nachhaltige Glokalisierung aussehen kann. Dazu gehört der Kern dieses Kapitels, die Energiewende, als unabdingbares Element. Weitere übergreifende Ideen finden sich dazu am Ende dieses Kapitels unter »industrieller Revolution«. Die Kernfrage dieses Kapitels ist aber zunächst: Kann eine Energiewende in Deutschland und der Welt überhaupt gelingen? Der Verfasser ist optimistisch, die Grundideen und -fakten sind einfach, wenngleich die internationale Umsetzung auf mächtige Hindernisse stößt. Viele Unternehmen erschrecken vor manchmal erratischen Überregulierungen, Kostensprüngen und schwer erkennbaren technologischen Entwicklungen. Sie fahren deshalb insbesondere im Mittelstand vielfach auf Sicht. Ein »Big Picture«, also ein Überblick, hilft, strategisch vorzugehen und auch als Mensch positiv zu bleiben.

Dieses Kapitel kann auch als Datenkranz der betrieblichen Energiewende aufgefasst werden. Ein Datenkranz umfasst alle Rahmenbedingungen von Relevanz, die vom Unternehmen für gewöhnlich nicht verändert werden können. Es zeigt sich zudem wieder die erforderliche interdisziplinäre Herangehensweise.

2.1 Klimawandel, -schutz und -anpassung

Treibhausgase in der Atmosphäre bewirken, dass die am Erdboden ankommende Energie des Sonnenlichts nicht mehr vollständig in den Weltraum entweichen kann. Dieser **Treibhauseffekt** ist grundsätzlich willkommen, denn sonst wäre es auf der Erde 33 Grad kälter. In der Erdgeschichte war die Konzentration des Kohlendioxids in der Atmosphäre deutlich höher als heute, der Treibhauseffekt stärker und die Temperatur folglich höher. Das schwül-heiße Klima ermöglichte es, dass wechselwarme Tiere – die Dinosaurier – sich zu enormer Größe entwickeln konnten. Ohne eine hohe Umgebungstemperatur wäre es so massigen Tieren nicht möglich gewesen, Ihre Körpertemperatur zu halten.

Auch das Pflanzenwachstum war heutigen tropisch-feuchten Regionen vergleichbar. Pflanzen benötigen Kohlenstoff und binden ihn beim Wachstum aus der Luft. Im Laufe ihrer Lebensdauer speichern sie den Stoff, bis sie zerfallen, um ihn so wieder freizusetzen. In fossilen Zeitalten gab es große Meere und Sümpfe, an deren Grund anaerobe (sauerstoffarme) Bedingungen herrschten, so dass organische Ablagerungen wie Algen oder Pflanzenreste sich nicht zersetzten. Schicht legte sich auf Schicht, so dass in Jahrmillionen dicke Ablagerungen entstanden, die später durch weitere Schichten und tektonische Veränderungen zugedeckt wurden. Aufgrund des entstehenden Drucks verwandelte sich die luftdicht abgeschlossene Pflanzenmasse mit dem gebundenen Kohlenstoff in Kohleflöze, Erdölfelder und Erdgasblasen. Kohlenstoff ist also begrifflich der Stoff, aus dem Kohle und andere fossile Brennstoffe wesentlich bestehen. **Fossile Energieträger** wie Kohle, Gas und Öl heißen so, weil sie parallel mit den Fossilien entstanden sind. Der seit hunderten Millionen Jahren in fossilen Energieträgern gebundene Kohlenstoff wird bei der Verbrennung freigesetzt. Er verbindet sich mit zwei Teilen Sauerstoff zu Kohlendioxid und verändert dann – da das über längere Zeit und in großem Maßstab geschieht – messbar die Zusammensetzung der Atmosphäre.

Das **Intergovernmental Panel on Climate Change (IPCC)** ist ein Gremium von Wissenschaftlern. Die Umweltorganisation der Vereinten Nationen (UNEP) hat diesen »Weltklimarat« eingerichtet, um den Klimawandel zu beschreiben, zu prognostizieren, sowie Gegen- und Anpassungsmaßnahmen vorzuschlagen (umfangreiche Erläuterungen und Datenmaterial unter http://www.ipcc-data.org). Das IPCC warnt vor der Verschiebung der Klimazonen, Extremwetterereignissen wie Dürren oder Stürmen, Gletscherschmelze sowie dem Ansteigen des Meeresspiegels. In der Folge kann es zu Klimaflüchtlingen, Kriegen um Wasser, letztlich zu einer Destabilisierung der international arbeitsteiligen Wirtschaft mit allen denkbaren Folgen kommen.

Zusammenfassend kann unser derzeitiges kollektives Verhalten **aus entscheidungstheoretischer Sicht** nur als absurd bezeichnet werden: Es ist offensichtlich, dass wir fossile Energieträger im Boden lassen müssen. Dazu gehört ein nachhaltiger Lebensstil, der den Erdenbegrenzungen angemessen ist. Wenn wir das schnell tun (oder bereits in der Vergangenheit getan hätten), verringern wir die Gefahr, unsere natürliche Lebensgrundlage zu zerstören. Der Begriff **Klimaschutz** fasst die Maßnahmen zusammen, die globale Erderwärmung verlangsamen. Insbesondere geht es um die Versorgung mit regenerativer Energie sowie die Verbesserung der Energieeffizienz. Die Begriffe **Klimaanpassung, -adaption und -mitigation** (Abschwächung) bezeichnen hingegen Maßnahmen zur Abmilderung der Folgen.

Ausbalancierend zu den vielfach kolportierten, dystopisch anmutenden Szenarien sei hier ein Kontrapunkt gesetzt. Lassen wir die Schreckensmeldungen Wirklichkeit werden, starker Temperaturanstieg, Gletscherschmelze, Anstieg der Meeresspiegel usw. Ist dies das Ende der Menschheit? Oder auch »nur« das Ende der Zivilisation, wie wir sie kennen? Das muss nicht sein, denn uns wachsen auch neue Ressourcen zu und wir haben mächtige **Handlungsoptionen der Anpassung**. Hierzu einige Beispiele:

- Die fundamentalsten Bedürfnisse des Menschen sind **Essen und Trinken**. Der Klimawandel scheint so zu wirken, dass in den Tropen die Temperaturen wenig steigen, die in den kalten Regionen um die Pole umso stärker. Damit tauen die Permafrostböden, was einerseits als Kipp-Punkt zum Klimawandel beiträgt. Es hat aber anderseits den positiven Nebeneffekt, dass in Kanada und Sibirien beliebig große Flächen für Ackerbau nutzbar werden. Ironischerweise profitieren somit gerade Kanada und Russland, die zu den großen Exporteuren fossiler Energieträger gehören. Das Leben in den Tropen bleibt vergleichsweise unbeeinflusst. Nahrungsmittelversorgung in globalem Maßstab bei fairer internationaler Kooperation wäre möglich.

- Das Steigen des Meeresspiegels stört oder zerstört Küstenstädte, wobei historisch die meisten großen **Städte** verkehrsgünstig an Küsten liegen. Von New York über Tokyo bis hin zu den Megacities in Entwicklungs- und Schwellenländern wie Lagos oder Kuala Lumpur. Und Kuala Lumpur ist ein Beispiel für – vor einigen Jahren noch utopisch erscheinende – Anpassungsmaßnahmen. Kuala Lumpur als Hauptstadt Malaysias versinkt in Zeitlupe im Meer. Hauptursachen sind der steigende Meeresspiegel und die übermäßige Nutzung von Grundwasser. Nun bauen die Malaien das neue, höhe gelegenes Verwaltungszentrum Putrajaya in 25 Kilometern Entfernung als Planstadt. Wichtige (Haupt-)Städte, auf dem Reißbrett geplant, hat es schon immer gegeben. Köln in der Römerzeit, München im Mittelalter, Ankara, Brasilia oder »The Line« in Saudi-Arabien in der Neuzeit. Geschichtlich gesehen nichts Neues. Der Vorschlag von »Charter Cities« liegt seit langem wenig beachtet auf dem Tisch der internationalen Diplomatie: Neugegründet Städte mit einer Verfassung (»Charter«), in denen die internationale Gemeinschaft für Sicherheit, Menschenrechte und passable Lebensbedingungen sorgt, die Flüchtlinge aufnehmen können.
- Schauen wir auf den scheinbaren Nebenaspekt des **Tourismus** und der **guten Wohnregionen**, der aber tiefere Symbolkraft hat. Unterstellt, die Toskana (als beliebtes Urlaubsgebiet und Zweitwohnsitzregion der Wohlhabenden) habe sich in eine unattraktive Halbwüste verwandelt. Wohin ausweichen? Grönland eignet sich gut. Der Eispanzer ist weg, das Land hebt sich Zentimeter für Zentimeter aus dem Meer, das Klima ist frisch und angenehm, die Grundstücke noch billig. Grönland wird wieder, wie es die Wikinger etymologisch genannt haben: grün.

Sind diese Überlegungen unangemessen? Tatsächlich müssen wir damit rechnen, dass viele Menschen ihre Heimat verlieren durch Desertifikation (»Verwüstung«), den gestiegenen Meeresspiegel usw. und nicht die Mittel haben, sich in den Flieger oder den Großsegler nach Grönland zu setzen. Dieses ganze Buch ist natürlich ein Plädoyer dafür, die erforderlichen Wenden zu vollziehen, um die Anpassungsnotwendigkeiten gering zu halten.

2.2 Technologien zur Nutzung regenerativer Energien

2.2.1 Grundzüge der technischen Energiewende mit Schwerpunkt Erzeugung

Herausforderungen und Vorgehen in diesem Abschnitt

In der alten Energiewelt waren die fossilen Kraftwerke sowie Atomkraftwerke durchgehend in Betrieb, um Strom zu erzeugen (Supply Side). Sie sind also grundlastfähig und kleinere Steuerungseingriffe der Netzbetreiber sind problemlos, um den Bedarf jederzeit zu decken. Für die Verbraucher gab es gar keine Notwendigkeit sich anzupassen (Demand Side), Elektrizität war immer zu einem konstanten Preis verfügbar. Hausheizungen mit Öl oder Gas, Verkehr mit Benzin oder Diesel, Industriebedarf mit diesen brennbaren Flüssigkeiten oder Gasen lief daneben mit eigener Infrastruktur. Auch hier ist die Energie verfügbar, wenn sie benötigt wird.

Durch die Energiewende stellen sich nun neue Probleme:

- **Speicherproblem**: Volatilität (Schwanken) der Erzeugung von Wind- und Solarenergie, also ein zeitliches Auseinanderfallen von Stromernte und -bedarf. Dunkelflauten sind Zeiten, in denen weder Solar- noch Windkraft gewonnen wird. Damit entsteht ein Speicherproblem, denn Elektrizität lässt sich nicht lagern wie Öl in Tanks oder Gas in Kavernen.
- **Sektorkopplungsproblem**: Eine Konzentration auf Strom als Schlüsselenergieform ist sinnvoll. Sie kann einen Staubsauger, ein Auto, eine Heizung und einen Stahlofen betreiben kann (»All Electric Society«). Elektrizität lässt sich gut grün erzeugen. Dadurch wird eine Sektorkopplung erforderlich, also eine zusammenhängende Betrachtung von Verkehr, Gebäuden, Wirtschaft usw.
- **Transportproblem**: Diese Entwicklungen befördern ein räumliches Auseinanderfallen von Erzeugung und Verbrauch. Beispielsweise bediente sich früher eine Ölheizung aus dem einmal im Jahr gefüllten Tank. Heute kommt der Strom für die Wärmepumpe idealerweise aus dem Windpark in der Nordsee.
- **Mengenproblem**: Um den gesamten Energieverbrauch mit Strom zu decken, reichen die verfügbaren Flächen in Deutschland augenscheinlich nicht aus. Bitte in Statistiken genau hinsehen:
  - Ist der der Anteil an Erneuerbaren im Strommix dargestellt? Da geht es gut voran.
  - Oder ist es der Anteil an der Primärenergie? Primärenergie umfasst alle Energieformen, also auch Ölimporte, Erdgas usw. Da sind die Anteile Erneuerbarer deutlich geringer.
- **Finanzproblem**: Perspektivisch wird der Sonnen- und Windstrom billig (»Die Sonne schickt uns keine Rechnung«), doch zunächst stehen große Investitionen an. Und es sind Lösungen nötig vor allem für den Energiebedarf in »dunklen Flauten«.

- **Planungsproblem**: Die Entwicklung eines durchdachten Gesamtplans auf nationaler Ebene mit vielseitigen internationalen Kooperationen ist geboten. Durch die entsprechenden rechtlichen Regelungen finden auch private Akteure die nötige Planungssicherheit. Isolierte Regelungen für Teilgebiete, die oft verändert und nachgebessert werden, manchmal physikalische Zusammenhänge ignorieren, lassen den möglichen großen Wurf im Regelungsdickicht ersticken.

In diesem Kapitel entsteht ein grobes Bild, um Lösungen anzudeuten. Die folgenden Spiegelstriche skizzieren die innere Logik des Vorgehens:

- Abschnitt 2.2.2 stellt Windkraftanlagen als wichtige Technologie der Erzeugungsseite vor. Dabei wird die Funktionsweise von Generatoren gezeigt, die in anderer Betriebsweise zugleich Elektromotoren sind.
- Abschnitt 2.2.3 führt in Solarthermie und dabei in den Betrieb kleinerer Fotovoltaikanlagen ein. Großtechnische Anlagen sind für die Desertec-Initiative wichtig, die Wüstenstrom aus der Sahara nach Europa bringen möchte. Damit ist das Kernelement einer zukünftigen Energieversorgung Deutschlands angesprochen: In Ländern mit geringer Bevölkerungsdichte und viel Fläche Energie zu erzeugen, um sie dann als Strom oder in anderen Formen noch Europa zu transportieren. Das Mengenproblem lässt sich mit dieser Perspektive lösen.
- Abschnitt 2.2.4 und 2.2.5 gehen auf das Volatilitäts-/Speicherungs- und das Sektorkopplungsproblem ein. Durch Umwandlung von grün erzeugtem Strom in andere Energieformen (brennbare Gase und Flüssigkeiten) steht hier eine grundsätzliche Lösung bereit.
- Abschnitt 2.2.6 thematisiert die dazu nötige Steuerung. Im Spannungsfeld von Dezentralisierung (Smart Home) und Zentralisierung (Smart Energy Grids über Kontinente hinweg).

Systematisierung erneuerbarer Energien

Die Beschäftigung mit Technologien zur Nutzung regenerativer Energiequellen stimmt optimistisch. Dieses Buch macht zudem anhand aussagekräftiger Beispiele deutlich, wie viele Möglichkeiten es gibt, Energie effizienter zu nutzen. Zunächst zur Systematisierung regenerativer Energien von der Energiequelle bis zur Nutzenergie anhand der folgenden Darstellung 2.1.

Dar. 2.1: Energieumwandlungskette aus Sonne, Mond und Ende (in Anlehnung an Pehnt/Militz 2007, S. 2)

Ursache	Erscheinungsform	Natürliche Energieumwandlung	Technische Energieumwandlung	Endenergie
Sonne	Biomasse	Pflanzenwachstum, insbesondere Holz	Heizkraftwerk/Konversionsanlage	Wärme, Strom
	Wasserkraft	Verdunstung, Niederschlag, Schmelzen	Wasserkraftwerk	Strom
	Windkraft	Atmosphärenbewegung	Windenergieanlagen	Strom
		Wellenbewegung	Wellenkraftwerk	Strom
	Solarstrahlung	Meeresströmung	Meeresströmungs-Kraftwerk	Strom
		Erwärmung der Erdoberfläche und Atmosphäre	Wärmepumpen	Wärme
			Meereswärmekraftwerk	Strom
		Direkte Nutzung der Sonneneinstrahlung	Photolyse	Brennstoff
			Solarzelle, Fotovoltaik-Kraftwerk	Strom
			Kollektor, solarthermetisches Kraftwerk	Wärme
Erde	Erdwärme	Geothermik/Geothermie	Geothermisches Heizkraftwerk, Wärmepumpe	Wärme, Strom
Mond	Gravitation	Gezeiten	Gezeitenkraftwerk	Strom

Einführung in die (Energie-)Technik und Umgang mit Abbildungen in diesem Buch

Dieses Kapitel dient auch dazu, die nötigen technischen Komponenten in die energieorientierte BWL einzuführen. Betriebswirte neigen dazu, technische Anlagen als Black Box zu behandeln, also nur aus Kosten- und Erlössicht zu beschreiben. Bei Studierenden ist das klar zu erkennen. Erfolgreiche Betriebswirte in der Praxis arbeiten sich jedoch oft beeindruckend in die Technik ihrer Branche ein, was den Aufstieg ins mittlere und Top Management ermöglicht. In diesem Sinne ist die kleine hier versuchte »Einführung in die Energietechnik« zu sehen. Es geht um das Wecken von Interesse und den spielerischen Abbau von Hürden, um sich heranzutrauen. Dazu sind wichtige Grundlagen ausgewählt und mit markanten

Zahlen sowie anschaulichen Beispielen erklärt. Manches davon ist auch interessant für den Leser als Privatperson, also als Autofahrer, Hausbesitzer sowie Staatsbürger.

2.2.2 Windenergie und Elektromotor/Generator

Windkraftanlagen Offshore und Onshore

Windkraftanlagen (WKA) prägen in manchen Regionen das Landschaftsbild, wie die Stromleitungen es in der Umgebung von Kohlekraftwerken schon lange tun. Windenergieanlagen (umgangssprachlich auch Windkraftwerke oder Windräder) sind mit Solarenergie eine tragende Säule der Energiewende. Im Laufe der Jahre sind die Anlagen immer größer geworden, so dass die größten den Kölner Dom bescheiden wirken lassen. Hier kommt die Unterscheidung von Onshore- und Offshore-Anlagen ins Spiel.

Anlagen auf hoher See benötigen Fundamente im Meeresboden. Die Spitze der Rotoren kann eine Geschwindigkeit von 250 bis 300 Stundenkilometern erreichen. Große Windkraftanlagen haben einen Wirkungsgrad von bis zu 40 Prozent, so dass 40 Prozent der kinetischen Energie des Windes, der auf die durch die Rotoren abgedeckte Fläche trifft, in elektrische Energie umgewandelt werden kann (Abschnitt 3.2 erläutert alle verwendeten Kennzahlen). Der Leistungsbereich der Anlagen umfasst die Größenordnung von 500 Kilowatt bis über 15 Megawatt, die jedoch nur bei geeigneten Windgeschwindigkeiten erreichbar ist. Für gute Standorte an der Nordseeküste wird von 2.200 Betriebsstunden pro Jahr ausgegangen, im Schnitt liegt die Auslastung bei 1.900 Stunden. Gehen wir für eine Anlage mit zwei Megawatt Leistung an einem leicht überdurchschnittlichen Standort von 2.000 Betriebsstunden aus, so beträgt die Stromausbeute im Jahr 4.000 Megawattstunden. Bei einem durchschnittlichen Haushaltsverbrauch von 4.000 Kilowattstunden lassen sich also 1.000 Haushalte versorgen (4.000.000 Kilowattstunden Stromernte durch 4.000 Kilowattstunden Verbrauch pro Haushalt).

Die Anlagen müssen Wellen bis 20 Metern standhalten und insbesondere die beweglichen Teile dürfen in der salzhaltigen Luft nicht vorschnell korrodieren. Die Instandhaltung ist naturgemäß auf offener See viel teurer als auf dem Land. Eine kleine Fußnote besteht darin, dass als Nebengeschäft an Offshore-Anlagen Muschelzuchten möglich sind und darüber hinaus Fische Schutz finden.

Trotz der technischen Herausforderungen wird das wesentliche Wachstum der Nutzung der Windkraft auf dem Meer erwartet. Die Investitionen betreffen dabei nicht nur die immer größer werdenden Windkraftanlagen selbst, sondern auch den Ausbau des Leitungsnetzes von der Nordsee in die industriellen Ballungszentren. Nur dann ist die unstetig entstehende Windenergie in intelligenten Netzen sinnvoll nutzbar. Offshore (vor der Küste) weht der Wind konstanter als Onshore (an Land), dennoch ist die Bezeichnung »Zappelstrom« für beide aussagekräftig.

Die Nutzung der **Windkraft** trifft **auf dem Festland** in Deutschland auf Grenzen, denn geeignete Standorte sind nur begrenzt zu finden. Die Anlagen dürfen aufgrund der Geräuschentstehung sowie des Schattenwurfs durch die Propeller (»Diskoeffekt«) nicht zu nahe an Siedlungen errichtet werden. Zudem sind bei möglichen Standorten Eigentumsverhältnisse zu klären und Investoren zu finden. Auch ästhetische Aspekte werden diskutiert. Vielfach geäußerte Befürchtungen, Vögel würden durch die Rotoren beeinträchtigt oder getötet, haben sich nicht in der Breite bestätigt. Je nach Bauart, Größe und Standort benötigen Windkraftanlagen Fundamente mit hunderten Tonnen Beton, dessen Herstellung CO_2-intensiv ist. Diese Fundamente verlängern die »energetische Amortisationszeit« und erhöhen die anzusetzenden CO_2-Emissionskoeffizienten der erzeugten Energie. Die Anlagen sind also differenzierter zu sehen als es die meist pauschal angegebenen Werte zeigen.

Elektromotor und Generator sind dasselbe Gerät

An Windkraftanlagen lässt sich gut die Stromerzeugung mittels eines Generators erklären, die grundlegend für die Energietechnik ist. Das Maschinenhaus in der Nabe des Windrades enthält einen Generator. »Generieren« heißt, erzeugen, herstellen, hervorbringen. Doch physikalisch gesehen wird die Windenergie nur umgewandelt in elektrische Energie, im üblichen Sprachgebrauch Strom. Der Generator ist technisch gesehen ein Elektromotor:

- Im **Generatorbetrieb** drehen externe Kräfte die zentrale Welle, so dass das Magnetfeld über die Drahtspulen geführt wird, wodurch elektrischer Strom fließt.
- Im **Motorbetrieb** ist es umgekehrt, der eingeleitet elektrische Strom wird von Magneten und Spulen umgewandelt, so dass sich die Welle dreht.

Mit demselben Gerät lässt sich also Strom generieren (Generatorbetrieb) oder mit Strom Bewegung erzeugen (Motorbetrieb). Anschaulich lässt sich das mit Elektroautos erklären:

- Der E-Motor nimmt bei normaler Fahrt den Strom aus der Batterie (technisch korrekt: Akkumulator/Akku) und dreht eine Welle, um die Räder anzutreiben (Motorbetrieb).
- Geht es aber bergab oder bremst der Fahrer, so arbeitet der Motor als Generator und lädt den Akku. Diese Energiewiedergewinnung (»Rekuperation«) funktioniert auch bei Elektro-Lokomotiven, die den Strom ins Netz zurückspeisen (Generatorbetrieb).

2.2.3 Solarenergie: methodische Herausforderungen anhand der eigenen Anlagen und Desertec

Unterschied Solarthermie und Fotovoltaik

Die Nutzung der Sonnenenergie teilt sich in zwei wichtige Bereiche, die Solarthermie (Wärmeerzeugung) und Fotovoltaik (Stromerzeugung). Von den vielfältigen technischen Varianten sind hier wichtige ausgewählt. Um es anschaulich, empirisch und praktisch zu gestalten, gehen wir vom Hausdach des Verfassers aus, auf dem beide Typen Solaranlagen installiert sind. Dieses kleine eigene Fallbeispiel führt direkt zum Abschnitt 4.2 Facility Management.

Die eigene Solarthermieanlage und grundlegende methodische Herausforderungen der Wirtschaftlichkeitsrechnung

Die **Solarthermie** spielt für die Energiewende eine ergänzend-untergeordnete Rolle, besonders durch die Bereitstellung von warmem Nutzwasser und zur Heizungsunterstützung. Das Prinzip ist einfach, Glykol als Trägermedium durchströmt Solarkollektoren auf dem Dach und erwärmt sich dabei. Glykole sind Alkoholvarianten, die nicht gefrieren. Anders als Wasser, das die Solarmodule bei Frost zerstört. In einem geschlossenen Kreislauf kreist das Glykol als Trägermedium für die Dachwärme bis zu einem Vorratsbehälter mit Wasser, um dieses Wasser mittels eines Wärmetauschers zu erwärmen. Dieses Wasser puffert das Leitungswasser aus der öffentlichen Leitung und wird dann bei Bedarf als Warmwasser über die Leitungen im Haus in der Küche und den Bädern genutzt. Immer, wenn die Temperatur in den Solarkollektoren auf dem Dach acht Grad höher ist als im Vorratsbehälter, treibt eine kleine Pumpe den geschlossenen Glykol-Kreislauf an. Sie schaltet sich ab, wenn die Temperaturdifferenz vier Grad unterschreitet.

Es hängt von zahlreichen **Parametern** bzw. Einflussfaktoren ab, um die Energienutzung und Wirtschaftlichkeit genau zu berechnen:

- Größe, Ausrichtung, eventuell Verschattung und Effizienz der Kollektoren,
- Nutzungsverhalten der Bewohner,
- Investitionshöhe (die Nachrüstung ist umständlich und relativ teuer),
- Kosten und Kostenentwicklung des ersetzen Energieträgers für Warmwasserbereitung,
- Wetter.

Die wenigsten dieser Faktoren lassen sich in einer sauberen Investitionsrechnung mit gesicherten Zahlen abbilden. Durchschnittswerte aus allgemeinen Statistiken und auch individuelle Wirtschaftlichkeitsrechnungen von Anbietern sind sicher hilfreich, müssen aber kritisch hinterfragt werden. Als Handreichung für den gesunden Menschenverstand gepaart mit grundlegendem technischem Verständnis dienen folgende Beobachtungen:

Des Verfassers **Solarthermieanlage** hat zwei Röhrenkollektoren mit insgesamt etwa 1,5 Quadratmetern Fläche, einen Anstellwinkel von etwa 30 Grad und ist im Winter nachmittags verschattet. Sie ist idealerweise genau nach Süden ausgerichtet. Ein Pufferspeicher von 150 Litern erwärmt sich an sonnigen Sommertagen bis auf 65 Grad Celsius. Das ist empirisch allerdings nur nach dem Urlaub zu ermitteln, denn sonst verbraucht die vierköpfige Familie ja Warmwasser und die praktisch erreichte Maximaltemperatur liegt bei 45 bis 55 Grad. Im Sommerurlaub bleibt leider die gesammelte (Kollektor-)Wärme ungenutzt. Dasselbe Wasser im Speicher wird nur tagsüber erwärmt und kühlt nachts ein wenig ab. An sonnigen Sommertagen außerhalb des Urlaubs kann die Gasheizung, die sowohl heizt als auch Warmwasser bereitet, komplett ausgeschaltet werden. Der Kollektor versorgt die Familie vollständig mit Warmwasser.

Die **Energieeinsparung** lässt sich an Tagen im Frühjahr oder Herbst abschätzen, in denen die Heizung noch auf Sommerbetrieb steht. Dann ist die Heizfunktion ausgeschaltet und die Gastherme erzeugt nur Warmwasser. Wenn nun auch die Solarthermieanlage keinen Ertrag bringt durch Bewölkung und Streulicht, dann benötigt die Familie etwa einen bis zwei Kubikmeter Erdgas pro Tag für Warmwasser.

Auch im Winter erntet die Anlage, allerdings nur an sonnigen Tagen, gleichgültig, ob es kalt ist. Bei leichtem Frost und klarer Sonneneinstrahlung schafft die Anlage 40 Grad, wenn niemand duscht. Wenn dann abends Warmwasser entnommen wird, ist der Gasverbrauch reduziert, denn der Sprung von 40 auf die üblichen 55 bis 60 Grad ist geringer, als wenn das Wasser aus der Leitung kommen würde. Die Einsparung ist aber schwer zu quantifizieren. Bewölkung und Streulicht reduzieren die Wirksamkeit der Kollektoren jedoch fast auf null, auch im Sommer. Die Anlage läuft jetzt 17 Jahre mit einer Gesamtinstandhaltung von 150 Euro, einmal war ein Kabel auf dem Dach defekt. Auch im Sommer ist es ratsam, regelmäßig mit Gas auf über 55 Grad aufzuheizen, um Legionellen (Bakterien im Trink- und Brauchwasser) zu verhindern.

Damit wird deutlich, dass viele Faktoren in die Nutz- und Wirtschaftlichkeitsüberlegungen einzubeziehen sind. Verbrauchsverhalten, Bewohneranzahl, Aufmerksamkeit und Wissen bei der Steuerung. Es ist tatsächlich ein wichtiger Punkt, das System zu verstehen und entsprechende Handlungsmöglichkeiten zu nutzen. Beispielsweise die Heizung von Winter- auf Sommerbetrieb umzustellen (sehr unkomfortabel, mit vielen Klicks an einer winzigen Anzeige) oder die Temperatur zu beobachten. Und dann möglicherweise zu akzeptieren, dass an einem Sommermorgen mit ganz ausgeschalteter Heizung nur 35 Grad im Bad ankommen, was sich dann aber im Laufe des Tages auf über 50 Grad steigert.

Um überhaupt einen Anhaltspunkt für die **Wirtschaftlichkeit** zu haben, schätzen wir vereinfachend und konservativ, dass die Solarthermieanlage an 100 Tagen im Jahr das Warmwasser erzeugt und dabei jeden Tag einen Kubikmeter Gas ersetzt. Die Gasrechnung basiert auf Kilowattstunden. Somit ist der Brennwertfaktor von etwa 10 Kilowattstunden (kWh) pro Kubikmeter (m³) Erdgas einzubeziehen (Kapitel 3 erläutert Kennzahlen und Rechnungen genauer). Bei einem Gaspreis von 10 Cent pro Kilowattstunde ergibt sich als Einsparung pro Jahr (als statische Rechnung ohne Zinsen):

$$100\,\text{Tage} \times 1\,\frac{\text{Kubikmeter}}{\text{Tag}} \times 10\,\frac{\text{Kilowattstunde}}{\text{Kubikmeter}} \times 0{,}1\,\frac{\text{Euro}}{\text{Kilowattstunde}} = 100\,\text{Euro}$$

Die Anlage hat in der Nachrüstung (direkt als Gesamtpaket wäre es deutlich weniger gewesen) im Jahr 2006 5.600 Euro gekostet. Für die Berechnung der Amortisationszeit von 56 Jahren braucht man keinen Taschenrechner.

Der Gaspreis von 10 Cent pro kWh ist eine Mischkalkulation. Er lag lange bei 7 Cent, stieg dann in der Ukraine-Krise deutlich an und der Leser kann ihn leicht aktuell recherchieren (oder in der eigenen Gasrechnung nachlesen). Würden Zinsen einbezogen, erhöhte sich die Amortisationszeit auf unendlich.

Viel besser sieht die Rechnung aus, wenn die Anlage zwei Kubikmeter Gas an 140 Tagen ersetzt. Der höhere Gaspreis von 13 Cent pro Kilowattstunde wird ergänzt mit einer CO_2-Bepreisung von 5 Cent pro Kilowattstunde:

$$140\,\text{Tage} \times 2\,\frac{\text{Kubikmeter}}{\text{Tag}} \times 10\,\frac{\text{Kilowattstunde}}{\text{Kubikmeter}} \times \left(0{,}13\,\frac{\text{Euro}}{\text{Kilowattstunde}} + 0{,}5\,\frac{\text{Euro}}{\text{Kilowattstunde}}\right) = 504\,\text{Euro}$$

Jetzt reduzieren wir zusätzlich die Investition von 5.600 um die Hälfte auf 2.800 (statt Nachrüstung eine neue Komplettanlage). Und gleich liegt die Amortisationszeit bei unter sechs Jahren. Kein schlechtes Ergebnis für eine Anlage mit jahrzehntelanger Nutzungsdauer.

Dieses Beispiel illustriert, wie die Modellbildung mit ihren Annahmen das Ergebnis beeinflusst. Auch die Methodenwahl an sich ist zu hinterfragen (▶ Kap. 5.1), denn die Amortisationszeit benachteiligt Investitionen mit langer Betriebsdauer. Eine Problematik, die oft und gerade im Energiebereich auftritt. Dieses Beispiel soll den Leser motivieren, Kennzahlen zu hinterfragen, wozu das Buch insgesamt ermächtigen möchte.

Die **eigene Motivation** bei der Solarthermieanlage lag bei der Investition im Jahr 2006 im ethischen Bereich und am Spaß an der Technik, die aus der strahlenden Sonne angenehm temperiertes Leitungswasser macht. Heute ist das ein Beitrag zur Einhaltung rechtlicher Vorschriften im Gebäudeenergiegesetz (GEG), das die Nutzung regenerativer Energie vorschreibt. Letztlich drückt sich in dieser Entscheidung für die Solarthermieanlage eine Generationenverantwortung aus, angesichts der zu erwartenden jahrzehntelangen Nutzungsdauer. Und ein Haus füllt sich und leert sich wieder: Mit Kindern und hohem Warmwasserverbrauch wird jedes Quentchen Sonnenschein genutzt und viel Gas gespart. Als alleinstehende(r) Witwe(r) ist wenig Sparpotenzial vorhanden. Aber irgendwann ziehen Kinder mit Enkeln wieder ein.

Eine **Heizungsunterstützung** durch die Solarthermieanlage war in der kleinen eigenen Fallstudie noch nicht gängig. Technisch ist das heute kein Problem: ein größerer Vorratsbehälter, ein paar weitere Leitungen, eine angepasste Steuerung. Die Preisgestaltung der Komponentenhersteller, Bauunternehmer und Heizungsbauer lässt manchmal vermuten, dass üppige Margen einkalkuliert sind, die die Rentabilität reduzieren (also die des Nutzers, nicht die der Anbieter).

Zudem ist das Potenzial zur Heizungsunterstützung übersichtlich: Im Sommer ist keine Heizung nötig. Im Winter sind klare Tage seltener und die Sonne steht weniger Stunden in niedriger Höhe. Die Wärmeerzeugung reichen dann (wie bei unserer kleinen Anlage geschildert) nicht mal für das Warmwasser. Größere Anlagen mit mehr Kollektorfläche mögen dann an sonnigen Tagen mit Heizbedarf in der Übergangjahreszeit noch etwas Potenzial für eine Heizungsunterstützung haben. Aber es drängt sich die Alternative auf, die geeigneten Dachflächen für Fotovoltaikmodule zu nutzen.

Die eigene Fotovoltaik und ihre Wirtschaftlichkeit

2006 war auch das Installationsjahr unserer **Fotovoltaikanlage**. Photovoltaik ist auch korrekt. Solarmodule/-panele/-kollektoren ebenso, wobei hier nicht klar ist, ob es um Wärme oder Strom geht. Die Anlage auf dem eigenen Dach ist 18 Quadratmeter groß und hat nominell 3,4 Kilowatt-Peak. Das bedeutet, bei maximaler Sonneneinstrahlung haben die Fotovoltaik-Module eine elektrische Leistung von 3,4 Kilowatt als Spitzenleistung. Nach 18 Jahren Erfahrung lässt sich feststellen, dass der Strommesser im Wechselrichter (der aus dem Gleichstrom vom Dach Wechselstrom für das öffentliche Netz macht) sehr selten drei Kilowatt angezeigt hat, jedoch nicht mehr. Das mag am eher kleinen Neigungswinkel des Dachteils von etwa 15 Grad liegen, auf dem die Anlage angebracht ist. Oder an den optimistischen Angaben des Herstellers, der im Labor die Werte ermittelt hat. Dennoch lässt sich eine **Stromernte** von 4.200 bis 3.300 Kilowattstunden Energie pro Jahr feststellen. In der Tendenz leicht sinkend. Eine kleine Degradation (Verschlechterung) von 10 bis 15 Prozent über 15 Jahre entspricht den Literaturangaben. Die Anlage läuft also aktuell mit einem etwas geringeren Ertrag als am Anfang. »Laufen« ist dabei ein irreführender Begriff, denn außer dem Ventilator des Wechselrichters gibt es keine beweglichen Teile. Die Anlage ist bislang ohne jede Instandhaltungsmaßnahme ausgekommen. Wären die Module besser zugänglich, würde es sich an sonnigen Wintertagen lohnen, den Schnee zu entfernen. Oder an Frühsommertagen den Blütenstaub wegzuspülen, was dann der nächste Regen besorgt.

Der jährliche Energieertrag entspricht noch immer dem Verbrauch des Hauses, der etwa dem deutschen Durchschnittsverbrauch eines Vierpersonenhaushalts entspricht: 10 Kilowattstunden pro Tag, 3.650 Kilowattstunden pro Jahr. 18 Quadratmeter ist die Fläche eines bescheidenen Zimmers und das reicht, um das Haus mit vier Bewohnern bilanziell im Hinblick auf den Stromverbrauch klimaneutral zu machen. Eine sehr erfreuliche Beobachtung. Die Einspeisung ins Netz erscheint sinnvoll, denn im Winter bleibt der Ertrag weit hinter dem eigenen Verbrauch zurück. Im Sommer – und auch dort speziell tagsüber – ist die Stromernte viel höher als der Verbrauch, ganz abgesehen vom Urlaub.

Die **Wirtschaftlichkeit der eigenen Anlage** ist nur von historischem Interesse, da sie dem Erneuerbare-Energien-Gesetz (EEG) unterlag, das sich laufend verändert hat (zur Lernkurve ▶ Kap. 2.4.3). Die Daten seien dem Leser aber nicht vorenthalten: Bei knapp 20.000 Euro Investition und einer auf 20 Jahren garantierten Einspeisevergütung von 52 Cent pro kWh ergibt sich eine Amortisationszeit von etwa 12 Jahren.

Die aktuellen Regelungen sehen eine sehr niedrige Vergütung für die Einspeisung von Dachstrom oder »Balkonkraftwerken« vor. Der aus dem Netz bezogene Strom ist viel teurer. Die Anlagen rechnen sich über die selbst verbrauchte Energie, die teuren Strombezug aus dem Netz ersetzt. **Speicherakkus** steigern nach einer Faustformel den Eigenverbrauchsanteil von einem Drittel auf zwei Drittel. Der Sommer-Sonnenertrag vom Tag wird dann abends verbraucht.

Es darf bezweifelt werden, dass diese Lösung der vielen, kleinen, dezentralen Akkumulatoren eine gute Lösung für das Gesamtsystem ist. Sie sind nur wirtschaftlich aufgrund der rechtlichen Regelungen. Wären rückwärts laufende Stromzähler erlaubt, würden sie sofort überflüssig und andere, technisch effizientere Möglichkeiten zum Ausgleich der Energienetze genutzt.

Großanlagen und Desertec

Die Sonnenenergie lässt sich nicht nur dezentral mit kleinen Anlagen nutzen, sondern auch großtechnisch. Die Initiative »**Desertec**« machte deutlich, was bei der Nutzung der Solarenergie möglich ist. Die pro Jahr auf einen Quadratmeter eingestrahlte Sonnenenergie beträgt in Mitteleuropa 1.000 Kilowattstunden (etwa ein Viertel des Stromverbrauchs eines Mehrpersonenhaushalts), in der Sahara beträgt die Solarkonstante etwa 2.300 Kilowattstunden. Nach 2010 beabsichtige eine Gruppe Unternehmen, angeregt durch eine Initiative des Club of Rome, die Entwicklung von technischen, ökonomischen, politischen, gesellschaftlichen und ökologischen Rahmenbedingungen zur kohlendioxidfreien Energieerzeugung in den Wüsten Nordafrikas und des Nahen Ostens. Die Darstellung 2.2 illustriert das Vorhaben, das dann aufgrund der politischen Unruhen aufgrund des »arabischen Frühlings« so nicht umgesetzt werden konnten.

Die Kernidee bleibt jedoch zeitlos und der aktuelle Stand des Vorhabens lässt sich auf http://www.desertec.org nachlesen. Die immer wieder in diesem Buch plausibel gemachte Botschaft stimmt optimistisch: Wenn wir es richtig anstellen, ist Energie ausreichend vorhanden. Doch nun zu den technischen Grundzügen des Plans:

Parabolrinnen-Kraftwerke bündeln über lange, parabolisch gebogene Spiegel das Sonnenlicht in einer Röhre, in der Thermoöl oder überhitzter Wasserdampf von 300 bis 500 Grad fließt. Dieses erhitzte Medium verdampft dann in einem weiteren Kreislauf Wasser, das zum Antreiben von Turbinen und nachgeschalteten Generatoren dient, um elektrische Energie zu gewinnen. Diese seit vielen Jahren u. a. im Süden Spaniens erprobte Technologie kann den Leistungsbereich von 10 bis 1.000 Megawatt abdecken. Bei Solarkraftwerken ist es grundsätzlich günstig, dass die höchste Stromausbeute mit hohem Sonnenstand einhergeht und so mit Verbrauchsspitzen übereinstimmt.

Mit einigen technischen Tricks lässt sich so ein Kraftwerk aber auch als Grundlastkraftwerk betreiben, das auch in der Nacht ohne Sonneneinstrahlung Energie

2.2 Technologien zur Nutzung

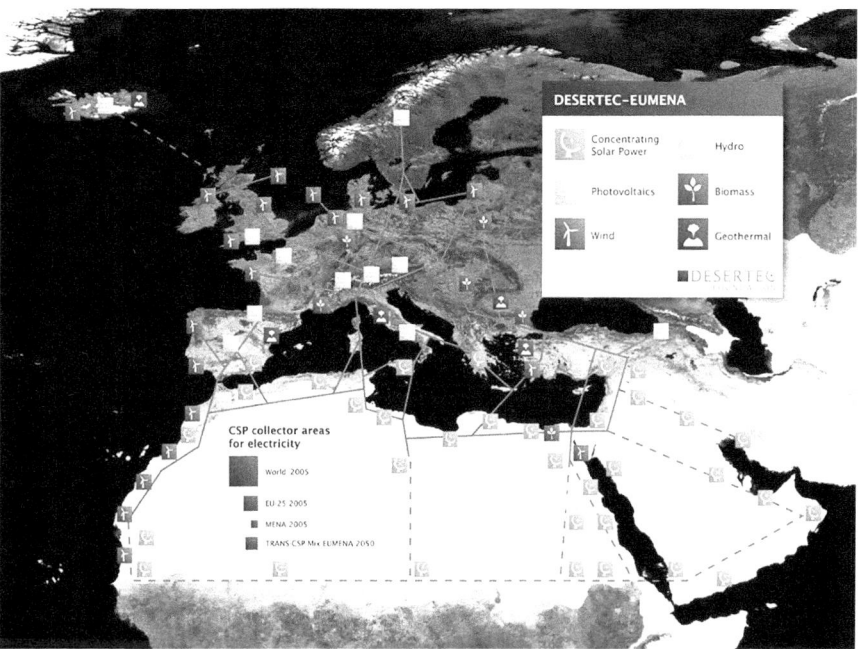

Dar. 2.2: Desertec-Pläne für die EU und MENA – Middle East North Africa (Quelle: Desertec Foundation)

liefert. Ein Teil der Tagesenergie wird als Wärmeenergie vom Trägermedium (Thermoöl, Wasserdampf) in große Salzfluidtanks, in Betonblöcke oder einfach in Felsen abgegeben, durch die die Leitungen führen. Über Tag wird diese Masse aufgeheizt, über Nacht gibt sie die gespeicherte Wärmeenergie wieder an das Medium ab. So lange die Temperatur ausreicht, Wasser zu verdampfen und den Generator zu betreiben, entsteht der in der Nacht benötigte elektrische Strom.

Eine Kraftwerksvariante sind **Turmkraftwerke**, bei denen Spiegel das Sonnenlicht an einem Punkt an der Spitze eines Turms konzentrieren. Solare Turmkraftwerke erreichen Arbeitstemperaturen von mehr als 1.000 Grad und decken Leistungsbereiche von 1 bis 100 Megawatt ab. Je höher die Arbeitstemperatur, desto besser der mögliche Wirkungsgrad.

Die in den Wüstengebieten erzeugte elektrische Energie muss nach Zentraleuropa gelangen. Stromleitungen nutzen die verlustarme **Hochspannung-Gleichstromübertragung (HGÜ)**. Die Recherche bei verschiedenen Projekten zeigt lediglich etwa drei Prozent Übertragungsverluste pro 1.000 Kilometer Distanz.

Das Vorhaben und diese Art des großen Denkens treffen auch auf **Kritik**:

- Der Vorwurf des Postkolonialismus steht im Raum. Industrieländer und deren Unternehmen nutzen die Flächen der Schwellen- und Entwicklungsländer, um sich selbst zu versorgen, wobei die Versorgung des globalen Südens vernachlässigt wird.

- Die internationalen Abhängigkeiten und langen Transportwege bringen Risiken mit sich, Anschläge, Naturkatastrophen oder politische Unruhen (wie schon eingetreten). Allerdings sind große Netze in der Tendenz widerstandsfähig.
- Dezentrale Lösungen liegen buchstäblich näher als solche Giganto-Projekte. Nutzen wir doch erst mal alle geeigneten Dächer, Parkplätze, Fernstraßen, bevor wir in die Wüste gehen.
- Es wird nicht ohne Verquickung von staatlichem Handeln und Industrie-Knowhow gehen. International, mit Staaten, die im Korruptionsindex nicht so gut abschneiden. Das fördert Intransparenz und das Versickern von Steuergeldern. Auch wenn es gut klappt, entstehen Oligopole.
- Und ganz wichtig: Treiben wir die Energieeinsparung/-effizienz voran, die der amerikanische Physiker Amory Lovins als Negawatt – nicht benötigte Watt – bezeichnet.

Neben weitern, hier nicht vorgestellten Formen der Solarkraftnutzung lassen sich gemäß der Desertec-Idee natürlich in Küstenregionen Windkraftanlagen installieren. Der Blick öffnet sich ebenso für andere Energieformen, indem Strom umgewandelt wird.

2.2.4 Umwandlung und Speicherung: Power-to-X (PtX) und Wasserstoff

Für die Energiewende ist Elektrizität die entscheidende Energieform. Strom lässt sich insbesondere über Fotovoltaik, Windkraftanlagen, Wasserkraft wunderbar gewinnen, über weite Strecken transportieren und für fast jeden Verwendungszweck einsetzen lässt – allerdings nicht gut speichern.

Funktion und Formen von PtX

Strom lässt sich aber umwandeln und auf diese Weise indirekt speichern und transportieren, was das Power-to-X Konzept ausdrückt (▶ Dar. 2.3). Power heißt im Englischen eigentlich Energie, aber meist ist speziell Elektrizität/Strom gemeint. X symbolisiert andere Energieträger sowie Speichermöglichkeiten (auch PtX oder P2X).

Die wichtigsten Zusammenhänge kurz erklärt:

- **Power-to-Liquids**: Aus Strom lassen sich flüssige Brennstoffe gewinnen (E-Fuels, Electrofuels, synthetische Kraftstoffe). Sie lassen sich dann mittels Tanks lagern sowie mit Lkw, Schiffen oder Pipelines transportieren. Die Infrastruktur haben wir ja. Allerdings gibt es, wie bei allen Umwandlungen, Verluste. Ein wichtiges Verfahren ist die Fischer-Tropsch-Synthese.
- **Power-to-Battery** bezeichnet die Speicherung in Batterien (korrekt: Akkumulatoren), die entweder dezentral in Haushalten stehen oder als große Einheiten

von Unternehmen betrieben werden. **Power-to-Vehicle** bezeichnet die Verwendung von Akkus in Autos. Geht es dann vom Autoakku ins Netz spricht man von **Vehicle-to-Grid**. Die Speicherverluste sind gering, es findet keine Umwandlung statt. Allerdings sind die Akkus teuer, benötigen kritische Rohstoffe wie Kobalt und seltene Erden, die Lebensdauer und Ladezyklen sind begrenzt und das Recycling aufwändig sowie technisch noch nicht vollständig geklärt. Ausgediente Akkus aus Autos können noch als Teil von Großspeichern ein zweites Leben antreten.

- **Power-to-Heat** bedeutet, dass »überflüssiger« regenerativer Strom in Wärme verwandelt wird. Dieses Verfahren nutzen insbesondere Fernwärmebetreiber, die große Vorratsbehälter mit Wasser erhitzen und dann nach Bedarf ins Wärmenetz an die Haushalte und sonstigen Verbraucher leiten.
- **Power-to-Gas**: Auch hier sind verschiedene Wege der technischen Umwandlung, der Lagerung und des Transports des erzeugten brennbaren Gases zu differenzieren. Ein Ankerpunkt für manche Leser: Viele haben noch aus dem Chemieunterricht eine Erinnerung an die Elektrolyse mit dem Knallgasexperiment. PtG erscheint auch in der Variante von **Power-to-Hydrogen** (P2H).

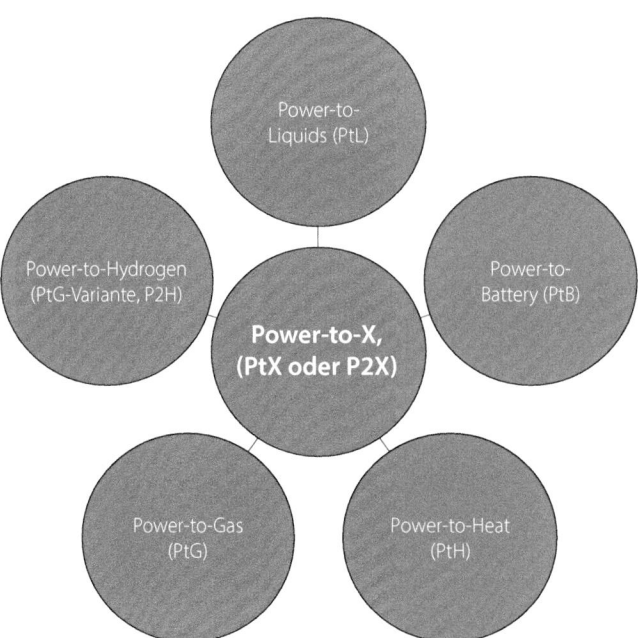

Dar. 2.3: Überblick Power-to-X

»Grün« sind diese Möglichkeiten nur, wenn die eingesetzte Energie (Power) aus regenerativen Quellen stammt.

Sonderrolle Wasserstoff

Wasserstoff soll eine besondere Rolle für die deutsche Energiewende spielen, deshalb hier als erstes und etwas ausführlicher erläutert. Wasserstoff (der Stoff, aus dem das Wasser ist) ist ein brennbares Gas, das in Verbindung mit Sauerstoff Wasser bildet (H_2O). Umgekehrt ausgedrückt: Wasser besteht aus Wasserstoff und Sauerstoff. Wasserstoff kommt zwar als Wasser zur Genüge in der Natur vor, doch dieser Energieträger ist nicht wie Erdgas oder Rohöl isoliert förderbar. Wir müssen ihn mit der Elektrolyse oder anderen Verfahren (insbesondere Pyrolyse) gewinnen. Je nach Verfahren lässt sich auch Methan als P2L erzeugen. Die Gewinnung von Wasserstoff als Energieträger mit dem Verfahren der Hydrolyse oder Pyrolyse benötigt selbst Energie, die aus fossilen oder regenerativen Quellen kommen kann. Der Hydrolyse-Aufwand beträgt 4,2 bis 4,5 Kilowattstunden für einen Kubikmeter Wasserstoff, der seinerseits einen Energieinhalt von 3 Kilowattstunden besitzt. Die Umwandlung erzielt also einen Wirkungsgrad von etwa 60 Prozent.

Je nach Einsatz-Energieform zur Produktion von P2H lässt sich der erzeugte Wasserstoff nach **Farben** unterscheiden. Als Antipoden sind grün und grau wichtig:

- **Grüner** Wasserstoff: Da soll es hingehen. Erzeugung mittels regenerativ gewonnener elektrischer Energie, deshalb verkürzend auch als »**Windgas**« bezeichnet.
- **Grauer** Wasserstoff: Gewinnung aus fossilen Energieformen. Hier schlagen die Nachteile voll durch, also die Freisetzung des Kohlenstoffs (aus dem sich in Verbindung mit dem Sauerstoff aus der Luft CO_2 bildet) und die Umwandlungsverluste. Unterform: brauner Wasserstoff aus Kohle.
- **Türkiser und blauer** Wasserstoff: Aus Erdgas, das man im Prinzip auch direkt und effizienter verwenden könnte.
- **Gelber** Wasserstoff aus einer Mischung zwischen grünen und fossilen Trägern.
- **Roter, rosa, violetter** Wasserstoff mit Beteiligung von Atomkraft. In Deutschland offensichtlich unbedeutend, weltweit und als Import jedoch erwähnenswert.
- **Weißer** Wasserstoff als Abfall-/Kuppelprodukt aus chemischen Prozessen.

Die **Lagerung** und der **Transport** sind leider technisch aufwändig und verringern die Effizienz des Einsatzes weiter. Als Gas lässt sich Wasserstoff ähnlich wie Erdgas in Tanks oder unterirdischen Hohlräumen (Kavernen) sofort und ohne Kompression oder Kühlung speichern. Besonders praktisch ist die Beimischung in Erdgasleitungen von bis zu 10 Prozent, ohne dass Anpassungen an Leitungen oder Brennern erforderlich sind. So ist zusätzlich zum Transport auch eine gewisse Bevorratung möglich.

Das existierende Erdgasnetz ist aber leider für den Transport von reinem Wasserstoff nicht geeignet. Als erstes Element im Periodensystem ist es sehr leichtflüchtig. Es diffundiert durch übliche Leitungen und versprödet zudem das für Erdgas verwendete Material. Deshalb sind für den leitungsgebundenen Transport eigene Pipelines erforderlich, was für große Entfernungen (Sahara) weder praktikabel noch wirtschaftlich ist. Lokale Lösungen bei energieintensiven Industrien sind in Planung, die idealerweise über lokale Wind- oder Solarparks versorgt werden sollen.

Als weitere Speichermöglichkeit und zum Ferntransport lässt sich Wasserstoff unter Druck und Kühlung verflüssigen. Dabei entspricht der Verflüssigungsaufwand etwa einem Drittel der im Wasserstoff gespeicherten Energie. Zudem müssen die vakuumisolierten Tanks gekühlt werden und dann ist eine geringe Abdampfrate feststellbar.

Diese Zusammenhänge und Zahlen weisen darauf hin, dass die propagierte »**Wasserstoffwirtschaft**« maßlos überhöhte Erwartungen weckt. Das zeigt auch der Blick auf mögliche **Verwendungszwecke**:

- Die **industriellen Verwendungen** (Stahl, Gips, Zement, Papier usw.) sind bereits deutlich geworden,
- ebenso wie die **Rolle als Speicher- und Transportmedium**,
- wasserstoffgetriebene **Pkw** sind technisch verfügbar, die Drucktanks vertragen 600 bis 800 bar (also bis zu 800-mal den normalen Atmosphärendruck). Der Wasserstoff betreibt eine Brennstoffzelle, die einen Elektromotor mit Strom versorgt. Allerdings ist in einem Wechselspiel von technischer und politischer Entwicklung der Individualverkehr auf dem Weg zur Elektromobilität mit Batterien/Akkus. Eine Diskussion, ob nicht Wasserstoff-Individualverkehr sinnvoller gewesen wäre, erübrigt sich deshalb. Bei **Lkw** und **Bussen** ist das bei »Redaktionsschluss« noch nicht ganz entschieden.
- Binnen- und See**schiffe** lassen sich auch mit Wasserstoff betreiben. Wasserstofftanker nutzen Wasserstoff auch als eigenen Antrieb, sie haben ja mehr als genug Treibstoff an Bord. Es zeichnet sich jedoch nicht ab, dass diese technische Option in die Breite skaliert werden könnte:
  – Die Verfügbarkeit von ausreichenden Mengen grünem Wasserstoff war bereits Thema,
  – der Transport in die Binnen- und Seehäfen gestaltet sich wie beschrieben schwierig,
  – dann ist eine neue Tankinfrastruktur notwendig und
  – die Investitionen in neue Schiffe bzw. Umrüstung der alten.
- Wasserstoff lässt sich auch zur **Heizung** einsetzen: Als Beimischung zu herkömmlichen Erdgasheizungen wie geschildert. Das ist letztlich nur sinnvoll, wenn wir wirklich über so viel grünen Wasserstoff verfügen, dass Überschüsse ins Erdgasnetz eingespeist werden können. Spezielle Wasserstoff-Verbrennungsheizungen erfordern ein eigenes Leitungsnetz und die üppige Verfügbarkeit – beides ist nicht absehbar. Wasserstoff lässt sich auch wie im Auto über Brennstoffzellen in Strom verwandeln, der dann direkt über Radiatoren (Elektroheizkörper) oder Wärmepumpen zum Heizen dient – gleiche schlagende Einwände wie vorstehend.

- **Rückstrom**-Verwendung, also an üppigen Tagen Wasserstoff generieren und in Dunkelflauten wieder in Strom umwandeln. Für einen »Round-trip« wird die Energieeffizienz auf etwa 20 Prozent geschätzt. Stichwortartig beschrieben:
  - von Windkraft zu Wasserstoff,
  - zur Verflüssigung,
  - zur Lagerung,
  - zur Verbrennung als Gas zur Stromgewinnung über einen Generator,
  - und der Strom ist ja dann noch nicht die Nutzenergie wie Bewegung im Auto oder Wärme im Haus.

Die weiteren PtX-Formen

Es ist aufschlussreich, ergänzend einen Blick auf **Power-to-Liquids (P2L)** zu werfen. Die deutsche Energiewende-Strategie besteht darin, PtL zu vermeiden, denn die Haupteinsatzfelder von brennbaren Rohölprodukten lassen sich direkt auf Strom umstellen:

- Heizung statt mit Öl mit Wärmepumpe oder gleich ein Passivhaus (▶ Kap. 4.2),
- Pkw als E-Auto,
- Lkw mit Wasserstoff- oder Elektroantrieb.
- Kerosin im Flugverkehr bleibt unklar.

Power-to-Battery und -Heat spielen eine Rolle bei der Stabilität der Netze. Ihre Bedeutung tritt aber gegenüber P2G und P2L zurück.

2.2.5 Gaskraftwerke, Kohlekraftwerke, Carbon Capture and Storage (CCS) und weitere Energieformen

Gas- und Kohlekraftwerke

Als Brückentechnologie für dunkle Flauten sind Gaskraftwerke vorgesehen, die im Unterschied zu Kohle- oder Atomkraftwerken schneller hoch- und heruntergefahren werden können. Zudem hat Erdgas im Vergleich zu Öl eine etwa ein Drittel geringere CO_2-Emission pro Kilowattstunde Heizwert (▶ Kap. 3.1.4). Allerdings gehen Planung, Finanzierung und Bau der erforderlichen Gaskraftwerke zäh voran, so dass weiterhin Kohlekraftwerke für die deutsche Energieversorgung eine Rolle spielen. Hier sind die CO_2-Emissionen pro gewonnener Kilowattstunde Nutzenergie viel höher. Wobei zu unterscheiden ist zwischen konventionellen Braun- und Steinkohlekraftwerken sowie solchen mit Kraft-Wärmekopplung (Kombikraftwerk):

Die alten **konventionellen Kraftwerke** etwa im Rheinischen Revier zwischen Aachen, Düsseldorf und Köln verbrennen Braunkohle mit bis zu 50 Prozent Wasseranteil und geringer Energiedichte zur Stromerzeugung. Die Restwärme verpufft über die imposanten Kühltürme, Wirkungsgrad 30 bis 40 Prozent.

Das neu gebaute Großkraftwerk in Mannheim verbrennt als **Kombikraftwerk** Steinkohle, erhitzt damit Wasser zu Dampf, der Dampf treibt eine Turbine, an die ein Generator angeschlossen ist, der Strom erzeugt. Die Restwärme dieser Kraft-Wärme-Kopplung geht in das Fernwärmenetz der Region, wird also auch zumindest im Winter genutzt und verbessert den Wirkungsgrad (Kraft ist im Sinne von Energie/Elektrizität/Strom gemeint).

Die Restlaufzeit dieser Kraftwerke ist ja besiegelt in Deutschland. Weltweit sind viele in Planung und Bau. Gerne würde dieser Abschnitt klare Zahlen für Effizienz, Treibhausgasemission und Wirtschaftlichkeit der Varianten nennen, doch wieder hängt es von zahlreichen **Bedingungen** ab:

- Ein Gaskraftwerk eines Industrieparks gibt die **Energieeffizienz** von 95 Prozent an, da neben dem Strom die entstehende Wärme die Betriebe über ein Nahwärmenetz versorgt.
- Die CO_2-Emissionen hängen von der **Herkunft des Gases** ab:
  - Problemlos in Sibirien gefördert, effizient über Pipelines transportiert und dann ohne Umwandlung verbrannt?
  - Oder über Fracking im Mittleren Westen der USA mit erheblichem Energieaufwand und Umweltschäden gefördert. Dann in Liquified Natural Gas (LNG) umgewandelt, ähnlich dem Wasserstoff komprimiert und in Drucktanks gelagert (allerdings ohne Kühlnotwendigkeit). In speziellen Tankern in den LNG-Terminals im Wattenmeer antransportiert und dann wieder in Gase verwandelt, um über das vorhandene Erdgasnetz an den Verbrennungsort (Gaskraftwerk, Haushalt, Industrie) transportiert zu werden.
- Ein entscheidender Faktor für die Wirtschaftlichkeit von Kraftwerken und der dort erzeugten Energie ist die **Auslastung.** Betreiber streben möglichst viele Betriebstage pro Jahr an. Die Gaskraftwerke zur Pufferung der Smart Energy Grids sind so konzipiert, dass sie nur in Mangelsituationen arbeiten sollen und diese Mangelsituationen sollen mit fortschreitender Energiewende seltener werden. Die erzeugte Energie ist somit wichtig, aber teuer, und beim Einsatz von Frackinggas zudem noch ökologisch belastend.

Carbon Capture and Storage (CCS)

Eine erwähnenswerte Rolle in der Diskussion um die Klimaverträglichkeit der Energieversorgung spielt die **Abscheidung und Speicherung von Kohlendioxid (Carbon Capture and Storage, CCS)**. Das Kohlendioxid wird nach der Verbrennung von Kohle oder anderen fossilen Energieträgern in Kraftwerken »End-of-Pipe« abgeschieden (Capture) und in Gesteinsschichten oder unterirdische Kavernen verpresst (Storage). Die technischen Verfahren sind im Kraftwerksmaßstab noch nicht ausgereift und es kann deshalb naturgemäß auch noch keine Langzeiterfahrungen mit der Lagerung geben.

Die Betreiber von konventionellen Kraftwerken sehen darin eine Möglichkeit, alte Anlagen und insbesondere neue Kraftwerke sauberer zu betreiben, auch wenn der Wirkungsgrad der Kraftwerke deutlich nachlässt. Bis zu 25 Prozent der Kraftwerkleistung sind für Abtrennen, Transport und Einlagerung (Verpressen) des Kohlendioxids aufzubringen. Kritiker des Verfahrens sehen darin eine Alibimaßnahme, um in Deutschland die alten Versorgungsstrukturen aufrechtzuerhalten. Statt energisch in Maßnahmen der Energieeffizienz zu investieren und den verbleibenden Energiebedarf über regenerative Quellen zu decken.

Kehren wir zurück zum Überblick in Abschnitt 2.2.1, in der die primären Erscheinungsformen regenerativer Energien erschöpfend aufgeführt sind. Die vorstehenden Abschnitte haben die besonders wichtigen Wind- und Solarenergie bereits behandelt. Biomasse, Geothermie und Wasserkraft stehen noch aus.

Biomasse

Pflanzen benötigen Kohlenstoff zum Wachstum und nehmen ihn aus der Luft über die Fotosynthese auf. Beim Zerfallen des Holzes beispielsweise wird dieser Kohlenstoff wieder frei und verbindet sich mit Sauerstoff zum Treibhausgas CO_2, ein natürlicher Kreislauf. Entnehmen wir den Wäldern **Holz** und verbrennen es direkt, als Kaminholz, Holzpellets oder Holzhackschnitzel, wird das CO_2 genau wie beim langsamen Zerfall im Wald frei. Allerdings ohne den humusbildenden Effekt. So ersetzt es fossile Brennstoffe, die sonst genutzt worden wären. Deshalb hängt auch die Berechnung des Ersatzeffekts stark von der Annahme ab, welche Energiequelle ersetzt wurde.

Dem Einsatz von Holz ist in Deutschland Grenzen gesetzt. Unsere Wälder sind weitgehend bewirtschaftete Forste, denen es nicht bekommt, immer wieder Biomasse zu entnehmen. Der Import von Holz zur Verbrennung aus Osteuropa verschlechtert die Ökobilanz durch den Transport. Und kann auch dort zur Übernutzung führen und verführen.

Landwirtschaftlich angebaute Energiepflanzen wie Mais oder Raps lassen sich mit verschiedenen Verfahren aufbereiten:

- Biogas ist ein Gemisch aus überwiegend Methan und Kohlendioxid, das bei Gär- und Fäulnisprozessen entsteht. In der Natur sind es Sumpfgase, in landwirtschaftlichen Betrieben lassen sich auch Tierdung und Gülle zu Gas verarbeiten.
- Flüssige Brennstoffe wie Bioalkohol (Ethanol) kann aus zucker- und stärkehaltigen landwirtschaftlichen Produkten hergestellt werden. Insbesondere in Ländern mit großer Sonneneinstrahlung lohnt sich die Produktion, so dass fossiles Benzin und regeneratives Ethanol wahlweise in entsprechend ausgelegten Ottomotoren (übliche Benzinmotoren) verwendbar sind. Ein großer Teil der Autos in Brasilien fährt mit Bioethanol, das aus Zuckerrohr gewonnen wird. Das ist problematisch, da die Plantagen mit dem Nahrungsmittelanbau konkurrieren, Monokulturen sind und den Regenwald zurückdrängen.
- Biodiesel wird vorwiegend aus Pflanzenölen wie dem Raps gewonnen. Durch das chemische Verfahren der Umesterung entsteht Methylester mit annähernd den Eigenschaften konventionellen Diesels. Es entsteht wie bei normalem Diesel bei

der Verbrennung Ruß, jedoch weniger gasförmige Schadstoffe. Motoren müssen für die Verwendung von Biodiesel umgerüstet werden oder darauf ausgelegt sein.

Bioenergie sollten wir zusammenfassend als Nische und Ergänzung sehen, zu groß sind die Nachteile: Monokulturen mit Einsatz von Pflanzenschutzmitteln und eingeschränkter Biodiversität sowie der Konflikt »Tank oder Teller«. Eine Tankfüllung benötigt etwa die Kalorienmenge, durch die ein Mensch ein Jahr satt werden kann.

Geothermie

Geothermie lässt sich einteilen in oberflächennahe Wärmenutzung und Tiefengeothermie:

Oberflächennah herrschen bereits ein bis zwei Meter unter dem Boden Temperaturen von 8 bis 10 Grad, im Sommer und im Winter. Damit ergeben sich einfach zu nutzende Möglichkeiten für eine Vorerwärmung für Wärmepumpen im Winter in kalten Klimazonen. In warmen Regionen und im Sommer lässt sich kühlen, ein Potenzial, das der Verfasser vielfach in der Literatur und der Umsetzung vermisst.

Neben dieser kleinen, lokalen Erdwärmenutzung ist aber auch eine großtechnische Nutzung möglich, die **Tiefengeothermie**. Geothermiekraftwerke bohren teils über einen Kilometer in die Tiefe oder nutzen oberflächennahe, heiße geologische Strukturen, wie sie beispielsweise in Island vorkommen. Gemäß einer Überschlagsrechnung nimmt die Temperatur pro 100 Meter Tiefe um drei Grad zu. Im Erdkern herrscht eine Temperatur von 6.000 Grad. Etwa ein Drittel der Energie in erreichbaren Tiefen stammt aus dem Erdkern, die anderen zwei Drittel sind auf den Zerfall natürlicher radioaktiver Elemente wie Uran oder Thorium innerhalb der Erdkruste und im Erdmantel zurückzuführen.

Beim Hot-Dry-Rock-Verfahren beispielsweise sind mindestens zwei Bohrungen in Erdschichten notwendig, in denen Temperaturen über 100 Grad herrschen. Über eine Bohrung wird Wasser in das Gestein gepresst, das porös und mit Spalten durchzogen sein muss. Denn dann kann das Wasser als Dampf über das andere Bohrloch wieder austreten und eine Turbine antreiben. Gerade in geologisch labilen Zonen finden sich vielfach gute Bedingungen. Allerdings kann das Verfahren mit steigenden Tiefen und hohem Druck Erdbeben auslösen. Also schwierig im engen Deutschland.

Sogar Erdsonden zur Versorgung von Wärmepumpen, deren Tiefe auf 60 bis 80 Meter begrenzt sind, bringen potenzielle Gefahren mit sich. In der Stadt Staufen in Süddeutschland wurde eine trockene, aber quellfähige Schicht getroffen. Es drang dann Grundwasser ein, so dass sich der Boden hob und Gebäude Risse bekamen. Die Wahrscheinlichkeit für solche Szenarien ist jedoch gering und Genehmigungen für Bohrungen weitgehend problemlos zu erlangen.

Wasserkraft

Der Anteil der Wasserkraft an der Primärenergieversorgung von Deutschland beträgt wenige Prozent. wobei in Recherchen darauf zu achten ist, ob der Anteil nur an der Stromerzeugung angegeben ist oder am gesamten Primärenergiebedarf, also auch Öl und Gas einbezogen sind. Damit ist das Potenzial weitgehend ausgeschöpft, denn der Naturschutz steht in Zielkonflikt mit einem weiteren Ausbau. Wasserkraft bedingt Flussregulierung und Stauwerke, um mittels Turbinen und Generatoren elektrische Energie zu gewinnen. Im überbesiedelten Deutschland wird im Gegenteil der Ruf nach Renaturierung lauter, um beispielsweise Lachsen wieder ihre Wanderung durch den Rhein in ihre Geburtsflüsse zu erlauben. Die Wiederansiedelung dieser Fische, deren Leben ein Naturwunder darstellt, ist von hoher Symbolkraft. Sie wander(t)en von den Quellflüssen in den Alpen, Schwarzwald und Vogesen durch den Rhein bis vor Grönland. Um dann wieder zurückzukehren, in den Geburtsbächen zu laichen und zu sterben. Die Staustufe von Iffezheim mit ihrem 148 Megawatt Wasserkraftwerk ist riesige Blockade. Die Fischtreppe allein hat 18 Millionen Euro gekostet. Das Bauwerk symbolisiert, wie stark die Menschheit seit der Rheinregulierung im 19. Jahrhundert in die Gewässer eingegriffen hat. Andere Länder haben viel bessere Voraussetzungen für die Nutzung der Wasserkraft so etwa Norwegen oder die Schweiz.

Die Mondgravitation mit den Gezeiten stellt eine gewaltige Energie zur Verfügung, die aber technisch schlecht zu ernten ist. Seit langem funktioniert eine Gezeitenkraftanlage bei St. Malo in Frankreich mit einem Tidenhub von bis zu 12 Metern problemlos. Aber für eine breite Nutzung sind die Hinderungsgründe ausschlaggebend: Zu wenige geeignete Standorte, Natur- und Landschaftsschutz mit den Konkurrenzinteressen, Transport zu den Verbrauchern und Wirtschaftlichkeit. Die Nutzung der Wellenenergie spielt ein ähnliches Nischendasein mit Versuchsanlagen beispielsweise in Schottland.

2.2.6 Steuerung und Netzstabilität: Intelligente Netze (Smart Energy Grids)

Wie eingangs in Abschnitt 2.2.1 geschildert, geht die neue Energiewelt mit einer herausfordernden Komplexität einher, die die vorstehenden Abschnitte in Grundzügen erklärt haben. Damit sind intelligente Netze (Smart Energy Grids) erforderlich, worunter manchmal nur Stromnetze verstanden werden. Doch das greift angesichts von PtX und Sektorkopplung deutlich zu kurz. Im Folgenden sind immer alle Netze mit allen Umwandlungs- und Speichermöglichkeiten gemeint. Hinzu kommt die Verbraucherseite als wichtigem, aktiven Spieler (Demand Side Management – DSM, Anpassungsverhalten der Verbrauchsseite). Die Darstellung 2.4 illustriert die Komplexität.

2.2 Technologien zur Nutzung

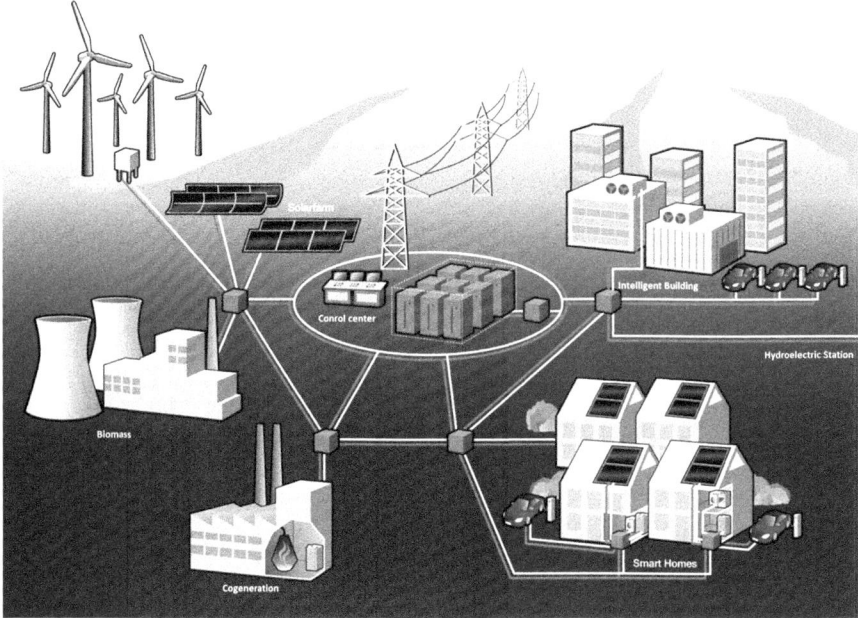

Dar. 2.4: Smart Grid

In der Abbildung lassen sich **wichtige Spieler der Energiewende** erkennen. Wobei sie nicht vollständig ist, ebenso wenig wie die folgende strukturierte Aufzählung:

- Versorgungsseite (Supply Side):
  - Die alte, fossile, zentrale Versorgung mit Kohlekraftwerken, Gaskraftwerken usw.
  - Die neue, regenerative Versorgungsseite mit Solar- und Windkraftanlagen
- Verbrauchsseite (Demand Side):
  - Privathaushalte, Dienstleistungsunternehmen, Behörden mit Gebäuden
  - Industrie
  - Verkehr jeder Art
- Prosumer (Kombination aus Production and Consumer): Häuser und Fabrikhallen mit Solaranlagen; Industrieanlagen, deren Prozesswärme Nahwärmenetze speist usw.
- Informationsversorgung über Smart Meter, Smart Home, Smart Factories, Smart Cities usw. Mit Preisbildung an der Energiebörse (European Energy Exchange, EEX).
- Netzbetreiber, die mit Speicherung und Power-to-X unter Einbeziehung anderer Akteure die (Strom-)Netzstabilität und hohe Versorgungssicherheit anstreben. Dabei lassen sich viele kleine Energiequellen und -speicher zu **virtuellen Kraftwerken** als »**Schwarmstrom**« zusammenfassen.

2 Das »Big Picture« als Hintergrund unternehmerischen Handelns

Dieses Gesamtsystem muss mit der Verfügbarkeit der Erneuerbaren atmen. Früher reichte die **Anpassung der Versorgungsseite**, nun kommt zunehmend die Verbrauchsseite hinzu, die ebenfalls gemanagt werden muss (**Demand Side Management**). Das bedeutet zu sparen, wenn der Strom knapp und teuer ist. Und den Verbrauch hochzufahren sowie die Speicher zu füllen, wenn die Sonne scheint und der Wind weht.

Dazu sind finanzielle Anreize nötig und hier kommt eine neue Interpretation des Zitats von Ernst-Ulrich von Weizsäcker ins Spiel, dass »die Preise die ökologische Wahrheit sagen müssen«. Das ist hauptsächlich im Sinne einer Internalisierungsabgabe/Pigou-Steuer gemeint. Hier ist die Bedeutung: Die Verbraucher und Erzeuger sind jederzeit (online oder wenigstens in Viertelstundenrhythmen) über die Knappheit des Stroms zu informieren, um entsprechend ihrer Beiträge zur Netzstabilität leisten zu können. Diese Knappheit lässt sich im Prinzip über einen an der Börse gebildeten, flexiblen Strompreis messen. Die vielen Detailprobleme mit Rechnungskreisen, Hoch-, Mittel- und Niederspannungsnetzen, Finanzspekulationen, Auslandsverflechtungen usw. verkomplizieren dies allerdings. Wichtig sind flexiblen Stromverträge, die jedoch nur mit **Smart Meter** funktionieren (▶ Dar. 2.5).

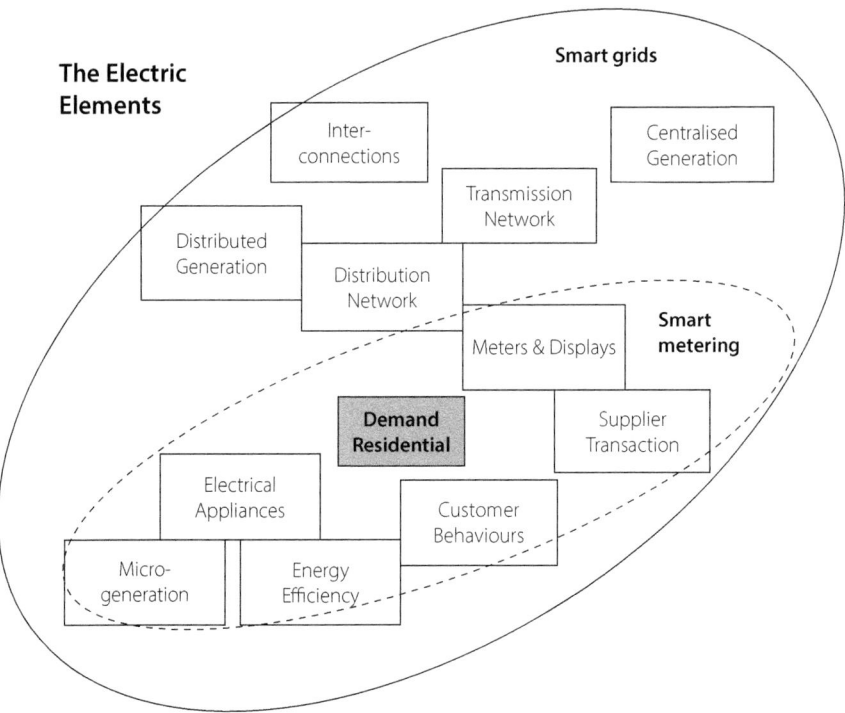

Dar. 2.5: Smart Metering

Gegenüber den alten, schwarzen Strommessern mit dem rotierenden Rädchen, die einmal im Jahr abgelesen werden, kann ein Smart Meter jederzeit die Last (Leistung) messen. Und auf ein Handy, eine Leitwarte eines Unternehmens, zum Netzbetreiber und Energieversorger schicken. Auch der aktuelle Strompreis lässt sich verknüpfen mit dem jeweiligen Verbrauch, so dass sich Anpassungsmaßnahmen auszahlen. **Negative Preise am Spotmarkt der EEX** illustrieren die Situation und machen gleichzeitig Hoffnung für die Zukunft (▶ Dar. 2.6).

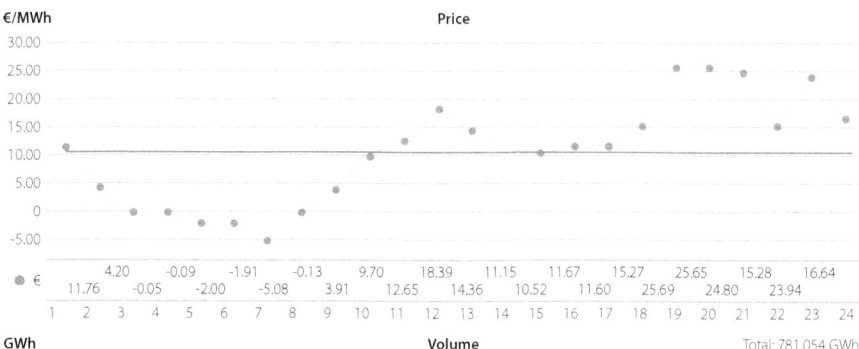

Dar. 2.6: Negative Preise auf dem Spotmarkt der EEX (Quelle: EPEX Spot SE; Intradaymarkt 09.-10.06.2016)

Die Digitalisierung und ihre Auswirkung auf Energiewende, -märkte und -management erscheint immer wieder in den weiteren Kapiteln. Darstellung 2.7 zeigt **zusammenfassend wichtige Player** auf dem Energiemarkt, die alle verknüpft sind.

2.2.7 Sahara und Sibirien: persönliche Eindrücke

Der Verfasser hat Zweifel, ob Deutschland energieautark werden könnte. Trotz großer Einsparpotenziale ist das Land einfach zu dicht besiedelt, um den verbleibenden Bedarf regenerativ zu decken. Hinzu kommt die zeitliche Verzerrung zwischen Verbrauch und Energieernte. Wochenlange Dunkelflauten ließen sich nur mit hohem technischem Aufwand und entsprechenden Kosten bewältigen. Aber in diese Richtung weiterzudenken ist nicht erforderlich. Europa hat Regionen vor der Haustüre, die über mehr als ausreichende Fläche verfügen, ökologisch unkritisch, wind- und sonnenhöffig. Das ist die Sahara, weitere Teile des Nahen und Mittleren Ostens sowie Russland mit Sibirien. Als »Big Picture« ist die regenerative Energieversorgung deshalb ganz einfach zu denken. Das offene Geheimnis des Gelingens liegt in der Desertec-Grundidee, die gewonnene elektrische Energie sofort zu den Verbrauchern zu leiten oder über Power-to-X als andere Energieformen zu transportieren. Gleichzeitig ist so eine Speicherung möglich.

2 Das »Big Picture« als Hintergrund unternehmerischen Handelns

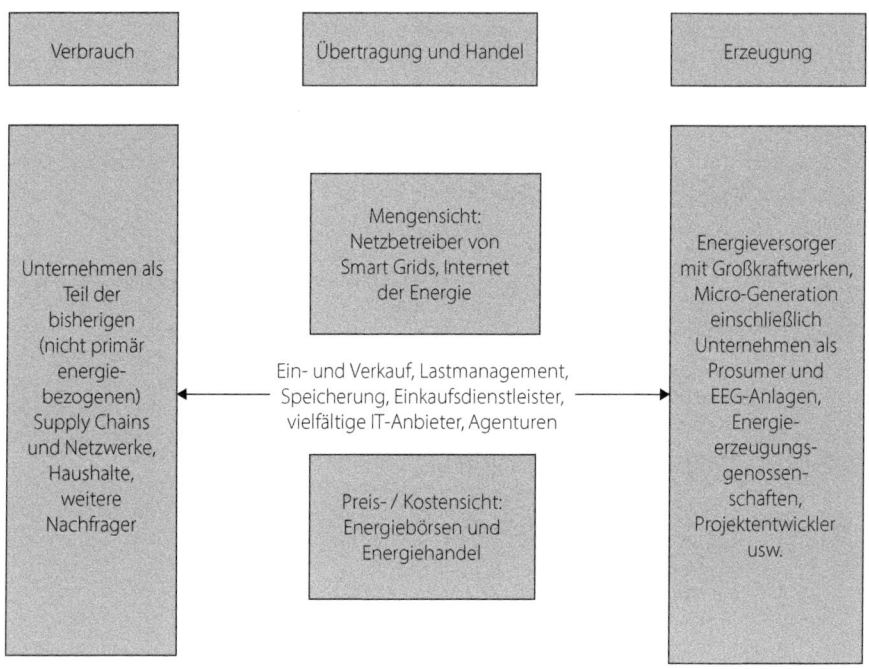

Dar. 2.7: Wichtige Akteure und Institutionen des Energiemarktes im Überblick (in Anlehnung an Kals 2014, S. 120)

Eindrücke von Flügen über die Sahara und Sibirien

Hier bietet es sich an, Episoden aus persönlicher Erfahrung einzuflechten. Berufliche Flugreisen haben den Verfasser nach Marokko und China geführt (mit der Hoffnung, dass die Kohlenstoffbilanz letztlich positiv bleibt durch die Vorträge in Casablanca und die Gastprofessur in Peking).

Nach dem Start in Frankfurt Richtung **Casablanca** folgte zunächst der Flug über Deutschland, wo auch aus der Luft erkennbar jeder Quadratmeter reglementiert ist. Siedlung und Landwirtschaft sollen sich nicht in die Naturschutzgebiete fressen. Selbst der Wald ist zumeist als Forst erkennbar, fast kein Nat-Ur-Wald mehr. In Afrika hingegen führte der Flug einige hundert Kilometer über die Wüste. Da ist nichts, was gestört oder zerstört werden könnte, nur Sonne und Wind.

Von **Peking** zurück ging es über die Mongolei, Sibirien, den Ural. Erst zwischen Moskau und Sankt Petersburg waren wieder nennenswerte Siedlungen zu erkennen. In Sibirien gibt es Straßen, die Dutzende Kilometer wie ein Lineal durch die Landschaft schneiden. Ökologisch sicher höherwertiger als Wüsten, aber mir wurde erst auf diesem Flug der Unterschied zu Deutschland wirklich anschaulich klar. Wir haben laut Destatis.de (Datenbank des Statistischen Bundesamts, 2021) 238 Einwohner je Quadratmeter, ein wunderbares Klima mit fruchtbaren Böden und fast überall seit Jahrhunderten vom Menschen gestaltete Kulturlandschaften. Marokko ist für nordafrikanische Verhältnisse dicht besiedelt mit 84 Einwohnern pro Quadratkilometer. Zum Vergleich hat Algerien 19, Libyen 4, und Russland liegt bei 9.

Das liegt eben auch daran, dass sich im Unterschied zu Deutschland viele Gebiete nicht für menschliche Besiedlung eignen. Was aber Windkraftanlagen und Solarmodulen egal ist. Selbst in Deutschland haben wir noch zahlreiche Flächenpotenziale: Hausdächer und Wände, Autobahnen, Landstraßen und Parkplätze. Möglicherweise – hier fehlen die Erfahrungen – vertragen sich auch einige landwirtschaftliche Nutzflächen mit Fotovoltaik (**Agrosolar**). Doch es hat wenig Sinn, mit hohen Kosten und gegen gesellschaftliche Widerstände die energetisch letzten Möglichkeiten aus unserem Land herauszukitzeln, wenn es in internationaler Kooperation einfach geht und auch für die anderen Länder Nutzen schafft. Hier sind die Ideen von David Ricardo zu den komparativen Vorteilen des internationalen Handels wirklich sinnvoll.

»All-Electric-Society« abgemildert durch Weiterbetreiben vorhandener Infrastruktur

Insbesondere die **Sibirien-Perspektive** ist naheliegend, denn die vorhandenen Gas- und Ölpipelines ermöglichen es schon jetzt, grünes Gas sowie grüne flüssige Brennstoffe zu transportieren. Direkte Stromleitungen wären zu ertüchtigen bzw. zu erbauen. In Russland könnten je nach Standort in der Nähe der Pipelines Solar- und Windkraftanlagen in der erforderlichen Größenordnung errichtet werden, um dann über Power-to-X die gewünschten Mengen brennbare Gase und Flüssigkeiten zu erzeugen. Quasi nebenher ist dann auch das Problem der Lagerung gelöst, denn gasförmige Brennstoffe lassen sich in Tanks, Kavernen und dem Leitungsnetz speichern, flüssige Brennstoffe in den schon vorhandenen Tanks.

Das würde **neue Handlungsmöglichkeiten** eröffnen, denn die Entwicklung in Deutschland macht elektrische Energie zum Dreh- und Angelpunkt der Energiewende: für die Elektromobilität im Verkehr, Wärmepumpen in der Heizung und aus Strom generierter Wasserstoff für energieintensive industrielle Prozesse. Mit der obigen Strategie könnten die gewaltigen Investitionen im Automobil- und Immobilienbereich zumindest teilweise obsolet werden. Wir könnten ohne schlechtes Gewissen teils bei brennbaren Gasen und Flüssigkeiten bleiben. Dazu müssten die Finanzmittel in Wind-, Solarparks sowie Power-to-X-Technologie in die Sahara und nach Sibirien fließen. Konkret ließen sich beispielsweise Ein-Liter-Autos weiter mit Verbrennungsmotoren betreiben, statt Pkw mit Elektroantrieb zu fahren (dazu die Ausführungen zur Funktion Logistik ▶ Kap. 4.3.6). Im Gebäudebereich ließen sich dann die vorhandenen Gas- oder Ölheizungen teils weiterbetreiben, statt sie durch teure und technisch oft nicht passende Wärmepumpen zu ersetzen. Um es noch mal auf den Punkt zu bringen: Es gilt die riesigen Spar- und Effizienzpotenziale auszuschöpfen, die vorhandene Energie-Infrastruktur zu nutzen und anzupassen, statt sie teilweise mit enormen Anstrengungen zu ersetzen.

Geopolitisch wird diese Perspektive in Deutschland sicher als schwierig gesehen, denn die Politik will die **energetische Abhängigkeit** von wenig demokratischen

Ländern reduzieren. Aber technisch und wirtschaftlich sind diese grundlegenden Ideen sicher wert, weitergedacht zu werden. Schon beim gegenwärtigen Stand einer erschreckend zerstrittenen Menschheit ist Deutschland in vielfacher Weise abhängig, z. B. bei Energie, Nahrungsmitteln, Computerchips. Insofern würde sich wenig ändern.

Kommen wir auf die in Abschnitt 2.2.1 identifizierten zentralen Probleme der Energiewende zurück:

- Die Grundidee der Desertec-Initiative zeigt, dass die Welt reich mit Energie gesegnet ist, das **Mengenproblem** lässt sich lösen.
- Allerdings in unpraktischen Weltgegenden (Transportproblem) und teils zu falschen Zeiten (Speicherproblem). Die Umwandlung von Strom in andere Energieträger (PtX) kann **Transport- und Speicherproblem** lösen helfen.
- Damit lässt sich auch das **Sektorkopplungsproblem** lösen, denn neben ausreichen Strom stehen auch gasförmige und flüssige Brennstoffe zur Verfügung und die Sektoren helfen sich flexible mit ihren Kapazitäten.
- Allerdings erfordert das gut funktionierende, intelligente Energienetze. Mit einem transparenten, durchdachten Gesamtkonzept finden sich auch staatliche und private Geldgeber für die Investitionen. Also auch das **Finanzproblem** lässt sich lösen.
- Beim **Planungsproblem** ist zunächst die Politik gefordert – das sind aber in einer Demokratie letztlich wir alle.

2.3 Rechtliche Regelungen und betriebswirtschaftliche Interdisziplinarität

Hier bietet sich ein Abschnitt zu rechtlichen Rahmenbedingungen aus zumindest zwei Argumentationssträngen an:

- Gesetzgeber steuern die Energiewende in Deutschland, Europa und der Welt über ihre Rahmensetzung. Diesen Teil der Wirtschaftsverfassung (alle Regelungen mit Relevanz für die Wirtschaft) müssen die Unternehmen als Rahmen ihrer strategischen Planung voraussetzen. Darüber hinaus stellen Unternehmen und Verbände ihr Know-how zur Verfügung, um einen sinnvollen rechtlichen Rahmen mitzugestalten (die positive Sicht). Weiter arbeiten sie als Lobbyisten manchmal emsig und zäh für ihre Partialinteressen (die negative Perspektive).
- Die DIN EN ISO 50001 zum Energiemanagement fordert die Unternehmen auf, ein Rechtskataster zu erstellen. Eine Zusammenstellung aller für sie relevanten energiebezogenen Regelungen erscheint sinnvoll.

Der Begriff »Energierecht« bezeichnet die Rechtsnormen, die sich auf die Energiewirtschaft beziehen. Sie regeln die Tätigkeit der EVUs, ordnen die Märkte und streben die Weiterentwicklung der Energie-Infrastruktur an. Dieser Bereich ist zusehends umfangreicher und komplexer geworden, wie es sich exemplarisch am »Gesetz über die Elektrizitäts- und Gasversorgung« (Energiewirtschaftsgesetz – EnWG) zeigt. Das EnWG selbst wurde mehrfach novelliert, wobei zahlreiche Durchführungsverordnungen die handlungsleitenden Details bestimmen.

Der rechtliche Rahmen für energieorientierte Aufgaben von Unternehmen außerhalb der Energiebranche ist sehr breit gefasst. Vielfach (ver)stecken sich energie- und CO_2-bezogene Vorgaben in Regelungen, die nicht direkt unter dieser Bezeichnung einherkommen, beispielsweise im Baurecht. Zudem überlappen sich Umweltrecht und energiebezogene Regelungen. Ein komplexes Zusammenspiel ergibt sich auch aus der Hierarchie der Körperschaften und überstaatlichen Organisationen, die Regelungen erlassen:

- Die kleinste Einheit der Gebietskörperschaften sind **Landkreise, Gemeinden, kreisfreie Städte und Städte**. Sie erlassen beispielsweise kommunale Bauordnungen, legen die Flächennutzung im Detail fest und verfügen manchmal über eigene Förderprogramme, z. B. zur Gebäudesanierung.
- Die **Bundesländer** bilden die nächsthöhere Ebene und legen eine Energiestrategie fest, die über ein Bündel rechtlicher Maßnahmen umgesetzt wird. Hierzu gehört beispielsweise die Festlegung von Zielen für den Anteil erneuerbarer Energien. Ein entscheidender Hebel dazu sind Planungs- und Genehmigungsverfahren bzw. deren Vereinfachung. Auch die Energieforschung an Universitäten und Hochschulen ist im Kern Ländersache.
- Die letzte Ebene der staatlichen Gebietskörperschaften ist der Staat **Deutschland**. Die meisten Regelungen sind sinnvollerweise zentral ausgerichtet, um eine sich widersprechende Vielfalt in den Ländern zu vermeiden. Beispiele sind das Gebäudeenergiegesetz (GEG, siehe Abschnitt 4.2), das Erneuerbare-Energien-Gesetz (EEG, folgender Abschnitt 2.4) oder die Regelungen des Stromsteuergesetzes (StromStG). Letztlich ist es der Bund, der mit seinen Regelungen die Preise für Energie sehr stark prägt.
- Energie und Treibhausgase hängen von überstaatlichen, globalen Zusammenhängen ab. Sie sind sinnvollerweise auch auf dieser Ebene zu regeln. Zunächst zur **EU-Ebene**, die u. a. den Emissionshandel über die EEX ins Leben gerufen hat. Für Unternehmen sind die Vorgaben zur Nachhaltigkeitsberichterstattung von Bedeutung (Sustainability Reporting and Disclosure Standards -SRDS – sowie die konkreteren European Sustainability Reporting Standards – ESRS, siehe Abschnitt 3.1.1). Die EU setzt auch bei der Entwicklung neuer Produkte an, beispielsweise durch die Verordnung (EU) 2024/1781 zur Schaffung eines Rahmens für die Festlegung von Ökodesign-Anforderungen für nachhaltige Produkte« (ESPR). Die 2012/27/EU-Energieeffizienzrichtlinie zielt auf die energetische Sanierung des Gebäudebestands ab.
- Auf globaler Ebene findet sich die Menschheit unter Organisation der **UN** seit 1992 regelmäßig zu Weltklimakonferenzen zusammen (Conference of the Parties, COP). Gemeinsames Ziel ist es, die Erderwärmung auf unter zwei Grad zu begrenzen und somit auch den Ausstoß entsprechender Klimagase. Letztlich

drückt sich ein Konflikt zwischen dem Globalen Süden und den Industriestaaten aus. Der Süden hat von den Emissionen historisch weniger profitiert als die Industrieländer, ist aber gegenüber den Klimafolgen verletzlicher. Ein »Fonds für Klimaschäden und -verluste« soll das ausgleichen, füllt sich jedoch nur zögernd. Letztlich sind die COPs auf den guten Willen der Teilnehmer angewiesen, da die UN nicht mit wirksamen Sanktionsmechanismen ausgestattet ist. Die Souveränität und Macht liegt also letztlich bei den Einzelstaaten. Die Staaten, die fossile Energieträger fördern und exportieren, sind erkennbar zögerlich bei dem Übergang.

Schlussfolgerungen für die Energie-BWL und entsprechend ausgerichtete Betriebswirte: Der energiebezogene rechtliche Rahmen ist detailliert, dynamisch und kann von entscheidender Bedeutung für das zu lösende Problem sein. Dazu ist es vielfach erforderlich, mit Fachleuten zusammenzuarbeiten. Schon in der Lebensphase des Verfassers als Consultant beim Aufbau von Umweltmanagementsystemen bestand ein Standard-Team aus einem Ingenieur, einem Juristen und einem Betriebswirt. Allein, um als Team agieren zu können, sind die Grundbegriffe und –kenntnisse der anderen Disziplinen nötig, um effizient kommunizieren zu können. Ein Betriebswirt benötig also neben seinem Kern-Know-how vielfache interdisziplinäre Kenntnisse, wie es sich in Wirtschaftsingenieurwesen, -recht, -informatik, -mathematik, -statistik, -ethik, -psychologie, -geschichte usw. ausdrückt. Das kommt gerade im Energie-Ansatz deutlich zum Vorschein. Es sei deshalb Studierenden empfohlen, bewusst auszuwählen, welche Spielbeine sie neben dem fachlichen Standbein trainieren.

Im Weiteren sind die Wirkungsweisen wichtiger rechtlicher Regelungen in einzelnen Kapiteln/Funktionen vielfach eingeflochten. Das betrifft auch Normen, Vereinbarungen, Standards, Siegel, die keinen Gesetzesrang haben. Das Kapitel sechs erläutert zudem die relevanten DIN EN ISO-Normen, die global und branchenunabhängig sind. Indirekt beschäftigt sich auch der folgende Abschnitt mit Gesetzen. Die Volkswirtschaftslehre beleuchtet wichtige theoretische Hintergründe, die die Wirtschaftspolitik dann mit rechtlichen Vorschriften in eine Wirtschaftsverfassung umsetzt.

2.4 Volkwirtschaftlich-wirtschaftspolitische Hintergründe

Die Marktwirtschaft hat im Zusammenhang mit Energieverbrauch einen entscheidenden Webfehler: Es entstehen externe Kosten.

- Der Abschnitt 2.4.1 beschreibt dieses Marktversagen mit dem Marktgleichgewichtsmodell und thematisiert das naheliegende Heilmittel: eine Internalisierungsabgabe. Die Umsetzung ist jedoch nicht so einfach, deshalb
- systematisiert und diskutiert Abschnitt 2.4.2 die wirtschaftspolitischen Handlungsmöglichkeiten.

- Der so angereizte Umbau erfordert neue Technologien. Abschnitt 2.4.3 erklärt deren Hochfahren durch die betriebswirtschaftlich vielfach empirisch belegte Lern- oder Erfahrungskurve.
- Abschnitt 2.4.4 greift diesen Optimismus auf und beschreibt technologischer Fortschritt als Anstoß für eine neue Industrielle Revolution. Sie führt zu Wachstum und Wohlstand – was wir aber hoffentlich mit Lebensqualität und Nachhaltigkeit weise kombinieren.

2.4.1 »Pigou-Steuer« und Kostensenkung der Erneuerbaren durch technologischen Fortschritt

Die ethische Rechtfertigung eigennützigen Handelns, wonach der Markt wie eine unsichtbare Hand den größten Nutzen für die größte Zahl herbeiführt, wird durch das Auftreten externer Kosten ausgehebelt. Statt zur erhofften optimalen Verteilung (Allokation) von Gütern (Ressourcen) und dem daraus entspringenden Nutzen kommt es zu einer Fehlallokation, zu Zerstörungen statt zur Schaffung von Werten. Die darin angelegte **Ungerechtigkeit wirkt auf drei Ebenen**:

- **Innerhalb der Volkswirtschaft** profitieren Anspruchsgruppen des Unternehmens, insbesondere die Anteilseigner, aber auch Mitarbeiter, Lieferanten und Kunden. Andere Anspruchsgruppen (oft mit Öffentlichkeit, Staat oder Gesellschaft bezeichnet) tragen die Kosten mit, sind aber nur in geringerem Maße am Nutzen, beispielsweise über Steuereinnahmen, beteiligt.
- Am hohen wirtschaftlichen Stand der Industriestaaten, die in der geschichtlichen Perspektive den Klimawandel durch ihren Energieverbrauch maßgeblich verursacht haben, profitiert der **Globale Süden** wenig. Aber die Folgen des Klimawandels trifft die trockenen Gebiete im Süden, was ebenso für den zu erwartenden Anstieg des Meeresspiegels gilt.
- Das stärkste Missverhältnis besteht in einer **zeitlichen Sichtweise** zwischen unserer Generation und kommenden Bewohnern dieser Welt.

Dieser Funktionsfehler der Marktwirtschaft verdeutlicht das **Marktgleichgewichtsmodells mit der Einbeziehung der externen Kosten**.

In der Darstellung 2.8 sind Angebotskurve und Nachfragekurve eingetragen. Im linken Teil sind der Preis und die Angebotsmenge niedrig. Die Nachfrager würden aber zu diesem Preis mehr kaufen, was sich in der Nachfragekurve ausdrückt. Es bleibt also Nachfrage unbefriedigt. Mit steigendem Preis kommt es zum Marktgleichgewicht. Das Angebot ist genauso hoch wie die Nachfrage, jeder Anbieter findet einen Käufer und der Markt wird geräumt. Bei höherem Preis öffnet sich eine Schere zwischen hohem Angebot und niedriger Nachfrage. Dieser Mechanismus steuert die Verteilung von Gütern und führt über Konkurrenz, Wettbewerb und Innovation zu Wirtschaftswachstum und Wohlstand. Energieverbrauch geht in den Marktmechanismus ein, indem er als Kostenbestandteil die Angebotskurve der

2 Das »Big Picture« als Hintergrund unternehmerischen Handelns

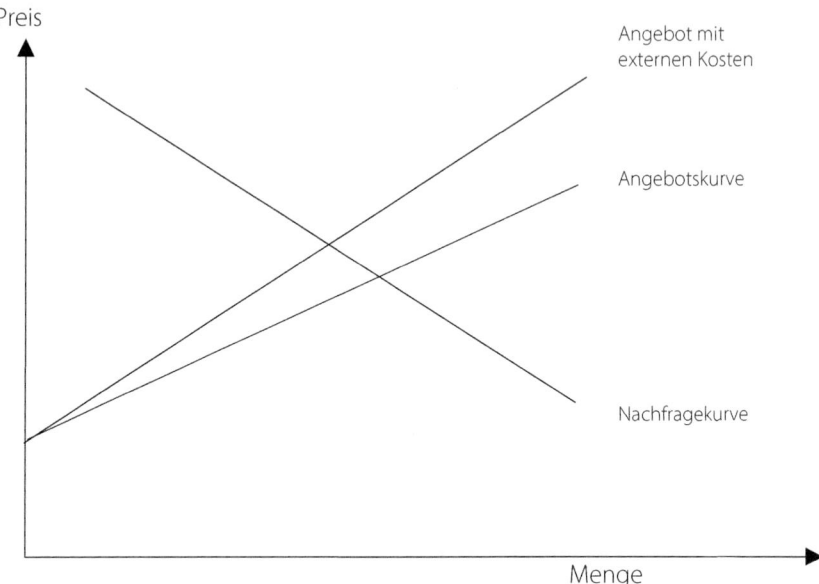

Dar. 2.8: Marktgleichgewichtsmodell mit internalisierten externen Kosten.

Unternehmen mitbestimmt. Der springende Punkt bei externen Kosten liegt darin, dass die internen, von Unternehmen zur Preisbildung zugrunde gelegten Kosten für Energie zu niedrig sind. Was einzelwirtschaftlich vernünftig ist, führt volkswirtschaftlich langfristig in die Irre.

Bereits 1920 wurde vom britischen Nationalökonom Arthur Cecil Pigou der Vorschlag vorgelegt, externe Kosten durch eine staatliche Steuer in das interne Rechnungswesen der Unternehmen und anderer Wirtschaftssubjekte zu internalisieren. Abgaben mit einer solchen Intention werden deshalb als **Pigou-Steuer** bezeichnet. In Darstellung 2.8 führt eine Steigerung der Kosten durch die Internalisierung der externen Kosten zu einer Verlagerung der Angebotskurve nach oben. Damit verschiebt sich das Marktgleichgewicht hin zu höheren Preisen und niedrigeren Mengen. Geschieht das für viele Güter auf vielen Märkten gleichzeitig, so bedeutet dies auf den ersten Blick volkswirtschaftlich eine Dämpfung des Produktions- und Konsumniveaus, einen Rückgang des Wachstums – schlicht Verzicht auf die schädigenden Handlungsweisen. Der Marktmechanismus würde weiterhin funktionieren mit der Folge, dass regenerative Energien gegenüber fossilen Energieträgern den Vorzug erhalten. Steuern steuern auch.

Dieser Ansatz ist aber weitergedacht **kein Wachstumshemmer, sondern ein Transformator.** Der Begriff Steuer ist missverständlich, denn die Abgabe soll ja nicht der Staatsfinanzierung dienen. Die Idee, das Aufkommen aus einer Pigou-Abgabe an die Wirtschaftssubjekte zurückzugeben, ist aus ökonomischer Sicht zu befürworten. Dabei soll die Staatsquote (der Anteil, den der Staat an der Wirtschaftsleistung abschöpft) unverändert bleiben. Langfristig ist es eine rationale, eigennützige Strategie, sich bewusst und schneller als die Wettbewerber zu optimieren. Das gilt betriebswirtschaftlich, aber natürlich auch volkswirtschaftlich. Dazu besteht grundsätzlich die elegante Möglichkeit, die Energieeffizienz zu fördern, ohne finanzielle Mittel aus einer Volkswirtschaft abzuziehen, indem die eingenommenen Mittel gleichmäßig an die Bevölkerung vom Säugling bis zum Greis zurückgegeben werden. Wer unterdurchschnittliche Emissionen erzeugt, gewinnt mehr Kaufkraft und könnte sie für Investitionen in Energieeffizienzmaßnahmen verwenden oder natürlich auch für anderen Konsum. »Energiearmut« lässt sich so vermeiden, denn ärmere Bürger haben normalerweise einen unterdurchschnittlichen Energiebedarf und bekommen überdurchschnittlich zurück. Eine soziale Staffelung der Rückgabe würde diesen gewünschten Effekt verstärken, aber wieder Bürokratie verursachen. Zudem ist zu diskutieren, ob eine solche Auszahlung als weiterer Pull-Faktor für Migration wirkt.

Die **große Schwachstelle** liegt darin, dass bei nationaler oder regionaler Einführung (auch die EU ist eine Weltregion in diesem Sinne) eine Wettbewerbsverzerrung entsteht. Energieintensive Branchen siedeln sich dann in Regionen mit niedrigeren Kosten an. Der Effekt heißt **Carbon Leakage**, das Leck in der Emission von Kohlenstoff bzw. CO_2 führt dann von Deutschland über das Ausland. Dem Klima ist nicht geholfen.

Dies ist ein zentrales Argument von Hans-Werner Sinn (2020), der die Sinnlosigkeit einer nationalen oder regionalen Bepreisung analysiert. Durch die sinkende Nachfrage auf den Weltmärkten für Öl und Gas sinken sogar die Preise, so dass die Staaten ohne Pigou-Abgabe oder sonstige Verteuerung mehr fossile Energieträger verbrauchen. Ein Argument, dem wenig entgegengesetzt werden kann: Im Abschnitt 2.4.3 ist die Subventionierung Erneuerbarer beschrieben, um sie schneller marktfähig zu machen. Deutschland geht auch den Weg, energieintensive Energien in der Transformation, z. B. die Stahlindustrie, direkt zu subventionieren, um die Unternehmen im Lande und den Stahl konkurrenzfähig zu halten.

Was aber wirklich Hoffnung macht, sind folgende Meldungen: **Erneuerbare entwickeln sich zu den billigsten Energieformen** ohne Subventionen oder sonstige verzerrende Regulierungen. Die starke Kostensenkung bei den Erneuerbaren ist vor allem auf technische Innovationen, ein höheres Produktionsniveau (▶ Kap. 2.4.3 zur Lernkurve) und wachsende Erfahrungen in der Projektentwicklung zurückzuführen. Das betrifft interessanterweise auch Länder, die über große fossile Vorräte verfügen. Beispielsweise baut der japanische Energiekonzern Marubeni in Saudi-Arabien zwei Windparks, AI Ghat mit 600-Megawatt und Wa'ad Alshamal mit 500-Megawatt. Nach Unternehmensangaben sollen die Stromkosten ab 2026 etwa 1,57 Cent bzw. 1,7 Cent pro Kilowattstunde betragen. Die »**Gestehungskosten**«, also die Selbstkosten der Erzeugung, sind somit spektakulär niedrig (Bloomberg 2024. Ähnliches Fraunhofer Institut 2021 und International Renewable Energy Agency 2022).

Es besteht also die begründete Hoffnung, dass sich die Erneuerbaren auf diese Weise durchsetzen (vgl. auch Jacobson 2021). Gerade in Deutschland sind die Preise sehr stark administriert, sieht man sich beispielsweise die Zusammensetzung der

Strom- oder Benzinpreise an. Es könnte sein, dass die politische Aufgabe der Zukunft darin liegt, hier zu deregulieren, um die niedrigen Gestehungskosten durchschlagen zu lassen. In den Stromkosten stecken auch Infrastrukturabgaben (wie z. B. die Netzentgelte oder EEG-Umlage). Hier ist eine systematische Diskussion zu führen, wie weit der Staat Infrastrukturleistungen als Daseinsvorsorge zur Verfügung stellt. Bei der Finanzierung von Straßen oder dem Schienennetz der Bahn ist das ja auch nicht recht transparent. Hier sind klare Linien und durchdachte Konzepte gefordert.

In einer Rede vor der OPEC im Jahr 2000 sagte Sheikh Ahmed Zaki Yamani, der damalige Energieminister von Saudi-Arabien: »The Stone Age came to an end not for a lack of stones, and the Oil Age will end, but not for a lack of oil.«

2.4.2 Weitere Handlungsmöglichkeiten, Hemmnisse und Kritikpunkte

Neben der Internalisierungsabgabe kann die Politik **weitere volkswirtschaftliche Instrumente** nutzen, um Unternehmen bzw. Wirtschaftssubjekte zur Berücksichtigung externer Kosten zu veranlassen und damit regenerative Energien zu fördern:

- **Abgaben** im Sinne der Pigou-Steuer als direkter Einfluss auf Preise.
- **Auflagen**, Gebote und Verbote als direkte Handlungssteuerung.
- Festsetzung der insgesamt **zulässigen Menge** der Umweltbelastung und die Ausgabe einer entsprechenden Menge von Emissionsrechten (Zertifikate).
- Hinzu kommt die Möglichkeit, den Einsatz der erwünschten Technologien zu **subventionieren**, wie es mit dem Erneuerbare-Energien-Gesetz (EEG) geschieht. Dieses Gesetz ist in seiner Grundidee in mehr als 100 Länder aufgegriffen worden.

Sowohl in Deutschland als auch in anderen Ländern werden **alle Möglichkeiten genutzt**:

- Die **direkte Preisgestaltung** entspricht den idealtypischen Vorstellungen der Ökonomen besser als es Gebote und Verbote zur Verhaltenssteuerung tun. Als Beispiel dient die schon erläuterte CO_2-Abgabe.
- Die gesetzlich vorgeschriebene Beimischung von Biodiesel zum konventionellen Dieseltreibstoff oder die Begrenzung der Kohlendioxidemission von Pkw-Flotten von Autoherstellern auf eine bestimmte Anzahl Gramm pro Kilometer sind Beispiele für die **direkte Steuerung von Verhalten**. Ökonomisch gelten solche Maßnahmen als suboptimal, da der Markt besser weiß, wo am kostengünstigsten Emissionssenkungen möglich sind. Tatsächlich sind Märkte aber oft von Intransparenz, polypolistischen Strukturen und verzerrten Preisen gekennzeichnet, so dass der idealtypische Mechanismus nicht funktioniert. Außerdem können Anpassungsvorgänge lange dauern, was ebenfalls für eine direkte Verhaltens-

steuerung in bestimmten Fällen spricht. Um im Beispiel zu bleiben: Die Autoindustrie könnte schon lange sehr viel sparsamere Modelle anbieten. Volkswagen hat bereits im Jahr 2002 ein Ein-Liter-Auto als fahrbereiten Prototypen vorgestellt (▶ Kap. 4.3.6). Offensichtlich dominieren aber bei den Käufern Image und Emotionalität als Kaufargumente, bei der Autoindustrie der Drang zur Gewinnmaximierung, so dass die technischen Möglichkeiten zur Treibhausgaseinsparung in Pkw-Bereich bei weitem nicht ausgeschöpft werden.

- Die **Mengenvorgabe für die Emissionen** von Treibhausgasen wird von Ökonomen aus theoretischer Sicht präferiert. Nicht der Preis wird vorgegeben, sondern die Menge der insgesamt zulässigen Emissionen. Das geschah bei der UN-Klimarahmenkonvention (UNFCCC) durch die Ausgabe von Emissionszertifikaten im Rahmen des Kyoto-Protokolls. Ohne die Geschichte der Zertifikate (**European Union Allowences – EUA**) genauer nachzuzeichnen, bleibt die Erfahrung, dass sich die erhoffte marktliche Festsetzung nicht wie gewünscht eingestellt hat. Eine direkte Festsetzung des CO_2-Preises pro Tonne ist praktikabler und bietet für die Wirtschaft auch mehr Planungssicherheit.
- Der **Subventionierung neuer Technologien** widmet sich der folgende Abschnitt. Ökonomen scheuen zwar Subventionen als Instrument wirtschaftspolitischer Steuerung. Doch in der Form des EEG haben sie eine wichtige Rolle gespielt.

2.4.3 Lernkurve, EEG und Marktparität

Lernkurve und EEG am Beispiel Solarmodule

Im Hintergrund des EEG steht die **Lern- oder Erfahrungskurve**, ein Standardmodell der BWL. Die Lernkurve besagt, dass bei einer Verdopplung der kumulierten Ausbringungsmenge die Stückkosten um 20 bis 30 Prozent sinken. Dies zeigt Darstellung 2.9, die von einem Lerneffekt von 25 Prozent ausgeht.

Es zeigt sich, dass die ursprünglichen Stückkosten von 100 Geldeinheiten bei einer Verachtfachung der Ausgangmenge von 1.000 Stück auf 8.000 Stück auf 42,2 Geldeinheiten sinken. Dieser mit der Lernkurve beschriebene Effekt liegt insbesondere darin begründet, dass bei einer Mengensteigerung effizientere Fertigungsverfahren wirtschaftlich werden, die Mitarbeiter sich einarbeiten, ausgefeiltere Logistiksysteme zum Einsatz kommen und die fixen Kosten sich auf mehr Produkteinheiten verteilen. Das gilt einerseits für ein einzelnes Unternehmen, das beispielsweise Windkraftanlagen oder Solarmodule herstellt, aber auch für die Ausbringungsmenge und Kostenstruktur der gesamten Branche. Sinkende Kosten führen über Wettbewerb zu sinkenden Preisen für den Kunden und damit zu mehr rentablen Einsatzmöglichkeiten. Dieser Zusammenhang zeigt sich in der volkswirtschaftlichen Nachfragefunktion, aus der die einzelnen Produzenten ihre Preis-Absatz-Funktion ableiten. Im Hinblick auf die Produktion von Technologien zur Nutzung regenerativer Energien deutet das vielfach empirisch belegte Modell der Lernkurven also

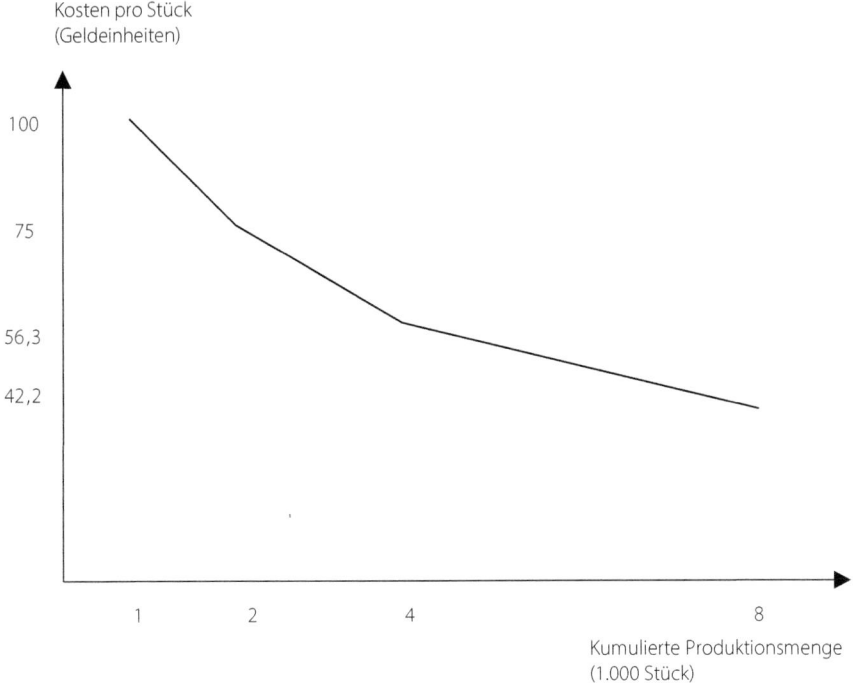

Dar. 2.9: Lernkurve

darauf hin, dass mittel- und langfristig mit weiterhin sinkenden Preisen zu rechnen ist. Dieses Modell lässt sich klar in der **Preisentwicklung für Fotovoltaik-Module** erkennen. Die Darstellung 2.10 zeigt den Preis für die Installation von einem Kilowatt-Peak. Ein Kilowatt-Peak bedeutet, dass die elektrische Leistung (Kilowatt) in der Spitze (Peak) erreicht wird, also bei voller Sonneneinstrahlung (▶ Kap. 3.2).

Marktparität und mehr: Die Erneuerbaren überholen

Das Stromeinspeisungsgesetz von 1991 ist übergegangen in das Erneuerbare-Energien-Gesetz (EEG), in erster Fassung von 2001. Wer eine Solaranlage montiert, bekommt eine garantierte Einspeisevergütung für eine Kilowattstunde. Der Betrag ist so gewählt, dass die Installation wirtschaftlich ist (dazu das Beispiel ▶ Kap. 2.2.3). Mit der wachsenden, kumulierten, weltweiten Produktionsmenge sinken die Kosten und die Preise. Damit senkt der Gesetzgeber die Einspeisevergütung, bis **Marktparität** erreicht ist, also die Technologie ohne Subvention wettbewerbsfähig ist. Die Einspeisevergütung zahlen alle Stromverbraucher über die EEG-Umlage.

Die Solarindustrie ist trotz EEG aus Deutschland abgewandert und China ist der größte Exporteur, denn dort sind die Produktionsbedingungen und Subventionen

2.4 Volkswirtschaftlich-wirtschaftspolitische Hintergründe

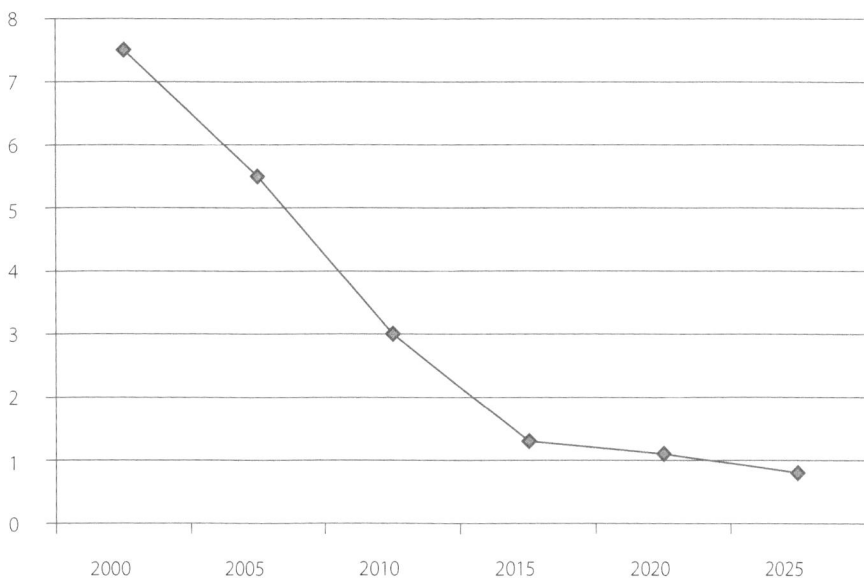

Dar. 2.10: Lernkurve für Solarmodule anhand der Preissenkung für die Installation eines Kilowatt-Peak

noch besser. Die USA fördern ihren Sektor Erneuerbare Energien mit dem »Inflation Reduction Act« (IRA).

2.4.4 Die nächste Industrielle Revolution

Die Dampfmaschine löst die erste Revolution aus

James Watt verbesserte im Jahr 1769 die von Thomas Newcomen entwickelte Dampfmaschine. Er veränderte damit die Welt in einer nie gekannten Weise: Seine Erfindung löste die erste Industrielle Revolution aus. Die industrielle Fertigung in den Manufakturen des Merkantilismus im 18. Jahrhundert war auf Muskelkraft von Mensch und Tier beschränkt, allenfalls wurden Wasser- und Windkräfte genutzt. Nun trieben Dampfmaschinen die Hämmer, Pressen und Webstühle in den Fabriken an, Eisenbahnen und Dampfschiffe trugen Rohstoffe heran und brachten Produkte zu den Kunden. Der Hunger nach Kohle, später dann Erdöl, wuchs mit der ansteigenden Produktion.

Diese technische und wirtschaftliche Revolution ging einher mit einer einschneidenden politischen Umwälzung, der französischen Revolution mit dem Sturm auf die Bastille im Jahr 1789. Soziale Folgen dieser industriellen Revolution, die »soziale Frage«, offenbarten sich schnell. Die Arbeitsbedingungen der entwurzelten Landbevölkerung, die als Fabrikarbeiter in die industriellen Zentren strömte, waren katastrophal. Die ökologischen Folgen der Industrialisierung wurden erst Jahrzehnte später erkannt. Ein stetiges Wachstum von wenigen Prozent führte zu einer exponentiellen Entwicklung. Auch Mathematikanfängern ist klar, dass dies in einer begrenzten Welt nicht gut gehen kann. Die gefährlichste Folge des ungehemmten Verbrauchs fossiler Energieträger erkennen wir erst über 200 Jahre nach James Watt und der fossil betriebenen Dampfmaschine im Klimawandel.

Theorie der langen Wellen, Kondradjew-Wellen

Führen wir die in diesem Kapitel vorgestellten Optionen zusammen. Dazu dient das Konzept der Industriellen Revolution, Innovationen, die Schübe wirtschaftlicher Entwicklung auslösen. Ewiger Wandel durch »schöpferische Zerstörung« des Alten ist nach Josef Schumpeter das Wesen der Ökonomie. Auslöser des Wandels sind Erfindungen (Inventionen), die durch ihre Verbreitung (Innovationen) in revolutionärer Weise die Lebensweise ändern. Solche langen, Jahrzehnte umfassenden Wellen wurden zuerst vom russischen Ökonomen Nikolai Kondradjew beschrieben. Sie heißen deshalb Kondradjew-Wellen oder -Zyklen. Obwohl technische Innovationen der Auslöser sind, reklamiert die Ökonomie den Begriff für sich. Die Revolution wirkt breit auf die Gesamtgesellschaft in Politik, Bildung, Ethik usw.

Es besteht über die genaue Terminierung und auch über die Zahl der Kondradjew-Zyklen keine Einigkeit. Die Darstellung 2.11 zeigt viele langen Wellen, um das Konzept von Erfindung und Innovation/Wachstum in den jeweils nächsten Jahrzehnten deutlich zu machen.

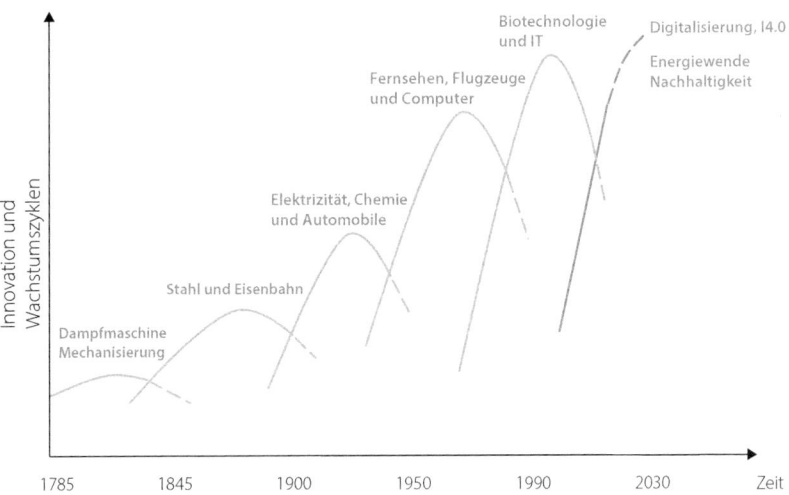

Dar. 2.11: Industrielle Revolutionen

Die Bundesregierung hat mit Forschungsprojekten den Begriff **Industrie 4.0** geprägt und 2011 auf der Hannover-Messe bekannt gemacht. Industrie 4.0 greift aus

Sicht des Verfassers deutlich zu kurz: Im Kern geht es um die Digitalisierung der Industrie, dort fokussiert auf die stückorientierte Produktion wie im Auto- oder Maschinenbau. Dieses Verständnis erscheint zu eng angesichts der Herausforderungen. Die folgenden Abschnitte weiten dieses Konzept des revolutionären, disruptiven Übergangs deutlich aus im Sinne einer umfassenden Nachhaltigkeit einschließlich Energiewende.

Was bedeutet das für unser (Über-)Leben auf der Erde? Das Konzept Industrie 4.0, also ein bisschen effizienter und wettbewerbsfähiger zu produzieren, ist erkennbar in altem Denken verhaftet. Wir brauchen einen entschiedenen, revolutionären Umbruch in eine nachhaltige Lebensweise. Dazu ist ein multidimensionaler Ansatz erforderlich, der alle erforderlichen Bereiche gleichzeitig denkt. Es muss ein Bild einer Lebensweise greifbar werden, die so attraktiv ist, dass Menschen sie gerne und wie von selbst anstreben. Vielversprechende Ideen liegen auf dem Tisch. Der folgende Abschnitt versucht sich im Zusammensetzen des Puzzles.

2.5 Skizze einer nachhaltigen Glokalisierung

Dieser Abschnitt liegt dem Verfasser besonders am Herzen. Er verbindet wirtschaftswissenschaftliches Know-how mit Beiträgen aus anderen Disziplinen, um Puzzlestücke für eine neue ökologische Lebensweise sinnvoll aneinander zu legen.

- Abschnitt 2.5.1 greift im Sinne eines Management Summary zwei Kernpunkte heraus, ohne die eine nachhaltige Globalisierung nicht gelingen kann. Es ist die Pigou-Steuer und die internationale Finanz(neu)ordnung. Das Kofferwort Glokalisierung (aus Globalisierung und Lokalisierung) wird vertieft.
- Abschnitt 2.5.2 erläutert anhand der Sektoreneinteilung, welche Folgen das hätte und in welche Richtung es gehen kann, um das BIP zu steigern mit sinkendem Naturverbrauch.
- Abschnitt 2.5.3 bietet wirtschaftswissenschaftliche, psychologische, medizinische und pädagogische Modelle auf, um zu begründen, dass materielles Wachstum uns vielfach gar nicht dient. Die Leitfrage: Was wollen wir als Individuen wirklich?
- Abschnitt 2.5.4 hebt diese Frage auf die Ebene des Kollektivs. Die Fortschreibung unseres Sozialvertrags steht aus staatstheoretischer Sicht erkennbar auf der Tagesordnung.
- Diese bisherigen Abschnitte bedienen sich etablierter Modelle. Abschnitt 2.5.5 will hingegen eher erzählerisch in einer geschichtlichen Perspektive deutlich machen, wie gut es uns aktuell geht. Der Vergleich eines römischen Kaisers mit einem Studenten mit knapper Kasse ist verblüffend. Er kann unsere Dankbarkeit stärken, hier und heute zu leben.

2.5.1 Zwei Kernpunkte

Externalitäten, asymmetrische Informationsverteilung und natürliche Monopole führen dazu, dass Märkte nicht das Pareto-Optimum erreichen (Marktversagen). Zudem stellen Märkte keine öffentlichen Güter (insbesondere Infrastruktur) bereit. Die Wirtschaftspolitik muss regulierend eingreifen. Die Globalisierung erschwert dies, denn Hauptakteure bleiben Nationalstaaten. Dieser Abschnitt macht Vorschläge für den Umbau der Wirtschaftsverfassung. Darunter versteht man die Gesamtheit der staatlichen Regelungen für die Wirtschaft. Ziel ist eine sozialökologische Marktwirtschaft, die die Kraft der Märkte nutzt, aber die Webfehler vermeidet.

Zwei Kernpunkte und ihre schwierige Durchsetzung

Pigou-Steuer und internationale Finanzordnung:

- »Die Preise müssen die ökologische Wahrheit sagen« (▶ Kap. 2.4.1).
- Wir haben die Wirtschaft globalisiert, aber nicht die nötigen rechtlichen Rahmen geschaffen. Der wenig geregelte Kapitalfluss sowie Steueroasen untergraben die Souveränität von demokratischen Staaten.

Die Maßnahmen liegen auf der Hand, eine Pigou-Steuer oder Internalisierungsabgabe und eine globale Finanzordnung. Die Internalisierungsabgabe ist schon erläutert. Die folgenden Fakten zeigen die Notwendigkeit einer umfassenden Finanzordnung.

Zur **Vermögenskonzentration**: Wie viele der reichsten Menschen der Welt müssen zusammenlegen, um das Vermögen der ärmeren Hälfte der Weltbevölkerung aufzubringen? Laut Oxfam und anderen Quellen waren das gegen Ende der 2000er Jahre wenige hundert Personen, 2017 sind es laut Wirtschaftswoche (2017) noch acht. Ohne an dieser Stelle die Zahlen genauer zu hinterfragen oder zu diskutieren: Sieht die Welt dieses Alarmsignal nicht? Die Vermögenskonzentration hat ganz offenbar ein groteskes Niveau erreicht, das zudem den demokratischen Werten widerspricht.

Ein weiterer Indikator für die Absurdität der aktuellen Situation ist die **Steuervermeidung** von multinationalen Konzernen: Manche globalen Konzerne in Deutschland zahlen kaum Steuern. Beispielsweise lege die US-Techkonzerne ihre europäischen Zentralen in Steueroasen. Die Landesgesellschaften zahlen dann an die Zentralen Lizenzgebühren und andere Abgaben, so dass die Gewinne in den Zentralen anfallen und kaum besteuert werden. Eine systematische Benachteiligung des Mittelstandes gegenüber den Global Playern, die Staaten gegeneinander ausspielen. Pointiert: Der fehlende Rechtsrahmen, insbesondere für den Finanzbereich, ist die Autoimmunerkrankung der Globalisierung. Was sind **Lösungsansätze**?

- Ein international koordiniertes Steuerwesen mit Mindestsätzen, woran sich auch bisherige Steueroasen halten müssen.
- Tobin- oder Kapitalverkehrssteuer, benannt nach dem Wirtschafts-Nobelpreisträger James Tobin.
- Besteuerung von Kapitalerträgen, eine Vermögenssteuer, die Begrenzung der Größe von Finanzinstitutionen, Kontrolle überkomplexer Finanzprodukte. Die Begrenzung der Macht von Einzelpersonen und Konzernen ist ein kontroverser Bereich.

Diese Vorschläge liegen seit der Finanzkrise 2008 auf dem Tisch. Aber das Primat der Politik gegenüber der Wirtschaft scheint sich umgekehrt zu haben. Kann die Demokratie, »die Herrschaft des Volkes«, auf globaler Ebene Kontrolle zurückgewinnen? Beide Kernpunkte funktioniert nur bei weltweiter Koordination. Dessen ist sich der Verfasser bewusst. Er möchte nicht als naiv gelten, aber diese Lebenslüge unseres derzeitigen politisch-wirtschaftlichen Systems klar bezeichnen und prinzipielle Möglichkeiten aufzeigen. Das Kofferwort **Glokalisierung** aus Globalisierung und Lokalisierung zeigt die Richtung:

- Einerseits die Vorzüge und Genüsse der **Globalisierung** erhalten, die Vielfalt der Menschheitsfamilie erschließen und genießen. Südfrüchte auf dem Tisch, Jijutsu als Sport, Hollywood als Unterhaltung usw.
- Anderseits ist insbesondere die wirtschaftliche Globalisierung auf ein vernünftiges Maß zurückführen, zu **relokalisieren**. Was ist »vernünftig«? Lassen wir uns zumindest kostenmäßig vom Markt leiten durch Internalisierung der Transportkosten. Würden die Transportkosten die Wahrheit sagen, dämpfte dies ganz automatisch und marktgerecht den internationalen Handel. Durch das Reshoring (die Wiederansiedlung abgewanderter Branchen) erhöht sich zudem die Resilienz (Widerstandfähigkeit) von Wirtschaft und Gesellschaft. Weitergehend ist die Versorgung mit den wichtigsten Gütern wie Nahrungsmitteln, Energie, Gesundheitsversorgung usw. zu gewährleisten. Auch im Fall von Krisen, Kriegen, Katastrophen.

Der internationale Wettbewerb erinnert an ein Hamsterrad (im Englischen noch anschaulicher: rat race). Wenn die einen auf einem bestimmten Markt schneller laufen, müssen die anderen notgedrungen mithalten. Der in Geld und Gewinnen gemessene Nutzen dieser Anstrengungen versickert allzu oft in Steueroasen und kommt nur vergleichsweise wenigen zugute.

Problematik der Staatsquote – Markt versus Umverteilung

Aus dem bisher Gesagten könnte man herauslesen, dass der Verfasser für mehr Regelungen und mehr Umverteilung plädiert, um eine globale sozialökologische Marktwirtschaft zu realisieren. Das ist nicht so: Wir brauchen nicht mehr, sondern andere Regeln. Und der **Markt ist schon über Gebühr zurückgedrängt**, dafür sprechen folgende Gründe:

- Gerade in Deutschland ist ein schwer überschaubarer Wildwuchs von **sozialen Regelungen und Umverteilungsmechanismen** entstanden. Rund 150 familienpolitische Förderungen seien als Beispiel genannt. Das führt zu Ungerechtigkeit, die Geschickten mit Behörden-Know-how werden gegenüber manchen wirklich Bedürftigen bevorzugt. Es führt zu Bürokratie und dem Aufblähen öffentlicher Ausgaben, denn nicht jede Maßnahme ist zielgenau.
Bei der ökologischen Komponente zur Korrektur der Marktwirtschaft sieht es ähnlich aus. Überregulierte Energiemärkte, aufwändige Regelungen für Gebäude, seltsame und komplexe Ansätze im Verkehrsbereich etc. Wir brauchen nicht mehr Regeln, sondern einfachere, klarere umfassendere, langfristig planbarere und international-globalere.
- Wie viel Markt und wie viel Staat? Die **Staatsquote** zeigt, wie viel Prozent der Wirtschaftsleistung durch Steuern und Sozialabgaben eingesammelt und neu verteilt werden. Bei den USA ist es ein gutes Drittel, in Deutschland knapp die Hälfte. Es gibt keine eindeutige Empfehlung oder Vorgabe. Doch wenn nur die Hälfte der Wirtschaftsleistung tatsächlich in der Wirtschaft verbleibt, erscheint das zu wenig. Und auch der verbleibende marktwirtschaftliche Anteil ist ja mit zahlreichen Regelungen, hoher Bürokratie und durch staatliche Regelungen festgelegte Preise belegt – man denke an Strom-/Energiepreise oder die Preise/Löhne für Mitarbeiter.

2.5.2 Blitzlichter zur Auswirkung auf Sektoren und Branchen

Gerne hätte der Verfasser hier die Umrisse eines Konzepts vorgestellt: Welche Branche wächst durch den Investitionsbedarf der Transformation, welche wird schrumpfen? Wie beeinflusst die Globalisierung oder eine Re-Lokalisierung das Geschehen? Was ist mit »Wildcards«: bahnbrechende Erfindungen, politische Umwälzungen, ein globaler Wertewandel aus dem Nichts? Wir sind im weiten Feld der Zukunftsszenarien, was den Rahmen sprengt. Möglich sind aber einige Anregungen und Trends, geordnet nach Sektoren und den zugeordneten Branchen. Sie knüpfen an Abschnitt 1.3 zum Energiemanagement an.

Primärer Sektor: Urproduktion

Land-, Forstwirtschaft und Fischerei sind klassische Urproduktion. Eine wirkliche Agrarwende erscheint unabdingbar, sowohl für Energie als auch für Nachhaltigkeit. Kleinteilige, biologische, arbeitsintensive, gering automatisierte Landwirtschaft mit Kombination von Vieh und Acker. Die Vorteile sind schlagend:

- Artenvielfalt,

- Landschaftsschutz,
- Wassereinsparung und Grundwasserschutz,
- Tierschutz und Tierwohl,
- Regionale/nationale Versorgungssicherheit mit Nahrungsmitteln,
- Beschäftigung,
- geringe Abhängigkeit von Agrar-Multis bei Saatgut, Pestiziden, Herbiziden, Dünger usw.,
- Wiederentdecken des Menschen als Teil der Natur.

Landwirtschaft spielt für eine nachhaltige Globalisierung auch deshalb eine Schlüsselrolle, da subventionierte Produkte aus Industriestaaten lokale Märkte im globalen Süden stören oder sogar zerstören können. Die zehn größten Konzerne beherrschen etwa 85 Prozent der Märkte für landwirtschaftliche Erzeugnisse, Dünger und Saatgut – ein Oligopol, das seine Macht offenkundig nicht für die Beseitigung des Hungers einsetzt. Das Zitat von Jean Ziegler (2012) scheint noch immer aktuell: »Ein Kind, das an Hunger stirbt, wird ermordet.«

Die **Energiewirtschaft** wird üblicherweise dem zweiten Sektor (Industrie) zugeordnet. Doch eigentlich passt das nicht richtig, denn Kohl-, Öl- und Gasförderungen sind ja Bergbau, was in einer weiten Definition ebenfalls zur Urproduktion zu rechnen ist. Die Verarbeitung, die Umwandlung und der Transport tragen dann mit Raffinerien, Kraftwerken und Stromnetzen industrielle Züge. Besonders regenerative Energien erinnern aber daran, dass wir letztlich Naturgeschenke entgegennehmen, um sie dann im zweiten Sektor zu verarbeiten.

Die Rückbesinnung auf das Geschenk der ursprünglich Vorgefundene ist Anlass, in unkonventioneller Weise eine weitere Branche hier einzuordnen: Die Wiederverwertung, **Recycling**, was eigentlich auch dem zweiten Sektor zuzuordnen ist. Doch der Verfasser möchte hier anmahnen, mit den Naturgeschenken sorgsam umzugehen, sie zu bewahren. Es geht also um die weitreichenden Ansprüche von **Kreislaufwirtschaft, Circular Economy, ökologischer Ökonomie, Industrial Ecology, Bioökonomie**. Damit sind konkrete Branchen angesprochen, aber letztlich ist es eine Denkweise. Folgende Hierarchie deutet das an:

- Vermeiden,
- Wiederverwenden,
- Weiterverwenden,
- Recyclen,
- Verbrennen bzw. thermisch Verwerten,
- Deponieren.

Geostrategisch fördert eine Kreislaufwirtschaft die Resilienz oder Widerstandsfähigkeit eines Landes und seiner Volkswirtschaft. Wenn wir Kupfer, Kunststoff, Phosphor usw. wiedergewinnen, reduziert das die Abhängigkeit von Importen.

Sekundärer Sektor: Industrie

Im Verlauf des Buches werden viele Branchen explizit oder implizit angesprochen:

- Die Elektrobranche ist gefordert beim Aufbau von Smart Grids,
- die Bauindustrie bei der Sanierung unseres Gebäudebestands.
- Die Autoindustrie widmet sich der Umstellung auf zukunftsfähige Antriebssysteme, die die Logistikbranche nutzen kann.
- Die Chemieindustrie liefert nötige Vorprodukte wie Dämmstoffe.
- Der Maschinenbau stellt effiziente Pumpen bereit.

Es besteht begründete Hoffnung, dass gemäß Schumpeter die Transformation selbst für einige Jahrzehnte zum Wachstumstreiber werden könnte.

Tertiärer Sektor: Dienstleistungen

Die Reife einer Volkswirtschaft lässt sich an Bedeutung der Sektoren ablesen. Bis zur Industrialisierung im 19. Jahrhundert lagen Beschäftigung und Wertschöpfung dominierend in der Landwirtschaft. Danach in der Industrie, wobei Deutschland mit der Kriegszerstörung und dem anschließenden Wirtschaftswunder eine Sonderentwicklung durchlaufen hat. Dann haben Dienstleistungen eine größere Rolle übernommen. Aus ökologischer Sicht hilft das bei der Dematerialisierung ohne Wohlstandsverluste. Doch auch Dienstleistungen benötigen Ressourcen. Zudem kann der Verfasser sich des Eindrucks nicht erwehren, dass wir es teilweise übertreiben, uns ein Mehr nicht dienlich ist. Hierzu einige Beispiele.

Die **Reisebranche** mit ihren Billigfliegern verzerren das Preisgefüge zwischen Bahn, Bus, Auto und Flugzeug. Das liegt u. a. an der Steuerbefreiung von Kerosin und dem Ignorieren der besonderen Schädlichkeit von Emissionen in größer Höhe.

Die **Modebranche** mit Fast Fashion als ihrem jüngsten Auswuchs von verursacht überraschend hohe Treibhausgasemissionen. Ein genauerer Blick enthüllt eine absurde Kette der Verschwendung, um lächerlich billige Mode in den Einzelhandel zu bringen, die morgen wieder untragbar ist.

Unser **Gesundheitswesen** trägt zunehmend zum BIP bei, Energieverbrauch, Treibhausgasemissionen und Abfallmengen wachsen. Gerade im Gesundheitswesen bieten sich dem naiv-unbedarften Auge zahlreiche Fakten, die als Anomalien im Sinne von Thomas Kuhn aufgefasst werden können:

- Gewinnorientierte Akteure neigen zu **Überbehandlungen** (Michaelsen, Andrej u. a. 2021). Eine persönliche Anekdote: Nach einem Stadtwechsel erklärt der neue Zahnarzt, an fünf Stellen sei zu bohren. Geschockt holt sich der privatversicherte Verfasser eine zweite Meinung ein. Mit dem Ergebnis, es seien nur Verfärbungen. Kein Behandlungsbedarf.
- »Mehr als 1,2 Millionen Menschen auf der Welt starben 2019 einer Schätzung zufolge unmittelbar an einer Infektion mit einem **Antibiotika-resistenten** Er-

reger. Bei fast fünf Millionen Todesfällen war eine solche Infektion demnach mindestens mitverantwortlich für den Tod, berichtet eine internationale Experten-Gruppe in der Fachzeitschrift The Lancet. Antibiotika-Resistenzen gehörten so gesehen zu den häufigsten Todesursachen« (dpa 2022).
- »Mindestens 238.000 **Feinstaubtote** in der EU jährlich« (European Environment Agency 2023).
- Zwei Drittel aller Studierenden haben **psychische Erkrankungen**, zeigt eine großangelegte Studie des Deutschen Zentrums für Hochschul- und Wirtschaftsforschung (DZHW 2023). Wie kann das sein? Es sind junge, intelligente Menschen, mit einem hohen Maß an freier Zeiteinteilung und hoffnungsvollen Perspektiven. Mögliche finanzielle Engpässe sind mit BAFÖG abgefedert. Aber hohe Abbrecherquoten sprechen doch für Druck im System. Diese Zahl lässt den Verfasser als Hochschullehrer etwas ratlos zurück.
- Spitzenreiter bei den zunehmenden Krankschreibungen sind **Rückenprobleme** und psychische Gründe. **Einsamkeit** erscheint als Massenphänomen und **Suizide** als vergleichsweise häufige Todesursache. **Allergien** und **Nahrungsmittelunverträglichkeiten** sind auf dem Vormarsch.

Ein überadministriertes, gewinnorientiertes, stark auf Apparate und Medikamente setzendes Gesundheitswesen ist deshalb in Frage zu stellen. Ansatzpunkte bei der Lebensweise und gesunden Umwelt lassen sich Zuhauf finden.

Quartärer Sektor: Informationssektor

Wachstumsimpulse im Dienstleistungsbereich kamen in den letzten Jahrzehnten zusehends aus IT, Digitalisierung und Kommunikation. Deshalb wurde dieser Sektor als vierter ausgekoppelt. Abschnitt 3.5 beschreibt die Rolle als Enabler der Energiewende. Abschnitt 4.8 umreißt die »Green IT« im engeren Sinne, also die Umweltauswirkungen der Geräte und IT-Nutzung.

2.5.3 Was wollen wir wirklich?

Nun treten wir einen Schritt zurück und überlegen grundsätzlich, auf welchen Werten das Handeln basiert bzw. basieren soll.

Human Development Index (HDI) und Happy Planet Index (HPI)

Der Erfolg unseres Gemeinwesens wird allzu oft mit wirtschaftlichem Wachstum gemessen, wenn beispielsweise die Medien über das Wachstum des Bruttoinlandsprodukts (BIP) berichten. Der HDI und der HPI erweitern hingegen das Denken und Messen.

- Der **Index der menschlichen Entwicklung (Human Development Index, HDI)** wurde von den Vereinten Nationen unter Mitarbeit des Nobelpreisträgers Amartya Sen entwickelt. Es fließen drei Kategorien ein: Lebenserwartung, Bildungsniveau und Einkommen. Leicht lassen sich bunte Weltkarten finden, in denen Nordamerika, Mitteleuropa und Australien gut abschneiden. Zentralafrika, der mittlere Osten und Indien liegen hingegen zurück.
- Der **Index des glücklichen Planeten (Happy Planet Index, HPI)** wurde von NGO, u. a. »Friends of the Earth«, entwickelt. Er ist ein Quotient: Im Zähler stehen Lebenserwartung, Lebenszufriedenheit und ein Ungleichheitsfaktor. Lebenserwartung- und Zufriedenheit sind stark vom Einkommen beeinflusst, das so implizit einfließt. Der große Unterschied zum HDI ist der Nenner des Bruchs, der ökologische Fußabdruck. Je größer er ist, desto kleiner macht er den HPI. So verlieren die USA ihren guten Platz und reihen sich ins Mittelfeld ein. Vielen afrikanischen Staaten geht es so schlecht, dass Sie trotz kleiner ökologischer Fußabdrücke hinten bleiben.

Wohlstand, Wohlgefühl, Bildung, Gesundheit sind letztlich wieder Annäherungen an etwas schwer Beschreib- und Messbares. Nennen wir es **Sinn des Lebens**. All diese guten Dinge, wie schöne Reisen, einen erfüllenden Beruf, Familie, Freunde und Fitness, wird jeder von uns einmal aufgeben müssen. Und wenn es denn so weit ist, im Rückblick. Was bleibt?

Work-Life-Balance, New Work, menschlicher Lebenszyklus und »Zeitreichtum«

Es ist nicht einfach, den Wandel von Werten in einer Gesellschaft oder sogar weltweit festzustellen. Dabei helfen Studien, wie die regelmäßig erhobene Shell-Jugendstudie, die Sinus-Milieu-Studien, die Generationeneinteilung in X, Y, Z usw. Im persönlichen Umfeld können vor allem die Älteren vielfach mit anekdotischer Evidenz feststellen, dass es Veränderungen gibt. Folgende **Hypothesen über den Wandel** seien gewagt:

- Der etablierte, aber unglücklich gewählte Begriff »Work-Life-Balance« gewinnt an Bedeutung. In eigenen Veranstaltungen zu Schlüsselqualifikationen wird dieses Thema fast immer gewünscht – was vor 10 bis 20 Jahren noch nicht so war.
- Neben genug Zeit für Soziales oder Hobbies fragen Studierende zunehmend nach dem Sinn ihrer Tätigkeit.
- »New Work« bezeichnet verkürzt Homeoffice, Remote Work und flexible Arbeitszeiten. Tatsächlich steht dahinter auch der Wunsch nach Vertrauen, flachen Hierarchien, Partizipation in jeder Hinsicht und Freiheit. Prägnant sind in eigenen Veranstaltungen Studierende, die sich selbständig machen wollen, ohne irgendeine Vorstellung von einem Geschäftsmodell. Bei Nachfragen stellt sich dann heraus, dass sich der Wunsch nach Unabhängigkeit ausdrückt. Die Bereit-

schaft zu hingebungsvoller »Arbeit« ist vielfach vorhanden – aber der Sinn muss klar sein.
- Es wird aufwändiger, Kinder beim Entfalten zu begleiten; ebenso wie die Betreuung älter werdender Eltern. Der übliche starre Ablauf von Ausbildung – Berufstätigkeit in Vollzeit – Rente passt immer weniger. Die Rush Hour des Lebens zwischen 25 und 40 Jahren lässt manche ausbrennen, die auf der Höhe ihrer Kraft sein müssten. Und es gibt fitte 67-Jährige, die ohne echte Aufgabe in das letzte Vierteljahrhundert ihres Lebens gehen.
- In bildungsbürgerlich-etablierten Kreisen scheinen Statussymbole wie ein teures Auto oder illustre Urlaubsreisen an Bedeutung zu verlieren. Was wirklich beeindruckt ist »Zeitreichtum« (Niko Paech).

Pointiert **zusammengefasst**: Vor allem die junge Generation verweigert sich zusehends der Rolle, als weisungsgebundener Arbeitnehmer in einem 40-Plus-Wochenstundenjob die Lebensenergie zu ver(sch)wenden. Sie streben nach Flexibilität, Freiheit, Sinnhaftigkeit und Balance der Lebensbereiche.

Gut und ungut

Im Sinne des Bruttosozialprodukts ist alles gut (ein Gut), was rechnerisch diese Zahl erhöht. Bei Unternehmen ist alles gut, was die Gewinne steigert. Doch die externen Kosten torpedieren vielfach diese Rechnungen. Zudem sind viele Güter unserem Glück nicht dienlich. Dazu folgende Beispiele:

- Im Stau stehen erhöht den Spritverbrauch, den Instandhaltungsbedarf und kostet Zeit sowie Nerven. BIP und Gewinne steigen, die Lebenszufriedenheit sinkt. Bei Unfällen ist das noch deutlicher.
- Werbung hat eine begrüßenswerte Informationsfunktion. Sie ist aber mittlerweile in einer vielfach übersättigten Wirtschaft so heiß gelaufen, dass sie den »Konsumenten« Ruhe kostet. Mit den verbrauchten Ressourcen erhöht sie aber das BIP.

Es verkompliziert diesen Gedankenstrang, dass gleiche Güter je nach Herkunft und Verwendung sehr unterschiedlich zu bewerten sind. Bei Gemüse oder Energie beispielsweise entscheidet besonders die Herkunft, ob sie gut oder ungut sind.

- Gemüse aus dem eigenen Garten oder dem fußläufig erreichbaren Hofverkauf des Biobauern. Oder Gemüse aus Südspanien mit üblem ökologischem Fußabdruck bei Produktion (Wasserverbrauch/Dürre, Monokulturen), Transport (2.500 Kilometer im Lkw) und Verbrauch (so richtig gesund ist die gespritzte, hochgezüchtete Paprika wohl nicht). Alles trägt jedoch zur offiziellen Wertschöpfung bei.
- Energie aus Braunkohle oder Windkraft.

Bei Alkohol entscheidet die Verwendung:

- Mäßig beim Abendessen oder in netter Gesellschaft mit Freunden steigert Lockerheit, Gemeinsamkeit und Spaß.
- Mißbrauch: Zig Milliarden volkswirtschaftliche Schäden (wobei das Gesundheitswesen profitiert), zerstörte Familien und Leben. Über 50 Prozent der Totschlagsdelikte unter Alkoholeinfluss (im Englischen sehr anschaulich als manslaughter bezeichnet).

2.5.4 Staatstheoretische Überlegungen praktisch weitergedacht

Nehmen wir nun eine nochmals übergeordnete, staatstheoretische Perspektive ein und betrachten unser Gemeinwesen vor dem Hintergrund der Herausforderungen der Globalisierung. Offensichtlich ist es erforderlich, den Sozialvertrag auf eine höhere Ebene zu heben. Offiziell hat sich die Menschheit schon entsprechende Ziele gesetzt, aber die friedliche Umsetzung steht noch aus.

Sozialvertrag (Contract Social), Bürger und Good Corporate Citizenship

Der Begriff des Gesellschafts- oder Sozialvertrags (Contract Social) wurde von der französischen Aufklärung im 18. Jahrhundert eingeführt. Das war in einer absoluten Monarchie nicht ungefährlich. Der Gedanke ist einfach, zeitlos und plausibel: Eine Gesellschaft wird durch geschriebene und ungeschriebene Werte und Regeln zusammengehalten, letztlich gemacht, geformt, gebildet. Der Gesellschaftsvertrag ist natürlich mit wandelnden Rahmenbedingungen in der Zeit fortzuschreiben. Das geschieht durch die nationale und internationale Gesetzgebung, aber auch durch faktisches Handeln und gelebte Werte.

Die größte Herausforderung für den ursprünglich national gedachten Gesellschaftsvertrag ist die Globalisierung. Die Welt ist eine wirtschaftlich, massenkulturell und kommunikationstechnisch verbundene Gemeinschaft. Heute haben die europäische Agrarpolitik, die amerikanische Wirtschaftspolitik und die chinesische Bevölkerungspolitik durchaus Abhängigkeiten in unserem Global Village. Dieser Abschnitt greift Ideen auf, die wir längst in unserer Menschheitsfamilie haben.

Soll der Staat im Sinne eines Sozialvertrags gut funktionieren, muss der einzelne Bürger seine Rolle verantwortlich spielen. Unternehmen bezeichnen sich gelegentlich als Good Corporate Citizen, als gute Bürger. Ein schöner Gedanke: Bürger organisieren sich in Unternehmen, die ihrerseits das Gemeinwohl im Blick haben. Das kommt in den folgenden Abschnitten zum Ausdruck.

Die offiziellen Ziele, Werte und Visionen ernst nehmen

Es wurden bereits umfassende und weitreichende Zielkataloge und Programme in Kraft gesetzt:

- Die Charta der UN aus dem Jahr 1945 und die Menschenrechtserklärung aus dem Jahr 1948. Im Artikel 25 der Menschenrechtserklärung ist beispielsweise ein Sozialstaat beschrieben, wie ihn Deutschland oder Skandinavien bereits realisiert haben.
- Die Unabhängigkeitserklärung der USA mit den Formulierungen »All men are created equal« und »persuit of happiness«, die vielen Menschen vertraut sein dürften.
- Im Artikel 14 Absatz 2 des Grundgesetzes, der deutschen Verfassung, stehen die schönen Worte: »Eigentum verpflichtet. Sein Gebrauch soll zugleich dem Wohl der Allgemeinheit dienen.«
- Die zahlreichen mehr oder weniger konkreten Energiestrategien und -pläne auf allen Ebenen von Kommunen, Ländern, Bund, EU und UN.
- Etwa fünf Sechstel der Weltbevölkerung gehören einer Religion an (laut Pew Research Center und Statista). Das weist darauf hin, dass der überwiegende Teil der Menschheit sich jenseits von Politik, Wirtschaft und Naturwissenschaft metaphysisch (also über die Physik hinaus) verankert sieht. Ein sorgsamer Umgang miteinander und mit der Natur ist so gut wie allen Religionen gemein.

Es ist somit mehrfach und glasklar formuliert, welchen Zustand wir als Menschheit anstreben; es ist an der Zeit, dass wir uns in dieser Hinsicht ernst und beim Wort nehmen.

Frieden auf allen Ebenen

Frieden und Harmonie sind Schlüssel, ohne die wir uns wie beim Armdrücken lähmen und unsere Energie gegeneinander vergeuden. Frieden lässt sich um den Einzelnen wie ein Schalenmodell aufbauen (▶ Dar. 2.12).

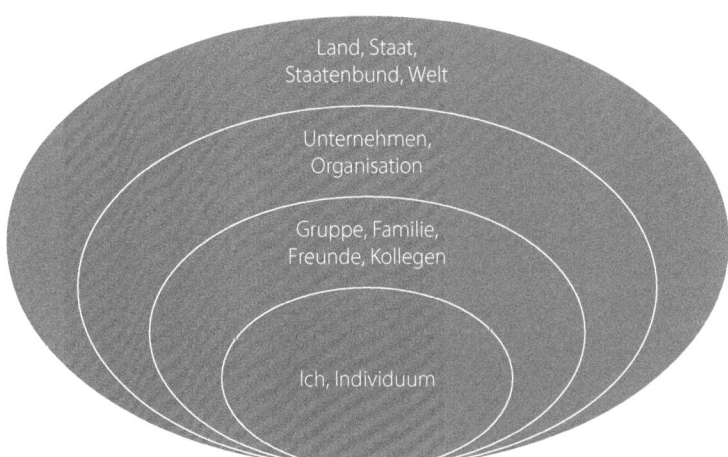

Dar. 2.12: Ebenen des Friedens

Ich, Individuum: Wie man einen Stein ins Wasser wirft, so kann der Einzelne wie in Wellen Frieden um sich verbreiten. Dazu ist es zunächst notwendig, mit sich im Frieden zu sein. Die Inschrift auf dem Apollotempel in Delphi bringt dies auf den Punkt: »Erkenne dich selbst«. Gerald Hüther (2015) beschreibt, wie wir in unseren Schulen Kinder das systematisch abtrainieren, indem wir sie zum Objekt der Erwartungen machen. Wir waren fast alle Kinder in diesem Schulsystem. Viele haben ihre eigentlichen Bedürfnisse, ihren Entdeckerdrang, ihre Lust am Mitgestalten nie ganz entfalten können. Lustlos gehen sie als Erwachsene ihrer Erwerbsarbeit nach und kaufen sich vieles, was sie nicht wirklich brauchen, als Ersatzbefriedigung.

Gruppe, Familie, Freunde, Kollegen: Vorausgesetzt, dies würde gelingen, kann ein in seinem Frieden ruhender Mensch mit Lust am gemeinsamen Gestalten positiv in sein Umfeld ausstrahlen. Konflikte lassen sich souverän, wertschätzend und gewaltfrei lösen. Das wurde ja schon bei der Sozialisation vorbereitet. Natürlich ist jeder auf seinem eigenen Weg, aber es macht Freude, sich gegenseitig auf die nächste Stufe zu helfen.

Unternehmen, Organisation: Auch der Kollegenkreis ist ja ein Wirkungskreis von »fried-fertigen« Menschen. Das verändert auch das Unternehmen oder die sonstige Organisation. Ein autoritärer Führungsstil wird zunächst nur noch belächelt. In höheren Organisationsentwicklungsstufen machen sich herkömmliche Manager nur noch lächerlich und sterben aus. Die Unternehmenskultur wechselt von Kontrolle zu Vertrauen. Flache Hierarchien, Projektorganisation, gewählte Führungskräfte auf Zeit, Partizipation sind Stichworte. Das steht auch in vollem Einklang mit einer leistungsfähigen Wirtschaftsentwicklung auf ihrem Gang durch die Sektoren: Urproduktion, Industrie, Dienstleistungen, Informationswirtschaft u. a.

Frieden zwischen Völkern, Ländern und Staatenbündnissen: Unternehmen benötigen beim aktuellen Stand der globalen Wirtschaftsverflechtung stabile, friedliche Rahmenbedingungen. Ein Krieg jagt jedoch den anderen, Irak, Syrien, Libyen, Ukraine, Jemen, Gaza etc. In den Medien schwellen die Berichtswellen auf und ab, folgen sich in einer scheinbar unaufhaltsamen Reihe.

Vertrauen versus Kontrolle – Freiwerdende Ressourcen und Motivation

In den 1990er-Jahren kam die Unternehmenskultur als Begriff in Mode und gehört heute zum zeitlosen Kernbestand der BWL. Grundidee und Definition sind einfach: Kultur ist die Gesamtheit der Werte und Normen einer Organisation. Je stärker die Kultur, desto erfolgreicher die Organisation. Ein wichtiger Mechanismus zur Erhöhung der Effizienz und Effektivität liegt im Wegfall von Kontrollen durch Vertrauensbildung. Das gilt für alle Gemeinschaften, vom Paar über die Familie bis hin zu Staaten und zum Global Village.

Antoine de Saint-Exupery (Autor des »Kleinen Prinzen«): »Wenn Du ein Schiff bauen willst, dann trommle nicht Männer zusammen, um Holz zu beschaffen, Aufgaben zu vergeben und die Arbeit einzuteilen, sondern lehre die Männer die

Sehnsucht nach dem weiten, endlosen Meer.« Welche Ressourcen und Energien würden frei, wenn wir uns vertrauen könnten?

- **In der Wirtschaft im Kleinen**: Viele kleine Berichts- und Kontrollpflichten im Alltag, z. B. an der Hochschule: Deputatsabrechnung, Reisekosten, Mensakarte, Jobticket, Klausuren, Akkreditierung, Einsprüche etc.
- **In der Wirtschaft im Großen** etwa Wirtschaftsprüfung, Steuerfahndung, Industriespionage, Bürokratie etc.
- **In der Gesellschaft** die Themen Kriminalität und Gerichtswesen.
- **Zwischen Staaten** die Thema Krieg und Rüstung.

Zur Dynamik von Veränderungen

Menschen mit Macht wie Manager und auch Politiker haben Verantwortung in komplexen Systemen übernommen und unterliegen starken Sachzwängen. Sie müssen sich in der Kunst des Machbaren üben. Ihre Möglichkeiten, große Veränderungen herbeizuführen, hängen davon ab, ob sie auf eine bereits vorhandene Bereitschaft treffen, die sich noch nicht im Äußeren gezeigt hat. Der ursprünglich aus der Physik stammende Begriff der »kritischen Masse« wurde auf die Sozialwissenschaften übertragen: Wenn eine ausreichende Anzahl von Menschen reif ist, eine bestimmte Meinung zu übernehmen oder Entwicklungen mitzutragen, können Führungspersönlichkeiten entsprechende Entscheidungen fällen, ohne ihren Einfluss und ihre Macht zu verlieren.

2.5.5 Der römische Kaiser und wir – Dankbarkeit und Perspektiven

Schauen wir einmal zufrieden und dankbar auf unsere gegenwärtige Situation. In Industrieländern leben selbst ärmere Menschen in vielfacher Weise besser als römische Kaiser. Für einen Kaiser im alten Rom arbeitete letztlich ein wesentlicher Teil der Bevölkerung, zudem viele als Sklaven. Er hatte deshalb alles, was damals verfügbar und zu ermöglichen war.

Wir sollten Feiern angesichts unserer Situation, die aus damaliger Sicht an den Garten Eden erinnert! Es gibt allen Grund, positiv-optimistisch in die Zukunft zu blicken, statt uns von Herausforderungen umzingelt zu sehen und mutlos zu werden. Der Leser möge sich fragen, weshalb trotz dieses hohen Lebensstandards das Glück nicht höher ist als in vielen Ländern mit weitaus geringerer materieller Ausstattung.

Nun steht im Raum, dass wir aus ökologischen Gründen die Lebensweise in Industriestaaten zumindest teilweise aufgeben müssen. Worauf müssten dabei achten, um ein (Entwicklungs-)Modell für den globalen Süden zu sein?

- Großzügiges ruhiges Wohnen bleibt möglich (▶ Kap. 4.2).
- Ernährung erfordert Umstellungen, kann aber sogar deutlich besser werden. Bei Kleidung ist Mäßigung angebracht. Möbel, Elektrogeräte und andere materielle

Güter können wir uns langlebig und mit Kreislaufwirtschaft weiterhin ökologisch leisten. Schwere eigene Autos sind problematisch, aber für die Reicheren möglich – Mahatma Gandhi behält recht: Die Welt hat genug für jedermanns Bedürfnisse, aber nicht für jedermanns Gier.
- Die wachsenden Dienstleistungs- und Informationssektoren benötigen weniger materielle Ressourcen: Kommunikation, Bildung, Kultur, Unterhaltung, Gesundheit. Sogar Mobilität beibt dank verschiedener Technologien bleiben verfügbar (▶ Kap. 4.3).
- Fliegen ist im Grunde der einzige Bereich, der schrumpfen muss: Soll der Professor (der beruflich und privat mehrfach in den USA war) den Studierenden erklären, dass sie leider eine Generation zu spät sind und die Niagarafälle nicht selbst sehen dürfen? Auch sind nachhaltige Lösungen denkbar: Die Passatwinde wehen in der Nähe des Äquators von Ost nach West (deshalb ist Kolumbus auch in der Karibik an Land gegangen.) Im Nordatlantik wehen sie von West nach Ost (deshalb war Glasgow ein wichtiger Umschlagsort für Waren aus der neuen Welt). Mit Segelschiffen lassen sich auch Interkontinentalreisen realisieren.

3 Energiebilanzen zur Informationsversorgung

Ohne Datenbasis ist es kaum möglich, Energie zu managen. Dieses Kapitel steigt nun ein in das operativ handfeste Modell aus Darstellung 1.1 und damit in den Bottom-up-Ansatz der Energie-BWL.

3.1 Überblick: Von der Nachhaltigkeits- zur Treibhausgasbilanz

Das Prinzip von Bilanzen ist einfach: Abgeleitet vom italienischen Begriff »Bilancia« (zweiarmige Waage) müssen Input und Output im Gleichgewicht sein. In Literatur und Praxis ist die Verwendung der Begriffe Nachhaltigkeits-, Umwelt-, Öko-, Stoff-, Energie-, Kohlendioxid-, Prozess-, Sach- und weiter Bilanzen jedoch eher unübersichtlich. Darstellung 3.1 zeigt das Vorgehen in diesem Abschnitt und ordnet dabei schon wichtige Bilanzvarianten ein.

Dar. 3.1: Überblick Nachhaltigkeitsbilanzen (Quelle: Kals 2015, S. 15)

Die Darstellung zeigt die Struktur von Nachhaltigkeitsbilanzen anhand der drei Säulen Ökonomie, Ökologie und Soziales:

- Mittels Berichtssystemen lässt sich **Nachhaltigkeit** als Ganzes im Unternehmen messen (▶ Kap. 3.1.1).
- Das Thema Energie betrifft die ökologische Säule, deshalb fokussiert die Abbildung auf die **Umweltbilanz** (▶ Kap. 3.1.2).
- Lässt man alles weg, was nicht energiebezogen ist, entsteht aus der Umweltbilanz die **Energiebilanz** (▶ Kap. 3.1.3).
- Die Energiebilanz ist wiederum die Basis für die **Treibhausgasbilanz**, indem der fossile Energieeinsatz mit Kohlendioxid-Emissionsfaktoren multipliziert wird (▶ Kap. 3.1.4).
- Eine wichtige Herausforderung besteht in der **Festlegung der CO_2-Emissionsfaktoren** bzw. Emissionskoeffizienten (▶ Kap. 3.1.5).

3.1.1 Nachhaltigkeitsbilanzen

Das Konzept der Nachhaltigkeit und seine Entwicklung

Hans Carl von Carlowitz war Oberberghauptmann im Erzgebirge und hat 1713 das erste geschlossene forstwirtschaftliche Werk vorgelegt. Darin hat er die Erkenntnis formulierte, dass nicht mehr Holz eingeschlagen werden dürfe als im gleichen Zeitraum nachwachse, um die Substanz des Waldes zu erhalten. **Nachhaltigkeit** überträgt diese Denkweise auf jede andere endliche Ressource. Sustainability kommt von sustain und kann mit aufrechterhalten, aushalten, ertragen übersetzt werden. Der inflationäre Gebrauch der Wörter höhlt ihre Bedeutung aus, so ist es auch hier geschehen, indem nachhaltig einfach im Sinne von langfristig verwendet wird. Das ist nicht falsch, aber verkürzt.

Im Jahr 1987 prägte dann die von den Vereinten Nationen eingesetzte **Brundtland-Kommission** (geleitet von der ehemaligen norwegischen Premierministerin Gro Harlem Brundtland) die Definition von Nachhaltigkeit: Sustainable development »meets the needs of the present without compromising the ability of future generations to meet their own needs.« (World Commission on Environment and Development, 1987, Part 1, 2. I.) Also ist eine Entwicklung nachhaltig, wenn die gegenwärtige Generation ihre Bedürfnisse befriedigen kann, ohne die Fähigkeit der zukünftigen Generationen einzuschränken, dies ebenfalls tun zu können. Drei Handlungsfelder (Areas) haben dann die Säulen Ökonomie, Ökologie und Soziales geprägt.

Ökonomische Säule

Das Generalthema der ökonomischen Säule ist die Dauerhaftigkeit von Wirtschaftseinheiten: öffentliche Haushalte, Privathaushalte und besonders auch Unternehmen. Damit lassen sich weite Teile der BWL hier einordnen, insbesondere das Rechnungswesen und der Jahresabschluss mit Bilanz und Gewinn- und Verlustrechnung (GuV). Themen wie der Gewinnbegriff, Gewinneinbehaltung (Thesaurierung) versus Ausschüttung, Unternehmensbewertung, Planungshorizont u. v. m. sind adressiert.

Allerdings ist das herkömmliche Rechnungswesen im Licht der externen Kosten kritisch zu sehen. Die Gewinne, die die Dauerhaftigkeit des Unternehmens im bestehenden Wirtschaftssystem garantieren, lassen eben Externalitäten wie Treibhausgasemissionen, Bodenversiegelung, Lärmbelästigung usw. in der wirtschaftlichen Betrachtung außen vor.

Ökologische Säule

Die ökologische Säule ist in gewisser Weise das Geburtsfeld des heutigen Megatrends Nachhaltigkeit, denn es sind die ökologischen Probleme, die zur Umsteuerung zwingen. Dies kommt schon historisch in der Waldbewirtschaftung zum Ausdruck. Themen in der BWL sind die DIN ISO 14000-Serie, EMAS, DIN ISO 50000-Familie (▶ Kap. 6), Umweltschutz/Ökoeffizienz und besonders die hier erörterten Bilanzen.

»Oikos« war im alten Griechenland die Haus- und Wirtschaftsgemeinschaft, was sich in Ökonomie und Ökologie wiederfindet. In den Begriffen kommen Werturteile im Basisbereich zum Ausdruck: Ökonomie von Unternehmen, Privathaushalt und Staaten getrennt von den Naturhaushalten? Oder beides der Wortherkunft entsprechend gemeinsam denken! Begriffe wie

- ökologische Ökonomie,
- Industrial Ecology (vgl. Hauff/Isenmann/Müller Christ 2012),
- Bioökonomie (vgl. Jeschke/Heupel 2022),
- Kreislaufwirtschaft (Circular Economy)

deuten das an.

Soziale Säule

Gemäß UN und Brundtland-Kommission sollen Unterschiede in sozialen Systemen so gering bleiben, dass Konflikte friedlich lösbar sind. Der Aspekt Soziales ist zunächst politisch-volkswirtschaftlich gedacht. Mit der Globalisierung ist sogar die Welt als Gemeinschaft zu sehen. Es sind ja auch die Vereinten Nationen, die sich äußern.

Damit sind wir auf der Ebene der Handelsabkommen, Terms of Trade, Subvention, Dumpingpreisen, Migration usw. Auf staatlicher Ebene in Deutschland ist das soziale Netz, Löhne und Tarifautonomie oder auch die Staatsquote zu betrachten. Der Staat erlässt Regeln, die die soziale Nachhaltigkeit in Unternehmen fördern oder sogar erzwingen, wobei Unternehmen freiwillig darüber hinausgehen können.

Zusammenspiel

Ohne die Bedeutung des Sozialen schmälern zu wollen, ist hier die ökologische Säule gerade mit dem Thema Energie und Klimaschutz im Fokus. Ohne intakte natürliche Lebensgrundlagen lässt sich nicht wirtschaften, ohne Wertschöpfung ist nichts zu verteilen. Allerdings lässt sich der Kreis von Ökologie zu Ökonomie zu Sozialem auch wieder schließen. Denn wer ums ökonomische Überleben kämpft, ist nicht bereit zum ökologischen Umbau der Wirtschaft: Wer in Gefahr steht, sein Haus zu verlieren, ist gegen zwingende Vorgaben zur energetischen Sanierung. Arme Menschen in Entwicklungsländern (»globaler Süden«) schlagen Feuerholz, wenn sie frieren oder kochen müssen – auch wenn der Hang dann langfristig erodiert. Damit ist hier auch die umfangreiche Diskussion zum Zusammenhang der drei Säulen angedeutet.

Standards und Berichtssysteme als Ansätze für Nachhaltigkeitsbilanzen

Zur Messung und Kommunikation der Nachhaltigkeit von Unternehmen haben sich verschiedene Wege und Konzepte entwickelt. Nachhaltigkeitsstandards sind Berichtssysteme analog den kaufmännischen Vorschriften für Bilanzen und Jahresabschluss. Hier gibt es eine große Vielfalt und zahlreiche Einteilungsmöglichkeiten, mit denen der Leser konkrete **Systeme einordnen** kann:

- freiwillig oder rechtlich verbindlich,
- mit oder ohne Offenlegung,
- mit oder ohne unabhängige Überprüfung, Zertifizierung, Kontrolle (Third-Party Verification),
- branchenbezogen oder branchenunabhängig,
- mit oder ohne Fokussierung auf einzelne Nachhaltigkeitsaspekte,
- national und international,
- unter der Bezeichnung Rating, Ranking, Siegel, Zertifikat oder Label,
- mit oder ohne Beteiligung der DIN ISO,
- isoliert, mit gegenseitigen Bezügen und Verweisen oder sogar integriert mit der etablierten kaufmännischen Rechnungslegung.

Einen repräsentativen, sicherlich nicht vollständigen Überblick zu den verschiedenen, inzwischen gängigen Berichtssystemen bietet die folgende Liste, die auch im Weiteren genauer behandelte Systeme enthält:

- Global Reporting Initiative (GRI) (http://www.globalreporting.org),
- Sustainability Reporting and Disclosure Standards (SRDS) der EU sowie die konkreteren European Sustainability Reporting Standards (ESRS),
- DIN ISO-Normen zum Umwelt-, Energie- und Treibhausgasmanagement (▶ Kap. 6),
- Greenhouse Gas Protocol (GHG Protocol) (http://www.ghgprotocol.org, ▶ Kap. 3.1.5),

- AccountAbility (https://www.accountability.org),
- Carbon Disclosure Project (www.cdproject.net),
- United Nations Global Compact (www.unglobalcompact.org),
- World Business Council for Sustainable Development (www.wbcsd.org),
- Deutscher Nachhaltigkeitskodex (http://www.deutscher-nachhaltigkeitskodex.de).

Global Reporting Initiative (GRI)

Die GRI ist seit 1997 das international erfolgreichste Berichtsystem und basiert auf Freiwilligkeit. Die UN hat es entwickelt mit 11 ökonomischen, 35 ökologischen und 40 sozialen Leistungsindikatoren. Die genauen Vorgaben lassen sich auf der Homepage problemlos einsehen bzw. herunterladen. Mittlerweile haben Unternehmen und andere Organisationen mehrere hunderttausend Berichte hochgeladen (http://www.corporateregister.com).

Engagierte Unternehmen berichten ergänzend zu den obligatorischen, wirtschaftsrechtlichen Veröffentlichungspflichten meist nach mehreren nachhaltigkeitsbezogenen Standards. Das kann zu Unübersichtlichkeit führen. Als Gegenbewegung geht der Trend zu integrierten Berichten (Integrated Reporting, »One Report«).

Die etablierte Wirtschaftsprüfungsbranche hat diesen Bereich längst als Geschäftsfeld entwickelt, ebenso wie viele Zertifizierungs- und Ratingunternehmen bzw. -organisationen. Beim Durchsehen der Berichte lohnt sich ein Blick auf die letzten Seiten. Aus ihnen geht normalerweise hervor, welche Prüfungsorganisationen gemäß welchen Standards zertifiziert und testiert haben.

EU-Regelungen

Die EU ist mit SRDS und ESRS einen Schritt weitergegangen. Die Regelungen sind sehr viel umfangreicher. Die Standards sind zudem für Unternehmen ab bestimmten Mitarbeiterzahlen, Bilanzsummen und Nettoumsätzen obligatorisch und veröffentlichungspflichtig.

Als Hintergrundwissen ist hilfreich, dass Verordnungen nach Inkrafttreten sofort in der gesamten EU gelten. Richtlinien richten sich hingegen an die Mitgliedsstaaten und müssen in nationales Recht umgesetzt werden. Das kann viele Jahre dauern. Die SRDS ist eine Richtlinie (Directive), die ESRS ist eine Verordnung. Hier die vollständigen Bezeichnungen der Regelungen auch auf Deutsch:

Alle EU-Regelungen finden sich im Volltext und barrierefrei online zugänglich unter http://www.eur-lex.europa.eu/homepage.html?locale=de, das gilt auch für die in deutsches Recht umgesetzten Bestimmungen, die unter http://www.gesetze-im-internet.de einsehbar sind.

3.1.2 Umweltbilanzen und Ökobilanzierung

Umweltbilanz als Sachbilanz (Stoff- und Energiebilanz)

Nun konzentriert sich der Blick auf die Umweltbilanzen, zunächst gate-to-gate, also innerhalb eines Betriebs. Die Abbildung zeigt den einfachen Aufbau einer Umweltbilanz, für die auch die Bezeichnung Stoff- und Energiebilanz gewählt werden kann.

Dar. 3.2: Prinzip der Umweltbilanz

Input (Menge/Zeit)	Output (Menge/Zeit)
Stoffe	Hauptprodukte
	Warenförmige Kuppelprodukte
• Rohstoffe	Nicht warenförmige Kuppelprodukte
• Hilfsstoffe	
• Betriebsstoffe	• Abfälle
• Trägermedien	• Abwasser
	• Abluft
Energie	• Abwärme

Der Eintrag (Input) besteht aus stofflichen und energetischen Ressourcen, die innerhalb des Bilanzraums (beispielsweise einer Produktionseinheit wie ein Betrieb oder einer Maschine) zu Hauptprodukten und warenförmigen (verkaufsfähigen) Kuppelprodukten verarbeitet werden. Der Produktionsprozess wandelt den Input aber auch zu nicht erwünschten Kuppelprodukten um. Dabei sind wieder stoffliche Kuppelprodukte (Abfälle, Abwasser und Abluft) sowie energetische Kuppelprodukte (Abwärme) zu unterscheiden, wobei jedoch die Stoffe (z. B. Abwasser) Träger der Abwärme sind. Die Darstellung 3.3 konkretisiert das Prinzip durch wichtige Positionen eines Kontenrahmens für die betriebliche Umweltbilanz am Beispiel eines Unternehmens der Möbelindustrie.

Dar. 3.3: Wichtige Positionen der Umweltbilanz eines Unternehmens der Möbelindustrie

Input	Output
Rohstoffe	Produkte
• Holz	• Stühle
• Metalle (Stahl, Aluminium, Zink u. a.)	• Tische
• Kunststoffe	
	Reststoffe im Sinne von Kuppelprodukten
Hilfsstoffe	(z. B. Sägemehl zur Holzpelletherstellung)
	»Abfälle«, die kostenfrei abgegeben werden
• Klebstoffe	können oder sogar einen Erlös erzielen (z. B.
• Lacke	Schrott)

Dar. 3.3 Wichtige Positionen der Umweltbilanz eines Unternehmens der Möbelindustrie – Fortsetzung

Input	Output
• Lösemittel	Abfall ohne Weiterverwertungsmöglichkeit (nicht behandlungsbedürftig z. B. Haushaltsabfälle, behandlungsbedürftig z. B. ölverschmierte Putzlappen)
Betriebsstoffe	
• Schmierstoffe	Abluft
• Reinigungsmittel	
Verpackungen	• Kohlendioxid
Ersatzteile	• Stickoxide
Handelswaren	• Kohlenmonoxid
Rücknahmeprodukte	• Schwefeldioxid
Wasser (Brauchwasser kalt/warm, Heißwasser, Dampf, Kühlwasser)	Abwasser (unbelastet, schadstoffbelastet, erwärmt)
Energie (Öl, Gas, Strom u. a.)	Abwärme
	Lärm

Der konkrete Kontenrahmen legt den genauen Untersuchungsgegenstand (**Bilanzraum**) fest und bestimmt somit den Umfang der anschließenden Datenerhebung, womit sich dieses Kapitel noch ausführlich beschäftigt. Bodenversiegelung, Artensterben, Aufheizung des Lokalklimas und weitere Effekte sind in dieser Strömungsbilanz nicht erfasst. Die Erfassung dieser Größen ist methodisch schwierig. Es ist allerdings auch methodisch fragwürdig, sie wegzulassen.

Die Beziehung zur **Buchhaltung (Kostenartenrechnung),** die dann im Jahresabschluss in die GuV sowie kaufmännische Bilanz mündet, ist offensichtlich. Jede Position, die mit Zahlungen und Geld verbunden ist, fließt in die Rechnung als Kosten oder Erlös ein. Damit sind Wertmaße wie der Euro der einheitliche Maßstab. Freie Güter (Luft, Kühlwasserentnahme aus Gewässern usw.) und externe Effekte (Staub, Bodenversiegelung, Lärmbelästigung usw.) bleiben hingegen in der betriebswirtschaftlichen Buchhaltung außen vor.

Problematik und Aufbau einer Ökobilanz nach DIN 14040

Die Umwelt- und Ökobilanzen müssen sich der Herausforderung stellen, sehr **unterschiedliche Kategorien und Messgrößen** zu vergleichen. Einige Beispiele:

- Rohstoffeinsatz mit der jeweiligen Knappheit und geologischen Reichweite (also wie lange die Vorräte bei gegenwärtigem Verbrauch noch reichen). Eisenerz gemessen in Tonnen ist nicht knapp. Holz gemessen in Festmetern wächst zwar nach, aber mit begrenzter Geschwindigkeit. Seltene Erden tragen die Knappheit schon im Namen.

- Wasserverbrauch in Kubikmetern. Hier ist räumlich zu unterscheiden nach wasserreichen oder –armen Regionen sowie zeitlich nach regenreichen oder regenarmen Jahreszeiten.
- Emission eines Kilos CO_2 mit dem Potenzial zur Erderwärmung, Feinstaub oder andere schädliche Gase.
- Abfälle zur Hausmüll- oder Sondermülldeponie in Tonnen. Wiederverwendung, Weiterverwendung und Recycling eröffnen noch mal vielfache Bewertungspfade, und das für jedes betrachtete Material.

Die Umwelt- und Energiebilanzen in den bisher diskutierten Ausprägungen beschreiben naturwissenschaftlich-technische Zusammenhänge, sie sind also Sachbilanzen. Für die Umweltbilanz sehen die DIN-Normen 14040 bis 14044 zur Ökobilanzierung vor, neben die Sachbilanz eine **Wirkungsabschätzung** und eine Auswertung zu stellen. Eine **Ökobilanz** ist demnach eine Umweltbilanz, die eine Sachbilanz um wirtschaftliche, ökologische oder sogar gesellschaftliche Kriterien ergänzt. Das gilt für alle Umweltwirkungen des Unternehmens und damit natürlich auch für den Energieverbrauch und den dadurch verursachten Treibhauseffekt, die ohne den Vergleich mit anderen Umweltwirkungen nicht einzuordnen sind. Umwelt- bzw. Ökobilanzen bestehen grundsätzlich aus den Bausteinen, die die Darstellung 3.4 veranschaulicht. Sie lehnt sich an die DIN 14 040 (Umweltmanagement – Ökobilanz: Prinzipien und allgemeine Anforderungen) an.

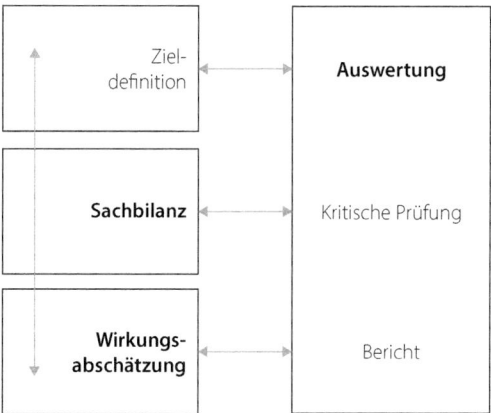

Dar. 3.4: Elemente einer Ökobilanz nach DIN 14040

Zu Beginn der Erhebungen, vor dem eigentlichen Kern der Bilanzierung, steht die konzeptionelle Überlegung. **Zielsetzung und Untersuchungsrahmen** sind innerhalb des ersten Schrittes zu definieren. Hierdurch soll auch, je nach Untersuchungszweck, unangemessener Aufwand vermieden werden. Bei geplanter externer Kommunikation der Bilanzen ist das Ziel eine hinreichende Zuverlässigkeit und Belegbarkeit der Aussagen. Hier stellt sich immer wieder das prinzipielle Problem, welchen Ausschnitt des gesamten Lebenszyklus die Untersuchung wählt. Also wie weit sie vorausgehende Wirkungen (Upstream) und nachfolgende Wirkungen (Downstream) einbezieht. Abschnitt 3.5 greift das aus betriebswirtschaftlicher Perspektive auf.

Die **Sachbilanz** entspricht der bisherigen **Stoff- und Energiebilanz** und stellt so eine möglichst vollständige Erfassung und Aufbereitung der quantitativen umweltrelevanten Daten dar.

Die nachfolgende **Wirkungsabschätzung** dient der Zuordnung der Umweltauswirkungen (z. B. Treibhauseffekt) zu den in der Sachbilanz bestimmten Umweltaspekten. Es findet eine Bewertung der Sachbilanz auf Basis bestimmter, vorher festgelegter Umweltwirkungen statt. Abschließend wird innerhalb der Auswertung die Wirkungsabschätzung zusammen mit den Ergebnissen der Sachbilanz auf Basis eines an bestimmten gesellschaftlichen Werten und Prioritäten orientierten, politischen Problemverständnisses analysiert und bewertet. Hat z. B. das Treibhauspotenzial eine größere Bedeutung als das Versauerungspotenzial?

Methoden der Wirkungsabschätzung

Die Ansätze zur Wirkungsabschätzung und Auswertung lassen sich in quantitativ-kardinale und qualitative Kategorien einteilen (vgl. Schreiner 1996, S. 284 ff. oder BMU/UBA 2002, S. 119 ff.), die in der Darstellung 3.5 nochmals differenziert werden.

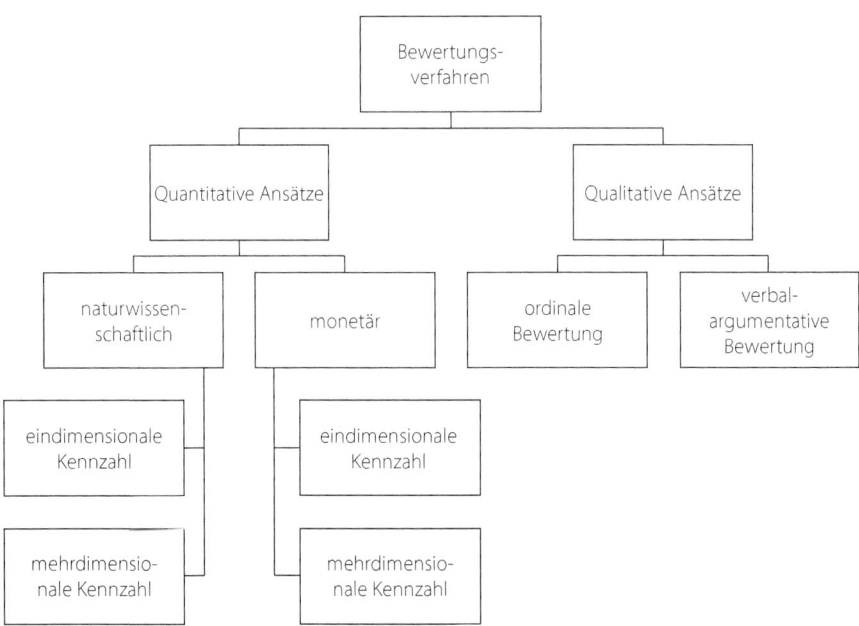

Dar. 3.5: Einteilung von Bewertungsverfahren für Umwelt- und Ökobilanzen

Zunächst wichtige Beispiele für die **naturwissenschaftlichen quantitativ-kardinalen Ansätze**. Kardinal bedeutet, dass eine Verdopplung der Einheiten (Kubikmeter, Kilogramm etc.) eine Verdopplung der Umwelteinwirkungen ausdrückt. Zu den Verfahren mit **eindimensionalen Kennzahlen** (Günther 2008, S. 292-332) und dem Schwerpunkt auf Energie:

- Die VDI-Richtlinie 4600 definiert den »Kumulierten Energieaufwand« (KEA) als Energiemenge, die für Herstellung, Transport, Lagerung, Verkauf und Entsorgung eines Produkts benötigt wird (sie umfasst also auch die »**graue Energie**« oder den »**Energierucksack**«, **Embodied Energy**). Dies lässt sich auch auf die Treibhausgasemissionen übertragen (**graue CO_2-Emissionen, Embodied Carbon, CO_2-Rucksack**). Diese Maßzahlen lassen sich im Wertschöpfungsprozess für die Vorprodukte, auf jeder Produktionsstufe, für die Endprodukte und deren gesamten Lebenszyklus berechnen.
- Der **Kohlendioxid-Fußabdruck (CO_2-Fußabdruck, Carbon Footprint)** drückt Ähnliches aus. Er ist konzipiert, um anschaulich zu machen, wie viele Naturressourcen ein Mensch mit seiner Lebensweise in Anspruch nimmt. Er ist als Teil des **ökologischen Fußabdrucks** zu sehen, der die Fläche auf der Erde bezeichnet, die benötigt wird, dass ein Mensch seinen jeweiligen Lebensstandard aufrechterhalten kann. Die Spannbreite geht von weniger als einem »**Global Hectar**« in einigen Zentralafrikanischen Staaten bis über acht in den USA. Auch einzelne Produkte und Aktivitäten können mit diesem Maß bewertet werden. Die Kohlendioxidemission machen mehr als die Hälfte des durchschnittlichen »Fußabdrucks« eines Menschen gemessen in »**globalen Hektar**« aus. Sie bemessen sich an der Fähigkeit der Natur, z.B. durch Pflanzenwachstum, Kohlendioxid zu binden.
- **Material-Input pro Serviceeinheit (MIPS)** ist ein am Wuppertal-Institut für Klima, Umwelt, Energie entwickelter Ansatz, der alle materiellen Inputs, die für die Herstellung von Produkten erforderlich sind, erfasst und berechnet.
- Das **Treibhauspotenzial (Greenhouse Warming Potential, GWP)** einzelner Gase ist ebenfalls hier als Wirkungsindikatoren einzuordnen und wird uns im Abschnitt 3.1.5 noch genauer beschäftigen.

Ein Beispiel für Verfahren mit **mehrdimensionalen Kennzahlen** ist das System der Wirkungsindikatoren des Umweltbundesamtes oder die BUWAL-Methode des Schweizer Bundesamtes für Umwelt, Wald und Landschaft (BUWAL), das besonders auf Verpackungen abzielt. Es handelt sich um Kennzahlensysteme, die unterschiedliche Wirkungskategorien (Treibhauseffekt, Bodenversauerung, Humantoxizität usw.) vergleichend bewerten. Bei technisch-naturwissenschaftlichen Messgrößen wie Kilowattstunden oder Quadratmetern ist eine kardinale Messung problemlos möglich. Schwieriger ist die Skalierung bei im mathematischen Sinne dimensionslosen Umweltbelastungspunkten, die als Äquivalenzziffern verschiedene Umweltwirkungen vergleichbar machen. Diese Äquivalenzziffern erfordern tiefgreifende Werturteile.

Quantitativ-kardinale monetäre Ansätze sind beispielsweise der **Vermeidungskostenansatz** sowie der **Schadenskostensatz**. Gerade die Bewertung in monetären Einheiten wirft weitere methodische Probleme auf. So ist beispielsweise fraglich, wie sich das Aussterben von Tier- und Pflanzenarten mit monetären Dimensionen beziffern lassen soll. Besonders schwierig ist die Bewertung eines Menschenlebens.

Qualitative Ansätze lassen sich in ordinale Bewertung und qualitative Bewertung untergliedern. Im Gegensatz zu einer kardinalen Skalierung besagt ordinal nur, dass im Falle einer Erhöhung der Umweltbelastung die entstandenen Schäden ebenfalls steigen, ohne eine Aussage zu machen, in welchem Maß das geschieht. Als Ansätze sind hier, stellvertretend für eine qualitativ-ordinale Bewertung, die ABC-Analyse des Instituts für ökologische Wirtschaftsforschung (IÖW) zu nennen.

3.1.3 Energiebilanzen

Thermodynamik und Entropie: Energiebilanzen sind Vereinfachungen

Nun wird die Energiebilanz aus der Umweltbilanz abgeleitet, indem alle Energieflüsse herausgezogen werden, oder – umgekehrt betrachtet – alles weggelassen wird, was keinen Energiebezug hat. Energie kann gemäß dem ersten Hauptsatz der Thermodynamik (Energieerhaltungssatz) nicht verloren gehen oder vernichtet werden, was sehr gut zum Grundgedanken einer Bilanz passt. Die ökologische Problematik ergibt sich aus dem zweiten Hauptsatz der Thermodynamik, dem Entropiegesetz. Dieser Satz besagt vereinfacht, dass Energie zu einem Zustand der »Unordnung« (Entropie) strebt. Energie verteilt sich bei der Verwendung und ist dann nicht mehr einfach verfügbar. Diesen nicht verfügbaren Zustand höherer Entropie kann sowohl Energie (beispielsweise in Form von Abwärme) als auch Materie (beispielsweise in Form von Abfall) annehmen. Mit zunehmendem Einsatz von Energie und Materie im Wirtschaftsleben wird dieser Prozess, aus dem sich zwangsläufig Umweltbelastungen ergeben, beschleunigt. Der übliche Begriff der Energieerzeugung ist vor diesem Hintergrund in naturwissenschaftlichem Sinne nicht treffend, denn beispielsweise werden Kohle, Sonnen- oder Windenergie nur in elektrische Energie umgewandelt.

Beispiel einer ersten Energiebilanz gegliedert nach Energieträgern

In Darstellung 3.6 wird ein beispielhaftes Schema für eine Energiebilanz gezeigt, in dem die Inputseite gemäß Energieträgern gegliedert ist.

Auf der Inputseite einer Energiebilanz ist der Energieeinsatz sehr gut zu messen (Strom-, Gasverbrauch etc.), aber auf der Outputseite kommt es zu schwer fassbaren Effekten wie Abwärme, Erschütterungen, Lärm. Hier sind Hilfsrechnungen nötig, die den Wirkungsgrad der eingesetzten Energie abschätzen, um den Anteil der im beabsichtigten Sinne genutzten Energie anzunähern. Man könnte so weit

Dar. 3.6: Energiebilanz gegliedert nach Energieträgern

Input	Output
Elektrische Energie (Strom)	Nutzenergie bei primären Prozessen (z. B. Zerspanungsleistung bei Werkzeugmaschinen in der Produktion)
Gas	
Heizöl	
Diesel	Nutzenergie bei sekundären und tertiären Prozessen (Transporte, Heizung der Büros bis hin zum Energieverbrauch des Herds in der Kantine)
Benzin	
Kerosin	
	Energieabgabe an Dritte (Prozessenergie als Fernwärme oder Stromeinspeisung aufgrund des EEG)
	Wärmeverluste über Abluft, Abwasser und Abfall
	Energieverlust über Wärmestrahlung, Erschütterungen, Lärm

gehen, zu sagen, dass der **Begriff Bilanz irreführend** ist. Es geht weniger darum, den Verbleib der Energie zu ermitteln. Vielmehr steht die Erfassung des energetischen Inputs im Zentrum der Aufmerksamkeit, um eine Basis für die Berechnung von Einsparpotenzialen bei Verbesserungsmaßnahmen zu haben. Eine Besonderheit des Outputs ist die Energieabgabe an Dritte. Hier kommt die Rolle des Unternehmens als Energieproduzent zum Tragen. Das betrifft einerseits ungenutzte Abwärme, aber anderseits auch beispielsweise Fotovoltaikanlagen. Im Einzelfall ist diese Gliederung branchen- und unternehmensbezogen zu erweitern. Beispielsweise erzeugen landwirtschaftliche Betriebe Biomasse, aus der sich Gas gewinnen lässt.

Umwelt- und Energiebilanzen sind im Gegensatz zu Handels- und Steuerbilanzen **keine Zeitpunktbetrachtungen** von Bestandsgrößen, **sondern Zeitraumbetrachtungen** von Stromgrößen. Sie sind also trotz der etablierten, auch hier verwendeten Bezeichnung als Bilanz eher das stoffbezogene Gegenstück der Gewinn- und Verlustrechnung (GuV). Kaufmännische Bilanzen zeigen hingegen zeitpunktbezogene Bestandsgrößen.

Beispiel einer Energiebilanz gegliedert nach Verbrauchsstellen

Um den Energieverbrauch zu analysieren und Verbesserungsmaßnahmen abzuleiten, ist eine Unterteilung nach Energieträgern und -formen nicht ausreichend. Es sind die **Verbrauchsorte und die konkreten verbrauchenden Anlagen** zu ermitteln, wie Darstellung 3.7 angedeutet. Bei jeder Verbrauchsstelle ist zusätzlich nach Energieträgern zu differenzieren. Es bietet sich an, die Gliederung an die Kostenstellen des Unternehmens anzulehnen, wobei ein typisches Problem in vielen Unternehmen darin besteht, dass der Energieverbrauch auf die Kostenstellen ohne konkrete Messungen geschlüsselt verteilt wird.

Dar. 3.7: Energiebilanz gegliedert nach Kostenstellen und Anlagen

Input	Output

Energieverbrauch der produzierenden Endkostenstellen (jeweils differenziert nach Energieträgern)
 	
• Betrieb 1
  – Anlage 1
  – Anlage 2
• Betrieb 2
• …
 	
Energieverbrauch der Hilfskostenstellen:
 	
• Gebäude
• Lager
• Logistik
• Kantine
	Wie in der obigen Darstellung, allerdings im Idealfall ebenfalls differenziert nach den Verbrauchsstellen und Verbrauchern

Bei **weiteren Untergliederungen** hin zu einzelnen Anlagen, Komponenten und Vorgängen tut sich die traditionelle Kostenrechnung schwer. Jedoch eröffnet die Digitalisierung faszinierende Perspektiven, die dieses Kapitel im Folgenden noch skizziert. Weitere Gliederungen für Energiebilanzen sind möglich:

- Die Unterscheidung in **fossile und regenerative Energiequellen** sollte für jeden einzelnen Energieträger getroffen werden. Dies ist zweckmäßig sowohl im Sinne einer Nachhaltigkeitsrechnung als auch zur Abschätzung aufkommender Kostensteigerungen.
- Insbesondere in größeren Unternehmen spielen **Insourcing und Outsourcing** der Energieversorgung eine Rolle. Es geht also darum, ob und inwieweit die Energieversorgung durch eigene Anlagen wie Kraftwerke oder auch durch eigene Nutzung regenerativer Energiequellen gesichert wird.

Durch die verschiedenen Gliederungsmöglichkeiten und Detaillierungsgrade ergeben sich zahlreiche Abgrenzungs- und Zuordnungsprobleme, die Parallelen besonders mit der Kostenstellenrechnung zeigen. Dieser Abschnitt konzentriert sich jedoch bewusst auf das leicht nachvollziehbare grundsätzliche Prinzip der Energiebilanzen. Er lässt eine weitere zentrale Frage absichtlich offen: die nach dem Maßstab, den verwendeten Einheiten. Gemessen wird zunächst nach Kubikmetern Gas, Liter Heizöl usw. (▶ Kap. 3.2).

3.1.4 Treibhausgas- und Kohlendioxidbilanzen

Welcher Zusammenhang besteht nun zwischen dem Energieverbrauch im Unternehmen und den Emissionen von Treibhausgasen? Hier wird der Schritt von der

Energiebilanz zur Kohlendioxidbilanz und anschließend zur Bilanzierung weiterer Treibhausgase vollzogen.

Ein praktisches Einführungsbeispiel und der CO_2-Rucksack aus der Vorkette

Praktisch entsteht eine Kohlendioxidbilanz, indem der Energieverbrauch mit der spezifischen Kohlendioxidentstehung des jeweiligen Energieträgers multipliziert wird. Ein Beispiel, das auch für den privaten Hausgebrauch (im wörtlichen Sinne) verwendbar ist: Nicht-komprimiertes Erdgas kann je nach Qualität einen CO_2-Emissionkoeffizienten von 1,8 Kilogramm CO_2 pro Kubikmeter haben. Bei einem Verbrauch von 1.000 Kubikmetern resultieren 1.800 Kilogramm CO_2.

Das ist eine Gate-to-gate-Betrachtung. Im privaten Haus oder zwischen Eingang- und Ausgangstor eines Unternehmens. Oder noch genauer: Die Rechnung zeigt die Emission unmittelbar am Ort der Verbrennung. Nun zwingt uns aber die wichtige Energieform Elektrizität zur Einbeziehung der grauen Energie, d. h. zur Berücksichtigung der CO_2-Emissionen, die in der Vorkette der Energiebereitstellung entstehen. Strom hat nämlich die Eigenschaft, bei der Verwendung keine Emissionen zu verursachen. Weder eine Kaffeemaschine noch ein E-Auto noch ein Elektro-Stahlofen verursachen CO_2-Emissionen aufgrund des Stromeinsatzes. Die Belastung entstehen im vorgelagerten Kraftwerk »upstream«. Ohne die Einbeziehung dieser grauen Emissionen würde Strom unangemessen privilegiert und das Bild verzerrt.

Eine einführende, exemplarische Darstellung der CO_2-Emissionsfaktoren

Die Festlegung dieser Kohlen(stoff)dioxid-/CO_2-Emissionsfaktoren bzw. -Koeffizienten wird noch Mühe bereiten. Damit beschäftigen sich die folgenden Abschnitte. Hier ist nun eine einführende Darstellung 3.8 mit exemplarischen Koeffizienten, die dann erklärt und problematisiert werden. Diese Darstellung geht bewusst von Einheiten aus, zu denen Leser ohne naturwissenschaftlich-technischen Hintergrund sofort Zugang haben.

Dar. 3.8: Umrechnungsfaktoren von Energieträgern zu Kohlendioxidemissionen

Energieträger/Energie	Freigesetztes Kohlendioxid
Elektrische Energie pro Kilowattstunde	Null bei Verwendung. Für die Strom«produktion« je nach Strommix des Netzes, z. B.: 0,5 kg/kWh. Braunkohlenstrom: 1,2 kg/kWh Windenergie bis unter 0,01 kg/kWh (10 Gramm)
Heizöl extra leicht 0,820 bis 0,860 kg/L (15 C) spezifisches Gewicht wie Diesel	2,65 kg pro Liter bei Verbrennung, hinzu kommen die grauen CO_2-Emissionen

3.1 Überblick: Von der Nachhaltigkeits- zur Treibhausgasbilanz

Dar. 3.8: Umrechnungsfaktoren von Energieträgern zu Kohlendioxidemissionen – Fortsetzung

Energieträger/Energie	Freigesetztes Kohlendioxid
Diesel (Liter) 0,845 kg pro Liter spezifisches Gewicht (entspricht weitgehend dem Heizöl)	2,65 kg pro Liter bei Verbrennung, hinzu kommt der CO_2-Rucksack
Benzin 0,720 bis 0,775 kg pro Liter spezifisches Gewicht	2,36 kg pro Liter bei Verbrennung, hinzu kommt das »embodied CO_2«
Flugbenzin (Kerosin) Spezifisches Gewicht etwa 0,8 kg pro Liter, etwas leichter als Diesel	Kerosin ist chemisch dem Diesel ähnlich. Bei Emission in großen Höhen: ein Faktor von zwei bis zu fünf!
Biokraftstoffe wie Bioethanol und Biodiesel	Weit auseinandergehende Einschätzungen des Einspareffekts gegenüber Benzin und Diesel, das aus Erdöl gewonnen wird. Die Abschätzungen gehen von 70 Prozent Kohlendioxideinsparung bis zu deutlich negativen Wirkungen.
Erdgas (nicht komprimiert) pro Kubikmeter	Abhängig von der Qualität, z. B. hochkalorisches Erdgas 2 kg pro Kubikmeter bei Verbrennung, hinzu kommt die Vorkette
Erdgas kompimiert und/oder gekühlt (CNG – Compressed Natural Gas, Hauptbestandteil Methan, LNG – Liquified Natural Gas, LPG – Liquified Propane Gas, Hauptbestandteile Propan und Butan)	deutlich höher als nicht komprimiertes Erdgas
Biogas	Stark voneinander abweichende Schätzungen, siehe Biokraftstoffe
Kohle	2,5 kg bis 3,7 pro kg Kohle, hinzu kommen die Emissionen der Vorkette

Elektrische Energie

Elektrische Energie kann durch die Verstromung von Braun- oder Steinkohle gewonnen werden, aber auch durch Wasser-, Windkraft oder Sonnenenergie. Die Emissionen pro Kilowattstunde des Strommix bilden einen Durchschnittswert, denn es gehen sowohl Strom aus Kohle als auch Strom aus erneuerbaren Ressourcen ein. Dieser Wert sollte mit fortschreitender Energiewende jedes Jahr besser werden. Allerdings schwankt der Strommix über den Tag oft sehr stark. Nehmen wir einen windstillen Sommertag. Am Morgen müssen noch Kraftwerke den Strom generieren, mittags liefert die Sonne. In Abschnitt 4.4 werden die Konsequenzen für die Energiebeschaffung erklärt.

Der beeindruckende Wert von 10 Gramm pro Kilowattstunde zeigt, wie niedrig die Untergrenze bei der Nutzung regenerativer Ressourcen bereits liegt. Allerdings gibt es auch hier Unterschiede: Eine Onshore-Anlage mit einem massiven Betonfundament ist schlechter als eine Offshore-Anlage.

Atomstrom spielt eine Sonderrolle. Die Kohlendioxidemissionen sind zwar gering, jedoch sind die gewichtigen Einwände gegen diese Technologie im Hinblick auf Endlagerung und gesellschaftliche Akzeptanz zu beachten.

Stromversorger bieten unterschiedliche Versorgungsverträge und Tarife an. So steht jedem Stromkunden offen, Strom zu beziehen, der ausschließlich aus regenerativen Quellen stammt. Allerdings bringt das rein physikalisch betrachtet zunächst keine Änderung. Der Strom aus der Steckdose bleibt der gleiche (manchmal auch als »grauer« Strom bezeichnet). Es handelt sich also erst mal nur rechnerisch um einen anderen Bilanzkreis. Die Hoffnung besteht, dass der Kunde dadurch zusätzliche Investitionen anreizt.

Flüssige Brennstoffe konventionell (Heizöl, Diesel, Benzin, Kerosin)

Heizöl, Diesel und Flugbenzin sind chemisch recht ähnlich, Benzin hat eine etwas geringere Energiedichte und somit etwas geringeren CO_2-Koeffizient. Um eine Größenordnung für den CO_2-Rucksack anzudeuten: Im Gebäudeenergiegesetz (GEG) liegt der Primärenergiefaktor (also der Faktor zur Berücksichtigung der Vorkette) bei 1,1, somit sind 10 Prozent Emissionen hinzuzurechnen (▶ Kap. 4.2). Die Rohölförderung kann sich jedoch stark unterscheiden: Kommt das Rohöl aus Saudi-Arabien, wo es bildlich gesprochen aus der Erde sprudelt? Oder aus Ölsanden, so dass jede Tonne eingesetztes Öl-Äquivalent nur vier bis sechs Tonnen gefördertes Öl erbringt?

Kerosin fällt deutlich aus dem Rahmen, denn die Klimaschädigung ist viel höher bei einer Verbrennung in großer Höhe (▶ Kap. 4.3). Die CO_2-Koeffizienten für Kerosin im Internet unterscheiden sich deutlich, was sicher auch an der Art der Einbeziehung des Höhenfaktors liegt. Hier zeigt sich besonders deutlich, dass die verschiedenen im Internet auffindbaren Koeffizienten von der dahinterliegenden Methode abhängen. Das gilt auch für CO_2-Rechner, die auf der Benutzeroberfläche manchmal gar nicht die Koeffizienten offenlegen.

Bei flüssigen Brennstoffen ist darauf zu achten, ob die Mengeneinheiten in Gewichts- oder Volumengrößen gegeben sind, so dass notwendigenfalls das spezifische Gewicht Berücksichtigung finden muss.

Biokraftstoffe

Biokraftstoffe werden aus pflanzlichen Rohstoffen gewonnen. Bioethanol als Alkoholart ist in entsprechend ausgerüsteten Ottomotoren wie konventionelles Benzin verwendbar. E5- und E10-Benzin an der Tankstelle bedeutet eine Beimischung von 5 oder 10 Prozent Ethanol. Biodiesel ist mit wenigen Prozent dem handelsüblichen Dieselkraftstoff beigemischt und kann in entsprechend ausgelegten Motoren in reiner Form genutzt werden. Hier sind auch Angebote von Kraftstoffen einzuordnen, die ganz aus Altfetten und sonstigen Resten hergestellt wurden.

Die Herstellungsverfahren nutzen vorwiegend die ölhaltigen Früchte von Pflanzen wie Raps, Sonnenblumen oder Zuckerrohr. Mit idealen Annahmen können durch Biokraftstoffe 70 Prozent Treibhausgase oder noch mehr gegenüber herkömmlichen Kraftstoffen eingespart werden. Bei negativen Schätzungen gibt es keinen Spareffekt. Das liegt am Einsatz von Kunstdünger in Monokulturen, dem Aufwand der Landbewirtschaftung und – ganz problematisch – der Abholzung von Regenwäldern für Plantagen für Energiepflanzen.

Biokraftstoffe konkurrieren zudem mit Nahrungsmitteln um knappe landwirtschaftliche Anbauflächen. Die Käufer von Kraftstoffen sind so wohlhabend, dass sie sich energieverbrauchende Maschinen leisten können, aber hunderten Millionen Menschen auf der Welt fehlt das Geld für Nahrungsmittel (»Tank oder Teller«). Um den Hunger zu bekämpfen, ist deshalb sogar die Forderung für ein Moratorium für Biokraftstoffe in Diskussion.

Gasförmige Brennstoffe

Der übliche Brennstoff für Gasheizungen ist nicht komprimiertes Erdgas, das Pipelines aus Förderländern herantransportieren. Damit sind Gas wie auch Rohöl Naturprodukte, die sich unterscheiden. Rohöl wird aufbereitet in Raffinerien, um die gleichbleibenden, spezifischen Eigenschaften von Benzin oder Diesel zu erreichen, so dass die Motoren sie gut verbrennen können. Bei Gas unterscheidet man in Low Calorific Gas (L-Gas) und High Calorific Gas (H-Gas), die einen deutlich unterschiedlichen Brennwert pro Kubikmeter haben und damit auch abweichende CO_2-Emissionen. Der Brennwert, Heizwert oder die Energiedichte werden zwischen 8 und 12 kWh pro Kubikmeter angegeben, also eine erhebliche Spanne. Zwischen diesen Begriffen gibt es noch feine, technische Unterschiede je nach Zustand wie Temperatur oder Druck. Gasbrenner sind recht robust, aber sie müssen auf L- oder H-Gas eingestellt werden.

Neben dieser gravierenden Unterscheidung bei nicht komprimiertem Gas gibt es ja noch weitere Gassorten. Als ein markantes Beispiel dient LNG-Flüssiggas: Es kann über Fracking im Mittleren Westen der USA gewonnen werden mit starken Umweltverschmutzungen. Für den Transport in Tanks muss der zunächst gasförmige Stoff aufwändig komprimiert und gekühlt werden zur Verflüssigung. Nach dem Entladen in LNG-Terminals im Wattenmeer erfolgt die Rück-Umwandlung in den gasförmigen Zustand und die Einspeisung ins Gasnetz. Ganz offensichtlich passen dann die Faktoren nicht mehr. Und neben CO_2 gewinnen weitere Umweltwirkungen an Gewicht.

Die Bewertung von Biogas ähnelt der Diskussion von pflanzenbasierten Flüssigbrennstoffen. Als weiteres Stichwort sei »Vermaisung der Landschaft« genannt. Damit ist eine Dominanz von Mais zur Energiegewinnung auf Feldern gemeint, auf denen auch beliebige andere Nahrungsmittel angebaut werden können.

Kohle

Kohle, Kohlebriketts, Koks usw. spielen für den Hausbrand oder Industrie eine immer geringere Rolle. Wichtig ist der Einsatz in Kraftwerken: Heimische Braunkohle aus dem Rheinischen Revier oder der Lausitz ist besonders problematisch. Andere Kraftwerke verwenden Steinkohle, deren Förderung in Deutschland zu teuer ist. Sie kommt aus fernen Ländern wie Kanada oder Südafrika. Manche Kraftwerke erzeugen ineffizienter weise nur Strom, Kombi-Kraftwerke mit Kraft-Wärme-Kopplung nutzen auch die Abwärme.

Eine grobe Stufung der fossilen Energieträger: Kohle emittiert pro erzeugter Kilowattstunde die höchsten CO_2-Emissionen, dann folgen rohölbasierte flüssige Brennstoffe, um etwa ein Drittel besser ist nicht-komprimiertes Erdgas.

Vielfach sind die Emissionen insbesondere auf Rechnungen sofort pro kWh angegeben und nicht in Litern oder Kilogramm (▶ Kap. 3.2).

Aus einem Liter Heizöl mit einem Gewicht von 850 Gramm entstehen 2,65 Kilogramm CO_2-Emissionen?

In der Darstellung kann es verwundern, dass ein Liter Heizöl oder Diesel, der etwa 850 Gramm wiegt, 2,65 Kilogramm Kohlendioxid erzeugen kann. Das lässt sich folgendermaßen – mit aller Vorsicht und laienhaft – erklären: Brennstoffe aller Art bestehen aus Kohlenwasserstoffverbindungen. Kohlenstoff ist der Stoff, aus dem die Kohlen sind (C). Wasserstoff ist der Stoff, aus dem das Wasser ist (H).

In der Chemie versteht man unter Verbrennung die schnelle Reaktion eines Stoffes mit Sauerstoff (O) unter Freisetzung von Wärme. Anders ausgedrückt: Durch das Lösen der Verbindung von C und H wird Energie frei, auf die die Menschheit angewiesen ist. Damit werden auch die beiden Stoffe frei. H wird wieder zu Wasser durch die Verbindung mit Sauerstoff. Zwei Wasserstoffatome verbinden sich mit einem Sauerstoffatomen, so dass die bekannte Formel für Wasser entsteht (H_2O). Dieses Wasser ist gasförmig und entweicht in die Luft, ohne weitere Folgen. Ein Kohlenstoffatom reagiert mit zwei Sauerstoffatomen zu CO_2, was ebenfalls ein natürlicher Bestandteil der Atmosphäre ist. Allerdings kommt es hier zur Klimawirkung. Das Gewicht dieser Verbindung ist aber höher als der ursprüngliche Brennstoff. Das Kohlenstoffatom hat sozusagen den leichten Wasserstoff aus der ursprünglichen Verbindung (in Kohle, Gas, Benzin usw.) durch die Verbrennung gegen den schwereren Sauerstoff eingetauscht.

Kohle ist ein materieller Block und lässt sich wiegen. CO_2 und Wasserdampf sind Gase, die sich nicht auf eine Waage legen lassen. Allerdings unterliegen sie ebenso der Schwerkraft und werden von der Erde angezogen. Ihr Volumen ist bei gleichem Gewicht sehr viel höher. Das lässt sich im Prinzip am eigenen Herd nachvollziehen lässt, indem man einen Liter Wasser verdampft und das Gas auffängt. Das Problem des Wiegens besteht dann darin, dass sich das Gas mit der Atmosphäre mischt, die den gleichmäßigen Druck von einem Bar hat. Der Effekt erinnert daran, wenn wir tauchen: Wir sind von etwa gleich schwerem Wasser umgeben und erleben uns als schwerelos.

CO_2 als Leit-Treibhausgas und CO_2-Äquivalente

Kohlendioxid kann aufgrund seiner Bedeutung als »Leittreibhausgas« bezeichnet werden. Es gibt jedoch noch zahlreiche andere Gase, die unser Klima verändern. Sie sind vom Energieverbrauch weitgehend unabhängig, müssen aber in die Berechnung der Klimawirkung eines Unternehmens einbezogen werden. Dazu enthält Darstellung 3.9 die Kohlendioxidäquivalente anderer Klimagase. Aufgrund unterschiedlicher chemischer Stabilität der Verbindungen verschieben sich die **Treibhauspotenziale (Greenhouse Warming Potential – GWP)** für unterschiedliche Zeithorizonte. Es ist eine politische Entscheidung, üblicherweise mit den Treibhauspotenzialen auf 100 Jahre zu rechnen.

Dar. 3.9: Kohlendioxidäquivalente exemplarischer Treibhausgase

Bezeichnung	Chemische Formel	Zeithorizont 20 Jahre	Zeithorizont 100 Jahre	Zeithorizont 500 Jahre
Kohlendioxid	CO_2	1	1	1
Methan	CH_4	56	21	6,5
Distickstoffoxid (Lachgas)	N_2O	280	310	170
Schwefelhexafluorid	SF_6	16.300	23.900	34.900

Eine erweiterte Darstellung findet sich beim United Nations Framework Convention on Climate Change (UNFCCC) unter https://unfccc.int/ghg_data/items/3825.php. Es sind also die offiziellen Zahlen. Die europäischen Regelungen zur Nachhaltigkeitsberichterstattung umfassen die sieben Treibhausgase (THG) Kohlendioxid (CO_2), Methan (CH4), Distickstoffoxid (N2O), teilfluorierte Kohlenwasserstoffe (HFKW), perfluorierte Kohlenwasserstoffe (PFC), Schwefelhexafluorid (SF6) und Stickstofftrifluorid (NF3).

Treibhausgas- und CO_2-Bilanz sind also zu unterscheiden. Die Berichtssysteme fordern die Einbeziehung aller Treibhausgase, die ein Unternehmen freisetzt. Oft ist dies nur CO_2, so dass dann die Begriffe austauschbar werden.

Die Kompensation von CO_2-Emissionen

Kompensation von Emissionen bedeutet, Projekte und Aktivitäten zu finanzieren, die Kohlenstoffemissionen reduzieren, um eigene Emissionen auszugleichen. So können Unternehmen ihre Klimabilanz verbessern oder sogar mit der Klimaneutralität ihrer Produkte werben. Privatpersonen gleichen die Emissionen ihrer Flüge aus, um das schlechte Gewissen zu beschwichtigen. Zur **Beurteilung**:

- **Einerseits** ein bestechender, ökonomisch sinnvoller Gedanke: Statt teure und schmerzhafte eigene Einsparung zu realisieren, dort Emissionen vermeiden oder Kohlenstoff aus der Atmosphäre ziehen, wo es am kostengünstigsten ist. Aufforstung von Wäldern, Vernässung von Mooren oder zusätzliche Solarprojekte sind Beispiele für Maßnahmen. Vorzugsweise in Entwicklungs- oder Schwellenländern. Dies fördert die Kosteneffizienz und nutzt zusätzlich den Regionen.
- **Anderseits** umweht diese Aktivitäten ein Hauch von modernem Ablasshandel. Eigene Verhaltensweisen lassen sich so weiterführen und rechtfertigen – und vor allem das entsprechende CO_2 weiter emittieren. Es reicht aus, Zertifikate von entsprechenden Anbietern wie Atmosfair, Primaklima oder Myclimate zu kaufen (sich freizukaufen?).

Der Verfasser wählt, wann immer es sich anbietet, auch die Variante von klimaneutralen Produkten oder Transporten. Für relativ geringe Summen. Wohl wissend, dass sein Lebensstil heute noch nicht auf die gesamte Menschheit übertragbar wäre. Eigentlich ist es eine Aufgabe der internationalen Politik, allen Ländern den Weg in die Klimaneutralität zu ermöglichen und das möglichst kosteneffizient. Da wir davon weit entfernt sind, können solche Einzelprojekte interessante Abkürzungen sein, wenn sie denn gelingen.

3.1.5 Scope 1, 2, 3 und die Festlegung der CO_2-Emissionsfaktoren

Es stellt sich immer wieder die methodische Frage der Abgrenzung von Vorkette, gate-to-gate und folgenden Wertschöpfungsstufen. Dabei hat sich die Einteilung in drei Scopes (engl. Rahmen) durchgesetzt.

Scope 1, 2 und 3 gemäß GHG-Protocol

Das Greenhouse Gas Protocol (GHG Protocol) wurde Ende der 1990er-Jahre von zwei Nonprofit-Organisationen entwickelt: dem World Resources Institute (WRI) und dem World Business Council for Sustainable Development (WBCSD). Die erste Version des GHG Protocol wurde im Jahr 1998 veröffentlicht und dient als Basis für weitere Standards. Darstellung 3.10 stellt Scope 1, 2 und 3 vor, die sich als Modell weitgehend durchgesetzt haben.

Scope 1: Direkte Emissionen aus Quellen, die sich innerhalb der Kontrolle der Organisation befinden. Gate-to-gate, direkter Ort der Verbrennung von fossilen Energieträgern.

Scope 2: Indirekte Emissionen, die durch den Kauf und Verbrauch von elektrischer Energie, Dampf oder Wärme entstehen. Sie liegen außerhalb der direkten

3.1 Überblick: Von der Nachhaltigkeits- zur Treibhausgasbilanz

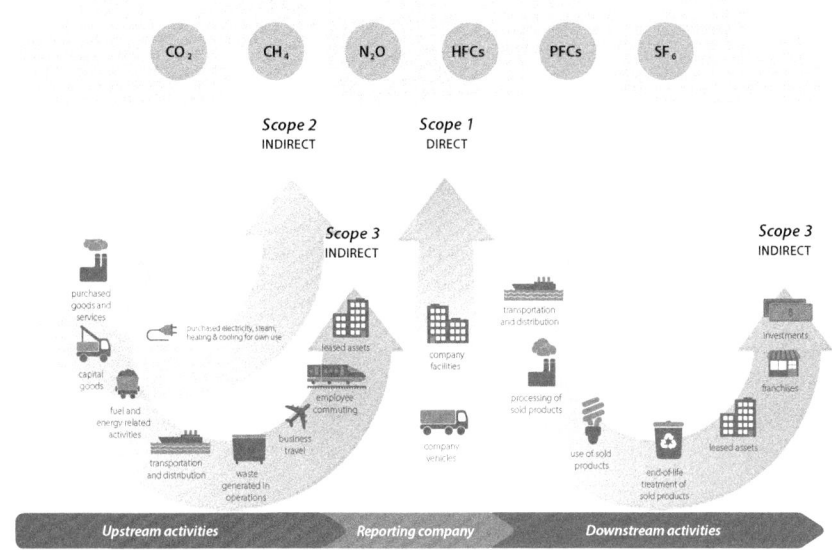

Dar. 3.10: Scope 1, 2 und 3 des Greenhouse Gas Protocol (Quelle: GHG Protocol: Corporate Value Chain (Scope 3) Accounting and Reporting Standard, 2011, S. 5)

Kontrolle der Organisation, werden aber für ihre Aktivitäten verwendet. Die Darstellung der CO_2-Emissionsfaktoren im Vorabschnitt enthält ja schon die graue Energie/-Emissionen. Sie umfasst somit Scope 2.

Scope 3: Alle anderen indirekten Emissionen, die nicht in Scope 1 oder Scope 2 enthalten sind. Dies umfasst beispielsweise Emissionen, die mit der Herstellung von verkauften Produkten, der Nutzung von Produkten oder Dienstleistungen, der Entsorgung von Abfallprodukten oder Geschäftsreisen verbunden sind. Die EU-Vorgaben schließen auch Scope 3 ein.

Methodische Herausforderungen der GHG-Bilanzierung gemäß EU-Verordnung

Wie sind die Emissionsfaktoren nun festzulegen? Die EU-Vorschriften zur Nachhaltigkeitsberichterstattung sind herausgegriffen, weil sie die wohl umfangreichsten und zudem anspruchsvollsten Regelungen sind. Zudem sind sie für große Unternehmen verpflichtend, wobei die Absicht zur Ausweitung der Verpflichtung erkennbar ist.

Der Verfasser hegte beim Beginn der Beschäftigung mit Treibhausgasen die naive Hoffnung, eine Darstellung zusammenzustellen wie die im Vorabschnitt, mit der dann auch ein KMU arbeiten kann. Wie gezeigt, lässt sich das aus methodischen und zunehmend auch aus rechtlichen Gründen nicht verwirklichen. Je tiefer die Recherche, desto mehr verhedderte sich der nach Überblick strebende Autor in ein Gestrüpp von Berichtssystemen, technischen Normen, amtlichen Handreichungen usw. Ein wildes Durcheinander von kWh, Joule, Kohläquivalenten, Brennwerten, Heizwerten usw. fordert den technischen Laien. Der Betriebswirt ist bestrebt, dies alles mit den vertrauten Kategorien der Kostenrechnung, GuV und Bilanzierung zu verbinden. IT stellt ein zunehmend mächtiges Werkzeug dar, aber irgendjemand muss dem Rechner ja auch sagen, was er rechnen soll. So zerbröselt die Problematik im interdisziplinären Bermuda-Vieleck zwischen Technik, Recht, BWL, Ökologie, IT.

Um dennoch einen Eindruck zu vermitteln, hat der Verfasser gezielt danach gesucht, was die EU für Scope-2-Emissionen vorgibt. Ein wichtiges, exemplarisches Drill Down. Direkte Emissionsfaktoren, die ein Unternehmen verwenden kann, finden sich nicht. In dem sehr umfangreichen, ineinander verschachtelten Regelwerk sind vielmehr Anforderungen an die Methode festgelegt, wie Unternehmen vorzugehen haben. Der Leser mag sich nicht abschrecken lassen, nach dem kursiven Gesetzestext sind Kerninhalte erläutert.

2023/2772 DELEGIERTE VERORDNUNG (EU) 2023/2772 DER KOMMISSION vom 31. Juli 2023 zur Ergänzung der Richtlinie 2013/34/EU des Europäischen Parlaments und des Rates durch Standards für die Nachhaltigkeitsberichterstattung (https://eur-lex.europa.eu/legal-content/DE/TXT/?uri=OJ:L_202302772):
»Bei der Zusammenstellung der nach Absatz 49 erforderlichen Informationen über Scope-2-THG-Bruttoemissionen geht das Unternehmen wie folgt vor:
a)
Es berücksichtigt die Grundsätze und Anforderungen der Leitlinien des THG-Protokolls für Scope-2-Treibhausgasemissionen (Version 2015, insbesondere die Scope-2-Qualitätskriterien in Kapitel 7.1 in Bezug auf vertragliche Instrumente), außerdem kann es die Empfehlung (EU) 2021/2279 der Kommission oder die relevanten Anforderungen für die Quantifizierung indirekter Treibhausgasemissionen aus importierter Energie gemäß ISO 14064-1:2018 berücksichtigen,
b)
es gibt Elektrizität, Dampf, Wärme und Kühlung an, die das Unternehmen erworben oder erhalten hat,
c)
es vermeidet eine Doppelzählung der unter den Kategorien Scope 1 oder 3 gemeldeten Treibhausgasemissionen,
d)
es wendet die standortbezogene und die marktbezogene Methode zur Berechnung der Scope-2-Treibhausgasemissionen an und legt Informationen über den Anteil und die Arten der vertraglichen Instrumente vor. Bei der standortbezogenen Methode werden die Scope-2-Treibhausgasemissionen des auf der Grundlage von durchschnittlichen Emissionsfaktoren für die Energieerzeugung an bestimmten Orten, einschließlich lokaler, subnationaler oder nationaler Grenzen, quantifiziert (THG-Protokoll, Leitlinien für Scope-2-Emissionen, Glossar,

2015). Bei der marktbezogenen Methode werden die Scope-2-Treibhausgasemissionen auf der Grundlage der Treibhausgasemissionen der Erzeuger quantifiziert, von denen das Bericht erstattende Unternehmen vertraglich Strom, der mit Instrumenten gebündelt ist, oder ungebündelte Instrumente allein, erwirbt (THG-Protokoll, Leitlinien für Scope-2-Emissionen, Glossar, 2015); in diesem Fall kann das Unternehmen den Anteil der marktbezogenen Scope-2-Treibhausgasemissionen im Zusammenhang mit erworbenem Strom, der mit Instrumenten wie Herkunftsnachweisen oder Zertifikaten für erneuerbare Energien gebündelt ist, angeben. Das Unternehmen stellt Informationen über den Anteil und die Arten der vertraglichen Instrumente zur Verfügung, die für den Verkauf und den Kauf von Energie verwendet werden, die mit Attributen zur Energieerzeugung gebündelt oder nicht mit Energieattributen gebündelt ist [...].

Die Unternehmen müssen also herausarbeiten und belegen, wie viel die von ihnen konkret eingesetzten Energieträger an Treibhausgasen in der Vorkette verursacht haben. Das Umweltbundesamt gibt hierzu regelmäßig Informationen heraus. Die CO_2-Emissionfaktoren in Deutschland von Kohle, Mineralöl und Gas sind zusammengestellt in einer Publikation von 52 Seiten (https://www.umweltbundesamt.de/sites/default/files/medien/479/publikationen/cc_28-2022_emissionsfaktoren-brennstoffe_bf.pdf).

Das ist ein Baustein zur Festlegung von durchschnittlichen Emissionsfaktoren für die Energieerzeugung an bestimmten Orten. Die Faktoren ändern sich also räumlich und zudem im Zeitablauf.

Eine Auswahl von weiteren Handreichungen:

- Auch die BAFA (Bundesamt für Wirtschaft und Ausfuhrkontrolle, 2021) äußert sich, denn über sie laufen viele Förderungsprogramme für erneuerbare Energien.
- Das Greenhouse Gas Protocol (GHG 2013) hat grundlegende Guidelines für Scope 3 veröffentlicht.
- Der Weltklimarat (IPCC) stellt ebenfalls umfangreiche Excel-Dateien zum Thema zur Verfügung.
- Das Gebäudeenergiegesetz (GEG) enthält in Anlage 9 die Faktoren für die wichtigsten Brennstoffe.
- Zahlreiche weitere Verbände, Berater und Prüfungsinstitutionen äußern sich und die wissenschaftliche Literatur zum Thema Carbon Accounting entwickelt sich (Marlowe 2022, Pahja 2023, Sial 2024).

Die Umsetzung ist mit erheblichem Aufwand, Know-how und wohl auch Beratungsbedarf verbunden. Allein die Festlegung und Begründung der Koeffizienten ist herausfordernd und lässt sich mit anderen methodischen Annahmen auch immer kritisieren. Damit ist der eigentliche Energiefluss noch nicht gemessen, abgebildet und ausgewertet. Ohne die Möglichkeiten der IT als Enabler lässt sich das kaum bewältigen, womit wiederum Kosten verbunden sind.

3.2 Naturwissenschaftlich-technische Grundlagen der Messung und Formen von Energie

Um Energie im Unternehmen managen zu können, ist es zwingend notwendig, die wichtigsten Messgrößen und Energieformen zu kennen. Das stellt erfahrungsgemäß für Studierende und Manager ohne technisch-naturwissenschaftliche Ausbildung eine Schwierigkeit dar. Die für die Anwendung notwendigen Grundlagen sind jedoch leicht zu verstehen.

Leistung (kW) × Zeit (h) = Energie (kW × h, kWh)

Energie ist im physikalischen Sinne die Fähigkeit eines Systems, Arbeit zu verrichten. Nehmen wir als Beispiel einen Fön. Das technisch-physikalische System »Fön« kann Arbeit verrichten in Form der Erzeugung heißer Luft. Die vom Fön aufgenommene elektrische Energie entspricht dabei nicht ganz der Wärme- und Bewegungsenergie der in Form der heißen bewegten Luft geleisteten Arbeit. Es entstehen Energieverluste, indem sich der Fön erwärmt.

Wie viel Energie kann der Fön jetzt verbrauchen (aufnehmen), wenn er eingeschaltet ist? Die »**Leistung**« ist die Messgröße, die das beschreibt. Leistung ist die Energie, die der Fön zu einem bestimmten Zeitpunkt verbraucht. Sie wird in Watt gemessen. Eine typische Zahl sind hier 1.500 Watt. Diese Leistung sagt also, wie »stark« der Fön ist. Mit der Leistung allein ist aber der Energieverbrauch noch nicht zu berechnen. Denn wenn das Gerät ausgeschaltet bleibt, braucht es keine Energie. Die Zeitdauer und Intensität der Nutzung müssen also in die Berechnung einfließen. Angenommen, wir benutzten den Fön für eine Stunde mit voller Leistung, so können wir die Leistung mit der Zeitdauer multiplizieren, um den Energieverbrauch zu berechnen:

1.500 Watt × 1 Stunde = 1.500 Wattstunden

Schreiben wir nun 1.500 Watt als 1,5 Kilowatt (kW) und setzen für die Stunde das Kürzel »h«, so entsteht die geläufige Energiemesszahl 1,5 Kilowattstunden (kWh). Die Leistungsaufnahme des Geräts multipliziert mit der Arbeitsdauer ergibt also die verbrauchte Energie.

Leistung und Energie in gebräuchlichen Zehnerpotenzen

Für industrielle Zwecke sind Leistung und Energie zweckmäßigerweise in höheren Zehnerpotenzen anzuwenden. Dies führt die folgenden Darstellung 3.11 auf, wobei die erste Darstellung sich auf die **Leistung** konzentriert.

3.2 Naturwissenschaftlich-technische Grundlagen der Messung und Formen von Energie

Dar. 3.11: Zehnerpotenzen der Leistungseinheit Watt mit Beispielen

Leistungseinheit	Abkürzung und Größenordnung	Beispiel
Watt	Watt	5 bis 10 Watt ist die Größenordnung einer LED-Lampe
Kilowatt	kW 1 000 Watt Tausend, 10^3	Leistung eines Föns auf mittlerer Stufe oder eines Rasenmähers
Megawatt	MW 1 000 000 Watt Million, 10^6	3 mW: Elektrolok Leistung eines mittleren Kraftwerks z. B. 300 mW. Es können also 300 000 Föne auf mittlerer Stufe mit 1 kW gleichzeitig betrieben werden.
Gigawatt	GW 1 000 000 000 Watt Milliarde, 10^9	Ein Gigawatt ist die Leistung eines Großkraftwerks
Terawatt	TW 1 000 000 000 000 Watt Billion, 10^{12}	Durchschnittliche Energieaufnahme Deutschlands etwa 0,46 Terawatt
Petawatt	PW 1 000 000 000 000 000 Watt Billiarde, 10^{15}	Der Golfstrom transportiert etwa 5 Petawatt Leistung und verändert damit das Klima in Europa

Darstellung 3.12 zeigt die Zehnerpotenzen der **Energie**, die sich aus der Leistung durch die Multiplikation mit der Zeitdauer ergeben (die Groß- und Kleinschreibung der Buchstaben bei der Abkürzung der Maßeinheiten hat sich historisch entwickelt und erscheint nicht immer logisch).

Dar. 3.12: Zehnerpotenzen der Energieeinheit Wattstunde mit Beispielen

Energieeinheit	Abkürzung und Größenordnung	Beispiel
Wattstunde	Wh	Eine LED-Lampe von 5 Watt leuchtet eine Stunde mit einem Energieverbrauch von 5 Wattstunden (Wh)
Kilowattstunde	kWh 1 000 Wattstunden Tausend, 10^3	10 Kilowattstunden sind ein typischer Tagesverbrauch für einen Mehrpersonenhaushalt
Megawattstunden	MWh 1.000.000 Wattstunden Million, 10^6	Der Jahresverbrauch des Haushalts entspricht 10 kWh x 365 = 3.650 kWh, also 3,65 MWh

3 Energiebilanzen zur Informationsversorgung

Dar. 3.12: Zehnerpotenzen der Energieeinheit Wattstunde mit Beispielen – Fortsetzung

Energieeinheit	Abkürzung und Größenordnung	Beispiel
Gigawattstunden	GWh 1.000.000.000 Wattstunden Milliarde, 10^9, gW	In diesem Bereich bewegt sich der Energieverbrauch von vielen Unternehmen
Terawattstunden	TWh 1.000.000.000.000 Wattstunden Billion, 10^{12}	Primärenergieverbrauch in Deutschland: etwa 4.000 Terawattstunden
Petawattstunden	PWh 1.000.000.000.000.000 Wattstunden Billiarde, 10^{15}	Primärenergieverbrauch in Deutschland: etwa 4 Petawattstunden (die vorstehenden 4.000 Terawattstunden anders ausgedrückt)

Für Betriebswirte empfiehlt sich, die drei ersten Stufen im Kopf zu haben:

- Watt und Wattstunde sind die physikalische Basis.
- Kilowatt und Kilowattstunde sind für den Hausgebrauch oder sehr kleine Unternehmen geeignet.
- Megawatt und Megawattstunden sind gängig in mittleren Unternehmen (Eselsbrücke: »Mega!«, Million. Die Energiebörse gibt den Preis in MWh an).
- Giga, Tera und Peta für Großunternehmen und auf volkswirtschaftlicher Ebene lässt sich dann bei Bedarf nachlesen.

Wie lässt sich vom Energieverbrauch auf die durchschnittliche Leistung schließen? Ist nur der Jahresenergiebedarf bekannt, so ist durch die Anzahl der Stunden pro Jahr zu dividieren, um die durchschnittliche aufgenommene Leistung zu berechnen. Würde ein Haushalt beispielsweise einen Energieverbrauch von 4.380 Kilowattstunden Gas oder Strom haben, so ist durch 8.760 (365 x 24, Stunden pro Jahr) zu dividieren, um auf eine durchschnittliche Leistung von 0,5 Kilowatt zu kommen. Das ist so viel, als würde ein Fön auf kleiner Stufe durchgehen eingeschaltet sein. Als Formel lässt sich das folgendermaßen ausdrücken:

$$\frac{4.380 \, \text{Kilowattstunden}}{8.760 \, \text{Stunden}} = 0,5 \, \text{Kilowatt}$$

Energieformen und Energieträger

Die Maßeinheit Kilowattstunde kann Energie quantifizieren, die in unterschiedlichen Formen erscheint. Die in der Darstellung 3.13 aufgeführten Energieformen werden physikalisch unterschieden. Zur Anschaulichkeit sind einige Beispiele aufgeführt, wie im physikalischen Sinne die Systeme ihre Arbeit verrichten.

Dar. 3.13: Energieformen und Beispiele für geleistete Arbeit

Energieform	Beispiele für Energieübertragung
Mechanische Energie (mit vielen Unterformen wie Bewegungsenergie, Lageenergie, Wellenenergie, elastische Energie, Schallenergie)	Die Übertragung der Bewegungsenergie eines Autos in ein anderes System erfolgt beim Aufprall auf die Leitplanke oder ein positiv zu bewertendes Beispiel: Die Bewegungsenergie eines Schmiedewerkzeugs formt den Kotflügel.
Elektrische und magnetische Energie	Ein Elektromotor nimmt elektrische Energie auf und bewegt ein Förderband (mechanische Energie, Unterform Bewegungsenergie).
Chemische Energie	Die in Erdgas gebundene chemische Energie wird bei der Verbrennung in Wärmeenergie umgesetzt.
Thermische Energie (Wärmeenergie)	Durch die Verbrennung von Kohle entsteht im Hochofen thermische Energie (Hitze), die das Erz schmilzt, so dass Roheisen und Schlacke entstehen. Die Wärme in Gewächshäusern lässt Bäume wachsen, so dass Holz und damit wieder chemische Energie entstehen.
Kernenergie	In Kernkraftwerken wird aus der Spaltung von Uran zunächst Wärme gewonnen und dann über einen Generator Strom.

Der Unterschied zwischen **Energieform und Energieträger** ist nun deutlich: Die physikalisch unterschiedenen Energieformen sind meist mit einem Energieträger verbunden. Öl als Energieträger »trägt« chemische Energie in sich, Heißdampf »trägt« thermische Energie, ein fahrendes Auto kinetische (Bewegungs-)Energie. Dieses System der eindeutigen Zuordnung wird durch elektrische Energie durchbrochen, da sie zwar leitungsgebunden ist, sich aber nicht in einem physischen Träger konkretisiert. Deshalb sind die Begriffe Energieform und Energieträger zu unterscheiden, wohingegen der Begriff Energieart weniger spezifisch ist und hier keine Verwendung findet.

Energiedichte, Heiz- und Brennwert

Für viele Anwendungen ist die Energiedichte/der Energieinhalt von Energieträgern wichtig. Beispielsweise haben Treibstoffe wie Benzin oder Diesel den großen Vorteil, wenig Gewicht und Raum im Verhältnis zur gespeicherten Energie einzunehmen, so dass sie in Pkw und Lkw gut mitgeführt werden können. Die folgende Darstellung 3.14 enthält ausgewählte Energieträger. Auch hier ist wieder auf Abweichungen hinzuweisen:

- Die Begriffe Energiedichte/-inhalt, Heizwert und Brennwert sind etwas unterschiedlich definiert:
    - Energiedichte ist der Oberbegriff.

- Heizwert ist die Energie, die direkt bei der Verbrennung entsteht.
- Brennwert ist der Heizwert plus die Kondensationswärme aus der Abluft, der etwa in Brennwert-Heizungen realisiert ist.
- Energieinhalt bezieht sich meist auf Lebensmittel und Kalorien.
• Auch die Maßeinheiten erfordern Aufmerksamkeit:
- Joule ist der physikalische Ursprungswert.
- Bei flüssigen Brennstoffen bietet sich der Wert kWh pro Liter an.
- Das spezifische Gewicht der Brennstoffe ist aber nicht eins. Ein Liter Diesel wiegt ungefähr 0,83 Kilogramm. So unterscheiden sich die Werte pro Liter und pro Kilogramm deutlich.
• Die Recherche auch unter den gleichen Begriffen ergibt abweichende Werte. Schon ein kurzer Blick auf die Energieträger zeigt, dass es im Einzelfall eine Spanne geben muss: Wie lange ist beispielsweise Holz gelagert, wie hoch ist der Wassergehalt, welche Baumart ...? Die nachstehende Darstellung gibt für Holz 4,07 kWh pro Kilogramm an. Scheinbar exakt, bis auf die zweite Nachkommastelle. Tatsächlich ist es ein Durchschnittswert mit erheblichen Abweichungen im Einzelfall.

Dar. 3.14: Heizwerte ausgewählter Energieträger (BAFA 2024, S. 10)

Energieträger und Einheit	Heizwert in kWh
Heizöl (leicht) pro Liter	9,94
Heizöl (schwer) pro Liter	10,9
Dieselkraftstoff pro Liter	9,96
Biodiesel pro Liter	9,04
Ottokraftstoff pro Liter	9,02
Kerosin pro Liter	11,98
Erdgas (gemittelt L und H) pro Kubikmeter	9,77
Steinkohle pro Kilogramm	8,36
Braunkohle pro Kilogramm	5,6
Biomasse Holz pro Kilogramm	4,07
Wasserstoff pro Kubikmeter (lässt sich auch komprimieren und wird dann flüssig)	3

Die Verbindung zu Joule – für Betriebswirte optional

Nach dem in den Naturwissenschaften anerkannten SI-System (Système International) ist die Maßeinheit für Energie das Joule und nicht die im Wirtschaftsleben übliche Kilowattstunde. Die Verbindung entsteht, indem mit dem Joule das Watt definiert wird, das aber keine Energie-, sondern eine auf die Zeit bezogene Leistungseinheit ist. Die eckigen Klammern zeigen, dass es sich um die Definition von Maßeinheiten handelt:

$$\text{Leistung} = \left[\frac{\text{Energie}}{\text{Zeit}}\right] \text{ wird gemessen in Watt} = \left[\frac{\text{Joule}}{\text{Sekunde}}\right]$$

Ein Joule entspricht einer Wattsekunde (also Watt mal Sekunde, Ws). Das reicht aus, um über den Zeitraum von einer Sekunde ein Watt aufzubringen. Anschaulich wird diese geringe Energiemenge durch eine Ein-Watt-Leuchtdiode, die eine Sekunde lang aufleuchtet. Aus der Formel ergibt sich dieser Zusammenhang, indem die Leistung (Watt) mit einer Sekunde multipliziert wird, so dass sich die Sekunde im Nenner wegkürzen lässt:

$$1 \text{ Wattsekunde} [\text{Watt} \times \text{Sekunde}]$$
$$= 1 \text{ Watt} \left[\frac{\text{Joule}}{\text{Sekunde}}\right] \times 1 [\text{Sekunde}]$$
$$= 1 [\text{Joule}]$$

Um eine Wattsekunde auf die Einheit Wattstunde hochzurechnen, ist die Wattsekunde mit 3.600 (Anzahl der Sekunden in einer Stunde) zu multiplizieren:

3.600 Wattsekunden oder 3.600 Joule = 1 Wattstunde (Wh)

Durch das Ersetzten von Joule durch Kilojoule ergibt sich:

3,6 Kilojoule (kJ) = 1 Wh

Für die üblichen Größenordnungen eignet sich besonders eine weitere Erhöhung um drei Zehnerpotenzen, damit werden Kilojoule zu Megajoule und Wattstunden zu Kilowattstunden:

3,6 Megajoule (MJ) = 1 kWh

Mit dieser einfachen Formel kann nun auch ein naturwissenschaftlicher Laie Angaben in Joule in die vertraut-üblichen Kilowattstunden umrechnen.

Weitere Energie-Maßeinheiten der Praxis

In der Praxis der Energiewirtschaft und in der Physik haben sich eine Reihe **weiterer Maßeinheiten** für Energie entwickelt (▶ Dar. 3.15).

3 Energiebilanzen zur Informationsversorgung

Dar. 3.15: Umrechnung ausgewählter Energieeinheiten in Kilojoule (www.volker-quaschning.de/datserv/faktoren/index.php)

Energieeinheit	Abkürzung	Umrechnung in Kilojoule (kJ)
Joule	J	1.000 J = 1.000 Ws = 1 kJ
Calorie	cal	1.000 cal = 1 kcal = 4,186 kJ
Wattstunde	Wh	1 Wh = 3,6 kJ
Steinkohleeinheit (kg)	SKE	1 kg SKE = 29.308 kJ
Rohöleinheit (kg)	RÖE	1 kg RÖE = 41.868 kJ
Erdgas (Kubikmeter)	Erdgas	1 m³ Erdgas = 31.736 kJ

Die veraltete, aber gängige und eingängige Maßeinheit Pferdestärke (PS) entspricht 0,73 kW, also etwa die Hälfte der maximalen Leistungsaufnahme eines Föns. Historisch soll das die Dauerleistung eines Pferdes abbilden. Die folgende Darstellung 3.16 zeigt die **Umrechnungsfaktoren** für die vorgenannten Energieeinheiten.

Dar. 3.16: UmrechnungsDarstellung für die ausgewählten Energieeinheiten (www.volker-quaschning.de/datserv/faktoren/index.php)

	kJ	kcal	kWh	kg SKE	kg RÖE	1 m³ Erdgas
1 kJ	1	0,2388	0,000278	0,000034	0,000024	0,000032
1 kcal	4,1868	1	0,001163	0,000143	0,0001	0,00013
1 kWh	3.600	860	1	0,123	0,086	0,113
1 kg SKE	29.308	7.000	8,14	1	0,7	0,923
1 kg RÖE	41.868	10.000	11,63	1,428	1	1,319
1 m³ Erdgas	31.736	7.580	8,816	1,083	0,758	1

Wirkungsgrad und Nutzungsgrad

Dem **Wirkungsgrad** der Energie (üblicherweise mit dem griechischen kleinen Eta η bezeichnet und in Prozent angegeben) kommt eine wichtige Rolle zu:

$$\eta = \frac{\text{Nutzenergie}}{\text{Energieeinsatz}} \times 100$$

Hier sind einige Beispiele aufgeführt, wie viele Prozent der eingesetzten Energie (Inputenergie, Energie-Input) in Nutz- oder Endenergie bzw. Energiedienstleistungen umgewandelt werden. Zur Berechnung ist also die Outputenergie durch die

Inputenergie zu dividieren, so dass sich eine Zahl zwischen null und eins ergibt. Sie lässt sich auch als Prozentzahl ausdrücken:

- **Verbrennungsmotor** verwandeln 30 bis 45 Prozent der Endenergie im Kraftstoff in Nutzenergie/Energiedienstleistung in Form von Transportleistung, Heizung/Kühlung des Innenraums und elektrisch Energie für Verbraucher im Pkw oder Lkw um. Dieselmotor sind dabei mit 45 Prozent tendenziell Benzinmotoren mit 35 Prozent überlegen. Dabei ist offensichtlich, dass es sich um ungefähre Werte handelt, die je nach Bauart, Temperatur des Motors, Außentemperatur usw. stark schwanken können.
- **Elektromotoren** haben einen sehr hohen Wirkungsgrad bis zu 95 Prozent, wobei kleinere Motoren einen schlechteren Wirkungsgrad von 60 Prozent besitzen können.
- **Brennstoffzellen** verwandeln bis zu 52 Prozent des eingesetzten Wasserstoffs in elektrischen Strom, Entwicklungen von Hochtemperatur-Brennstoffzellen könnten bis zu zwei Drittel der Energie nutzen.
- **Windkraftanlage** nutzen 40 Prozent der Bewegungsenergie des Windes im Bereich der Rotoren für die entstehende elektrische Energie.
- Handelsübliche **Fotovoltaikmodule** wandeln bis zu 25 Prozent der Energie des Sonnenlichts in elektrische Energie um. Interessanterweise lässt die Leistung der Module nach, wenn sie im Sommer heiß werden. Auch nach einigen Nutzungsjahren setzt eine geringe Verschlechterung (Degradation) ein. Dünnschichtmodule, die auf eine Oberfläche aufgedruckt oder aufgespritzt werden können, haben einen Wirkungsgrad von 5 Prozent, auf der anderen Seite wurden im Labor bereits Module mit etwa 45 Prozent entwickelt.
- **Solarthermie** nutzt bis zu 60 Prozent der Sonnenenergie, wobei der Wirkungsgrad stark abhängig ist vom Kollektortyp und der Temperaturdifferenz.
- Leuchtstofflampen kommen auf 20 bis 25 Prozent Wirkungsgrad, Glühbirnen wandeln nur 5 Prozent des Stroms in Licht. **LED** sind mit 30 bis 40 Prozent am »wirkmächtigsten«.
- **Konventionelle Dampfkraftwerke** arbeiten mit etwa 40 Prozent Wirkungsgrad.
- Blockheizkraftwerke mit **Kraft-Wärme-Kopplung** kommen auf 70 bis 95 Prozent Wirkungsgrad. Das wird erreicht, indem die Abwärme aus der ersten Stufe der Stromerzeugung noch einmal als Fernwärme zur Heizung zur Verfügung gestellt wird oder ein weiterer Generator zur Stromerzeugung nachgeschaltet ist.

Der Wirkungsgrad zeigt auf, wie viel der Inputenergie zur gewünschten, nutzbaren Outputenergie gewandelt wurde, wenn die Anlage zur Energieumwandlung **im optimalem Betriebszustand** läuft. Er ist eine Momentaufnahme unter möglichst guten Voraussetzungen. Ein Verbrennungsmotor muss beispielsweise warmgelaufen sein und in einem guten Drehzahlbereich arbeiten. Im betrieblichen Einsatz sind aber wechselnde Betriebszustände, Stillstände und suboptimale Betriebsweisen unvermeidbar. Ein Auto wird z. B. im Winter nicht richtig warm, wird untertourig oder übertourig gefahren.

Für das Energiemanagement ist deshalb auch der **Nutzungsgrad** der gesamten, über eine Periode (z. B. ein Jahr) eingesetzten Energie relevant. Zur Berechnung des Nutzungsgrads wird die entstandene Nutzenergie durch den Energieinhalt der Inputenergie für eine Periode dividiert:

$$\text{Energetischer Nutzungsgrad} = \frac{\text{Nutzenergie in einer Periode}}{\text{Inputenergie in einer Periode}} \times 100$$

Leider ist dieser technische Begriff nicht ganz eindeutig, denn es besteht Verwechslungsgefahr mit der Verwendung des betriebswirtschaftlichen Nutzungsgrades im Sinne der Kapazitätsauslastung eines Betriebsmittels in einer Periode:

$$\text{Kapazitätsmäßiger Nutzungsgrad} = \frac{\text{Belegungszeit eines Betriebsmittels in einer Periode}}{\text{Verfügbare gesamte Produktionszeit des Beriebsmittels}} \times 100$$

Energieeffizienz bzw. -produktivität und Energiekoeffizient

Der Wirkungsgrad und Nutzungsgrad sind eine Ausprägung der **Energieeffizienz**, die auch als **Energieproduktivität** bezeichnet werden kann. Bei der Berechnung der Effizienz (allgemein: Output durch Input) lassen sich als Output auch andere Größen als die physikalische Outputenergie verwenden. Die Energieeffizienz bemisst sich dann beispielsweise als

- das Verhältnis von hergestellten Produkten zum Energieeinsatz,
- 1.000 Euro Umsatz im Verhältnis zum Energieeinsatz oder
- auf volkswirtschaftlicher Ebene 1.000 Euro Bruttoinlandsprodukt im Verhältnis zum Energieeinsatz.

Der **Energiekoeffizient** (▶ Kap. 4.5) ist die Umkehrung:

$$\text{Energiekoeffizient} = \frac{\text{Energie–Input}}{\text{Output}}$$

Beim Verständnis von Brüchen orientierten sich Menschen intuitiv am Zähler, während der Nenner leicht zu normen ist, also auf eins oder eine Grundeinheit gesetzt wird. Damit ist der Energiekoeffizient die anschaulichere Kennzahl. Beispiele:

Wie viel Energie nötig ist, um 1.000 Euro BIP zu erwirtschaften? 1.000 Euro im Nenner normieren den Bruch und es ist anschaulich zu sehen, wie der Energieeinsatz sinkt. Gleiches gilt für den Energieverbrauch pro Produkteinheit.

Zu den Input- und Output-Kategorien

Die Begriffe Input und Output sind im Text und den Formen nicht ganz einheitlich verwendet. Die dahinterliegende Absicht: Je nach den Feinheiten, lassen sich Energieeffizienz und -koeffizienten variieren und in recht unterschiedlichen Zusammenhängen anwenden. Das macht z. B. der Nenner »Output« im Energiekoeffizienten deutlich:

- Es können Geldgrößen sein.
- Produkte wie ein Auto, einen Kopfhörer oder eine Tasse; Halbfertigerzeugnisse sowie Bearbeitungen an Maschinen/Kostenstellen.
- Energiegrößen selbst. Dabei ist zu differenzieren nach Primär-, Endenergie bzw. Energiedienstleistungen. Konkrete Beispiele für solche Energiekoeffizienten:
  – Die Kern-Kennzahl im Facility Management: Kilowattstunde pro beheiztem Quadratmeter in einem Jahr (▶ Kap. 4.2).
  – Energieeinsatz in Litern Diesel pro 100 gefahrene Kilometer beim Auto (▶ Kap. 4.3).

3.3 Energiefluss im Unternehmen und Verknüpfung mit der Kostenrechnung

Die Darstellung 3.17 zeigt dazu den Weg der Energie von der Primärenergie bis zur Energiedienstleistung als Überblick mit Beispielen. Es handelt sich also um eine allgemeine Klassifizierung von Energieformen im Bereitstellungsprozess von der Energiequelle bis zur Nutzung.

Aus der Darstellung erklären sich verschiedene Energieformen: Primärenergie, wie sie uns die Natur zur Verfügung stellt, Endenergie, die dem Unternehmen vom EVU zugeleitet wird. Und Nutzenergie, die direkt zu Energiedienstleistungen im Unternehmen führen. Zwischen den Stufen können Umwandlungsprozesse und Transportprozesse stehen, müssen es aber nicht. Beispielsweise kann Strom aus Fotovoltaikanlagen sowohl als Endenergie und Nutzenergie aufgefasst werden.

Bei den Transportvorgängen ist in **leitungsgebundene** (elektrische Energie, Druckluft, Heizdampf oder Warmwasser) und **nicht-leitungsgebundene Energien** (Kohle, Benzin) zu unterscheiden. Einige Energieträger können sowohl über Leitungen (Erdölpipelines) als auch ohne Leitungen (Tankwagen) transportiert werden. Die Begriffe sind in der Literatur nicht ganz eindeutig und trennscharf definiert (vgl. z. B. Konstantin 2007, S. 2). Insbesondere ist unklar, ob von Nutzenergie (Wärme, Kälte, mechanische Arbeit, Schall) noch Energiedienstleistungen (Temperierung von Räumen, Kühlung, Fortbewegung, Kommunikation) als weitere Stufe unterschieden werden sollen. Die Trennung von Nutzenergie und Energiedienstleistung erscheint in manchen Fällen filigran und unnötig (Wärme als Energieform und Temperierung von Räumen als dadurch geleisteten Dienst). Doch der gezielte Blick auf den Nutzen, den Energie leisten soll, verweist auf die Möglichkeit,

Dar. 3.17: Von der Primärenergie zur Energiedienstleistung

Primäre Energie/Primärenergie		
Gewinnung von fossilen Energieträgern (Kohle, Erd-/Rohöl, Erdgas) durch Bergbau	Regenerative Energiequellen (Sonne, Wind, Meeresströmungen)	Kernbrennstoffe
Sekundäre Energie/Sekundaränergie/Endenergie		
Verarbeitung von Kohle zu Koks in Kokereien, Erdöl zu Kraftstoff in Raffinerien etc.	Solarthermieanlagen zur Wärmeerzeugung, Windkraftanlagen zur Stromerzeugung etc.	Aufbereitung von Uran zu Brennstäben
Tertiäre Energie/Tertiärenergie/Nutzenergie		
Verbrennung von Heizöl in einer Heizung zur Erzeugung von Warmwasser	Stromversorgung elektrischer Werkzeugmaschine	Stromversorgung eines Leuchtmittels
Energiedienstleistung		
Raumwärme	Bearbeitung von Werkstücken	Beleuchtung

den Nutzen auch ohne Energieeinsatz oder durch eine andere Form des Energieeinsatzes zu realisieren. Beispiele sind die Isolierung von Gebäuden, so dass keine Heizung mehr erforderlich ist wie im Passivhaus, die Vermeidung von Dienstreisen durch Telefonkonferenzen oder die Bündelung von Transporten. Deshalb ist die Unterscheidung sinnvoll.

Beispielhafte Stufen des Energieflusses im Unternehmen

Richten wir ausgehend von dieser allgemeinen Grundlage nun den Blick noch genauer auf die Energieumwandlung im Unternehmen. Unternehmen decken in der Regel nur einen Teil der obigen Energieumwandlungskette ab. Beispiele machen das deutlich:

- Die Endenergie (z. B. Strom) wird über ein EVU bezogen und sofort eingesetzt.
- Endenergie wird von einem EVU bezogen, aber nochmals in Nutzenergie umgewandelt (Gas für eine Heizung)
- Die gesamte Spanne von Naturvorkommen bis zur Energiedienstleistung findet im Unternehmen statt (z. B. Warmwasseraufbereitung durch eine Solarthermieanlage).

Darstellung 3.18 zeigt weitere Beispielvarianten des betrieblichen Energieflusses. Also praktisch den unteren Teil der obigen Darstellung, nach dem Übergang vom EVU zum betrachteten Unternehmen.

Dar. 3.18: Beispiele für Stufen des betrieblichen Energieflusses

Stufe	Beispiel
Erster Stufe: Bezugsenergie (Energie, wie sie bezogen wird), Energieeinkauf	Strom, Fernwärme, Gas, Öl, Kohle usw. Die von Unternehmen bezogenen Energieträger sind meist keine Primärenergieträger mehr, da z. B. Rohöl bereits in Raffinerien in Heizöl umgewandelt wurde
Zweiter Stufe: Betriebliche Energieerzeugung oder Umwandlung (nicht immer erforderlich)	Blockheizkraftwerke, Kälteanlagen, Heizungen, Kompressoren für Druckluft usw.
Dritter Stufe: Bereitstellung der Endenergie oder Nutzenenergie (Transport)	Strom, Wärme, Druckluft, Dampf, Kälte usw. und Transport zum Ort der Nutzung
Vierter Stufe: Verwendung der Endenergie, Energienutzung, Energiedienstleistung	Prozesswärme, Raumwärme, Beleuchtung, Transportleistungen usw.

Es handelt sich im Prinzip um ein einfaches Schema der betrieblichen Energiebilanz im Sinne der Darstellung des Energieflusses durch das Unternehmen. Die Begriffe Primärenergie, Sekundärenergie, Tertiärenergie, Endenergie usw. hängen von der konkreten Umwandlungskette ab und lassen sich nicht immer exakt unterscheiden. Wichtig ist, im Einzelfall die Kette zu verstehen und zu modellieren.

Die Stufen des Energieflusses im Unternehmen anhand zweier Beispiele

Durch eine Berechnung des energetischen Wirkungsgrades oder eine Messung der verlorenen Energie lässt sich der Output aus dem Input ermitteln. Um den Energiefluss noch anschaulicher zu machen, baut Darstellung 3.19 auf der vorhergehenden auf und ergänzt sie durch zwei Beispiele.

Dar. 3.19: Stufen des betrieblichen Energieflusses mit Beispielen

Stufe	Beispiel Klimatisierung	Beispiel Blockheizkraftwerk mit Kraft-Wärme-Kopplung
Erste Stufe: Bezugsenergie, Energieeinkauf	Strom	Gas
Zweite Stufe: Betriebliche Energieerzeugung oder Umwandlung (nicht immer erforderlich)	Erzeugung von Kälte in einer Klimaanlage	Einsatz als Brennstoff in einem Blockheizkraftwerk mit Kraft-Wärme-Kopplung

Dar. 3.19: Stufen des betrieblichen Energieflusses mit Beispielen – Fortsetzung

Stufe	Beispiel Klimatisierung	Beispiel Blockheizkraftwerk mit Kraft-Wärme-Kopplung
Dritte Stufe: Bereitstellung der Endenergie	Leitung der kalten Luft über isolierte Rohre zur Stelle der Verwendung	Einspeisung des Stroms in öffentliche oder betriebliche Stromnetze Einspeisung der Wärme ins öffentliche oder betriebliche Fernwärmenetz
Vierte Stufe: Verwendung der Endenergie, Energienutzung, Energiedienstleistung	Kühlung der Räume oder Produktionsprozesse	Nutzung der Wärme und des Stroms

Methoden zur Darstellung und Beschreibung des Energieflusses

Für die Umwelt- und Energiebilanz im Unternehmen bieten sich folgende Möglichkeiten der Darstellung an:

- **Listen und Darstellungen** lassen sich entweder als Spezialsoftware zur Umweltbilanzierung oder auf der Basis von MS-Excel erstellen. Zusehends deckt betriebswirtschaftliche Standardsoftware diesen Themenbereich ab.
- Im Abschnitt 4.5 zur PPS ist erläutert, wie **Stammbaum- oder Gozintograph-Darstellungen und Arbeitspläne** eine Produktbilanz widerspiegeln.
- Eine gängige graphische Aufbereitung sind **Energieflussbilder (Sankey-Diagramme)** genannt.
- Durch die **Digitalisierung** erweitern sich die Möglichkeiten in der Zukunft zusätzlich (▶ Kap. 3.6).

Zusammenfassend lässt sich die Kette der Energienutzung von der Primärenergie über Bereitstellung der Endenergie zur Energiedienstleistung im folgenden **Energieflussbild/Sankey-Diagramm** anschaulich zeigen (▶ Dar 3.20).

Dieses Diagramm lässt sich nun auf der Basis der bisherigen Ausführungen **auf verschiedene Weise anwenden**, um dem Energiemanagement für die weiteren Entscheidungen über den zukünftigen Energiemix im Unternehmen und die eingesetzten Technologien Informationen zu liefern:

- Die übliche Sichtweise ist der **Energiefluss** gemessen in Joule oder Kilowattstunden. Dabei kann der gesamte Energieverbrauch des Unternehmens dargestellt sein oder eine Energieform mit ihrer spezifischen Energiedichte pro Mengeneinheit und mit den Nutzungsgraden der Umwandlungs-, Transport- und Nutzungstechnologien.

- Weiter kann mit diesem Diagramm die **Kohlendioxidfreisetzung** visualisiert werden. Da der Energieinhalt und die Kohlendioxidfreisetzung der Energieträger unterschiedlich sind, verschiebt sich in dieser Sichtweise die Breite der Pfeile. Insbesondere lassen sich aber so auch die Vorteile von Energien aus regenerativen Quellen zeigen.
- Die dritte Sicht entsteht, indem als Maßeinheit der Abbildung die **Kosten** verwendet werden. Unmittelbar kauft zwar der Einkauf nur die notwendige Endenergie bei einem Versorger, doch im Sinne einer Supply Chain Betrachtung ist es sinnvoll, den Blick auf die gesamte Kette zu richten. Die ersten beiden Sichtweisen werden durch die Kostenperspektive zusammengeführt, denn sowohl die Energiebereitstellung als auch die Kohlendioxidemissionen können Kosten verursachen. Eine noch stärker erweiterte Sichtweise integriert neben den internen Kosten auch die externen Kosten.

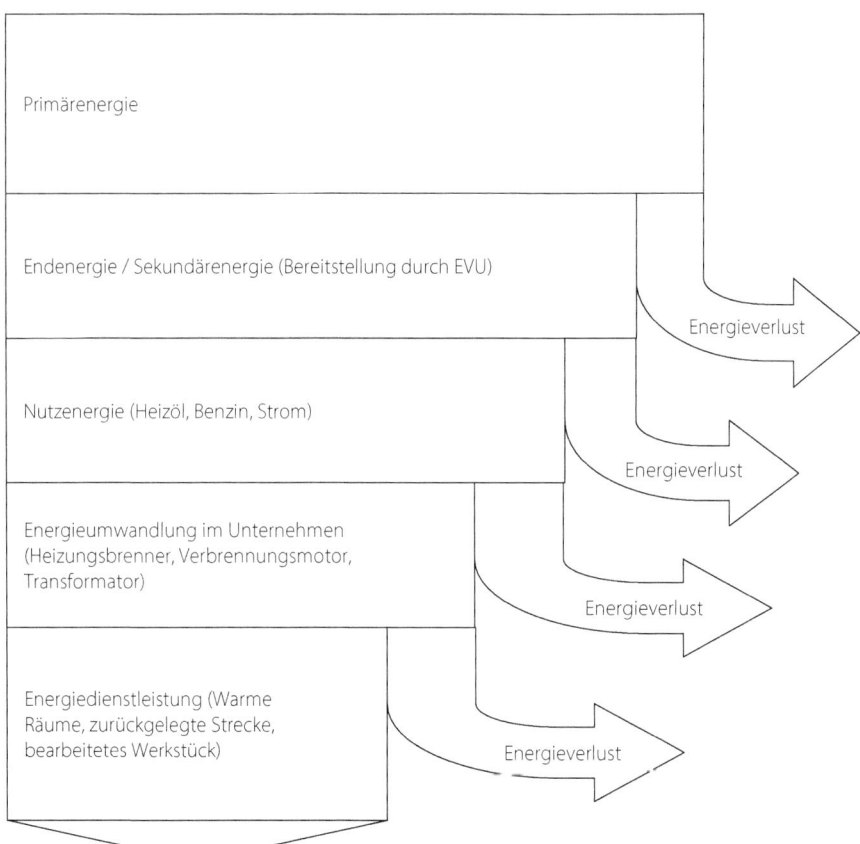

Dar. 3.20: Energieflussbild (Sankey-Diagramm) von der Primärenergie zur Energiedienstleistung im Unternehmen

3 Energiebilanzen zur Informationsversorgung

Eine erste Verknüpfung mit der Kostenrechnung

Es ist einfach, für ein ganzes Unternehmen an einem Standort eine Energiebilanz zu erstellen. Größen wie der gesamte Gasverbrauch oder der gesamte Treibstoffverbrauch des betrieblichen Fuhrparks sind leicht zu ermitteln. Jedoch sind solche Zahlen auf der hohen Aggregationsebene nicht ausreichend, um die Detailprozesse zu verstehen und konkrete Optimierungsmaßnahmen abzuleiten. Darstellung 3.21 zeigt zunächst einen Überblick über die **drei wichtigsten Perspektiven Betrieb, Produktionsprozess und Produkt**, um in die Problematik einzuführen.

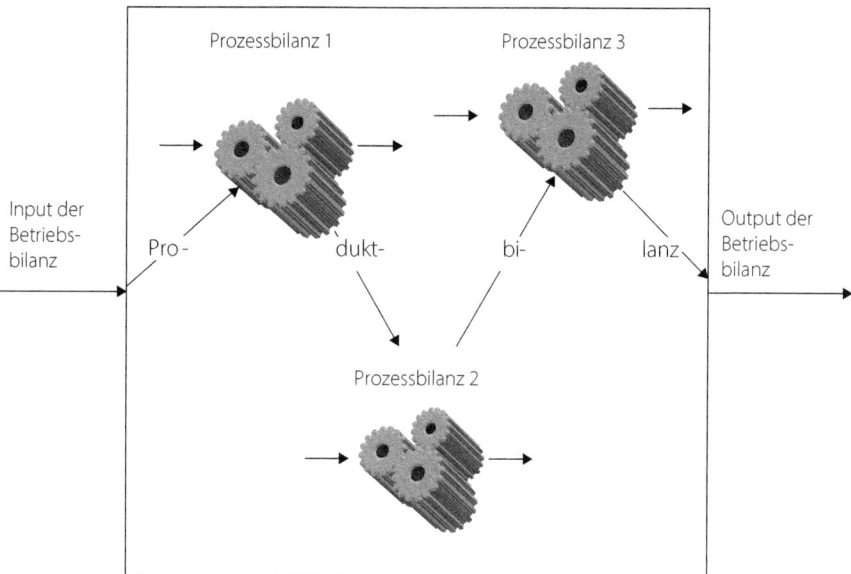

Dar. 3.21: Zusammenhang von Betriebs-, Prozess- und Produktbilanz

Betriebsbilanz – Kostenartenrechnung, Buchhaltung

Die Betriebsbilanz ist in der Abbildung symbolisiert durch die großen Input- und Outputpfeile. Die Energie, die in den Betrieb ein- und ausgeht. Diese Überlegungen gelten sowohl für die Energiebilanz als auch für die übergeordnete Ebene der Umweltbilanz und die untergeordnete Ebene der Kohlendioxidbilanz. Der Begriff Energiebilanz ist auf der Ebene des Gesamtbetriebs wie erwähnt ein wenig hochgestochen, denn in der Praxis geht es nicht um eine Input-Output-Sichtweise, sondern um eine Erfassung des Energieverbrauchs differenziert nach Energieformen. Eine Aufteilung auf genutzte Energie und Energieverluste lässt sich erst dann ermitteln, wenn die Black-Box-Betrachtung einer genaueren Betrachtung weicht.

3.3 Energiefluss

Prozessbilanz – Kostenstellenrechnung

Der Energieverbrauch geschieht in den Werkstätten und Maschinen, also den Kostenstellen. Sie sind durch die Zahnräder symbolisiert. Sie sind Gegenstand einer Prozessbilanz. Als Prozess in diesem Sinne ist ein technischer Produktionsprozess zu verstehen. Die Energiebilanz dieser Produktionsprozesse ist durch die kleineren, jeweils ein- und ausgehenden Pfeile dargestellt. Er ist auf geeignete Treibergrößen des Energieverbrauchs, beispielsweise Betriebsstunden oder Anzahl bearbeiteter Werkstücke, zu beziehen. Hier besteht eine Anlehnung an Kostentreiber zur Ermittlung von Maschinenstundensätzen. Im Energiemanagement geht es darum, die Energieverbrauchstreiber zu definieren, um den entsprechenden Anteil an Maschinenstundensatz exakt zu ermitteln.

Produktbilanz – Kalkulation, Kostenträgerstückrechnung

Die vom Betriebsinput über die Maschinen bis zum Output verlaufenden, einfachen Pfeile zeigen den Durchlauf eines Rohstoffs bis zum Produkt. Dabei wird der Energieverbrauch an jeder Produktionsstelle gemäß der Treibergröße (z. B. Maschinenbelegungszeit) ermittelt und dann für den gesamten Produktionsablauf addiert. Somit lässt sich die Energiebilanz für die Fertigung dieses Produkts als Produktbilanz berechnen. Darstellung 3.22 zeigt, wie Einzelteile an Produktionsanlagen (PA) 1, 2, 5 und 8 gefertigt, dann montiert und an PA 12 fertig gestellt werden. Dabei kumulieren sich der Energieverbrauch und die Energiekosten.

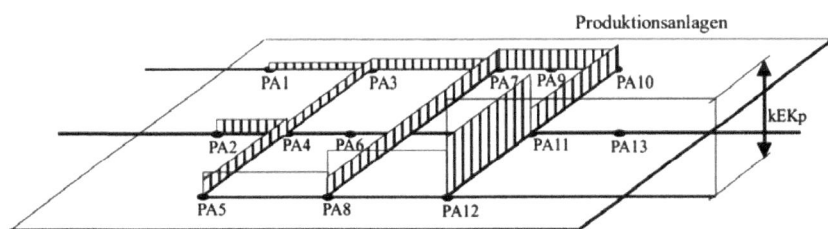

kEK - kumulierte Energiekosten der Produktion
Index ($_p$) - eines Produktes.
PA - Produktionsanlage

Dar. 3.22: Energieverbrauch im Produktionsprozess eines Produktes (Schieferdecker 2006, S. 259)

Die Vorgehensweise ist eng zu verknüpfen mit der Kalkulation der Produkte in der Kostenträgerstückrechnung. Mit Fokus auf Kohlendioxid lässt sich hier der Begriff **Product Carbon Footprint (PCF)** einführen, der jedoch nach den drei Scopes gemäß Abschnitt 3.1.5 zu differenzieren ist.

Vorüberlegungen zur Abbildung primärer, sekundärer und tertiärer Energieprozesse in der Kostenrechnung

Neben den wichtigen primären Produktionsprozessen (z. B. an einer großen Werkzeugmaschine) finden sich im Betrieb sekundäre unterstützende Prozesse (z. B. ein elektrischer Antrieb für ein Förderband) bis hin zu kleinen tertiären Prozessen (z. B. Warmwasserbereitung in den Aufenthaltsräumen). Jeder einzelne der betrachteten Teilprozesse kann danach untersucht werden, wie viel Energie er verbraucht, wie viel davon als Nutzenergie verwendet wird und wie viel als Energieverlust verloren geht.

Manche dieser unterstützenden Prozesse lassen sich einem primären Prozess direkt und eindeutig zuordnen, beispielsweise ein Handhabungsroboter, der nur eine Maschine beschickt. Viele Aktivitäten sind aber der betrieblichen Infrastruktur und anderen innerbetrieblichen Leistungen zuzurechnen, die vielen Stellen zugutekommen. Das ist beispielsweise bei der Gebäudeheizung, Druckluftversorgung oder Transportvorgängen der Fall. Die Erfassung oder Modellierung der Energieflüsse ist eine Voraussetzung für richtige Ergebnisse der innerbetrieblichen Leistungsverrechnung im Rahmen der Kostenstellenrechnung. Dann ist auch die Berechnung des gesamten Energieverbrauchs eines Produktes analog der Kalkulation (Kostenträgerstückrechnung) aussagekräftig.

Es ist hilfreich an dieser Stelle, den Begriff des Prozesses genauer zu betrachten, da sonst leicht Missverständnisse entstehen können. Prozesse können als sehr kleine Tätigkeiten mit abgeschlossenem Ergebnis verstanden werden (z. B. die Einlagerung eines angelieferten Artikels im Lager) oder auch sehr große Vorgänge (die gesamte Auftragsabwicklung vom Kundenauftrag über Produktion, Auslieferung und Rechnungsstellung). Geschäftsprozesse sind also verkettet und hierarchisiert, wobei technische Produktionsprozesse als Teilprozesse im gesamten Ablauf eingebunden sind (▶ Dar. 3.23).

Die Modellierung technischer, primärer Prozesse sind entscheidend für Verbesserungen

Zur Ermittlung des Energieverbrauchs bei den einzelnen Vorgängen an den Betriebsmitteln (Maschinen) sind dann in Analogie zu Kostentreibern geeignete Parameter (Bearbeitungsintensitäten, Temperaturen, Verweilzeiten usw.) heranzuziehen. Somit kommt die Ebene der technischen Steuerung ins Spiel. Zur Anschaulichkeit dient eine Autofahrt mit einem Verbrennungsmotor (▶ Dar. 3.24).

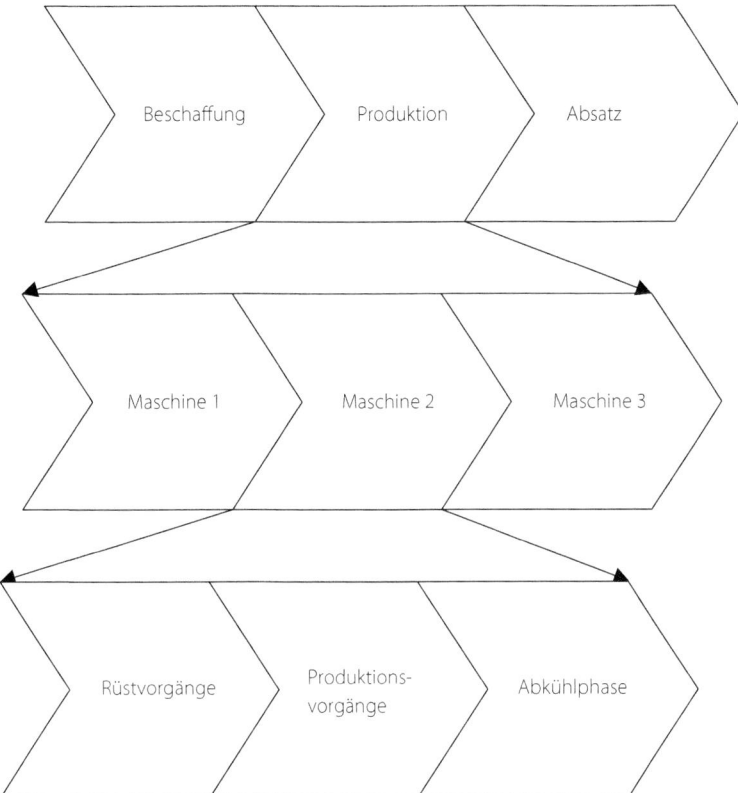

Dar. 3.23: Geschäftsprozessmodellierung und -hierarchisierung

Wie fahren wir, um mit wenig Litern pro hundert Kilometern auszukommen? Darstellung 3.24 zeigt im oberen Teil die beeinflussbaren und unbeeinflussbaren Variablen, die Autofahrer aus eigener Anschauung kennen:

- **Geschwindigkeit**: Das Auto hat einen höheren Treibstoffverbrauch bei höherem Tempo.
- **Temperatur**: Im Winter ist der Verbrauch etwas höher, im Hochsommer möglicherweise auch durch die Klimaanlage. Die Betriebstemperatur des Motors hat ebenfalls Einfluss, häufiges Warmfahren ist ungünstig für den Spritverbrauch und verringert zudem die Lebensdauer des Motors.
- **Reifendruck**: Ein zu geringer Reifendruck erhöht den Verbrauch (und senkt die Fahrsicherheit).
- **Strecke**: Gleichmäßiger Fahrt auf der Autobahn, Landstraße oder Stop-and-go in der Stadt?
- Weitere verbrauchsbeeinflussende Faktoren wie **Zuladung und Fahrstil** lassen sich hinzufügen.

3 Energiebilanzen zur Informationsversorgung

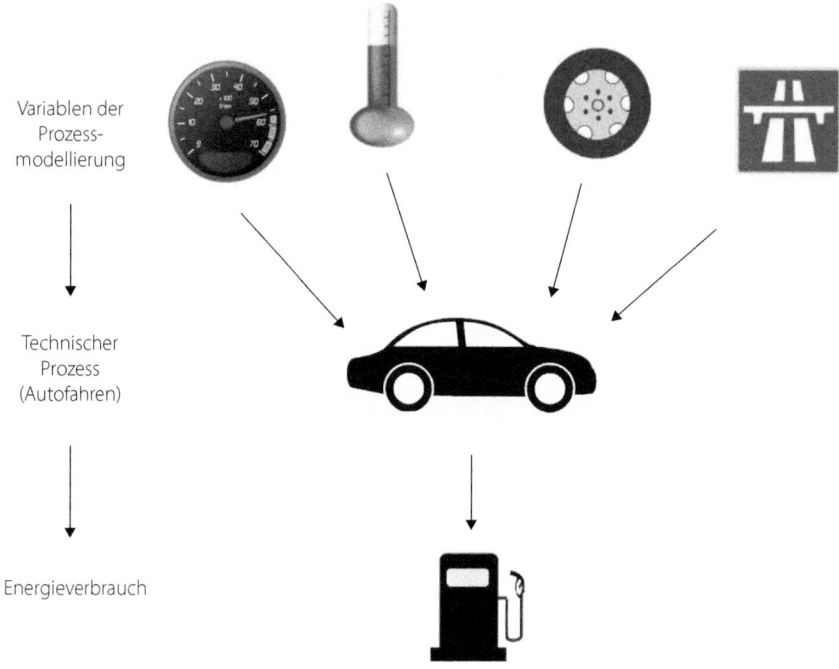

Dar. 3.24: Autofahren als Beispiel der Prozessmodellierung

Technische Prozesse wie Werkzeugmaschinen, Hochöfen, Reaktoren in der Chemie usw. können zwar viel komplexer sein, aber dieses Alltagsbeispiel macht das Prinzip der Prozessmodellierung deutlich. Für die Ingenieure und Werker, die die Maschinen »fahren«, sind diese Optimierungen tägliche Routine und Teil ihres Kern-Know-how. Die Kostenrechnung greift die Themen mit der Prozesskostenrechnung und Maschinenstundensatzrechnung auf. Verbindungen zur Produktionstheorie sind ebenso offensichtlich (▶ Kap. 4.5).

Wo findet sich Informationen über die energiebezogenen Prozesse im Unternehmen?

Es gibt verschiedene Abteilungen, die die Prozesse im Unternehmen beschreiben, analysieren und gestalten. In der Praxis ist es wichtig zu sehen, welche dieser Abteilungen im Unternehmen eingerichtet sind, mit welchen Methoden sie arbeiten und wie weit sie Energiebilanzen erstellen und auswerten. Folgende organisatorische Einheiten kommen in erster Linie in Frage:

- Die **technische Fabrikplanung**, die über die Maschinen entscheidet, über die Lager- und Transporteinrichtungen sowie alle unterstützenden Funktionen wie Druckluftversorgung, Brandschutzeinrichtungen etc. Oft sind es externe Planer,

denn nur sehr große Unternehmen haben steten Bedarf auf dieser Ebene. Manchmal steht schon viel in den Betriebsanleitungen/-handbüchern, die bei komplexen Anlagen beeindruckenden Umfang reichen.
- **Betriebsleiter, Betriebsingenieure, Meister, Maschinenführer**, das sind diejenigen, die tagtäglich die Anlagen betreiben.
- Oft ist es auch der **Energie- oder Umweltbeauftragte**, bei dem die Fäden der Energiebilanzierung zusammenlaufen.
- Die **IT-Modellierungen der Prozesse** im Rahmen des Customizing der verwendeten Programme stellen eine weitere Sichtweise dar. Diese Perspektive ist explizit oder implizit in jedem Unternehmen vorhanden, das Computernetzwerke verwendet.
- Eine weitere Abbildung der relevanten Prozesse des Unternehmens nutzt das **Controlling** durch die Instrumente der Kostenrechnung mit ihren Teilbereichen Kostenarten-, Kostenstellen- und Kostenträgerrechnung.
- Die Geschäftsprozessoptimierung ist eine übergreifende Aufgabe des Managements, oft von **Organisationsabteilungen** unterstützt oder auch durch externe Berater begleitet.

3.4 Vertiefung der energiebezogene Kostenrechnung

Nun sind wichtige Grundlagen gelegt, um Energieflüsse in der Kosten- und Leistungsrechnung abbilden zu könne. Der Abschnitt 3.4.1 zeigt noch detaillierter, wie die etablierte Kostenrechnung dies mit einer Zuschlagskalkulation leisten kann. Ohne Grundlagen der Kostenrechnung ist es schwierig, die Feinheiten mitzunehmen. Hingegen wendet der Abschnitt 3.4.2 die schon erarbeiteten Grundlagen auf das stark vereinfachte Beispiel einer Großbäckerei für Tiefkühlpizza an.

3.4.1 Systematische Berücksichtigung von Energie in der etablierten Kostenrechnung

Die Darstellung 3.25 zeigt zeigt die Systematik der betrieblichen Kostenrechnung, die dann im Hinblick auf Energie erläutert wird. Es ist eine anspruchsvolle Zuschlagskalkulation angenommen, die in der Literatur weit verbreitet und in einer stückorientierten Produktion wie dem Maschinenbau gut anwendbar ist.

Kostenartenrechnung

Die Kostenartenrechnung erfasst und strukturiert die Kosten aus der Buchhaltung in Einzelkosten, die direkt einem bestimmten Kostenträger (Produkt) zurechenbar sind, und in Gemeinkosten, die über besondere verbrauchsbezogene Verfahren auf die Kostenträger zugerechnet werden müssen.

3 Energiebilanzen zur Informationsversorgung

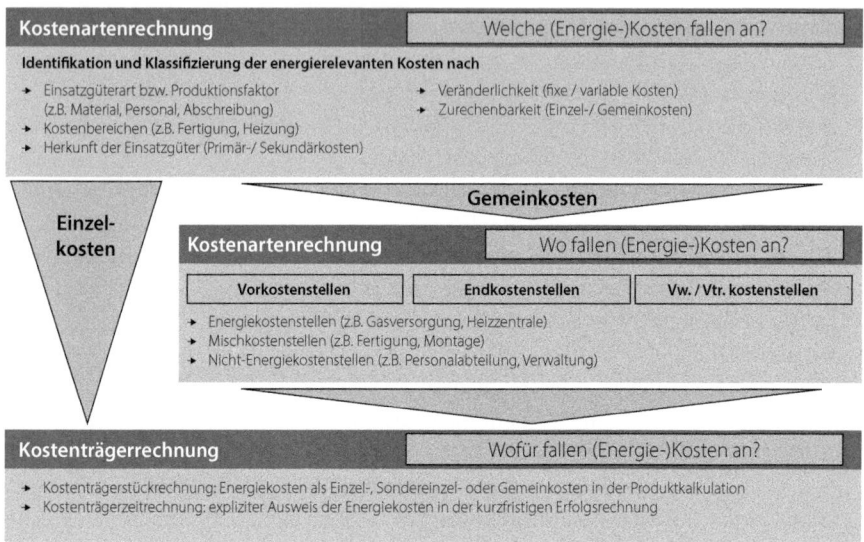

Dar. 3.25: Überblick energiebezogene Kostenrechnung

Einzelkosten sind insbesondere Kosten für Fertigungsmaterial und Fertigungslöhne. Als energiebezogenes Beispiel dienen Schweißarbeiten im Maschinenbau in einer auftragsbezogenen Einzelfertigung. Sowohl der Arbeitslohn als auch die Kosten für die Schweißgase lassen sich diesem Auftrag zuordnen und werden für die Kalkulation erfasst.

Alle nicht direkt den Produkten zurechenbaren Kosten sind **Gemeinkosten**. Dabei ist zu unterscheiden, ob sie einer Kostenstelle zurechenbar sind (Gemeinkosten als Kostenstelleneinzelkosten) oder ob das nicht möglich ist (Gemeinkosten als Kostenstellengemeinkosten).

Als **energierelevante Kosten** sind zu unterscheiden (hier mit einigen entscheidenden Unterschieden zu Fuenfgeld 2005, S. 108):

Bezugskosten für Energie:

- Flüssige Energieträger wie Heizöl oder Diesel,
- gasförmige Energieträger wie Erdgas oder technische Gase,
- feste Energieträger wie Kohle oder Holz,
- weitere leitungsgebundene Energien wie elektrische Energie, Fernwärme.

Kosten für die innerbetrieblichen **Anlagen** der

- Energielagerung (Öltanks, Akkumulatoren usw.),
- Energieumwandlung (Kraftwerke, Kompressoren usw.),
- Energieverteilung (Stromnetz, Druckluftleitungen usw.).

Die Kosten umfassen die ganze Breite der durch Anlagen verursachten Kostenarten wie Personalkosten, Instandhaltung, Versicherungen, Abschreibungen usw.

Kosten für energiebezogene **Management-, Verwaltungs-, Planungs- und Entwicklungsaufgaben**:

- Kosten des Energiemanagements als aufbauorganisatorisch angebundene Funktion,
- Anlagenbuchführung für Energieanlagen,
- relevante technische Planung einschließlich der extern vergebenen Planungsaufgaben.

Nicht in das Schema der Kostenartenrechnung fallen Kosten durch fehlende Energieversorgung (Stromausfälle oder Versorgungsausfälle bei Gas) sowie Risiken durch Preissteigerungen. Diese Aspekte werden im Abschnitt 5.2 im Rahmen der strategischen Planung behandelt.

Kostenstellenrechnung

Die Kostenstellenrechnung verteilt die Gemeinkosten auf Kostenstellen und ermittelt **Zuschlagssätze** für die Kalkulation. Kostenstellen sind Orte der Kostenverursachung, für die ein Kostenstellenverantwortlicher benannt ist. Es kann sich um konkrete räumliche Orte mit Maschinen und/oder Personal handeln (Werkstätten, Klimaanlagen, Kläranlagen). Oder auch um eher virtuelle Orte, beispielsweise eine Vertriebsabteilung, deren Mitarbeiter keinen eigenen Schreibtisch brauchen, da sie immer im Außendienst unterwegs sind.

Bei Energiekosten ist zu unterscheiden, ob die Energie nur für eine Kostenstelle verwendet wird oder für mehrere. Betreibt beispielsweise eine Kostenstelle »Hochregallager« mit einem eigenen Gebäude selbst eine Heizung, so handelt es sich bei den Brennstoffkosten um Kostenstelleneinzelkosten. Energiekosten durch zentrale Klimatisierung, Druckluftversorgung oder innerbetrieblichen Transport sind Beispiele für Kostenstellengemeinkosten.

Je exakter die Erfassung, desto mehr Kosten lassen sich von einer Verteilung gemäß **Schlüsselgrößen** (Quadratmeter, Zeit, Stückzahlen) auf das Niveau einer exakten Zurechnung bringen. Über Zähler lässt sich die Verteilung von Druckluft beispielsweise für Kostenstellen genau erfassen. Die Kostenstellen müssten dann ihrerseits erfassen, für welche Produkte sie konkret die Druckluft verwenden, dann würden aus den Gemeinkosten Einzelkosten. Jedoch ist ein vernünftiger Grad des Erfassungsaufwandes abzuschätzen, denn nicht alles, was möglich ist, ist auch wirtschaftlich sinnvoll.

In manchen Fällen trifft die verursachungsgerechte Erfassung der Energieströme und -kosten auch auf prinzipielle Grenzen: Die Heizung einer Halle mit verschiedenen Werkstätten ohne räumliche Trennung zeigt, dass zur Kostenverteilung Ersatzgrößen (z. B. Quadratmeter oder Kubikmeter umbauter Raum bei unterschiedlichen Deckenhöhen) zwingend notwendig sind. Wenn nun einzelne Werkstätten Energie abgebende Anlagen betreiben (z. B. Öfen) und im Bereich anderer Kostenstellen liegen Gebäudeöffnungen nach außen, so wird deutlich, wie schwierig eine verursachungsgerechte Heizkostenverteilung ist und wie sehr sie auf letztlich nicht beweisbaren Annahmen beruhen kann.

Bei den Kostenstellen werden Vorkostenstellen, Endkostenstellen sowie Verwaltungs- und Vertriebskostenstellen unterschieden:

- **Vorkostenstellen** (Kantine, Kläranlage usw.) sind typischerweise auch Stellen der zentralen Energieversorgung und -verteilung, beispielsweise Heizkraftwerke, Transformatoren, Energieleitungsnetze und Prozessleittechnik. Aber auch energieintensive innerbetriebliche Dienstleistungen wie Logistik, Fuhrpark, Facility Management können als Vorkostenstellen eingerichtet sein.
- **Endkostenstellen** sind die Materialkostenstellen sowie die Fertigungskostenstellen mit den Produktionsanlagen, in denen der Kernprozess des Unternehmens stattfindet.
- Die Bezeichnung **Verwaltungs- und Vertriebskostenstellen** spricht für sich.

Die innerbetriebliche Kostenverrechnung kann entweder von den Vorkostenstellen auf weitere Kostenstellen im Stufenleiterverfahren (Treppenverfahren) geschehen oder simultan im Gleichungsverfahren, wodurch sich auch Leistungen auf die Vorkostenstellen rückverrechnen lassen. In der Terminologie der Energiebilanzierung ist hier der Übergang von der Standortbilanz zur Betriebsbilanz hin zur Werkstattbilanz anzusiedeln. Die gesamten Gemeinkosten einer Materialkostenstelle oder einer Fertigungskostenstelle werden dann auf die Fertigungseinzelkosten und Materialkosten dieser Stelle bezogen: Die Division von Gemeinkosten einer solchen Endkostenstelle durch die Einzelkosten einer Kostenstelle ergibt den Zuschlagssatz. Analog wird mit den Verwaltungs- und Vertriebsgemeinkosten verfahren, die jedoch auf die gesamten Herstellkosten bezogen werden.

Kostenträgerrechnung

Bei der **Kostenträgerstückrechnung** (also der **Kalkulation** der Produkte als einzelne Stücke/Kostenträger) liegen die Material- und Fertigungseinzelkosten für ein bestimmtes Produkt bereits vor. Mit den Zuschlagssätzen lassen sich jetzt die Herstellkosten dieses Produkts problemlos berechnen. Entscheidend bei diesem Verfahren ist jetzt, dass die Kostenarten mit Energiebezug in den Zuschlagssätzen erkennbar bleiben. Die exakte, nach Energieformen differenzierte Erfassung in der Kostenartenrechnung kann für die Kalkulation und die darauf basierende Preisbildung und strategische Planung nur Früchte tragen, wenn die energiebezogenen Anteile in den Zuschlagssätzen erhalten bleiben. Gleiches gilt für die Kohlendioxidemissionen.

Es besteht eine Tendenz zur Automatisierung und damit zur Substitution von menschlicher (ausführender) Arbeitsleistung durch Maschinen. Deshalb werden oft nicht die Fertigungseinzelkosten (insbesondere Fertigungslöhne) als Zuschlagsbasis herangezogen, sondern **Maschinenstunden**. Für die Kalkulation wird die Belegungszeit einer Maschine durch ein Produkt mit dem Maschinenstundensatz multipliziert. Die Modellierung von Prozessen im Hinblick auf Energie und CO_2 gewinnt hier Bedeutung.

Ergänzend zur aufwändigen und aussagekräftigen Zuschlagskalkulation sei die **Divisionskalkulation** sozusagen als Abkürzung und schnelle Abschätzungsmöglichkeit für KMU erwähnt: Einfach den Energieeinsatz durch die Anzahl der gefertigten Produkte einer Periode dividieren, so dass sich die Energie pro Produkt ergibt (eine Variante des Energiekoeffizienten).

Kostenrechnungssysteme und die Aufteilung in fixe und variable Kosten

Die skizzierten Abläufe der Kostenrechnung lassen sich in unterschiedlichen Kostenrechnungssystemen durchführen, die in der folgenden Darstellung systematisiert sind (▶ Dar. 3.26).

Dar. 3.26: Systematisierung von Kostenrechnungssystemen

	Ist-Kostenrechnung	Plan-Kostenrechnung
Vollkostenrechnung	Ist-Vollkostenrechnung	Plan-Vollkostenrechnung
Teilkostenrechnung	Ist-Teilkostenrechnung	Grenz-Plankostenrechnung

Die beiden Differenzierungskriterien für Kostenrechnungssysteme (Ist- und Plankosten sowie Voll- und Teilkosten) sind für energiebezogene Fragestellungen von großer Bedeutung:

Ist-Kosten bilden das gegenwärtige Preisniveau ab, das wenig aussagekräftig für die Zukunft ist. Das liegt einerseits an den zu erwartenden Preissteigerungen, andererseits an der Volatilität (den Schwankungen) der Preise.

Die **Teilkostenrechnung spaltet die Kosten nach fixen** (zur Aufrechterhaltung der Betriebsbereitschaft nötigen) **und variablen** (von der Beschäftigung/Auslastung abhängigen) Kosten auf. Gemäß der obigen Kostenartengliederung der energiebezogenen Kosten werden nun einige Beispiele aufgeführt, um zu zeigen, dass diese Aufspaltung schwierig ist:

- Bezugskosten für Energie:
  - Die grundlegende Unterscheidung zwischen fixem Leistungspreis und variablem Arbeitspreis ist zu beachten (▶ Kap. 4.4).
  - Manche Bezugskosten verhalten sich teilweise variable, wie es das Beispiel einer Werkzeugmaschine in der Produktion zeigt: Sie braucht keinen Strom, wenn sie kein Werkstück bearbeitet – außer dem Strom für den Leerlauf- oder Stand-by-Betrieb. Auch Heizkosten folgen eigenen Regeln: Im Prinzip sind sie fix, denn die Heizung wird auch am Wochenende nicht ausgeschaltet, allerdings gibt es Einsparungen durch die Temperaturabsenkung. Bei vollem Betrieb können sie paradoxerweise durch die Wärmeabgabe der Produktions-

maschinen sogar sinken (eines der wenigen Beispiele für einen regressiven Kostenverlauf).
- Die Kosten für Logistikprozesse verhalten sich oft vollständig variabel im Hinblick auf Energie: Wenn ein Lkw nicht fährt, verbraucht er keinen Dieseltreibstoff.
• Kosten für die innerbetrieblichen Anlagen der Energielagerung, Energieumwandlung, Energieverteilung: Die meisten Kostenarten wie Abschreibung, Personal, Instandhaltung reagieren fix, jedoch mit einigen Ausnahmen. Eine nutzungsabhängige Abschreibung oder Instandhaltung würde die Kosten in geringem Maße variabel machen.
• Energiebezogene Management-, Verwaltungs- und Entwicklungskosten sind im Wesentlichen als fix anzusehen.

Kosten- und Leistungsrechnung

Die Kostenrechnung wird mit der Leistungsrechnung als Kosten- und Leistungsrechnung (KLR) oft in einem Atemzug genannt. Der Schwerpunkt hier liegt im Hinblick auf die Energie bei den Kosten. Jedoch verschwimmen die Grenzen durch Prosuming, denn immer mehr Unternehmen (und sogar Haushalte) können energiebezogene Leistungen anbieten. Beispiele sind die Fernwärmeversorgung für das Nachbarunternehmen durch überschüssige Prozesswärme oder die Einspeisung von Elektrizität nach dem Erneuerbare-Energien-Gesetz. Streng genommen passt aber der Begriff »Leistung« nicht, denn Leistungen sind Umsätze aus dem Hauptzweck des Unternehmens. Wenn ein Maschinenbauunternehmen seine Maschinen verkauft, sind das Leistungen. Wenn es Strom aus den Solarmodulen vom Hallendach verkauft, sind es Erlöse, die ins neutrale Ergebnis des Unternehmens einfließen.

Auf die sorgfältige Verwendung des Begriffs der »Leistung« ist in einer weiteren Hinsicht zu achten: Ist die technisch-physikalische Leistung, die Energieaufnahme oder -abgabe einer Anlage als Arbeit pro Zeit gemeint oder die betriebswirtschaftliche Leistung, die Produkte als Leistungen des Unternehmens definiert?

Weiterentwicklung der Kostenrechnung – Kontinuität versus Improvisation

Die Weiterentwicklung von IT-gestützten Kostenrechnungssystemen in Unternehmen ist eine Aufgabe, die keine unbedachte Improvisation verträgt: Die Änderung von Parametern wie Schlüsseln, Zuschlagssätzen oder Verrechnungspreisen führt dazu, dass die Daten der Abrechnungsperioden nicht mehr vergleichbar sind. Das spricht dafür, energiebezogene Änderungen in größeren Schritten – sowohl in zeitlicher als auch sachlicher Hinsicht – vorzunehmen. Gerade durch Verbindung zwischen Energiebilanzen und Kostenrechnung entstehen neue Möglichkeiten. Die entsprechen Auswertungen, Vergleichs- und Planungsrechnungen sollten zunächst in der Form von Nebenrechnungen durchgeführt werden. Was sich bewährt, wird dann in einem großen Schritt in die Standard-Kostenrechnung und das Reporting aufgenommen. Hinzu kommen die neuen Möglichkeiten, die Abschnitt 3.6 zur Digitalisierung als Enabler umreißt.

3.4.2 Modellrechnung einer Großbäckerei

Ein vereinfachter Produktionsprozess einer Großbäckerei wiederholt und vertieft nun die vorgestellten Zusammenhänge (angelehnt an Kals, 2014). Eine technische Ausbildung ist nicht erforderlich und detaillierte Kostenrechnungskenntnisse auch nicht. Zum Produkt der Großbäckerei, Tiefkühlpizza, haben vermutlich alle einen leichten Zugang.

Überblick über Produktion und Energieflüsse

Darstellung 3.27 zeigt den Grundriss der Werkhalle mit den drei technischen Kernanlagen- bzw. -prozessen, also das »Layout« der Produktionshalle.

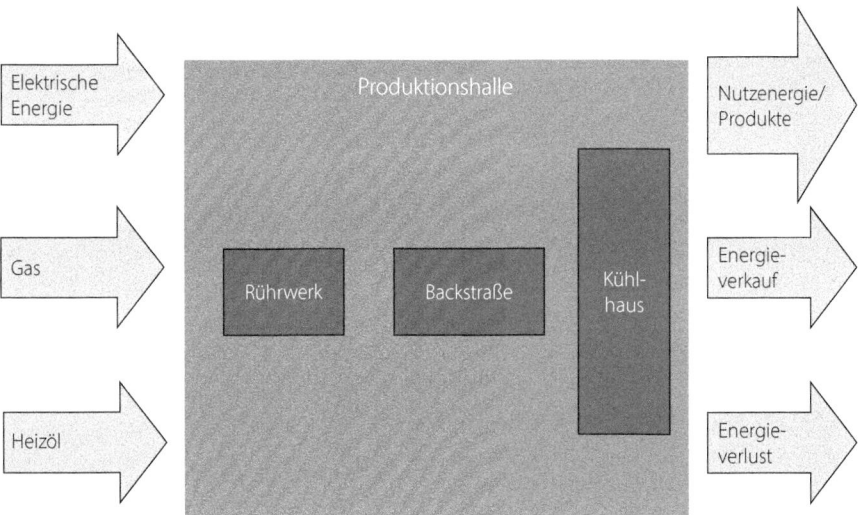

Dar. 3.27: Grundriss und Betriebsbilanz der Betriebshalle einer Großbäckerei für Tiefkühlpizza

Die wichtigsten Energieformen des Inputs sind eingezeichnet, im Sinne einer Bilanz enthält die Darstellung auch eine Klassifikation des Outputs:

- »Nutzenergie/Produkte« ist so zu verstehen, dass dies der Anteil der Inputenergie ist, die für die Produktion der Pizzen genutzt wurde.
- »Energieverkauf« öffnet den Blick dafür, dass die Backstraße Abwärme in ein Fern- oder Nahwärmenetz einspeist, also als Kuppelprodukt den Wirkungsgrad des Gesamtsystems erhöht und Erlöse erzielt.

- »Energieverluste« sind unvermeidlich und nur über aufwändige Modellierungen genauer zu messen. Deshalb zeigt Darstellung 3.28 die Energiebilanz lediglich mit der Inputseite und der üblichen Form der Datenermittlung.

Betriebsbilanz als Einstieg

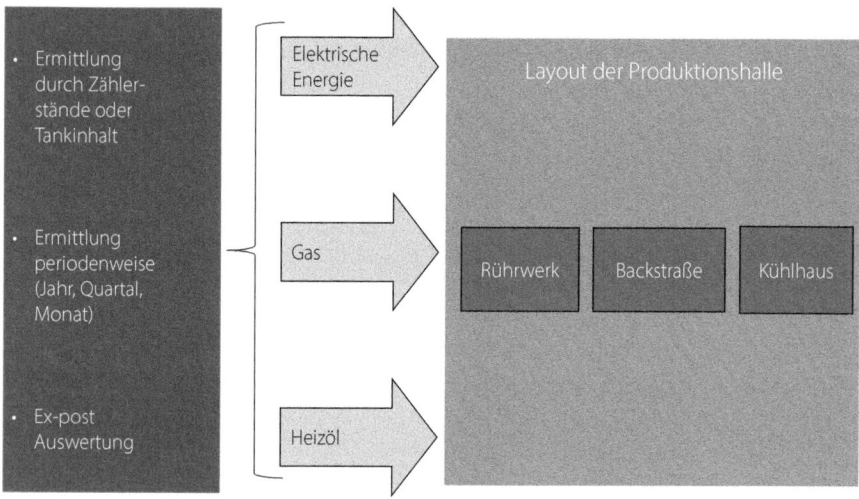

Dar. 3.28: Betriebsbilanz Großbäckerei nur Inputseite

Die Datenerfassung nimmt konventionelle Zähler an mit jährlicher Auslesung. So lassen sich ex-post erste einfache Kennzahlen und Auswertungen erstellen. Dabei kommt der Energie-Produktbilanz eine besondere Rolle zu, analog zur Divisionskalkulation in der Kalkulation wird der produktspezifische Energieeinsatz folgendermaßen berechnet:

$$\text{Energieeinsatz pro Produkt (Pizza)} = \frac{\text{Gesamter Energieeinsatz der Periode}}{\text{Anzahl der produzierten Pizzen}}$$

Praktisch ist zunächst für die einzelnen, unterschiedlichen Energieträger zu ermitteln, um dann mit dem Heizwert eines Kubikmeters Erdgas und eines Liters Heizöl auf den einheitlichen Maßstab der Kilowattstunde umzurechnen. In diese Rechnung ist damit auch der Energieverlust einbezogen, der zur kumulierten Energie oder dem Energierucksack einer Tiefkühlpizza beiträgt. Das ist gewollt, denn auch die Verlustenergie musste ja aufgewendet werden, um das appetitliche Produkt herstellen zu können. Die als Kuppelprodukt weiterverwendete Energie schmälert hingegen die von einer Pizza zu tragende Energie- und damit auch CO_2-Last, was dann bei genauerer Betrachtung herauszurechnen ist.

Der Energieeinsatz pro Pizza ist ein Benchmark, eine Vergleichskennzahl, die die Energieeffizienz unterschiedlicher Fabriken misst. Doch konkrete Hinweise zu Verbesserungen lassen sich damit noch nicht gewinnen, denn dazu ist der Blick in die Prozesse erforderlich.

Modellierung des »Rührwerks« – Ansätze einer Prozesskosten- und Maschinenstundensatzrechnung

Die Darstellung 3.29 fokussiert in den Produktionsprozess hinein und modelliert den Einzelprozess »Rührwerk«.

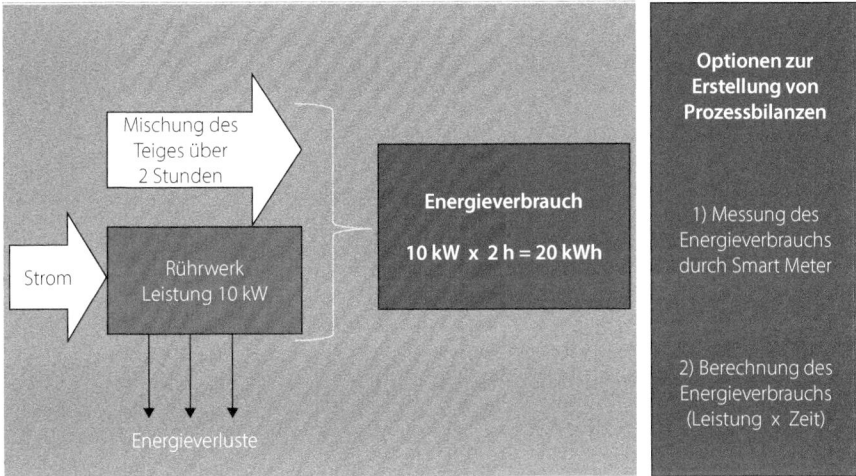

Dar. 3.29: Modellierung des Einzelprozesses Rührwerk in der Großbäckerei

In diesem Beispiel wird das Rührwerk mit der Leistung von 10 kW für die Mischung des Teigs über 2 Stunden verwendet. Dadurch ergibt sich ein Energieverbrauch von 20 kWh (10 kW x 2 h). Angenommen, in diesen beiden Stunden knetet das Rührwerk Teig für 500 Pizzen:

$$\text{Energieverbrauch pro Pizza} = \frac{20\,\text{kWh}}{500\,\text{Pizzen}} = 0{,}04\,\text{kWh},$$

das entspricht 40 Wh pro Produkteinheit.

Diese Ermittlung des Energieverbrauchs ist eine kleine Modulierung des technischen Prozesses, wobei die Zeit als Kostentreiber fungiert. Es ist eine abstrakte Methode, die letztlich durch Messungen zu überprüfen ist. Das ist über einen eigenen Smart Meter für das Rührwerk möglich oder direkt über die Einbindung an eine zentrale Leitwarte, wenn die Produktion weitgehend automatisiert wäre. Ideal ist es natürlich, beide Methoden parallel zu betrachten, also die Herstellerangaben des Knetwerkes zur Leistung zu vergleichen mit den tatsächlich gemessenen Werten. Falls Abweichungen vorhanden sind, ist davon auszugehen, dass die Prozesse nicht optimal laufen. Dann lassen sich technische Verbesserungen suchen, beispielsweise ist der Füllungsgrad des Behälters nicht optimal, der Teig hat falsche Viskosität (Zähigkeit), die Geschwindigkeit des Motors ist nicht gut (was sich jedoch wieder auf die Bearbeitungszeit auswirkt), die Werkzeuge (Knethaken) sind ungeeignet, der Motor ist beschädigt usw.

Wir kommen hier an den Punkt, die Fähigkeiten der Maschinenführer, Meister und Ingenieure zu würdigen, die ihre Prozesse kennen und beherrschen. In diesen Details zeigt sich deren Expertise und Erfahrung im Hinblick auf die Verbesserung der Produktionsprozesse und des Energieverbrauchs.

Ein ergänzendes Praxisbeispiel über Prognose und Messung des Energieverbrauchs in der Lebensmittelindustrie

Ergänzend zeigt Darstellung 3.29 den Energieverbrauch einer Kostenstellen in der Lebensmittelindustrie. Es sind verschiedene Prognosen (ex-ante Bewertungen) im Vergleich zum tatsächlichen Energieverbrauch (ex-post Bewertung) eingetragen. Es ist bemerkenswert, wie nah die errechneten Prognosewerte dem tatsächlich gemessenen Energieverbrauch kommen. Der Korrelationskoeffizient R2 sagt aus, dass 92 % der genutzten Energie mit dem Prognosemodell dieses Beispiels erklärt werden kann.

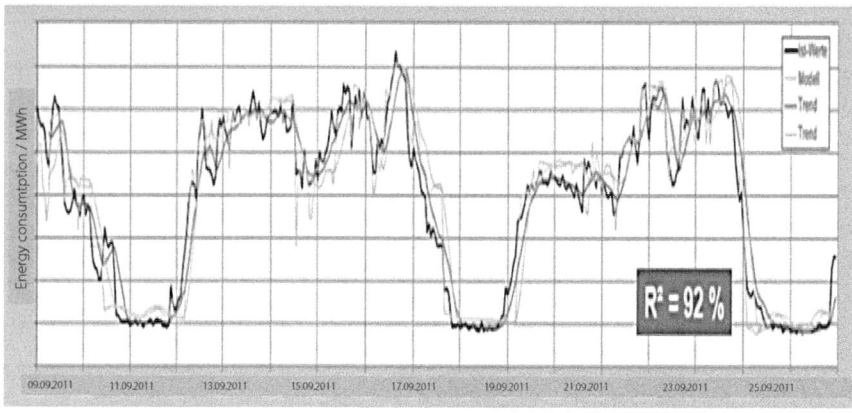

Dar. 3.30: Modellierung des Lastgangs in der Lebensmittelindustrie (Quelle: Nutreon Engineering GmbH)

Produktbilanz

In unserem Beispiel seien nun alle Prozesse der Backfabrik analysiert – die Produktbilanz aggregiert dann für alle Produktionsschritte den Energieverbrauch für eine Pizza (▶ Dar. 3.31).

3.5 Lebenszyklusanalyse und

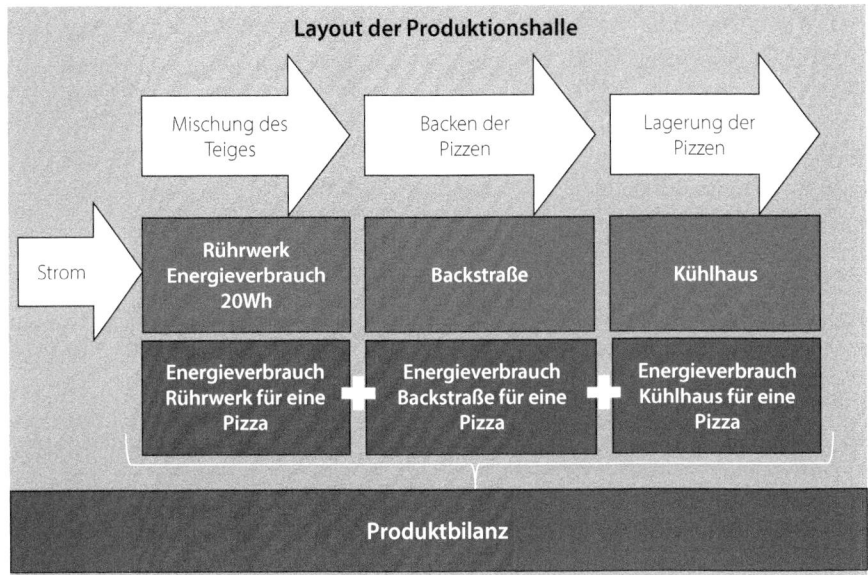

Dar. 3.31: Produktbilanz für eine Pizza der Großbäckerei

Dabei ist zu erkennen, dass sich dieses Beispiel auf die Kernprozesse beschränkt und auch nur auf den Teig. Zwischen Rührwerk und Backstraße ist der Teig ja beispielsweise noch zu formen und zu belegen, wodurch Tomatensauce, Pilze und Käse mit ihrem eigenen kumulierten Energieaufwand hinzukommen. Die Modellrechnung abstrahiert auch von den Verflechtungen mit Vorkostenstellen, die an diese Endkostenstellen ihre Leistung abgeben (z. B. eine gasbetriebene Heizung für die Halle). An dieser Stelle lässt sich die oft schwierige Abgrenzung zwischen **variablen und fixen Energiekosten** anschaulich erläutern:

- Im **Rührwerk** sind Energiekosten weitgehend **variabel** (weshalb es auch als Beispiel diente): Der Motor verbraucht nur elektrische Energie, wenn Teig zu kneten ist. Dennoch erfassen Unternehmen in solchen Fällen die Energiekosten zumeist als Block und verrechnen sie als unechte Gemeinkosten.
- Das **Kühlhaus** muss hingegen immer gekühlt werden. Energieverbrauch und -kosten sind deshalb weitgehend **fix**, die Kosten sind echte Gemeinkosten. Dies illustriert die Problematik der Entscheidung zwischen Vollkosten- und Teilkostenrechnung.

3.5 Lebenszyklusanalyse und Einbettung in Wertschöpfungsnetzwerke

Die innerbetriebliche Abgrenzung des Bilanzraums auf Betriebe, Prozesse und Produkte wird nun um eine übergreifende außerbetriebliche Betrachtung erweitert. Die betriebliche Produktbilanz erfasst nur einen Schritt der umfassenden Lebenszyklusanalyse (Produkt-Ökobilanz oder Product-Life-Cycle-Assessment). Der Produktlebenszyklus umfasst

- die Urproduktion,
- erste Produktionsstufen zur Verarbeitung der Rohstoffe,
- die Produktion im jeweils betrachteten Unternehmen (Fokus-Unternehmen, »unser« Unternehmen),
- eventuelle nachgelagerte Produktionsstufen,
- Nutzung des Gutes einschließlich Serviceleistungen und Instandhaltung,
- Recycling und – wenn es sein muss – Verbrennung (thermische Verwertung) oder Entsorgung.

Systemgrenzen und Bilanzraum

Um eine Analyse zu planen oder eine vorhandene Bilanz einzuordnen, ist der Begriff der Systemgrenze hilfreich. Die Darstellung 3.32 bietet einen Überblick mit etablierten Begriffen.

Dar. 3.32: Systemgrenzen von Umwelt- und Energiebilanzen

Systemgrenze	Betrachtungsraum	Erläuterung
Cradle-to-gate	»Von der Wiege bis zum Tor« (gemeint ist das Ausgangstor)	Bewertungsgegenstand ist der partielle Produktlebenszyklus von Rohstoffabbau bis zum Ausgangstor des Unternehmens
Cradle-to-grave Cradle-to-cradle	»Von der Wiege bis zur Bahre« »Von der Wiege zur Wiege«	Der gesamte Produktlebenszyklus wird bewertet Statt »Bahre« und Deponie sind alle Abfälle als »Wiege« für neue Prozesse einzusetzen
Gate-to-gate	»Von Tor zu Tor«	Bewertungsgegenstand beschränkt sich auf die Prozessgrenze »Leistungserstellung«, also auf das Unternehmen
Gate-to-grave	»Vom Tor bis zur Bahre« (wieder ist das Ausgangstor gemeint)	Hier werden nur Auswirkungen berücksichtigt, die nach der Erzeugung des Produkts anfallen, als beginnend am Ausgangstor

3.5 Lebenszyklusanalyse und

In Darstellung 3.33 werden diese Begriffe nochmals optisch in einen Zusammenhang gestellt.

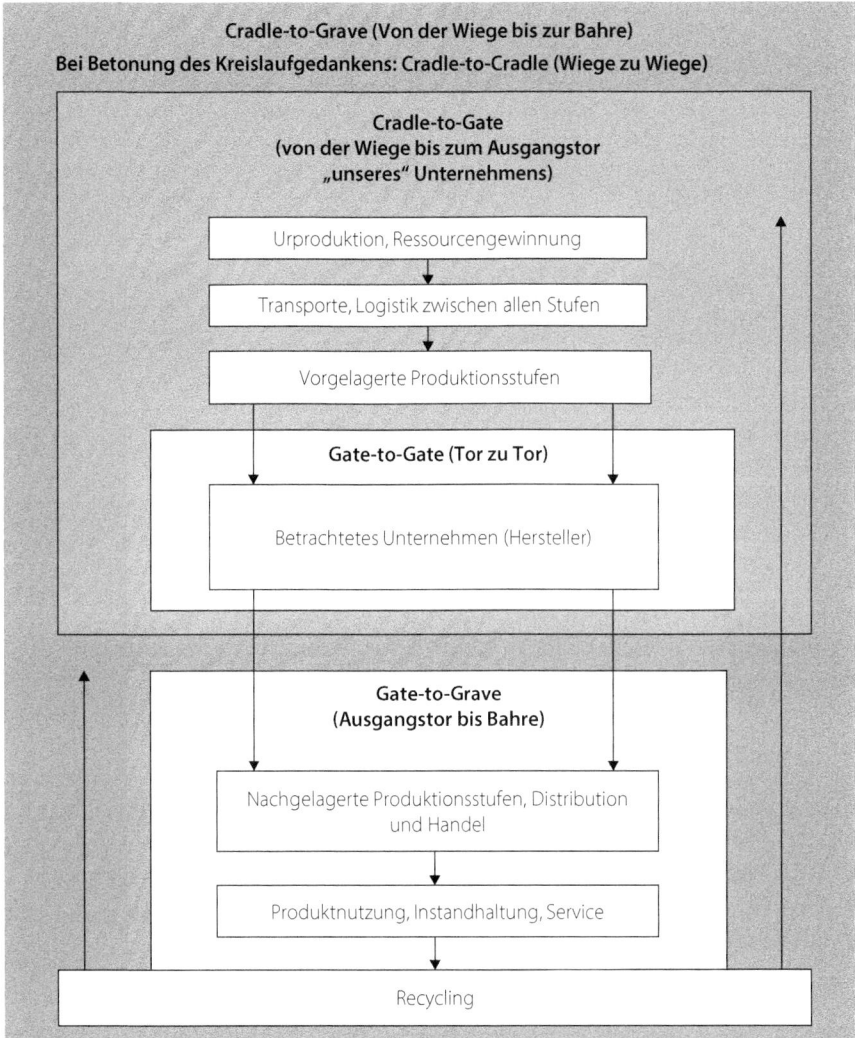

Dar. 3.33: Bilanzräume im Überblick (Kals 2014, S. 116)

Die begriffliche Entwicklung von »Crade-to-Grave« hin zu »Cradle-to-Cradle« zeigt einen Sprung in der Denkweise, nämlich von (Wert-)Ketten zu (Wert-)Netzen. Supply Chains deuten noch auf Anfang und Ende hin, Wert(schöpfungs)netz(werke) haben umfassenden Anspruch, wie durch die »Recycling«-Pfeile in Darstellung 3.33 zum Ausdruck kommen. Es zeigt sich die Verbindung zu Kreislaufwirtschaft, Circular Economy und ökologischer Ökonomie (zu lernenden Energieeffizienz-Netzwerken vgl. auch Göllinger 2022).

Bilanzgrenzen und -ebenen in Konzernen

Die folgende Aufzählung zeigt, auf welchen Betrachtungsebenen sich Bilanzen unterschiedlichster Art (kaufmännisch, Umwelt, Energie, CO_2) bewegen können. Dabei steht die betriebswirtschaftliche und gesellschaftsrechtliche Denkweise von Konzernen im Vordergrund:

- Konzernbilanz (mit verschiedenen Unternehmen untergliedert nach Ländern, Kontinenten oder Regionen),
- Unternehmensbilanz (mit verschiedenen Standorten),
- Standortbilanz (mit verschiedenen Betrieben),
- Betriebsbilanz (mit verschiedenen Betriebsbereichen/Werkstätten),
- Werkstattbilanz (mit verschiedenen Produktionsprozessen),
- Prozessbilanz für einzelne Produktions-, Transport- oder sonstige Prozesse (differenzieren nach primären, sekundären und tertiären Prozessen),
- Produktbilanz (abgeleitet aus der Prozessfolge, die ein Produkt im eigenen Betrieb oder Konzern durchläuft),
- Product-Life-Cycle-Assessment als Gesamtanalyse von der Urproduktion bis zur Entsorgung (Produktlinienanalyse, Product Carbon Footprint (PCF) Scope 3).

Datenbanken und Entwicklungsperspektiven

Eine Bilanzierung ist in der Praxis nur zu leisten, wenn aus vor- und nachgelagerten Stufen Daten verfügbar sind. Für viele Stoffe, Produkte oder sogar Prozesse sind Datensammlungen bereitgestellt, beispielsweise in folgenden **Datenbanken**:

- **ProBas**-Datenbank (Prozessorientierte Basisdaten für Umweltmanagement-Instrumente) des Umweltbundesamt (http://www.probas.umweltbundesamt.de/php/index.php),
- Ökobilanzdatenbank Life Cycle Data Network (**ELCD**) der Europäischen Kommission (http://www.eplca.jrc.ec.europa.eu/ELCD3),
- Datenbank Ganzheitliche Bilanzierung (**GaBi**) des Anbieters Sphera (http://www.lcadatabase.sphera.com),
- Datenbank **ecoinvent**, die u. a. durch die ETH Zürich erstellt wird (https://www.ecoinvent.org/).

Noch einmal zurück zur damit zusammenhängenden Kernfrage: Wie lassen sich alle Daten aus dem Wertnetz ermitteln, um die gewünschten Lebenszyklusanalysen umfassend zu erstellen? Der folgende Abschnitt über **Digitalisierung** knüpft hier nahtlos an. Großunternehmen und auch viele Mittelständler arbeiten mit SAP.

Damit sind die Daten vieler Unternehmen eines Wertnetzes kompatibel (Climate 21). Auch für die Software anderer Anbieter lassen sich Formate und Schnittstellen definieren. Im Prinzip lässt sich damit alles Gewünschte berechnen. Die Datenbasis wird durch die Digitalisierung zudem immer breiter und tiefer. Wichtige **Hindernisse** seien stichwortartig angesprochen wie

- Widerstände gegen die Offenlegung von Betriebsinterna,
- Bestrebungen, die Daten zu verkaufen, statt im Sinn des Ganzen kostenfrei verfügbar zu machen,
- Lizenzfragen,
- Konflikte bei der Aufteilung der Umweltbelastungen oder
- die erwähnten methodischen Herausforderungen.

3.6 Digitalisierung als Enabler

Digitalisierung und IT-Unterstützung wirken als Ermöglicher (Enabler) angesichts der vielen Herausforderungen auf Unternehmens- und Staatsebene. Der Abschnitt 3.6.1 konzentriert sich auf die Daten und zeichnet die Entwicklung von der traditionell-etablierten Betriebsdatenerfassung bis zum wolkig-glamourösen Begriff Big Data. Abschnitt 3.6.2 zeigt auf, wie die Daten verarbeitet werden können. Abschnitt 3.6.3 fügt die Vorgehensweise in die große Perspektive, also den Umbruch der Digitalisierungsrevolution zur Nachhaltigkeitsrevolution, ein. Dabei sind auch Grenzen und Hemmnisse zu betrachten, um die vielen hochfliegenden Möglichkeiten zu erden und einen Bezug zum oft noch bescheidenen Stand im Betriebsalltag herzustellen.

3.6.1 Von der »klassischen« Betriebsdatenerfassung zu Big Data

Betriebsdatenerfassung

Die Betriebsdatenerfassung (BDE) stellt bildlich gesprochen die Augen und Ohren der Planung im betrieblichen Ablauf dar, um dann die Daten in der Betriebsdatenverarbeitung verwerten zu können. Üblicherweise unterscheidet die BDE in auftrags-, maschinen-, prozess-, material- und mitarbeiterbezogene Daten. Die folgende Darstellung 3.34 zeigt im ersten Teil Beispiele für diese Daten, die Messinstrumente/-methoden sowie die Verarbeitung/Auswertung, ohne auf die Details hier näher einzugehen. Im Weiteren enthält die Darstellung typische Betriebsdaten für Energieformen und -träger, die dann zu vertiefen sind.

3 Energiebilanzen zur Informationsversorgung

Dar. 3.34: Betriebsdatenerfasssung (BDE) unter besonderer Berücksichtigung der Energiedatenerfassung

Erfasste Daten	Messinstrument/Methode	Verarbeitung/Auswertung
Beispiele für allgemeine Daten		
Auftragsbezogen: Beginn der Bearbeitung an einer Maschine	Werker scannt QR-Code auf den Auftragsunterlagen	Arbeitsvorbereitung zur Produktionssteuerung
Maschinenbezogen: Betriebsstunden	Bei computergesteuerten NC-Maschinen automatische Erfassung	u. a. Instandhaltung zur Einhaltung der Wartungsintervalle
Prozessdaten: Qualitätsmessung	Vermessung eines Werkstücks automatisch an einer computergesteuerten Werkzeugmaschine	Das Qualitätsmanagement zur Dokumentation und eventuellem Nachweis für den Kunden des fertigen Produkts
Materialbezogen: Einlagerung eines Artikels	Radio Frequency Identification Device (RFID, Funk-Chips)	Lagerhaltung zur Aktualisierung der Bestände
Mitarbeiterbezogen: Arbeitsbeginn und Ende	Zeiterfassungssystem	Personalabteilung für das Arbeitszeitkonto
Energiedatenerfassung		
Elektrische Energie	(digitale) Stromzähler	Einkauf oder eigene Kraftwerke zum Lastmanagement. Alle Daten sind für die Kostenrechnung relevant.
Gas	Gaszähler	Gasversorger zur Rechnungsstellung
Heizöl	Rückrechnung über Tankinhalt	Einkauf
Treibstoff bei betrieblichen Tankstellen	Durchlaufzähler in der Zapfsäule	Einkauf, Nutzer des Fahrzeugs
Im Unternehmen erzeugte, leitungsgebundene Endenergie wie Dampf, Kälte, Druckluft, Heißwasser, Warmwasser	Durchlaufzähler sowie Rückrechnungen und Prozessmodellierung oder schlicht Schätzung	Betriebliche Erzeuger und Nutzer der Energie

Indirekt sind viele Betriebsdaten, die nicht direkt energiebezogen erscheinen, auch für das Energiemanagement relevant, wie es auch die Ausführungen zur Kostenrechnung zeigen. Das Verfolgen eines Werkstücks durch die Produktionshallen ermöglicht beispielsweise mittels Prozessbilanz Rückrechnungen auf Energie und CO_2.

3.6 Digitalisierung als Enabler

Strichcodes und QR-Codes haben die ursprünglich papierorientierte Erfassung mittlerweile weitgehend ersetzt, Radio Frequency Identification Device (RFID, vulgo: Funkchips) verbreiten sich immer mehr (▶ Dar. 3.35).

Dar. 3.35: Bar-Code, QR-Code und RFID-Chip

- **Strichcodes (Bar-Code)** befinden sich auf vielen Alltagsgegenständen und werden auch in Unternehmen verwendet. Solche Codes lassen sich über Scanner wie an der Supermarktkasse automatisch oder mit Lesestiften von Hand auslesen.
- Der **QR-Code (QR-Quick Response)** ist eine Weiterentwicklung, die noch robuster und fehlertoleranter ist.
- **RFID- bzw. Funkchips** sind eine entscheidende Steigerung, sie sind Transponder/Transmitter (Übermittler) und Responder (Antworter) in einem. Obwohl die (einfachen) Chips nicht über eine eigene Energiequelle verfügen, können Sie mit Induktionsstrom über kurze Distanzen die Identifikationsnummer (GTIN oder eine interne Materialnummer) senden. Das Lesegerät erfasst die Nummer und meldet sie an das System (z. B. ERP-System oder Warenwirtschaftssystem). Fest verbaute Lesegeräte können als Gate bezeichnet werden. Also wird z. B. jeder Artikel, der aus dem Lager durch so ein Gate in die Produktion transportiert wird, automatisch erfasst.
- Weitere Möglichkeiten mit geringerer Verbreitung sind Schrifterkennung, Bilderkennung über Kameras, VR-Brillen oder Datenhandschuhe z. B. bei der Inventur.

3 Energiebilanzen zur Informationsversorgung

Perspektiven durch Digitalisierung und Big Data

Die eigentliche Wucht der Digitalisierung für die Datengenerierung entsteht durch die Automation und Anbindung von Geräten und Prozessen an Rechnernetze. Dies zeigt Darstellung 3.36, die auch unternehmensexterne Datenquellen nennt.

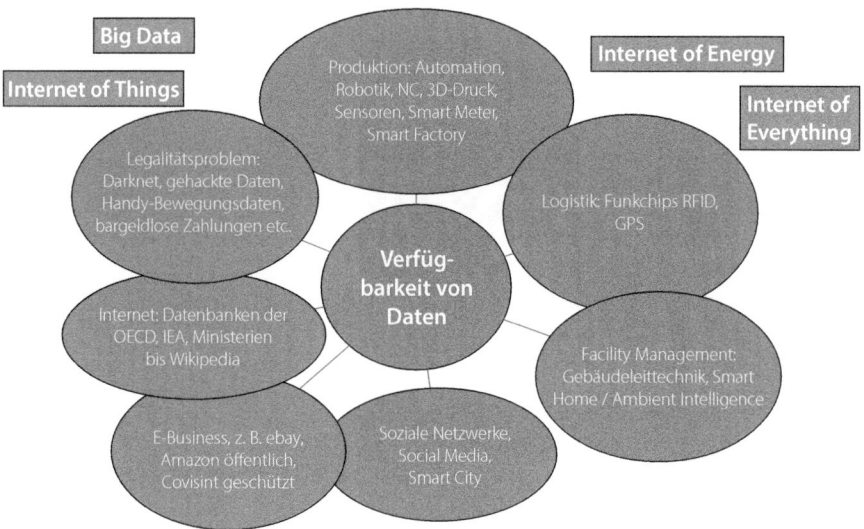

Dar. 3.36: Woher kommen die (Energie-)Daten? Verfügbarkeit von Daten im Überblick

Big Data ist ein Sammelbegriff für interne und externe Daten und deren Verarbeitung, der in gewisser Weise die Faszination für das Möglichgewordene ausdrückt. Das **Internet of Things (IoT)** beschreibt, dass sich analog zum Internet die physische Welt ebenfalls vernetzt, was durch die Anbindung von Robotern, Autos und Konsumgütern aller Art an das Datennetz geschieht. **Internet of Energy** bezeichnet den Teil dieser Entwicklung, der in Beziehung zu Energie steht. Der Begriff **Internet of Everything** kommt fast ein wenig selbstironisch daher. Physische und virtuelle Welt lassen sich sogar als gleichwertig denken oder umkehrt. Als technische Anwendung von **cyber-physischen Systemen** sind es Versuche und Simulationen, die nur modelliert ausgeführt werden. Virtuelle Welten wie das Metaversum gehen in diese Richtung. Darstellung 3.36 zeigt dabei die verschiedenen Anwendungsmölgichkeiten

- in der **Produktion**: Jede Form der Automation führt zu Daten, da ein Rechner den Prozess steuert und diese Daten zur Steuerung benötigt, z. B. im Bereich der Robotik oder Numerical Control bei computergesteuerten Werkzeugmaschinen bzw. dem 3D-Druck. Es umfasst alles, was mit Sensoren zu tun hat, perspektivisch ist alles im Unternehmen vernetzt und generiert Daten.

- In der **Logistik**: RFID-Chips, die auf jeder Palette oder jedem Produkt angebracht werden können. Dadurch kann in der Logistik ein Produkt automatisch dem »richtigen« Band für die richtige Destination zugewiesen und bei Ankunft dann auch aus dem System ausgeloggt werden. Dann das Global Positioning System (GPS), mit dem jedes Fahrzeug ausgestattet werden kann.
- Im **Facility Management**: Gebäudeleittechnik, die zentral gesteuert wird. Die schon erwähnten Smart-Home- bzw. Smart-Factory-Technologien sowie Ambient Intelligence, was für die Vernetzung von Alltagsgegenständen, Sensoren, Funkmodulen u. v. a. steht, mit dem Ziel, unseren Alltag zu verbessern.

Es ist hilfreich, die unternehmensinterne Sicht, auf die sich die bereits erläuterte Betriebsdatenerfassung bezieht, und unternehmensexterne Perspektive zu trennen:

- Gehen wir aus dem Unternehmen hinaus, kommen wir zu den sozialen Netzwerken, sozialen Medien und der vernetzten Stadt (Smart City).
- Bei allem, das mit E-Business verbunden ist, werden Daten generiert, öffentlich oder netzwerkgeschützt.
- Das Internet mit seinen zahlreichen Datenbanken, die ihrerseits in öffentlich zugängliche und zugangsbeschränkte zu unterteilen sind.
- Besondere Zugangsbeschränkungen zeichnen auch das Darknet aus. Insbesondere IT-Unternehmen kommen in Grauzonen, wenn vertrauliche Daten ins Spiel kommen oder sogar aktiv erworben und verknüpft werden.

3.6.2 Entwicklungsstufen der Datenverarbeitung

Die erfassten Daten sind nun sinnvoll zu verarbeiten (Data Processing). Im traditionellen Sprachgebrauch von der Betriebsdatenerfassung zur Betriebsdatenverarbeitung. Dieser Abschnitt zeichnet die Entwicklung nach und versucht, praktische Perspektiven aufzuzeigen. Mit aller Vorsicht, denn die in Darstellung 3.37 abgegrenzten Stufen überlappen sich, die Begriffsfindung ist zudem noch nicht abgeschlossen. Diese Darstellung gliedert diesen Abschnitt.

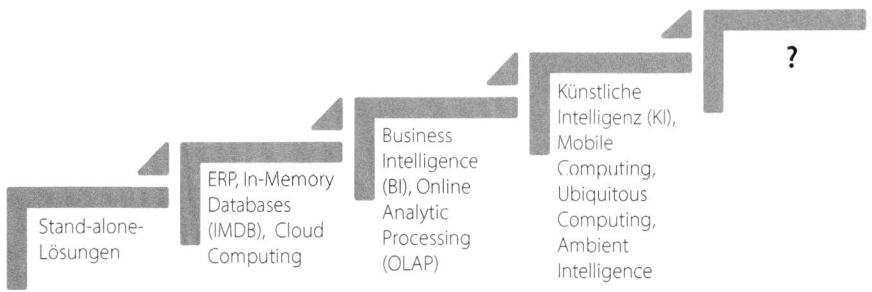

Dar. 3.37: Überblick der (Entwicklungs-)Stufen der Datenverarbeitung

Stand-alone-Lösungen

Angesichts der vielen Möglichkeiten der Integration könnte man meinen, dass isolierte Programme zur Energiedatenverarbeitung veraltet sind. Tatsächlich erlebt der Verfasser als Betreuer von Abschlussarbeiten, dass Unternehmen insbesondere im Mittelstand Studierende beauftragen, die wichtigsten Energiedaten mittels Excel zu systematisieren und erste Auswertungen durchzuführen. Das hat den Vorteil, schnell, zielgerichtet und vor allem kostengünstig in die Thematik einzusteigen, erste Prioritäten zu erkennen und schon erste Maßnahmen zu ergreifen. Es könnte eine Sackgasse sein, denn solche von Einzelpersonen erstellte Lösungen sind nach dem Weggang des Erstellers kaum dauerhaft nutzbar und werden meist nicht mehr gepflegt. Sie stehen üblicherweise allein neben der Buchhaltung und sonstigen kaufmännischen Anwendungen. Anstelle sich solche Instrumente, z. B. in Excel, erstellen zu lassen, könnten die Unternehmen auch fertige **IT-Lösungen** für **Energiemanagement** kaufen und implementieren.

Enterprise Resource Planning (ERP), In-Memory Databases (IMDB) und Cloud Computing

Die großen Anbieter funktionsübergreifende Enterprise Resource Planning (ERP-) Software haben das Thema natürlich auch im Portfolio. Sie bieten Module an, die Umweltmanagement, Gesundheitsschutz, Arbeitssicherheit und Energie- und Treibhausgasmanagement usw. gemeinsam abdecken. Damit haben wir zunächst intern integrierte Lösungen(▶ Dar. 3.38).

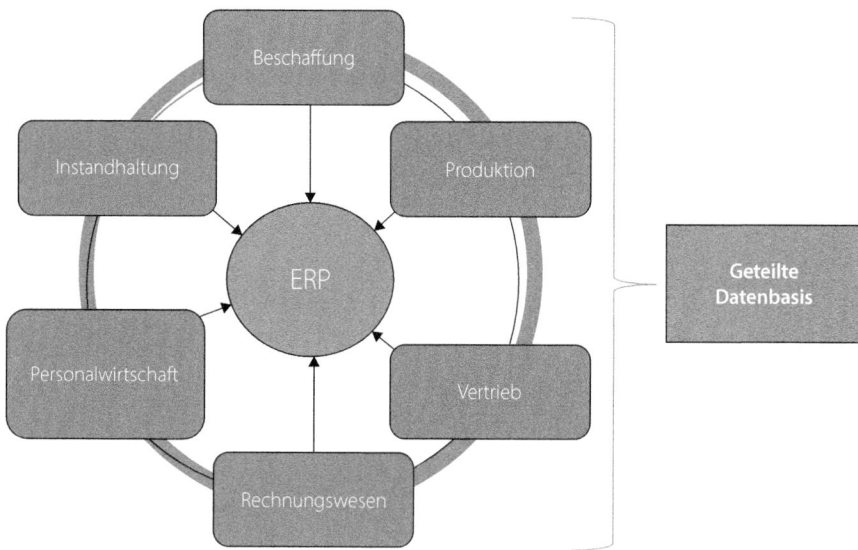

Dar. 3.38: ERP-Planning End-to-End

End-to-End-(E2E-)Lösung bedeutet, vom Kundenauftrag bis zum Zahlungseingang den gesamten primären Geschäftsprozess der Auftragserfüllung abzudecken. Hinzu kommen sekundäre Prozesse wie Rechnungswesen, Instandhaltung oder Personalwirtschaft. Die Kapazität von Chips entwickelt sich gemäß (des hier nicht mehr eigens erläuterten) **Mooreschen Gesetzes** mit einer Geschwindigkeit, dass die Arbeitsspeicher immer leistungsfähiger sowie die Rechen- und Speicherkapazität kostengünstiger werden. Aufwändiges Management integrierter Datenbanken erübrigt sich somit, indem große Datenmengen mit direktem Zugriff im Arbeitsspeicher vorhanden sind (**In-Memory Databases, IMDB**): So basiert ERP auf IMDB. Energiemanagement kann sich hier organisch einordnen – wobei die starken Außenbeziehungen noch nicht abgedeckte Anforderungen stellen (Stichwort Smart Grids).

Zur Bewertung: ERP ist natürlich gegenüber Stand-alone-Lösungen zu empfehlen, denn hier ist die Datenintegration ja angelegt und das System wird viel mächtiger. Jedoch auch deutlich teurer, zudem dauert die Umsetzung länger. Angenommen, eine Controlling-Abteilung möchte vorangehen und bittet zunächst die IT um ihre Einschätzung und ein Konzept. Bei solchen strategischen IT-Entscheidungen will auch die Hierarchie einbezogen werden, bei KMU die Geschäftsführung. Zudem sind im Sinne eines partizipativen Vorgehens auch die betroffenen »Fachabteilungen« einzubeziehen. Das sind aber im Energiemanagement eine ganze Reihe, von der Produktion über die Gebäudeverwaltung bis hin zur Logistik usw. In Konzernen kann sich die Diskussion noch weiter hinziehen, denn die Entscheidung liegt manchmal beim Einsatz von neuen IT-Modulen bei der Konzernmutter und kann Modellcharakter für andere Tochterunternehmen haben.

Eine wichtige Hürde der Integration liegt in der **Trennung von betriebswirtschaftlicher und technischer Software**. Die Kompetenz der Software zur Steuerung von CNC-Maschinen, Robotereinsatz, Gebäudetechnik liegt bei den jeweiligen Maschinenbauunternehmen oder IT-Anbietern. Demgegenüber liegt die Keimzelle der kaufmännischen Software in der Buchhaltung und hat sich zu ERP weiterentwickelt. Deshalb sind es letztlich zwei Welten, die über Schnittstellen kommunizieren.

Die Visualisierung der gewonnenen Daten erfolgt mittels **Management-Dashboards** (»Armaturenbrett«) und **-Cockpits** (▶ Dar. 3.39). Schon die Begriffe deuten darauf hin, dass das Management ein Unternehmen wie ein Flugzeug im Cockpit steuert. Die Daten über Auftragseingang, Materialbestellung, Wareneingang, Kapazitätsauslastung, Auslieferung, Zahlungseingang usw. sind zusehends online verfügbar. Damit drängt sich die Parallele zur technischen Steuerung insbesondere in der Verfahrensindustrie auf, in der Leitwarten über Mess-, Steuer-, Regeltechnik (MSR) schon lange die physischen Prozesse auf Monitoren abbilden und steuern. Chemieanlagen, Kraftwerke u. v. a. funktionieren schon lange automatisiert, online und zentral. Stromnetze sind auch nicht anders denkbar. Die Digitalisierung des betrieblichen Energiemanagements ist eine große Chance (möglicherweise sogar eine Voraussetzung) für das Funktionieren von Intelligenten Energienetzen.

3 Energiebilanzen zur Informationsversorgung

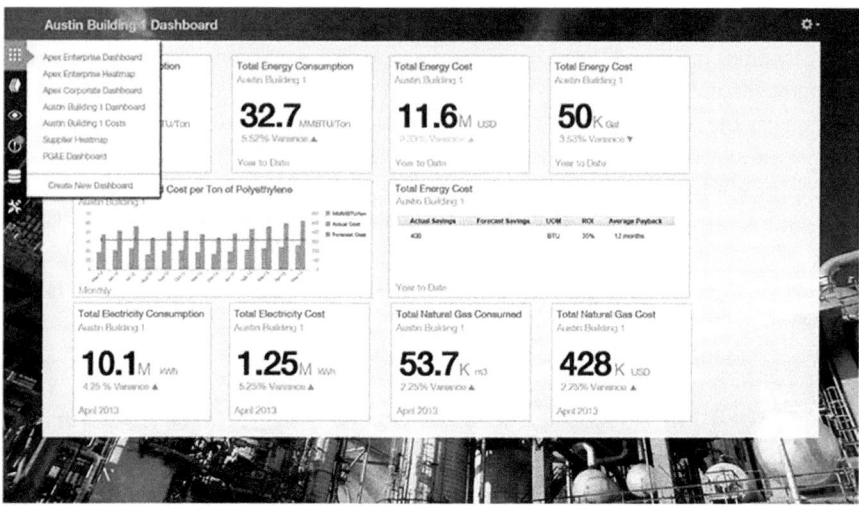

Dar. 3.39: Energie-Dashboard

Das macht Darstellung 3.40 nochmals deutlich, die die **Analogie von technischer Steuerung und betriebswirtschaftlichem Management** zeigt. Als Beispiel ist eine Windkraftanlage gewählt, die eine Online-Steuerung zwingend erfordert, um etwa bei Sturm oder Netzüberlastung direkt abgeschaltet werden zu können. Damit wird eine Beschleunigung des Management-Kreislaufs (PDCA-Zyklus) und eine entscheidungsorientierte Verdichtung von Planung, Steuerung und Kontrolle erreicht.

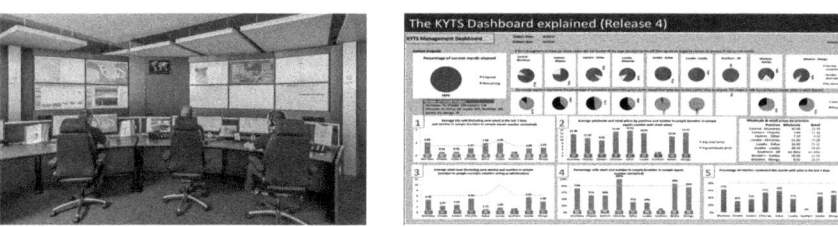

Dar. 3.40: Zusammenwachsen der technischen und betriebswirtschaftlichen Steuerung am Beispiel einer Leitwarte für Windkraftanlagen

Business Intelligence (BI) und Online Analytic Processing (OLAP)

Geschäftsanalytik oder Business Intelligence arbeitet mit den verfügbaren Daten, um daraus weitergehende wirtschaftliche Erkenntnisse zu ziehen. Diese Bemühungen scheinen sich primär auf den **Marketing-Bereich** zu konzentrieren und sind damit auf folgende Leitfragen gerichtet: Welche Kunden wohnen in welchen Gebieten und haben über welche Informationskanäle welche Kriterien zum Kauf angelegt und würden welchen Preis zahlen mit welcher Zahlungsmethode? Um solche Fragen zu beantworten, sind eine Vielzahl unterschiedlicher Daten in diversen Formaten aus internen und externen Quellen einzubeziehen. Dazu sind »**Data Warehouses**« zu erstellen, um dann die Daten auch auswerten und zu Informationen verdichten zu können. Beispielsweise sind die internen Absatzdaten für die obige Frage relevant, die Postleitzahlen sind aus den Kundenadressen zu gewinnen und die Auswertung sozialer Netzwerke für die Kundenzufriedenheit ist hilfreich. Die dabei auftretenden Probleme der Inkompatibilität, Lücken, fehlende Zeitordnung usw. bringen auch manche hochfliegende Erwartung an **Data Mining** und Big Data zu Fall.

Den Anspruch und die Möglichkeiten des BI an einem **Beispiel des Energiemanagement** bringt der folgende **Online-Analytic-Processing-(OLAP-)Cube** auf den Punkt. Unter der Voraussetzung der Verfügbarkeit der nötigen Daten im Data Warehouse lassen sich mehrdimensionale Auswertungen vornehmen. Cubes (Würfel) visualisieren die oft drei Dimensionen, wie hier für die BDE im Hinblick auf Energie gezeigt (▶ Dar. 3.41).

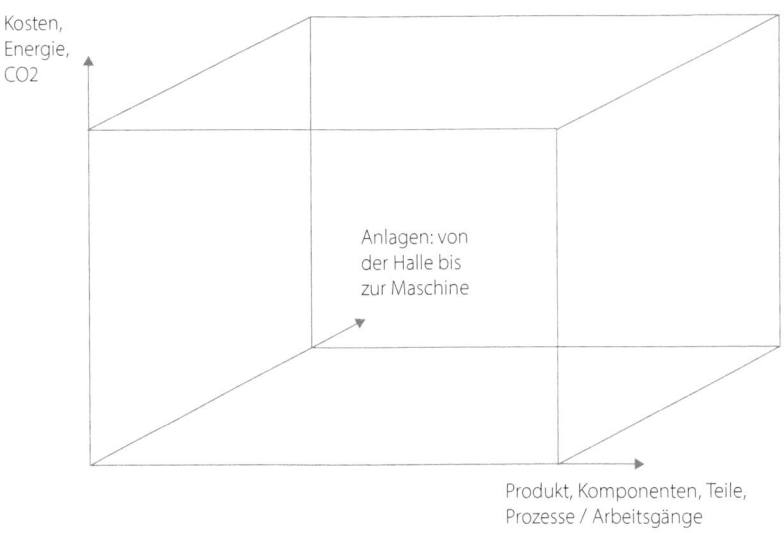

Dar. 3.41: Energiebezogener OLAP-Cube

Die x-Achse zeigt die Menge eines Kostenträgers, vom Produkt bis zu den Komponenten, Einzelteilen und Prozessen, diese lassen sich variieren. Die y-Achse erlaubt die Perspektiven Kosten, Energie oder CO_2. Die z-Achse führt die Anlagen ein, auch hier wieder in unterschiedlichen Fokussierungen, von der gesamten Halle bis zu einzelnen Maschinen. In diesem Cube lässt sich idealerweise frei navigieren, d. h. es können vielfältige Aussagen getroffen werden:

- Welchen Strom-, Gas-, Ölverbrauch hat(te) ein Betrieb (gestern)?
- Welche Maximalleistung hat eine bestimmte Kostenstelle im letzten Monat?

- Wie hoch war der Leistungsbedarf der Kostenstelle zum Zeitpunkt des maximalen Tagesleistungsbedarfs des Unternehmens an einem bestimmten Tag?
- Wie hoch sind die Arbeitskosten für elektrische Energie einer Kostenstelle im laufenden Monat?
- Zu welchem Zeitpunkt wird welches Produkt auf welcher Maschine mit welcher Produktionsgeschwindigkeit gefertigt?
- Zu welchen Kosten mit welchem Energieverbrauch oder CO_2 Ausstoß erfolgt dieser Produktionsschritt?

Die Ergebnisse des **herkömmlichen Rechnungswesens** lassen sich perspektivisch mit abdecken. Eine konventionelle Kalkulation legt beispielsweise einmal fest, wie die Selbstkosten berechnet werden, und sichert die Versorgung mit den dazu nötigen Informationen. Das lässt sich theoretisch mit dem obigen OLAP-Cube auch leisten.

Gerade das **Durchspielen** und fantasievolle Ausprobieren von Möglichkeiten fördert die Kreativität und die Entstehung neuer Ideen im wirtschaftlichen Kontext. Allerdings ist auch Struktur erforderlich, es müssen festgelegte Vorgehensweisen, Rechenschemata und Verfahren beachtet werden, wie sie für Rechnungswesen, Kostenrechnung und Controlling prägend sind. Hier zeigt sich auch die Weiterentwicklung des **Berufsbildes** von Betriebswirten/Controllern in Richtung Data Analyst. Langfristig können sogar Chatbots die Eingabe und Kommunikation übernehmen. Der Nutzer stellt nur noch präzise und strukturiert Fragen, das System beantwortet dann ebenfalls verbal oder mit den richtigen Auswertungen. Das führt direkt zur nächsten Stufe.

Künstliche Intelligenz (KI)

Künstliche Intelligenz oder Artificial Intelligence (AI) sind Programme und Maschinen, die mit der Umgebung interagieren, die Rolle von Experten übernehmen können, zielgerichtet handeln und selbständig lernen können. Das geht bis in den wissenschaftlichen und künstlerischen Bereich. Vor wenigen Jahren noch eine unrealistische Utopie. Wird sich KI so weit entwickeln, dass sie auch das betriebliche Energiemanagement sowie die intelligenten Netze steuern kann?

Automatisierung durch intelligente Programme, die immer bessere Maschinen steuern, ist die Basis unseres Wohlstands. Die Entwicklung geht auch im Dienstleistungsbereich voran, so dass ein wesentlicher Teil der **Arbeitsplätze** sich deutlich verändern oder sogar verschwinden wird. Die Führung von Unternehmen wird KI jedoch wohl nie ganz übernehmen, nehmen wir Briefkastenfirmen oder bestimmte virtuelle Unternehmen einmal aus. Es bleiben immer noch genuin menschliche Funktionen: Gründung und Konzeption, Personalführung, Kauf, Installation und Instandhaltung der Maschinen, Verkauf usw. Überall finden sich jedoch sinnvolle Teil-Einsatzfelder von KI, die die Effizienz steigern. ERP, BI und KI revolutionieren jedoch die Informationsversorgung der Unternehmensleitung.

Die Rolle, die in Zukunft KI für das Management von **intelligenten Energienetzen** spielt, ist schwer absehbar (Kayakutlu u. a. 2023). Sie wird aber bedeutend sein. Aber es scheint plausibel, dass nicht die informationstechnischen Möglichkeiten die Grenzen setzen, sondern die Rahmenbedingungen, sie sinnvoll einzusetzen. Also beispielsweise muss die Zusammenarbeit der Akteure (EVU, Netzbetreiber, Industrie, Haushalte usw.) klar geregelt sein, die IT-Architektur darf nicht wild wuchernd in Unübersichtlichkeit münden und die Daten müssen (legal) verfügbar sein.

3.6.3 Perspektiven und Bedenken

Das Management von transkontinentalen Energienetzen ist eine der hoffnungsvollen Perspektiven. Ein weiterer, damit verwobener großer Gedanke bezieht sich darauf, Wertschöpfungsnetzwerke ökologischer gestalten zu können. Im Idealfall benutzen alle Unternehmen im Wertnetz dieselbe Software und Datenformate. Sie geben die relevanten Daten mit ihren Produkten an den Kunden in der Supply Chain weiter. Die großen Software-Unternehmen für BWL-IT gehen in diese Richtung, so dass für jedes Teil, Halbfertigprodukt und Produkt in jedem Schritt des Lebenszyklus der Energie-, CO_2- oder Wasserrucksack auf Knopfdruck erscheint. Diese Vision trifft auf erhebliche Schwierigkeiten, die hier unter besonderer Berücksichtigung von Smart Energy Grids erläutert werden sollen.

Herausforderungen und Widerstände der Datenintegration

- Mit der Globalisierung müssen **alle beteiligten Unternehmen in allen Ländern** mitmachen und ihre Daten einspeisen. Zumindest sind Methoden, Formate und Schnittstellen erforderlich. Das beträfe auch die Zulieferer von Strom oder Wasserstoff aus der Sahara. Dabei kommt es im Energiebereich auf Zeitaktualität an, Durchschnittswerte für ein Jahr oder Quartal bringen wenig, da ja gerade Volatilitäten das Problem sind. Also online, in regelmäßigen Intervallen (sekunden-, minuten-, stunden oder tageweise) und mit Einbeziehung der Wettervorhersage. Ein mehr als anspruchsvolles Ziel.
- Richtig gut klappt das nur, wenn auch die vergleichsweise teure **Software der großen IT-Anbieter** durchgehend genutzt wird. Auch in Schwellen- und Entwicklungsländern und besonders in Branchen der Urproduktion und in Kleinunternehmen. Das ist nicht absehbar und es besteht das Problem der zerfaserten und lückenhaften IT-Architektur.
- Durch Datentransparenz entstehen bei Unternehmen **Einblicksmöglichkeiten** in die Prozesse, in Profitabilitäten (oder deren Fehlen), mögliche Umweltprobleme, unangemessene Preisgestaltungen, Details des Personaleinsatzes, technische Betriebsgeheimnisse usw. Gerade im (über)regulierten Energiemarkt und den vielen Regelungen für Smart Grids wollen viele Anbieter ihre profitablen Nischen nicht offenlegen.

- Nicht nur Unternehmen werden **gläsern**, sondern auch der **Mensch** in seinen verschiedenen Funktionen als Konsument oder Mitarbeiter.
- Die **Datenmacht** sammelt sich bei wenigen Unternehmen, was prinzipiell die Gefahr des **Missbrauchs**, des Verlusts, des Hacking usw. mit sich bringt. Über die Rolle von Geheimdiensten, der NSA und CIA, soll hier nicht spekuliert werden.
- Die ökologische Transformation des Energiebereichs basiert naturgemäß auf staatlichen Regeln und fördert die **Verflechtung von Politik und Unternehmen**. In der alten, fossilen Energiewelt waren die Kraftwerke ja staatlich, um das natürliche Monopol nicht gewinnorientierten, zumeist öffentlichen Unternehmen zu überlassen. Nun ist viel filigraner festzulegen, was staatlicher Hoheitsbereich ist (z. B. Netzagentur) und was private Unternehmertätigkeit. Die Verfügungsrechte über Daten werden dabei an Bedeutung gewinnen.
- Der **Energieaufwand für die IT** selbst steigt (▶ Kap. 4.8).
- **Daten** sind **Wert und Ware** zugleich, werden geschützt, gehandelt, verkauft. Der Gedanke des Offenlegens der Daten zum Nutzen aller, so dass die Preise die ökologische Wahrheit sagen können, steht dem aber entgegen.

Wir haben also mit der Digitalisierung mächtige Trumpfkarten auf der Hand, um die Energiewende zu bewältigen und Wertnetze ökologischer zu gestalten. Diese Hindernisse und Bedenken sprechen aber dagegen, sie wirklich umfassend auszuspielen.

Grenzkosten versus Grenzertrag der Datenerfassung

Die obigen Feststellungen, dass Betriebs- und Energiedaten durch die Automatisierung auch automatisch entstehen, soll relativiert werden. Im Energiebereich bedarf es vielfach eigener Zähler, Sensoren und Smart Meter. Die **Geräte kosten**, sie sind einzubauen und in das bisherige technische und wirtschaftliche System zu integrieren.

Die Installation von zusätzlichen Messinstrumenten kann teuer sein, was nicht vorrangig an den Kosten für das Messgerät, sondern vielmehr an der Einbindung in die Mess-, Steuer- und Regeltechnik (MSR) liegt. In einem konkreten empirischen Fall hat die genaue Erfassung der Verteilung von Dampf über 10.000 Euro gekostet, denn die zusätzliche Installation von Zählern war nicht ausreichend. Es mussten weitere Leitungen gebaut werden, um eine klare Messung und Zurechnung der vom zentralen Heizkraftwerk kommenden Ströme zu einzelnen Betrieben ermöglichen zu können.

Bei Dampf, Kälte, Heiß- und Warmwasser ist der Energieinhalt des Trägermediums (Luft, Wasser, Glykol usw.) zudem von zwei Faktoren abhängig: Von den durch die Rohrleitungen fließenden Massen und von deren Temperatur. Bei konstanter Temperatur ist es ausreichend, den Durchfluss zu messen. Bei schwankender Temperatur sind beide Faktoren zu ermitteln und dann in zu verknüpfen.

In Verwendung befindliche Rohrleitungen müssen vor der Installation von Zählern entleert, gespült und später wieder befüllt sowie mit Druck auf Dichtigkeit geprüft werden. Solche Arbeiten lassen sich oft nur außerhalb der Produktionszeiten durchführen, so dass sich die Stundensätze für Nacht- oder Wochenendarbeiten erhöhen. Die MSR-Software ist neu zu programmieren, so dass die neu erhobenen Daten auch verarbeitet werden können. Die folgende Darstellung 3.42 gibt eine Orientierung über Messaufwand, Genauigkeit und Fehleranfälligkeit bei den häufigsten Energiemessungen.

Dar. 3.42: Aufwand, Genauigkeit und Fehleranfälligkeit verschiedener Energiemessungen (Schieferdecker 2006, S. 249)

Messgröße	Messaufwand	Genauigkeit	Fehleranfälligkeit
Elektrizität	Niedrig	Hoch	Niedrig
Dampf	Hoch	Mittel	Hoch
Kälte	Hoch	Mittel	Hoch
Druckluft	Hoch	Mittel	Mittel
Heißwasser	Mittel	Hoch	Gering
Warmwasser	Niedrig	Mittel	Gering

Darstellung 3.43 zeigt das **prinzipielle Problem des Abwägens von Grenzkosten** der Datensammlung und -verarbeitung im Vergleich zum Nutzen besserer Entscheidungen, also der erzielbaren Kostensenkung. Energiemanagement fordert die Entscheider auf, das systematisch zu tun und nicht etwa das neu errichtete Verwaltungsgebäude mit allen Schikanen eines Smart Building auszustatten, während die Werkhalle mit einem Stromzähler auskommen muss. In der Tendenz zeichnet sich eine Entwicklung hin zu leichterer Energie-Datenermittlung und höherem Nutzen der ermittelten Daten für die Entscheidungsfindung ab.

Von Daten zur Weisheit

Die Begrenzung liegt zusammenfassend nicht in der IT selbst, die Instrumente sind da. Doch wie und wie weit wollen wir sie nutzen? Letztlich müssen Menschen klug entscheiden. Hier hilft die Unterscheidung der Begriffe und Ebenen der Abbildung (▶ Dar. 3.44).

3 Energiebilanzen zur Informationsversorgung

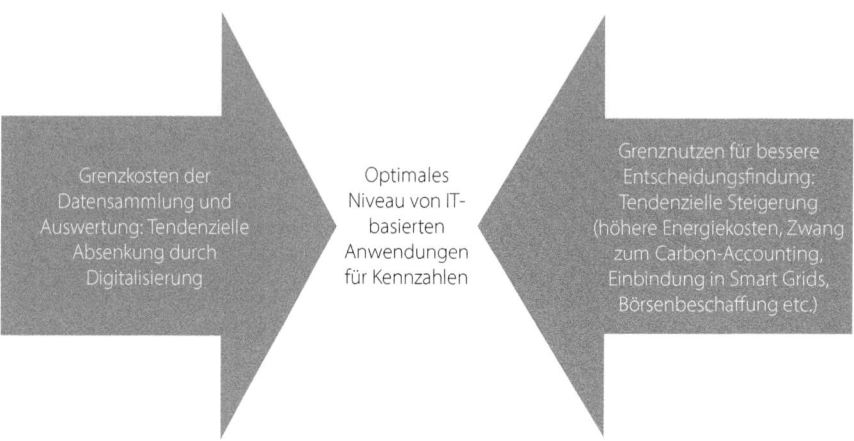

Dar. 3.43: Grenzkosten und -nutzen der Erfassung und Auswertung von Daten

Dar. 3.44: Von Daten zur Weisheit

3.7 Controlling und Kennzahlensysteme

Nach umfassendem Verständnis ist der Controller der Berater des Management in allem, was relevant ist, eben auch im Energiebereich. Dieses Buch hätte somit auch Energiecontrolling heißen können. In der Praxis ist die Controlling-Tätigkeit oft sehr viel eingeschränkter: konkrete, operativ-handfeste Entscheidungen werden durchgerechnet. Abschnitt 3.7.2 betrachtet deshalb die Informationsversorgung unter dem Gesichtspunkt von Kennzahlen.

3.7.1 Ein controllingorientierter Ansatz

Rollenverständnis im Führungssystem

Das Controlling unterstützt das Management bei den Zielbildungs-, Planungs-, Realisierungs-, Kontroll- und Informationsprozessen. Es ist aus betriebswirtschaftlicher Sicht besonders geeignet, sich energiebezogener Fragen anzunehmen, denn es verschafft sich einen Überblick über alle möglichen energiebezogenen Maßnahmen, beurteilt ihre Wirtschaftlichkeit und bildet zudem eine Klammer zwischen Abteilungen und Hierarchieebenen. Der Controller gilt – so eine anschauliche Definition – als Lotse, Navigator oder auch als Kartenhalter des Managements:

- **Manager** tragen die Verantwortung für ihren jeweiligen Aufgabenbereich, sind oft chronisch überlastet, werden manchmal vom Tagesgeschäft überrollt, sind nicht Herr ihres Terminkalenders. Sie müssen manche nervenaufreibenden Machtkämpfe ausfechten oder unangenehme Personalangelegenheiten handhaben. Bei »Hierarchen« kommen Repräsentationstermine hinzu. Bildlich gesprochen tragen Manager als Kapitän des Schiffes die Verantwortung, haben aber oft nicht die Zeit, Entscheidungen voll zu durchdenken.
- Deshalb steht dem Kapitän (Manager) als Entscheidungsvorbereiter ein Lotse (**Controller**) zur Seite, der die Gewässer kennt, der vor Felsen im Wasser warnt und der die Route berechnet, um sicher ans Ziel zu kommen. In der betrieblichen Praxis wählt der Controller Verfahren für die anstehenden Entscheidungen aus, sorgt für die notwendigen Informationen, rechnet sie durch und empfiehlt dem Manager dann eine Entscheidung.

Management und Controlling sind Teil des **Führungssystems** eines Unternehmens. Darstellung 3.45 macht diese Zusammenhänge deutlich.

Das Führungssystem umfasst im linken Block das Management, also die Aufgaben des Energiemanagements in den betrieblichen Abteilungen. Hier sind die Entscheidungen und Entscheidungsverfahren – wie in Darstellung 3.45 exemplarisch genannt – angesiedelt. Die Entscheidungsverfahren benötigen eine Informationsversorgung (rechter kleiner Block), um belastbare Ergebnisse zu erzielen. Die Aufgabe des Controllings ist es, diese beiden Systeme aufzubauen, zu koordinieren und auch zu nutzen. Auf den Punkt gebracht: Dieses breite Verständnis von Controlling umfasst auch den Aufbau von Managementsystemen.

In manchen **mittelständischen Unternehmen** gibt es so gut wie kein formalisiertes Controlling unter dieser Bezeichnung. In anderen sind der oder die Controller tatsächlich die Berater der Geschäftsführung in allen Dingen, was auch Vertrauen und ähnliche Werte voraussetzt. Die Controller ringen um quantitativ begründete, am Ideal der Wissenschaftlichkeit orientierten Rationalität. Als ergän-

3 Energiebilanzen zur Informationsversorgung

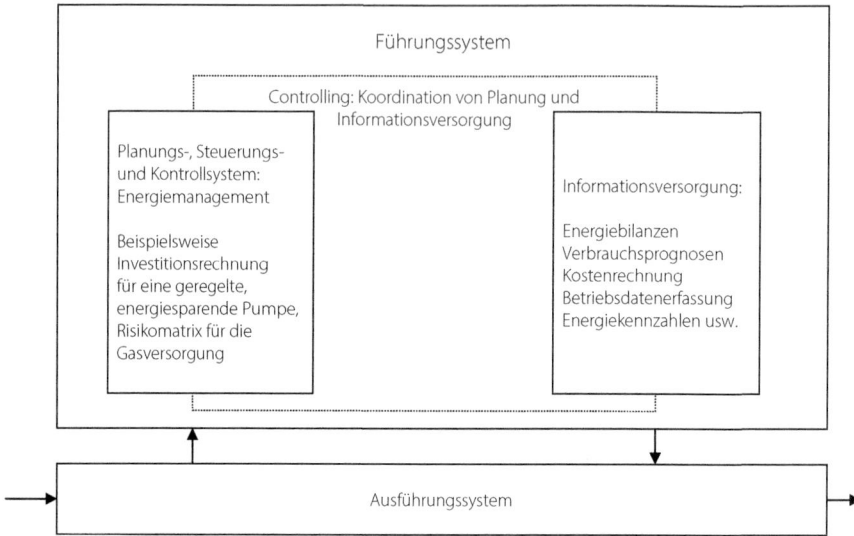

Dar. 3.45: Energiemanagement und -controlling als Teil des Führungssystems eines Unternehmens

zender Aspekt ist es jedoch von zunehmender Bedeutung, auch kommunikativ kompetent zu sein. Es reicht nicht, rationale Entscheidungen in einem Unternehmen durchzudrücken, ohne die Mitarbeiterinnen und Mitarbeiter in einem partizipativen Prozess mitzunehmen. Je mehr wir uns in Richtung Wissensgesellschaft und -wirtschaft bewegen, desto wichtiger wird dieser Aspekt.

In **Großkonzernen** finden sich regelmäßig Controllingabteilungen, die dann wieder spezialisiert sein können, beispielsweise auf Funktionen oder Tochtergesellschaften/Beteiligungen.

Planungsebenen

Das energiebezogene Controlling lässt anhand der **Ebenen, Stufen oder Hierarchien der Planung** differenzieren (▶ Dar. 3.46).

Dar. 3.46: Planungsebenen mit Zeithorizont und Verantwortlichkeit

Bezeichnung der Planungsebene	Zeithorizont	Primäre Verantwortlichkeit
Politische Einflussnahme, Lobbytätigkeit	Sehr langfristig	Eigentümer, Top Management
Ethisch-normative Planung	Sehr langfristig	Eigentümer, Top Management
Strategische Planung	Über fünf Jahre	Top Management

3.7 Controlling und Kennzahlensysteme

Dar. 3.46: Planungsebenen mit Zeithorizont und Verantwortlichkeit – Fortsetzung

Bezeichnung der Planungsebene	Zeithorizont	Primäre Verantwortlichkeit
Taktische Planung	Ein bis vier Jahre	Middle Management
Operative Planung mit der Schnittstelle zur Steuerung	Bis ein Jahr	Lower Management

Diese fünf Ebenen sind unüblich, die klassische Unterscheidung lautet operativ, taktisch, strategisch. Oft verdichten Theorie und Praxis diese Ebenen auf zwei, die operative und die strategische-taktische Ebene. Diese Vereinfachung erscheint für das Energiemanagement nicht angemessen, denn auf eine bewusste, explizite Fundierung auf einem ethisch-normativen darf nicht verzichtet werden (▶ Kap. 5.3). Auch der Kontakt mit der Politik ist im Energiebereich bedeutsam: Die **oberste Ebene der politischen Einflussnahme** gehört nicht zum Kanon der Betriebswirtschaftslehre, ist aber im Energiebereich in der Praxis von ausschlaggebender Bedeutung (z. B. beim Auffinden guter Lösungen für die Vergabe von Windparklizenzen, den Ausbau von Gaskraftwerken oder die Rahmensetzung der Wasserstoffstrategie, die Umstieg auf Elektromobilität oder die Energiepreishöhe).

Die Beratung der Politik durch Unternehmen und deren Verbände und Kammern lässt sich positiv sehen, ist geradezu unabdingbar, um die staatliche Energiepolitik rational gestalten zu können. Lobbyismus hat auch negative Seiten, wenn – wie so oft im politischen Entscheidungsprozess – die Partialinteressen einzelner Branchen oder Unternehmen handlungsleitend sind.

Zeithorizont, Daten- und Wertebasis

Mit zunehmendem Zeithorizont werden die verfügbaren Daten für eine Wirtschaftlichkeitsrechnung unsicherer. Gerade bei der Entscheidung über energiebezogene Investitionen ist eine enge Sichtweise, die nur die derzeit zuverlässig abschätzbaren Kosten in die Entscheidung einbezieht, nicht ausreichend. Deshalb sind **drei Kategorien von Daten** zu beachten:

- **Harte, rechenbare, deterministische Kosten- und Erlöswirkungen** von Energiemaßnahmen, die in der Kostenartenrechnung erfasst werden können und in Investitionsrechnungen einfließen. Bei diesen »Tangibles« ist die operative Ebene angesprochen. Beispiele sind Abschreibung, Zinsen, Instandhaltungskosten, Senkung der variablen Kosten der Energieversorgung durch Einsparmaßnahmen. Je länger der Planungshorizont ist, desto unsicherer werden die Daten.
- **Weiche, schwerer abschätzbare, stochastische Faktoren**, die »Intangibles«, betreffen insbesondere die strategische Planung: Senkung des Kostensteigerungsrisikos für die Zukunft, Verbesserung der Versorgungssicherheit, Image des Unternehmens, Motivation der Mitarbeiter.

- **Ethische Werte** sind Basis der Planung. Solche Grundeinstellungen sind Teil der Unternehmenskultur, definiert als Gesamtheit der Werte und Normen des Unternehmens.

In der Praxis und auch in der Literatur lässt sich oft ein unzulängliches Verständnis von Controlling erkennen. Controlling konzentriert sich dann auf die Sammlung und Aufbereitung von Daten (»Numbercrunching«). Im Energiebereich sind die wichtigsten Daten die Energiebilanzen und ihre finanzielle Bewertung. Doch ein Energiecontrolling, das seiner Aufgabe gerecht wird, geht weit darüber hinaus: Es schließt die Gestaltung von Managementsystemen auf allen Planungsebenen ein. Dazu ist erforderlich, dass das Controlling sich nicht auf quantitative Aspekte beschränkt, sondern auch auf strategischer und normativer Ebene mit ihrem eher qualitativen Charakter Entscheidungsunterstützung für das Management leistet.

3.7.2 Kennzahlen (KPI) und Kennzahlensysteme

Diese umfassende Perspektive von Controlling ist im Hinterkopf präsent zu halten, wenn dieser Abschnitt lediglich Kennzahlen als ein wichtiges Instrument behandelt.

Der **Begriff des Instruments, Werkzeugs oder Tools** umfasst alle Methoden, Verfahren, Hilfsmittel, derer sich das Controlling bedient. Im traditionellen Kern sind das Kosten- und Leistungsrechnung, Investitionsrechnung, Planungsrechnungen usw. Instrumente sind aber auch Rechner und Software, ERP und BI. Und da das Controlling alles als Gegenstandsbereich auffasst, was für den langfristigen Unternehmenserfolg von Relevanz ist, sind auch Nachhaltigkeit und Energie mit ihren Methoden einzubeziehen. Dazu gehören beispielsweise die Lebenszyklusanalyse (LCA), das Treibhausgasmanagement und die vielen Instrumente, die im Folgenden noch eingeführt werden. Der Ermittlung, Systematisierung und Auswertung von Kennzahlen kommt deshalb grundlegende Bedeutung zu.

Jeder erfasste Wert kennzeichnet etwas im naturwissenschaftlich-technischen und ökonomischen Kontext und ist deshalb automatisch eine Kennzahl für das Energiecontrolling. Die Kunst besteht darin, aus der unübersehbaren digitalen Fülle der Daten bzw. Kennzahlen die wichtigsten herauszufiltern und zu ordnen. Dies bringt der Fachbegriff **Key Performance Indicator (KPI)** auf den Punkt, es geht um Schlüsselgrößen. Um diese Herausforderung anzugehen, sind die folgenden, diesen Abschnitt strukturierenden Sichtweisen hilfreich:

- Ableitung aus Energiebilanzen,
- Arten von Kennzahlen,
- Klassifikation von Auswertungs- und Vergleichsmöglichkeiten,
- Balanced Scorecard (BSC),
- Auswahl und Anzahl von Kennzahlen für unterschiedliche Adressaten.

3.7 Controlling und Kennzahlensysteme

Kennzahlen abgeleitet aus Energiebilanzen

Es entspricht dem Fluss dieses Kapitels, von naturwissenschaftlichen Stoffströmen über Technik zur Betriebswirtschaft zu gehen. Deshalb empfiehlt sich, hier zunächst die physikalischen Energiebilanzen aufzugreifen. Die Darstellung 3.47 bietet einen Einstieg, welche Kennzahlen sich aus den Energiebilanzen ableiten lassen.

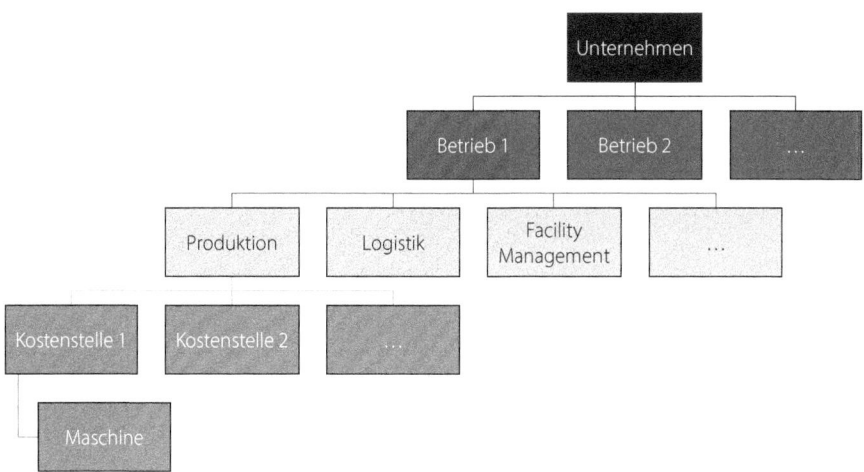

Dar. 3.47: Ableitung von Energiekennzahlen aus Energiebilanzen

Diese Struktur hierarchisiert zugleich die Kennzahlen:

- Auf der Ebene des Betriebs ist leicht die Betriebsbilanz (Kostenartenrechnung, buchhalterische Erfassung der Energiekosten) zu erkennen.
- Die tieferen Ebenen fokussieren (Drill Down) immer mehr in die Prozesse hinein (Kostenstellenrechnung).
- Die Flüsse von Material, Halbprodukten und Endprodukten sind hier nicht erkennbar (Kostenträgerrechnung/Kalkulation).

Parallel dazu sind immer die verschiedenen Sichtweisen bzw. Kategorien der Kennzahlen oder auch Rechen-/Betrachtungssysteme zu unterscheiden:

- Naturwissenschaftlich-technisch:
  - Material- und Energieflüsse, Stoffströme, darstellbar u. a. in Energieflussbildern/Sankey Diagrammen, differenziert nach Energieträgern.
  - Auskopplung von Treibhausgasen, insbesondere CO_2.
- Wirtschaftlich-kostenorientiert:
  - Aufwendungen und Erträge bzw. Kosten und Leistungen, einschließlich der rechtlich vorgegebenen Internalisierungskosten (CO_2-Abgabe)
  - Verbleibende externe Kosten

Diese Ausführungen betreffen den laufenden Betrieb. Für Investitionen/Weiterentwicklungen sind weitere Kennzahlen relevant, z. B. Wirkungsgrade, Benchmarkvergleiche mit anderen Unternehmen oder dem »Stand der Technik«. Zudem ist die Sicht hier erkennbar intern, ohne die Ausweitung auf Supply Chains und Wertnetze.

Arten von Kennzahlen

Die Zahlen lassen sich wieder in absolute und relative Größen unterscheiden (▶ Dar. 3.48).

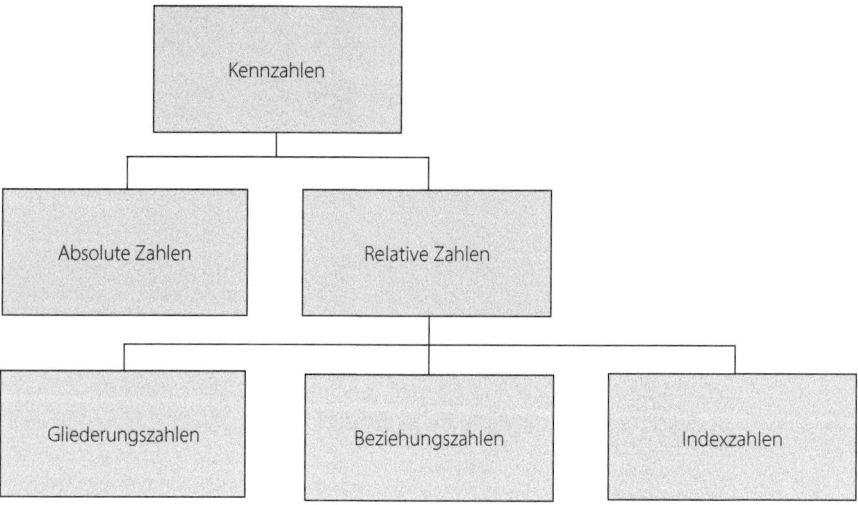

Dar. 3.48: Klassifizierung von Kennzahlen

Die Daten der Energiebilanzen sind überwiegend **absolute Kennzahlen**, beispielsweise der Gasverbrauch in einer Werkhalle pro Jahr oder der Stromverbrauch einer Maschine pro Tag. Auch wenn ein Zeitbezug gegeben ist, so werden solche Zahlen als absolute und nicht als relative Kennzahlen bezeichnet.

Gliederungszahlen geben den Anteil einer Kenngröße an einer Gesamtmenge an. Also beispielsweise den Gasverbrauch einer Halle im Verhältnis zum gesamten Gasverbrauch des Standorts. Gliederungszahlen lassen sich in Kreisdiagrammen gut visualisieren. Bei der Betrachtung des gesamten Energieverbrauchs für verschiedene Energieformen und -träger stellt sich das Problem, dass unterschiedliche Maßeinheiten Verwendung finden (Öl in Litern, Gas in Kubikmetern, Strom in Kilowattstunden usw.). Das Problem lässt sich lösen über die Berechnung der spezifischen Energiedichte des eingesetzten Trägers in der Einheit Kilowattstunde.

Beziehungszahlen stellen Zusammenhänge zwischen ungleichen Zahlen verschiedener Grundgesamtheiten her. Sie beschreiben Ursache-Wirkungs-Zusammenhänge wie beispielsweise Energieverbrauch pro Produkteinheit oder Energieverbrauch pro Arbeitseinheit einer Maschine. Die Wirkungskennzahl (Energieverbrauch) steht im Zähler des Bruches, die verursachende Größe (Produkt oder Arbeitseinheit) im Nenner (Energiekoeffizient).

Mit **Indexzahlen** lassen sich Veränderungen beschreiben, die von der Zeit abhängig sind. Beispiele sind Indizes für Energiepreise, Energiekosten oder auch Energieeffizienz. Also beispielsweise ein Index über die Veränderung der Ausbringungsmenge im Verhältnis zum Energieeinsatz (Energieproduktivitäts-Index).

Klassifikation von Auswertungs- und Vergleichsmöglichkeiten

Welche Auswertungen sind nun aufgrund der Kennzahlen möglich? Darstellung 3.49 bietet einen Überblick.

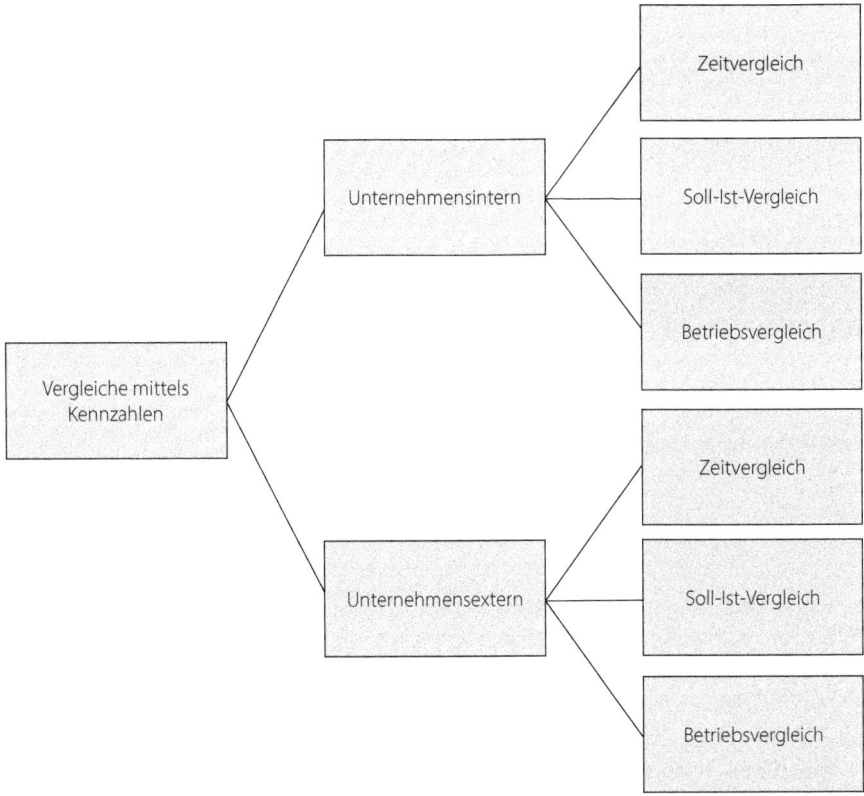

Dar. 3.49: Vergleichsmöglichkeiten mittels Kennzahlen

Unternehmensintern haben KMU oft wenige Vergleichsmöglichkeiten. Bei Großkonzernen ist es jedoch gängige Praxis, die Standorte in verschiedenen Ländern oder Kontinenten zu vergleichen. Neue Produkte und damit Kapazitätsauslastung bekommen dann die Werke zugesprochen, die sich im (Kosten-)Vergleich durchgesetzt haben. Der **unternehmensexterne** Vergleich ist zwar besonders interessant, aber auch sehr schwierig, weil Energiedaten zunächst als vertrauliche Interna behandelt werden.

Der **Soll-Ist-Vergleich** bringt dagegen einen besonderen Anspruch: Es müssen Soll-Kennzahlen vorhanden sein, um ihn durchzuführen. Folglich ist ein Managementkreis mit Planung, Steuerung und Kontrolle erforderlich. Die Planung des Energieverbrauchs und der entsprechenden Kosten kann – weniger anspruchsvoll – durch die Modifikation von Vergangenheitswerten durch die zukünftigen Produktionszahlen oder aufgrund Anlagenveränderungen erfolgen. Anspruchsvoller ist hingegen die analytische Berechnung des Verbrauchs, indem jeder Energieverbraucher mit seiner Laufzeit und seinem spezifischen Energieverbrauch aufgrund des zukünftigen Produktionsprogramms berücksichtigt wird. Das ist insbesondere wichtig für die strukturierte Energiebeschaffung.

Der **Betriebsvergleich** ist im industriellen Bereich regelmäßig schwierig. Denn Betriebe sind so komplex, dass Vergleiche oftmals hinken. Beispielsweise lässt sich der Energieverbrauch pro Quadratmeter bei Wohn- und Bürogebäuden gut vergleichen. Aber bei Produktionshallen ist die Wärmeabgabe der Anlagen anders, die Zeiten der Hallenöffnungen weichen ab und die Produktionsprozesse unterscheiden sich. Zwei metallverarbeitende Betriebe sind kaum noch zu vergleichen, wenn der eine Lackierung und Galvanik an Fremdfirmen als Dienstleister vergeben hat, der andere aber nicht. Dies gilt sowohl für den unternehmensinternen Betriebsvergleich als auch für den unternehmensexternen Vergleich. Gerade der Vergleich mit den Besten (Benchmarking) sin anzustreben. Er trifft jedoch vielfach auf die Schwierigkeit, dass die erforderlichen Daten der Branchenbesten nicht verfügbar sind.

Feste Kennzahlensysteme und spielerische Auswertungen

Hier sind wichtige **Beispiele für definierte, feste Kennzahlensysteme** mit Energiebezug zusammengefasst, die Unternehmen nutzen können:

- Bilanz und Gewinn- und Verlustrechnung sowie nach Vorgaben von Handels-, GmbH-, Aktiengesetz der Anhang; im Rechnungswesen sind z. B. die auf Rechnungen basierenden Energiekosten im Detail zu finden.
- Nachhaltigkeitsorientierte Berichtssysteme wurden in Abschnitt 3.1 bereits vorgestellt, die EU-Vorschriften und die Global Reporting Initiative (GRI) seien exemplarisch genannt. Energiekennzahlen sind hierbei ein wichtiger Teil.
- Das Carbon Disclosure Projekt konzentriert sich auf Energie und CO_2, ebenso wie die ISO 50000er- und 14060er-Serien (▶ Kap. 6).

Diese Systeme dienen auch (oder vor allem?) der Kommunikation nach außen, der Offenlegung (Disclosure) und somit der Information von Anspruchsgruppen (Sta-

3.7 Controlling und Kennzahlensysteme

keholdern). Natürlich ist hier die Absicht mitschwingend, ein möglichst gutes Bild abzugeben. Für die interne Planung spielen deshalb neben diesen extern vorgegebenen Systemen eigene interne Systeme ohne Vorgaben eine im Wortsinn »entscheidende« Rolle. Die Kostenrechnung ist eines dieser Rechnungs- und Kennzahlensysteme von grundlegender Bedeutung und wurde deshalb auch Kapitel 3 eingehend behandelt.

Balanced Scorecard (BSC)

Die Balanced Scorecard (BSC) klassifiziert Kennzahlen in vier Bereiche (▶ Dar. 3.50). Es handelt sich also um ein zunächst internes Kennzahlensystem, das man nur behutsam verändert sollte, um die Unternehmensentwicklung im zeitlichen Verlauf analysieren zu können. Aus der Perspektive des Energiemanagements ist positiv zu werten, dass im Zentrum als Ausgangspunkt Visionen und Strategien stehen. Somit kommt die Verbindung von Werten, Strategien und operativer Rechenhaftigkeit zum Ausdruck, die auch dieses Buch prägen.

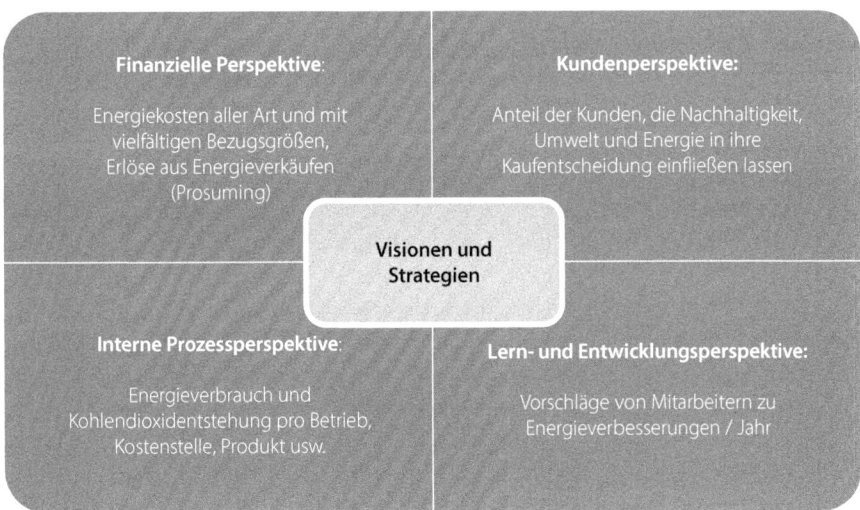

Dar. 3.50: Balanced Scorecard mit Energiebezug

Anderseits ist die BSC im Hinblick auf **Energiekennzahlen (Energy Perfomance Indicators, EnPI)** nicht ausgewogen: Kern sind links unten die Prozesse, die Produktion, in denen zumindest in Industrieunternehmen der weitaus überwiegende Teil der EnPI angesiedelt ist. Links oben lassen sich dann die physischen Stoffströme monetär bewerten. Kunden- und Mitarbeiterperspektive spielen dann ihre durchaus wichtige, aber letztlich lediglich flankierende Rolle.

Die Nachhaltigkeitsdiskussion schlägt drei Möglichkeiten vor, entsprechende Kennzahlen in die BSC zu integrieren. Das lässt sich für den speziellen Bereich der Energie verwenden:

- Eine **eigene BSC** für Nachhaltigkeit bzw. EnPI. Jedoch besteht die Möglichkeit der Zersplitterung und des Entstehens von Insellösungen. Zudem kommt es zu zahlreichen Abgrenzungsproblemen sowie möglichen Doppelerfassungen.
- Die Einführung einer **fünften Perspektive** für Nachhaltigkeit und Energie. Die vorstehenden Einwände bestehen in gemilderter Form fort.
- Eine **Integration von Nachhaltigkeit und Energie** in die bestehenden Systeme. Dies wird in den meisten Fällen die beste Lösung sein, wobei die Wirksamkeit von vielen unternehmensindividuellen Faktoren abhängt, also etwa Energiebranche oder Dienstleistung, bisherige Rolle dieses Controlling-Instruments usw.

Auswahl und Anzahl von Kennzahlen für unterschiedliche Adressaten

Nehmen wir das Beispiel eines mittelständischen Industriebetriebs, der an einem Standort mehrere Betriebe (Werkhallen) angesiedelt hat und viele (Zwischen-)Produkte unterscheidet. Dann können sich die obigen scheinbar übersichtlich Abbildungen und Darstellungen zu umfangreichen Datenbanken entwickeln und den entsprechenden Pflegeaufwand verursachen. Bei Großunternehmen handelt es sich um Dutzende Betriebe und Tausende bis Zehntausende Prozesse und Produkte. Die Daten müssen aber nicht nur erfasst, sondern auch ausgewertet werden mit den oben systematisierten Formen des Zeit-, Soll-Ist- und Betriebsvergleichs, im Maximalfall sowohl unternehmensintern als auch unternehmensextern.

Dieser Maximalfall ist jedoch nicht das Optimum. Die Anzahl der Kennzahlen für Entscheider ist zu begrenzen. Bei den vielen Möglichkeiten für die Bildung von Kennzahlen ist eine strenge Auswahl zu treffen, denn für keinen Organisationen sollte die Anzahl der Kennzahlen, die berücksichtigen werden sollen, nicht oberhalb von 30 liegen. Damit bleibt nur wenig Raum für Energie- und Treibhausgaskennzahlen.

Davon zu trennen ist jedoch die Arbeit von Spezialisten im Unternehmen, insbesondere den Umweltbeauftragten und Controllern, die ausgefeilte Kennzahlensysteme aufbauen und pflegen können, um dann den Entscheidern die wichtigsten Zahlen verdichtet und erläutert vorzulegen. Die Umweltbeauftragen sind eher technische Experten, die sich auf Mengendaten konzentrieren, die Controller richten den Blick dagegen eher auf Kosteninformationen. Hier kommt auch der spielerische Aspekt des BI sowie der diversen »smarten« Lösungen zum Tragen.

Meister, Maschinenführer, Facharbeiter, Fahrer, Mitarbeiter des Facility Management usw. können sich zunehmend über Dashboards online informieren und auch Vergleichsauswertungen anzeigen lassen. Hier kommt es am Ende auf die Motivation an, auf den Spaß an den neuen Möglichkeiten, auf das Engagement für die eigene Arbeit.

4 Energiemanagement in betrieblichen Funktionen

4.1 Überblick

Der rote Faden

Da dieses Buch für die Praxis und zur Vorbereitung von Studierenden auf die Praxis geschrieben ist, sollen sich auch typische Abteilungen in Unternehmen in der Gliederung wiederfinden. Aber auch Studierende insbesondere der Wirtschaftswissenschaften sollen leicht erkennen können, welche Fachdisziplinen jeweils berührt sind. Folgende Überlegungen liegen deshalb der Ordnung der Abschnitte in diesem Kapitel zugrunde:

Als erster behandelter Themenbereich (▶ Kap. 4.2) bietet sich **Facility Management** an, denn Gebäude benötigt jedes Dienstleistung- und produzierende Unternehmen. Als Nebeneffekt, gewinnt der Leser als Privatperson nutzbringendes Wissen (▶ Dar. 4.1). Der Verbrauch von Privathaushalten bezieht sich zu 85 Prozent auf Heizung. Somit ist schon knapp ein Viertel des Primärenergieverbrauchs adressiert. Hinzu kommt der gebäudeabhängige Energieverbrauch von Industrie, Gewerbe, Handel und Dienstleistungen.

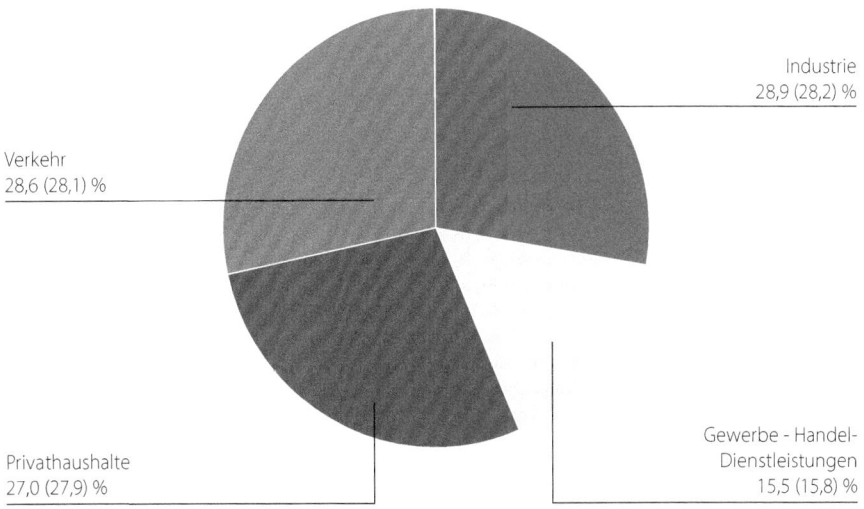

Dar. 4.1: Verteilung des Primärenergieverbrauchs in Deutschland (AGEB 2020)

- **Logistik**, also der Transport von Material oder auch Personen, benötigt ebenfalls jedes Unternehmen (▶ Kap. 4.3). Selbst bei Dienstleistungsunternehmen wie Banken oder Versicherungen sind Dienstreisen erforderlich. Das bildet die BWL in eigenen Fächern ab. Die Wirtschaft hat entsprechende Abteilungen etabliert, verflochten ist das mit der Logistikbranche. In der Darstellung 4.1 zeigt das Tortenstück Verkehr, dass hier ebenfalls mehr als ein Viertel der Gesamtenergie verbraucht wird.
- Jedes Unternehmen muss Energie beschaffen, wobei die **Beschaffung** elektrischer Energie (Stromeinkauf) besonders schwierig und innovativ ist (▶ Kap. 4.4). Deshalb sollte jedes Unternehmen und auch Privathaushalte regelmäßig den Stromversorgungsvertrag prüfen.
- Die Planung des Herstellungsprozesses von Industrieunternehmen erfolgt im Rahmen der **Produktionsplanung und -steuerung (PPS)** in der Arbeitsvorbereitung (▶ Kap. 4.5). Auf der Grundlage der bisherigen Ergebnisse werden hier wesentliche Festlegungen für die Produktion getroffen.
- Die **Produktion** ist in den verschiedenen Branchen so unterschiedlich ausgestaltet, dass allgemeine energetische Probleme behandelt werden, elektrische Antriebe und Druckluftversorgung (▶ Kap. 4.6).
- Die **Instandhaltung** hat einen erheblichen Einfluss, ob der Energieverbrauch der zahlreichen bisher angesprochenen Anlagen höher als nötig ist und wird deshalb diskutiert (▶ Kap. 4.7).
- Die **Infomationstechnologie (IT)** hat für das Energiemanagement ebenfalls Bedeutung gewonnen, indem der Energiebedarf der Rechner zu einer beachtlichen Größe geworden ist (Abschnitt 4.8). Darüber hinaus dient die IT dem Energiemanagement als Enabler (»Ermöglicher«). **Green IT** hat sich als Schlagwort für beides entwickelt.

Zusammenfassende Darstellung von Kapitelabschnitten, Abteilungen und Fächern

Die Darstellung 4.2 zeigt die Zuordnung der in den Abschnitten behandelten energiebezogenen Probleme zu typischen Abteilungsbezeichnungen im Unternehmen, die damit jeweils befasst sind. Bei den entsprechenden Hochschulfächern erfolgt eine Einschränkung auf betriebswirtschaftliche Fächer.

Dar. 4.2: Zuordnung der Kapitelthemen zu Abteilungen in Unternehmen und Hochschulfächern

Abschnitt	Abteilung im Unternehmen	Hochschulfach
4.2 Facility Management	Facility Management, Hausmeister, Technische Planung, Betriebsingenieure	Facility Management (bisher kaum Veranstaltungen), Immobilienwirtschaft

Dar. 4.2: Zuordnung der Kapitelthemen zu Abteilungen in Unternehmen und Hochschulfächern – Fortsetzung

Abschnitt	Abteilung im Unternehmen	Hochschulfach
4.3 Logistik	Logistik, Lager, Transport, Fuhrpark, Materialdisposition, Einkauf	Logistik, Supply Chain Management, Materialwirtschaft, PPS
4.4 Energiebeschaffung	Technischer/Energie-Einkauf	Zunehmend in Fächern wie Materialwirtschaft und PPS angesprochen, zudem in den noch seltenen Veranstaltungen zum Energiemanagement
4.5 PPS	Arbeitsvorbereitung, Materialdisposition, Einkauf, Logistik, Betrieb, Produktion	Materialwirtschaft, PPS, Fertigungswirtschaft
4.6 Produktion	Betrieb, ein breit verstandenes Facility Management	PPS, Fertigungswirtschaft
4.7 Instandhaltung	Instandhaltung, Werkstätten	Teilbereich der PPS
4.8 Informationstechnologie	IT-Abteilung, Rechenzentren und alle, die Programme bei ihren Aufgaben des Energiemanagements nutzen	IT-Veranstaltungen und alle Veranstaltungen, die IT des Energiemanagements für die jeweiligen Aufgaben ansprechen

4.2 Facility Management

Der Begriff Facility Management ist nicht eindeutig. Der Abschnitt 4.2.1 stellt die Bandbreite der Auffassungen vor und macht deutlich, dass Unternehmen die Zuordnung der Betreiberverantwortlichkeit von Anlagen sicherstellen müssen. Die Klimatechnik ist der Kern der energiebezogenen Aufgaben des Facility Management, womit sich der Abschnitt 4.2.2 auseinandersetzt. Diese grundlegenden Ausführungen gelten grundsätzlich für alle Gebäudetypen, Wohn- und Büroimmobilien auf der einen Seite, Produktions- und Lagerhallen auf der anderen Seite. Die sehr viel komplexeren Probleme im Hinblick auf Nichtwohngebäude werden dann im Abschnitt 4.2.3 vertieft behandelt. Die Entwicklungen im Facility Management sind nur vor dem Hintergrund der Möglichkeiten der Klima- und Beleuchtungstechnik zu verstehen, mit denen sich der Abschnitt 4.2.4 beschäftigt. Mit diesen Kenntnissen lassen sich im Abschnitt 4.2.5 Zukunftsperspektiven abschätzen.

4.2.1 Begriff, Gegenstand und Abgrenzung des Facility Management

Facility Management ist nicht klar definiert oder – anders ausgedrückt – es gibt unterschiedliche, sich teilweise widersprechende Definitionen. Dieser Abschnitt stellt einige gängige Auffassungen vor. Aber der Einstieg erfolgt anschaulich, wie bei einer Begehung von Industriebetrieben. Das macht auch klar, weshalb Facility Management im Zusammenhang mit Energie eine so prominente Rolle spielt.

Welche Anlagen sind Gegenstand des Facility Managements?

Lässt man bei Begehungen von Betriebshallen den Blick schweifen, so wird neben den Produktionsanlagen – die normalerweise die Aufmerksamkeit binden – ein für den technischen Laien unübersehbares Gewirr von Leitungen, Rohren und kleineren Anlagen sichtbar.

Dar. 4.3: Blick in eine Werkhalle

Facility ist aus dem Englischen zu übersetzen mit Einrichtung, Anlagen, Hilfsmittel, aber auch: Leichtigkeit, Mühelosigkeit, Gewandtheit. Es handelt sich also um Einrichtungen, die es ermöglichen, dass die Kernprozesse reibungslos funktionieren:

- Die **Klimatechnik** heizt, kühlt und stellt besondere Klimabedingungen her, wie etwa in staubfreien Reinräumen bei der Chipherstellung. Auch jedes Bürogebäude und Wohnhaus verfügt über Klimatechnik. Solche Anlagen sind in Unternehmen oft gebäudeübergreifend konzipiert. Ist keine Kühlung oder Staubfrei-

heit vonnöten, so entfällt der Energieverbrauch der Klimatechnik ausschließlich auf die Heizung und die Begriffe können synonym verwendet werden.
- Die Klimatechnik stellt somit leitungsgebundene Endenergie zur Verfügung, beispielsweise mit den Energieträgern Warmwasser oder Dampf. Es können aber auch andere leitungsgebundene **Energieträger** in einer Produktionshalle Verwendung finden. Beispiele sind Druckluft, Gas und elektrische Netze verschiedener Spannungen.
- Ingenieure in Unternehmen sprechen von der »Medienversorgung und -entsorgung«, wenn die Versorgung mit Dampf, Wasser, Gas usw. gemeint ist. Auch das kann als Aufgabe für das Facility Management definiert werden. Die mögliche Komplexität blitzt in Unternehmen auf, die drei **Abwassersysteme** unterscheiden: Regenwasser, Brauchwasser und in eigenen Kläranlagen zu behandelndes Wasser.
- Der **Brandschutz** benötigt Rauchmelder, Sprinkleranlagen, eine Informationsübertragung zur Brandmeldezentrale (BMZ) oder direkt zur Feuerwehr. Die BMZ ist meist im Eingangsbereich, mit deutlich sichtbaren Schriftzügen gekennzeichnet und zeigt anhand einer Übersicht, wo Rauchmelder im Gebäude ansprechen oder Sprinkleranlagen ausgelöst wurden.
- Eine weitere wichtige Kategorie der betrieblichen Infrastruktur stellen **Informationsleitungen und Funknetze** dar. Dazu gehören beispielsweise zentrale Schließsysteme, Alarmanlagen, Wireless-Lan (IT-Funknetze) oder die Leitungen der Betriebsdatenerfassung zur zentralen Steuerung von Anlagen über Leitwarten. Auch die Informationsübermittlung der im Gebäude verteilten Temperaturfühler zur zentralen Klimasteuerung gehört hierhin.

Darstellung 4.4 fasst noch mal wichtige Kategorien und Beispiele mit kleinen Varianten zusammen.

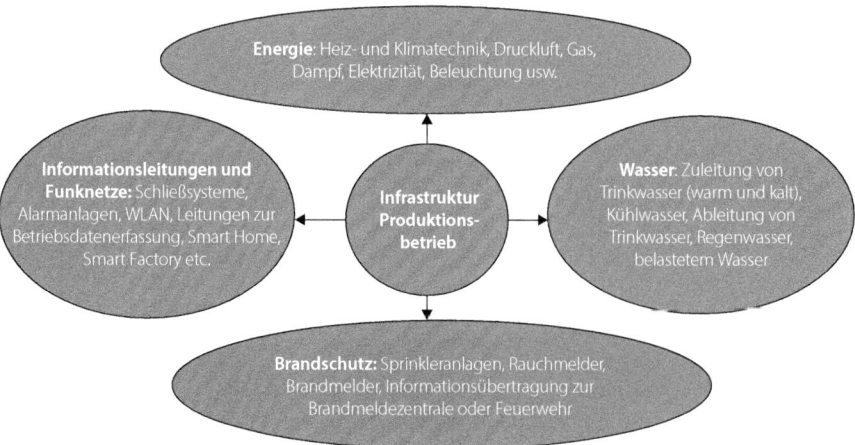

Dar. 4.4: Infrastruktur von Industriebetrieben

Begriffsfassungen von einschlägigen Verbänden und deren Kritik

Gemäß der Begriffsdefinition der **German Facility Management Association** (GEFMA-Richtlinie 100-1 »Grundlagen«) plant, steuert und kontrolliert Facility Management alle Sekundärprozesse eines Unternehmens in Bezug auf Immobilien. Dazu gehören auch ihrer Anlagen, Einrichtungen und Prozesse. Der Ansatz umfasst alle Phasen des Lebenszyklus, mithin Planung, Bau, Inbetriebnahme, Betrieb und Rückbau. Dabei sind die strategischen, taktischen und operativen Planungsebenen angesprochen. Insgesamt ein extrem hoher Anspruch des Verbandes. Gemäß dieser Definition wären nicht nur die in diesem Abschnitt vorgestellten, sondern viele weitere in diesem Buch erörterten energiebezogenen Aufgaben Teil des Facility Management.

Allerdings steht der umfassende, theoretische Anspruch mit der praktischen Umsetzung oftmals in scharfem Kontrast. Dafür spricht die gelegentlich verwendete Übersetzung des Facility Management als **Gebäudemanagement**, was aber gemäß DIN 32 736 eine eingeschränktere Funktion ist. In der Praxis kann gelegentlich der Eindruck entstehen, es handele sich bei der Abteilung Facility Management nur um die etwas aufgewerteten **Hausmeister**.

Es ist nicht wichtig, wie Unternehmen die Stellen und Abteilungen bezeichnen. Es kommt darauf an, dass die Aufgaben lückenlos verteilt und die Schnittstellen eindeutig definiert sind. Wie schwierig das sein kann, zeigen hier beispielhafte Anlagen, die an der **Schnittstelle zwischen Facility Management und interner Logistik** angesiedelt sind:

- **Stetigförderer** wie Förderbänder oder Hängebahnen sind mit Energie zu versorgen, ebenso **Unstetigförderer** wie fahrerlose Transportsysteme.
- **Rohrleitungen** zum Transport von Produkten sind in der Verfahrensindustrie wichtig, es kann sich um brennbare oder giftige Stoffe handeln. Pumpen, Schieber, Messeinrichtungen müssen mit elektrischer Energie versorgt werden.
- **Transportfahrzeuge** wie Gabelstapler oder Hubwagen machen wieder elektrische Ladestation, Gas- oder Dieseltankstellen erforderlich.
- Damit verbunden sind **Lagereinrichtungen** als eigene Gebäude oder in der Produktion als Pufferlager. Hochregallager sind Teil der tragenden Konstruktion der Gebäude, Kühllager erfordern besondere Klimatisierung und die Lagerung von Gefahrstoffen besondere Sicherheitseinrichtungen.

Es handelt sich entweder um Anlagen, die Energie benötigen oder auch solche, die Energieträger in Rohrleitungen transportieren. Damit ergeben sich Schnittstellen zwischen dem Facility Management und Abteilungen wie Logistik, Materialwirtschaft, innerbetrieblicher Transport, Fuhrpark, Lager.

Der Übergang von diesen Einrichtungen, die als betriebliche Infrastruktur aufgefasst werden können, zu eigentlichen Produktionseinrichtungen ist fließend. Das ist in der Verfahrensindustrie (Chemie, Pharmazie usw.) am deutlichsten. Nehmen wir als Beispiel eine Raffinerie: Wenn das Rohöl durch die Rohrleitungen gepumpt, dabei erhitzt, kondensiert und getrennt wird, ist die Produktion erfolgt. Auf eine Gebäudehülle selbst wird verzichtet, die unterstützenden Aggregate (Pumpen, Datenleitungen, Energieleitungen, Messeinrichtungen usw.) sind wetterfest ausgelegt.

Betreiberordnung als praktische Lösung

Der Verfasser hat einige Jahre als Unternehmensberater mitgeholfen, Umweltmanagementsysteme aufzubauen. Eine wichtige Motivation der Auftraggeber, des Top Managements der beratenen Unternehmen, besteht dabei in der Reduktion von Umweltrisiken sowie im Haftungsausschluss. Risiken wären konkret das Auslaufen eines Öltanks oder eine Gasexplosion – die Beispiele sind bewusst aus dem Energiebereich gewählt. Um Risiken zu reduzieren oder ganz zu vermeiden, hat jede Organisation geschriebene und ungeschriebene Regeln, welche Abteilungen und Stellen für welche Anlagen und Prozesse zuständig sind. Zuständigkeit lässt sich präziser über die Begriffe **Aufgaben, Kompetenzen und Verantwortlichkeiten** fassen. Eine Möglichkeit ist eine explizite Betreiberordnung, die dies klärt (▶ Kap. 6).

Darstellung 4.5 zeigt die vielen Schritte der Delegation von Aufgaben. Das Top Management muss eine klare, umfassende Aufbau- und Ablauforganisation entwickeln, um ein **Organisationsverschulden** abzuwenden. Eine gute Organisation unterstützt heute selbstverständlich die Energieeffizienz.

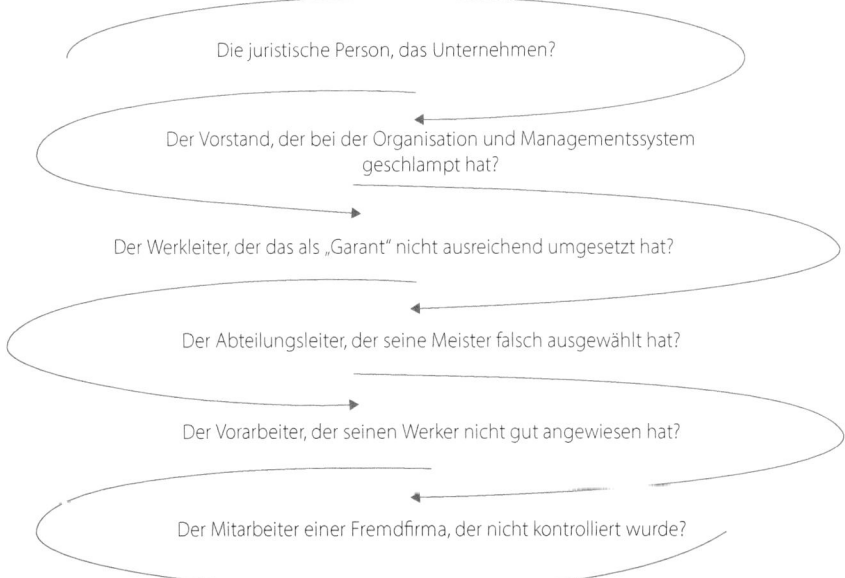

Dar. 4.5: Delegationskaskade über die Hierarchieebenen

Folgende Hierarchie ist typisch:

Der **Betreiber** von Industrieanlagen ist das Unternehmen **als juristische Person**, vertreten durch die jeweiligen gesetzlich vorgesehenen **Organe** (Vorstand bei Aktiengesellschaft, Geschäftsführung bei GmbH usw.).

Die **Betreiberverantwortlichkeiten** ergeben sich aus den rechtlichen Vorschriften für die jeweiligen Anlagen, aber auch aus der Genehmigung. Dazu gehören zunehmend energiebezogene Regelungen wie die Energievorgaben für Gebäude oder Instandhaltungsvorschriften für Brenner von Heizungen oder Motoren von Fahrzeugen. Energielager (wie Öltanks) sowie Energieleitungen (wie Gasleitungen) gehen auch mit Gefahren für die Umwelt einher und können Störfälle verursachen.

Es obliegt nun der obersten Leitung des Unternehmens sicherzustellen, dass über die Hierarchie alle Aufgaben definiert und verteilt werden. Die Detailfragen können außerordentlich komplex sein und für einen Chemiebetrieb von 2000 Mitarbeitern mehrere hundert Seiten füllen. Hier ist beispielsweise geklärt, wer für Gasleitungen verantwortlich ist außerhalb der Gebäude (Abteilung »Haus und Hof«), innerhalb der Gebäude im Keller einschließlich Decken- und Wanddurchbrüche (Facility Management) und in den Produktionshallen (Betrieb). Mit dieser Zuordnung von Anlagen zu Abteilungen und innerhalb der Abteilungen zu Stellen einschließlich Stellvertreterregelungen sind noch keine Abläufe geregelt. Neuplanung, bauliche Änderungen, Revisionen, Instandhaltung, Rückbau, Management und Controlling mit Aspekten wie Kosten, Qualität, Umweltschutz, Arbeitssicherheit, alles dies ist mit einer Zuordnung von Anlagen zu Abteilungen noch nicht geklärt.

Das Top und mittlere Management hat nicht nur im Interesse einer effizienten, erfolgreichen Unternehmensführung ein herausragendes Interesse an diesen Regelungen, sondern auch zur Vermeidung von Haftungsrisiken für das Unternehmen und auf persönlicher Ebene. Regelverstöße (z. B. Instandhaltungsmängel und daraus folgende Unfälle) aufgrund fehlender Verantwortungszuweisungen sind ein Organisationsverschulden und vom Top Management juristisch zu verantworten. Allerdings ist das **mittlere Management als »Garant«** im rechtlichen Sinne in einer noch schlechteren Position: Eine Verantwortungsübertragung an das mittlere Management kann durch ein einfaches Schreiben, die Stellenbeschreibung oder einen Satz im Qualitätshandbuch erfolgen. Damit ist die Verantwortung an einen Betriebsleiter mit hohem Ausbildungsstand, umfangreicher Berufserfahrung und einer der Verantwortung entsprechenden Bezahlung gesamthaft übertragen. Allerdings muss sich das Top Management beispielsweise durch Audits vergewissern, dass die Gesamtorganisation funktioniert.

- Um die Organisation zu beschreiben sind Organigramme weit verbreitet, sie legen die Zuordnung und Zusammenarbeit von Menschen fest.
- Kostenstellen regeln die Verantwortlichkeit für Budgets, Finanzen und Geld.
- Die Betrieberordnung als weitere wichtige Regelung zeigt die Zuordnung von Anlagen.

Die Zuordnung der Anlagen sagt jedoch noch wenig über die Abläufe aus, die quer durch die Anlagen und Abteilungen laufen (▶ Kap. 6).

Handlungsebenen der Klimatechnik

Bei der Optimierung der Klimatechnik in Unternehmen sind vier Handlungsebenen im Facility Management zu unterscheiden, in der Darstellung 4.6 geordnet vom Kleinen zum Großen.

Die folgenden Ebenen gelten im Prinzip für ein Wohn- wie für ein Industriegebäude:

1. Auf der ersten Ebene steht die **laufende Steuerung** der Klimatisierung **durch die Nutzer**. Es geht also um den verantwortlichen Umgang mit den Thermostaten an den Heizkörpern sowie das Lüftungsverhalten. Alle Mitarbeiter sind mit dem Thema Klimatisierung und Heizung befasst. Bei einer dezentralen Steuerung haben sie an ihrem Arbeitsplatz aktiven Einfluss, bei einer zentralen Steuerung sind sie so einzubeziehen, dass sie sich wohlfühlen.
2. Auf der zweiten Ebene geht es um **dauerhafte Heizungseinstellungen** und -anpassungen: Hier ist systemisches Denken gefragt, um die in der Abbildung genannten Faktoren harmonisch zusammenspielen zu lassen.
3. Auf der dritten Ebene steht die regelmäßige **Instandhaltung** des gesamten Systems. Dabei kommt es oft zu Doppelarbeiten, denn gemäß der gesetzlichen »Kehrordnung« muss der Schornsteinfeger regelmäßig inspizieren. Ergänzend ist jedoch eine Instandhaltung durch ein spezialisiertes Unternehmen (oft ist es der Anlagenbauer) zu empfehlen.
4. Die **Ersatzinvestition** ist die vierte Ebene, um die Energiekosten zu senken.

Dar. 4.6: Handlungsebenen zur Optimierung der Klimatechnik

Handlungsebenen Klimatechnik	Beispiele
1. Laufende Steuerung durch Nutzer	Senkung der Raumtemperatur um ein Grad Celsius: Verringerung des Energieverbrauchs um sechs Prozent
2. Dauerhafte Heizungseinstellungen	Nachtabsenkung, Wochenendabsenkung, Temperaturen in den Vorratsbehältern, Vorlauftemperatur
3. Instandhaltung	Gemäß Instandhaltungsplan, erforderlich zur Aufrechterhaltung des »bestimmungsgemäßen Betriebs«, hydraulischer Abgleich, Entlüftung der Heizkörper
4. Ersatzinvestition	Ersatz der Heizung durch eine Anlage gleichen Typs oder Weiterentwicklung

4.2.2 Energiebezogene Klassifizierungen von Wohn- und Bürogebäuden

Energieausweis und zentrale Kennzahlen

Die zentrale Kennzahl ist der spezifische **Energieverbrauch in Kilowattstunden pro Quadratmeter** in einem Jahr (kWh/m²a). Bei elektrischer Energie ist diese Einheit geläufig, aber auch der Energieinhalt anderer Energieträger lässt sich in dieser Maßeinheit ausdrücken. Der Heizwert-/Brennwertfaktor zeigt die Energiedichte der Energieträger (▶ Kap. 3.2).

Dazu ein Beispiel: Ein Kubikmeter Gas und ein Liter Heizöl haben einen Brennwertfaktor von etwa 10, also eine Energieausbeute von 10 Kilowattstunden Energie. Als Faustregel bietet es sich an, bei einer Immobilie, deren Energieverbrauch beispielsweise bei 150 kWh/m²a liegt, durch zehn zu dividieren, um von der eher abstrakten Einheit Kilowattstunde auf die leichter zugänglichen Maßeinheiten Kubikmeter oder Liter umzurechnen. Dann ergibt sich die anschauliche Größe von 15 Kubikmetern Gas oder 15 Litern Heizöl pro Quadratmeter in einem Jahr. Eine 100-Quadratmeter-Wohnung würde also 1.500 Kubikmeter oder Liter pro Jahr benötigen. Nach dem Gebäudeenergiegesetz (GEG) ist ein **Energieausweis** (Energiepass) bei jeder Vermietung und jedem Verkauf einer Immobilie erforderlich (▶ Dar. 4.7).

Der Energieausweis teilt die Immobilien in Energieeffizienzklassen ein. Dabei sind auf der Skala der Abbildung zwei Pfeile, einer von oben und einer von unten. Der obere Pfeil zeigt den **Endenergiebedarf** pro Quadratmeter. Er wird berechnet wie vorstehend erklärt. Der untere Pfeil zeigt den **Primärenergiebedarf** pro Quadratmeter. Hier sind die wichtigsten Begriffe und Zusammenhänge aus 3.1.3 angewendet, um ihn zu verstehen:

Primärenergieverbrauch = Endenergieverbrauch + graue Energie der Vorkette

Graue Energie oder Energierucksack zeigen den Energieverbrauch, der von der Energiequelle bis zur Bereitstellung der Endenergie auftritt. Also bei nicht komprimiertem Erdgas beispielsweise die Förderung und der Transport per Pipeline. Diese Formel erinnert an das Konzept des kumulierten Energieaufwandes (KEA) bzw. des kumulierten Energieverbrauch (KEV), das auf alle Güter anwendbar ist. Hier erfolgt die Anwendung auf die Energie selbst bzw. genauer formuliert auf den Verbrauch der Energie für die Energiedienstleistung einer warmen Wohnung.

Der **untere Pfeil in der Skala zum Primärenergiebedarf** lässt sich also aus dem oberen zum Endenergiebedarf ableiten, indem die graue Energie mitberücksichtigt wird. Das geschieht über den **Primärenergiefaktor**, den das GEG vorgibt. Er ist für Gas, Öl und Steinkohle beispielsweise 1,1, sozusagen ein Zuschlag von 10 Prozent auf den Endenergieverbrauch, um die Vorkette einzubeziehen.

4.2 Facility Management

ENERGIEAUSWEIS für Wohngebäude
gemäß den §§ 16 ff. Energieeinsparverordnung (EnEV)

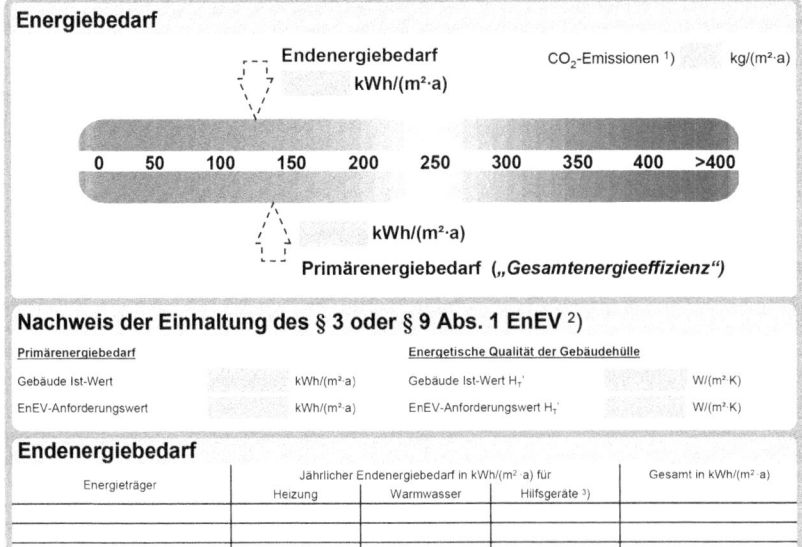

Nachweis der Einhaltung des § 3 oder § 9 Abs. 1 EnEV [2])

Primärenergiebedarf		Energetische Qualität der Gebäudehülle	
Gebäude Ist-Wert	kWh/(m²·a)	Gebäude Ist-Wert H_T'	W/(m²·K)
EnEV-Anforderungswert	kWh/(m²·a)	EnEV-Anforderungswert H_T'	W/(m²·K)

Endenergiebedarf

Energieträger	Jährlicher Endenergiebedarf in kWh/(m²·a) für			Gesamt in kWh/(m²·a)
	Heizung	Warmwasser	Hilfsgeräte [3])	

Sonstige Angaben

Einsetzbarkeit alternativer Energieversorgungssysteme
☐ nach § 5 EnEV vor Baubeginn geprüft

Alternative Energieversorgungssysteme werden genutzt für:
☐ Heizung   ☐ Warmwasser
☐ Lüftung   ☐ Kühlung

Lüftungskonzept
Die Lüftung erfolgt durch:
☐ Fensterlüftung   ☐ Schachtlüftung
☐ Lüftungsanlage ohne Wärmerückgewinnung
☐ Lüftungsanlage mit Wärmerückgewinnung

Vergleichswerte Endenergiebedarf

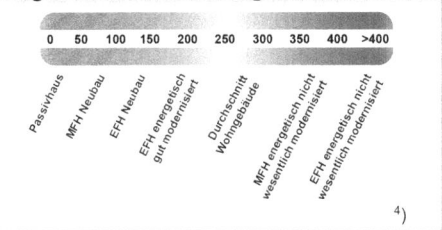

[4])

Erläuterungen zum Berechnungsverfahren

Das verwendete Berechnungsverfahren ist durch die Energieeinsparverordnung vorgegeben. Insbesondere wegen standardisierter Randbedingungen erlauben die angegebenen Werte keine Rückschlüsse auf den tatsächlichen Energieverbrauch. Die ausgewiesenen Bedarfswerte sind spezifische Werte nach der EnEV pro Quadratmeter Gebäudenutzfläche (A_N).

[1]) freiwillige Angabe
[2]) nur in den Fällen des Neubaus und der Modernisierung auszufüllen
[3]) ggf. einschließlich Kühlung
[4]) EFH – Einfamilienhäuser, MFH – Mehrfamilienhäuser

Dar. 4.7: Beispiel eines Energieausweises

Hier verstecken sich natürlich problematische Werturteile und pauschalisierende Annahmen:

- Kommt das Gas ausschließlich über eine Pipeline von der Nordsee oder ist ein Anteil Fracking-Gas aus den USA dabei?
- Ist das Öl aus Saudi-Arabien oder gibt es ein Pflanzenöl-Beimischung?
- Holz ist sehr umstritten, mit einem Faktor von 0,2 bis 0,5, also einem Primärenergiefaktor von weniger als 1. Das liegt an der Natur von Holz als nachwachsendem Rohstoff, der nur über Baumfällung, Pelletproduktion und Antransport nutzbar gemacht werden muss. Die »graue Energie« ist somit rein rechnerisch negativ.

CO_2-Bilanz

Auf dieser Basis lässt sich die CO_2-Bilanz einer Immobilie im Prinzip leicht ermitteln. Ein einfacher Weg besteht darin, den in Abschnitt 3.1.4 eingeführten und problematisierten Emissionsfaktoren von beispielsweise 2 kg CO_2 pro Kubikmeter Erdgas zu verwenden. Dieser Wert ist typisch für hochkalorisches Erdgas:

$$1\,m^3 \times 2\,\frac{kgCO_2}{m^3} = 2\,kgCO_2$$

Das GEG stellt dazu in Anlage 9 die CO_2-Emissionfaktoren pro kWh für die Energieträger zur Verfügung. Bei Gas sind das beispielsweise 240 Gramm CO_2-Äquivalente pro kWh Energieverbrauch. (Auch hier stecken natürlich die in den vorstehenden Spiegelstrichen angedeuteten Probleme in so einer vereinfachenden Kennzahl.) Damit kommt es zu Abweichungen in Berechnungen, je nachdem, welche weiteren Ausgangsdaten und welcher Rechenweg Verwendung finden. So schwanken die Brennwert-Angaben für einen Kubikmeter Gas von 8 bis 12 kWh pro Kubikmeter. Die konkrete Gasqualität muss also bekannt sein. Bei einem Durchschnittwerte von 10 ergibt sich:

$$1\,m^3 \times 10\,\frac{kWh}{m^3} \times 0,240\,\frac{kgCO_2}{kWh} = 2,4\,kgCO_2$$

Verbrauch- und Bedarfsausweis

Die bisherigen Ausführungen sind von einem **verbrauchsbezogenen Energieausweis** ausgegangen. Der Verbrauch der letzten Perioden wird gemittelt, um so die Kennzahlen wie gezeigt zu berechnen. Das ist natürlich problematisch:

- Wie warm hatten es denn die Bewohner?
- Waren Räume nicht beheizt?

- War die Heizung gut eingestellt und instandgehalten?
- Wie warm oder kalt waren die berücksichtigten Jahre?
- Gab es Energieeffizienzmaßnahmen wie neue Fenster?

Diese Fragen zeigen, dass die Aussagekraft des Verbrauchsausweises begrenzt ist. Aber er ist leicht und preiswert zu erstellen und deshalb die Standardform im Gebäudebestand.

Der **Bedarfsausweis** ist hingegen aussagekräftiger. Das Gebäude wird mit seiner Außenhülle mittels Wärmedurchgangkoeffizienten modelliert. Also der Wärmeverlust pro Fläche pro Zeit bei unterschiedlichen Innen- und Außentemperaturen fließt ein. Das geschieht für die gesamte Gebäudehülle mit Wänden, Fenstern und Türen. Der Bedarfsausweis berücksichtigt auch den Heizungstyp und ein standardisiertes Nutzerverhalten. Dies ist für Neubauten unabdingbar, denn es gibt ja noch keine empirischen Verbrauchsdaten. Der Bedarfsausweis ist gegenüber dem Verbrauchsausweis deshalb viel aussagekräftiger, aber auch aufwändiger und teurer.

Einordnung, Entwicklung und Perspektiven

Wie sind nun bestimmte Quadratmeter-Verbrauchswerte einzuordnen? Welche Entwicklungen hat es in der Vergangenheit gegeben und welche Zukunftsperspektiven ergeben sich daraus? Die folgende Darstellung 4.8 zeigt einen Überblick.

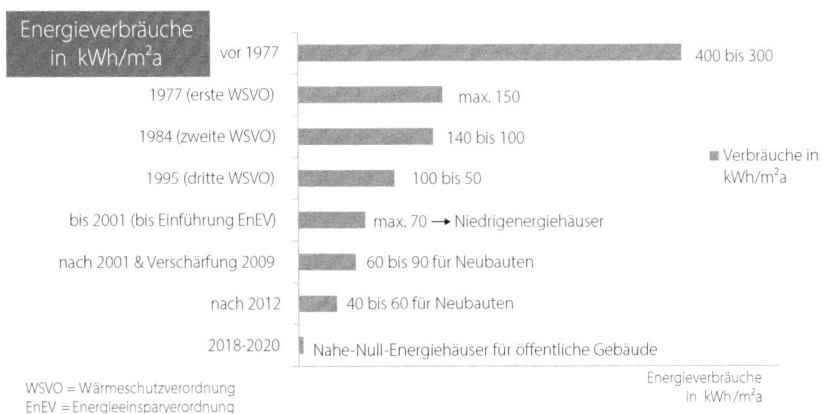

Dar. 4.8: Entwicklung der Vorgaben für Kilowattstunden pro Quadratmeter bei Neubauten im Zeitverlauf

- Diese Abbildung ist alt, aber bewusst gewählt, denn sie ist nicht veraltet: Das Gebäudeenergiegesetz (GEG) schöpft aus wirtschaftlichen und sozialen Gründen nicht aus, was technisch möglich wäre. Selbst die »Nahe-Null-Energiehäuser« sind technisch noch nicht der letzte Stand. Jenseits der rechtlichen Regelungen

gibt es weitere Bezeichnungen und Standards für Immobilien mit niedrigem Verbrauch:
- **»Niedrigstenergiehäuser«** benötigt 40 bis 20 kWh/m²a. Hierunter fällt das »Drei-Liter-Haus« mit 30 kWh/m²a.
- Der Begriff »Niedrig(st)energiehaus« führt in die Irre, denn **Passivhäuser** brauchen weniger als 15 kWh/m²a. Ein Passivhaus ohne Heizung ist gut isoliert und die Belüftung erfolgt mittels einer Absaugung, die über einen Wärmetauscher die angesaugte Außenluft erwärmt (▶ Kap. 4.2.4). Dieser Standard ist auch für Bürogebäude (»Greenbuilding«) zu erreichen.
- Zu **Null-Heizenergie-Häusern** zählen Bauten, die ihre geringe, noch benötigte Heizenergie ohne fossile Brennstoffe gewinnen.
- **Energieautarke Häuser** beziehen alle benötigten Energien für Heizung, Warmwasser, Kochstrom und Pumpenstrom aus der Umwelt und der Sonne.
- **Plus-Energie-Häuser** haben eine positive Energiebilanz, sie können im Saldo noch Energie beispielsweise aus Fotovoltaikanlagen ins Stromnetz einspeisen.

Das GEG aus dem Jahr 2023 gibt vor, dass perspektivisch 65 Prozent der Energie aus regenerativen Quellen stammen muss. Damit rückt die CO_2-Bilanz in den Vordergrund. Diese Vorgaben lassen sich mit fossil betriebenen Öl- und Gasheizungen nicht erfüllen, vielmehr sind **Wärmepumpen** die Technologie der Wahl. Allerdings setzten sie voraus, dass Erneuerbare einen höheren Anteil am Strom-Mix bekommen.

Weiter soll die **Fernwärme** eine größere Rolle spielen. Größere Städte müssen eine kommunale Wärmeplanung bis 2026 erstellen, kleinere Kommunen haben bis 2028 Zeit. Damit bekommen die Gebäudebesitzer eine Grundlage, ob ihre Individualheizung obsolet wird, da sie an Wärmenetz angeschlossen werden können bzw. müssen (Anschluss- und Benutzungszwang). Damit müssen die Kommunen eine Lösung für die Wärmequelle der Nah- und Fernwärmenetze finden: Konventionelle Block-Gaskraftwerke verbieten sich. Holzhackschnitzel sind eine Nische. Die Nutzung der Abwärme von Kraftwerken oder Industrieanlagen ist riskant, denn was geschieht, wenn diese wegfielen? Große Gewässerwärmepumpen, wie Sie die MVV am Großkraftwerk Mannheim am Rhein betreiben, bleiben wahrscheinlich auch nur eine Nische. Man scheint etwas ratlos.

Es wäre wünschenswert, wenn wenigstens **Neubauten als Passivgebäude** errichtet würden, das ist nach EU-Vorgaben geplant. Allerdings steigen damit die Baukosten um etwa 15 Prozent, was politisch und wirtschaftlich schwierig ist. Der entscheidende Faktor sind ohnehin nicht die Neubauten, sondern der Gebäudebestand. Hier führen schärfere energetische Sanierungsvorgaben schnell zur Überforderung einzelner Hausbesitzer. Konkret könnten das Rentner sein, die eine Immobilie besitzen, aber kein hohes Einkommen haben und auch über kein Vermögen verfügen, um Zehntausende in die Sanierung zu stecken. Das könnte als kalte Enteignung im Sinne des Klimaschutzes interpretiert werden. Was technisch möglich ist, lässt sich finanziell, sozial und politisch schlecht durchsetzen.

Feinheiten der Kennzahl »Kilowattstunden pro Quadratmeter«

Die Verdichtung des Verbrauchs in einer Zahl bringt zwar eine grobe Orientierung. Doch es liegen Fallstricke versteckt, die bei einer detaillierten Beurteilung der Immobilie zu beachten sind:

- Handelt es sich um eine verbrauchsbezogene oder bedarfsbezogene Ermittlung?
- Wie ist die Erwärmung von Brauchwasser berücksichtigt? Bei Büroimmobilien spielt der Energieverbrauch für Brauchwassererwärmung kaum eine Rolle, in Wohnimmobilien hingegen schon. Bei Nutzungsänderungen von Immobilien kann es also zu Überraschungen kommen.
- Wie ist die Gewinnung aus regenerativen Energien berücksichtigt? So ist beispielsweise die Nutzung der Sonnenenergie durch eine solarthermische Anlage zur Brauchwassererwärmung in die Berechnung einzubeziehen (▶ Kap. 2.2.3).
- Ergibt sich der Energieverbrauch nur aus Heizung oder auch aus Kühlung? In südlichen Ländern ist Kühlung das zentrale Thema.
- Welche Voraussetzung bietet die Immobilie für eine energetische Sanierung? Der Energieausweis gibt Hinweise. Bei Gebäuden, die nach Norden ausgerichtet oder verschattet sind, verbieten sich Solaranlagen. Besonders effiziente Fußbodenheizungen, für die eine niedrige Vorlauftemperatur ausreicht, sind bei niedriger Deckenhöhe nicht möglich. Wenn ein Haus unter Denkmalschutz steht, darf die Fassade nicht isoliert werden. Aber auch positive Überraschungen sind möglich: Eine in Minuten korrigierbare falsche Heizungssteuerung kann hohe Einsparung bringen.

Sanierung im Bestand

In der Immobilienwirtschaft gilt als Faustregel, dass **1 bis 1,5 Prozent des Gebäudewertes** im Schnitt **in Instandhaltung** zu investieren ist, sonst verliert das Objekt an Wert. Anders ausgedrückt: alle 66 bis 100 Jahre muss ein Haus sozusagen fließend neu gebaut werden. Allerdings ist auch bei dieser Kennzahl Vorsicht geboten: Handelt es sich um ein »Ein-Euro-Haus« tief im Pfälzerwald, das der Eigentümer loswerden möchte, oder um ein Einfamilienhaus etwa in begehrter Stuttgarter Halbhöhenlage?

Die Prozentsätze weichen stark voneinander ab. Aber grundsätzlich scheint die Faustregel zu wenig bekannt zu sein. Manchmal sind ererbte Gebäude zunächst eine Belastung oder zehren an den mitvererbten liquiden Mitteln. Für jede Immobilie müssten aus professioneller Sicht diese 1 bis 1,5 Prozent an Rücklagen ständig gebildet werden, um dann die typischerweise schubweise auftretenden Instandhaltungs- und Verbesserungsmaßnahmen stemmen zu können:

- Fenster zugig – bessere einbauen.
- Putz angegriffen – gleich eine Wärmedämmung anbringen.
- Heizung kaputt – eine effizientere einbauen, eventuell mit anderer Technologie.

- Dachgeschoss streichen – Wärmedämmung von innen anbringen.
- Kellergeschoss isolieren – steigert den Wohnkomfort und senkt Heizkosten.

Darstellung 4.9 illustriert, wie sich diese Maßnahmen auf den Energieverbrauch auswirken können.

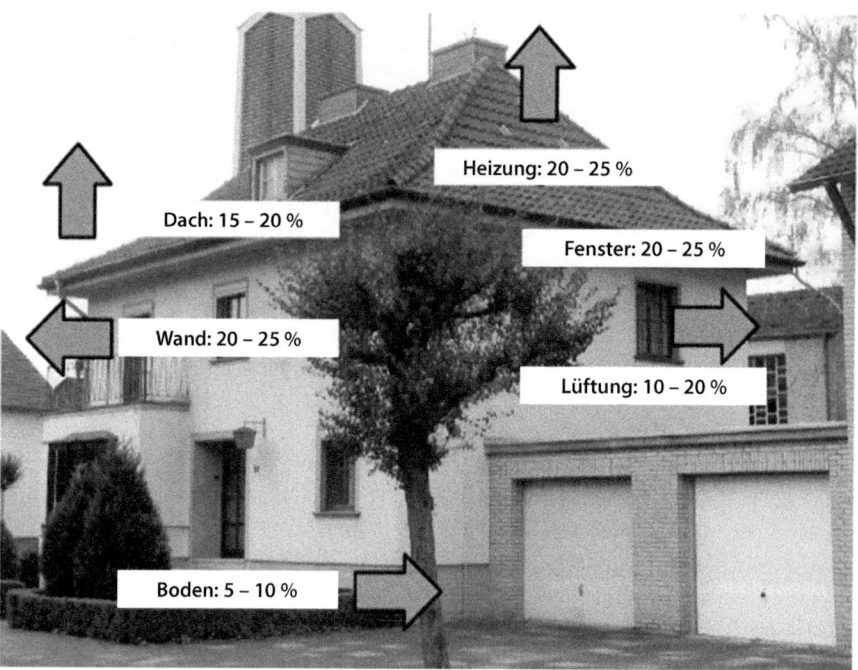

Dar. 4.9: Wärmeverluste bei einem Einfamilienhaus

Eine ergänzende technische Maßnahme sind Fotos mit einer Wärmebildkamera (▶ Dar. 4.10). Die Aufnahme zeigt, wie warm die Gebäudeteile sind und wo **Wärmebrücken** entstehen. Wärmebrücken drücken aus, wie die Wärme den Weg nach außen überbrückt. Von innen betrachtet sind es **Kältebrücken**, also Stellen, an denen die Außenkälte den Weg nach innen überbrückt. An diesen kalten Stellen kondensiert dann die Feuchtigkeit aus der Raumluft und es kann sich Schimmel bilden. In der Abbildung ist offenbar das Dach isoliert (da recht kühl), während die vordere Hauswand und die Rollladenkästen zu warm erscheinen. Die schlecht belüfteten Ecken der vorderen Innenräume wären also Kandidaten für Schimmelbildung. Diese Überlegungen zeigen, dass bei einer energetischen Sanierung ein langfristiger Gesamtplan sinnvoll ist.

Neben dem rechtlich vorgeschriebenen Energieausweis gibt es **weitere Bewertungs- und Zertifizierungsverfahren** für Immobilien, beispielhaft seien genannt:

- das Deutsche Gütesiegel Nachhaltiges Bauen (DGNB),
- die Zertifizierung durch das Feist-Passivhaus-Institut,

- dena Gütesiegel Effizienzhaus (Effizienzhaus-Label) der Deutschen Energie-Agentur (dena),
- die englische BREEAM-Methode (Building Research Establishment Environmental Assessment Method),
- das US-amerikanische Zertifizierungssystem LEED (Leadership in Energy and Environmental Design).

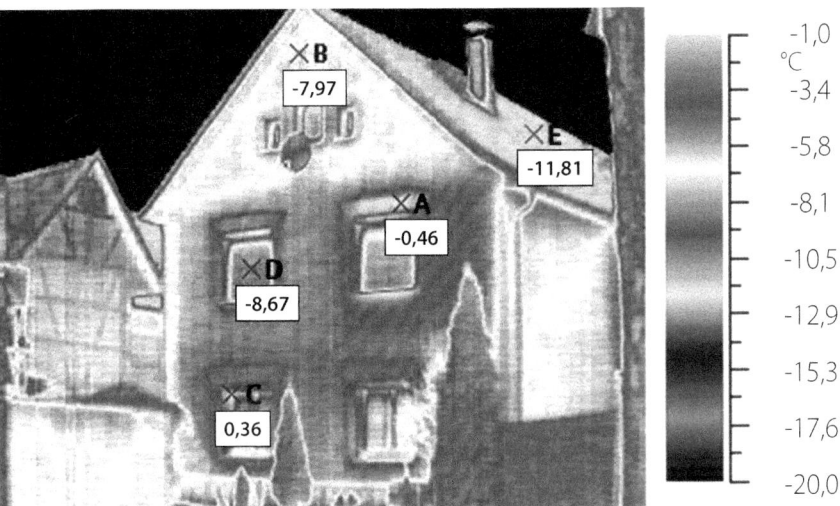

Dar. 4.10: Aufnahme mit einer Wärmebildkamera

4.2.3 Besonderheiten von Gewerbebauten (»Nichtwohngebäude«)

Produktions- und Lagergebäude weisen gegenüber den bisher behandelten Büro- und Wohngebäuden Besonderheiten auf, die die Klimatechnik vor Herausforderungen stellen. Es handelt sich um »Nichtwohngebäude«, wobei unter diesen Begriff auch Bürogebäude fallen, die aber technisch eher Wohngebäuden ähneln (▶ Dar. 4.11).

Im Vergleich zu uniformen Wohn- und Bürogebäuden kommen auch viel mehr technische Lösungselemente in Betracht. Bei der Suche nach Lösungen reden viel mehr Funktionsträger mit und die Umsetzung ist deutlich schwieriger. Dieser Abschnitt bietet einen exemplarischen Einblick und soll ein Gefühl für die Herausforderungen vermitteln:

- Komplexität technischer Lösungen,
- Komplexität der Abwicklung von Energieprojekten,
- Komplexität der Bedienung im laufenden Betrieb sowie
- die rechtlichen Anforderungen.

- Schlechte Isolierung
- Große Höhe
- Alte und kombinierte Heiz- und Kühlsysteme
- Ablaufbedingt oft offene Türen und Tore
- Unnötige Beleuchtung
- Kompetenzwirrwarr und fehlendes Verantwortungsgefühl

Dar. 4.11: Energetische Herausforderungen bei Produktions-, Lager- und Versandhallen

Komplexität technischer Lösungen

Produktions- und Lagerhallen sind zumeist viel **höher** als andere Immobilien und die Gebäudeöffnungen sind ablaufbedingt **häufig offen**. Deshalb können die Ergebnisse der Basismaßnahme der Wärmeisolierung der Gebäudeaußenhülle sehr unterschiedliche Einsparungen erzielen. Bei Hallen, in denen die Tore meist geschlossen sind, kann die Energieeinsparung durchschlagend sein und sich mit Modellrechnungen, wie sie bei der Erstellung von Energieausweisen verwendet werden, recht präzise voraussagen lassen. Bei Versandhallen, bei denen viele Tore zu Lkw-Ladebuchten offenstehen, ist der Luftwechsel so groß, dass Isolierungen der Gebäudehüllen nur einen geringen Effekt haben.

Die **Temperaturanforderungen** in Klimazonen von Hallen hängen von der Arbeitsstättenrichtlinie (ASR 6 – Raumtemperaturen) sowie technischen Anforderungen ab. Die Spanne reicht demnach von der Maximalforderung der ASR von 19 Grad bis zur Einrichtung einer unbeheizten Kalthalle. Technische Anforderungen können sich aus der Produktion, den Lagerartikeln oder den Betriebsmitteln ergeben. Es ist auch zu klären, ob innerhalb einzelner Hallen durch Strahlungsheizungen gezielt erwärmte Bereiche z. B. für Montagearbeitsplätze geschaffen werden können, um nicht die gesamte Halle auf das geforderte Temperaturniveau bringen zu müssen.

Viele technische Lösungen zur **Abdichtung von Hallenöffnungen** sind ausgereift. Für die Verhinderung von Zugerscheinungen bei Lkw-Ladebuchten lassen sich Schnelllauftore, Lamellenvorhängen und aufblasbaren Manschetten zur Abdichtung der Lücke zwischen Tor und Lkw einsetzen. Müssen die Öffnungen ablaufbedingt immer offenstehen oder verlaufen Schienen von Förderanlagen durch die Tore, so bieten sich Torschleieranlagen an. Das sind anschaulich gesagt Windvorhänge, wie sie aus Kaufhauseingängen bekannt sind.

4.2 Facility Management

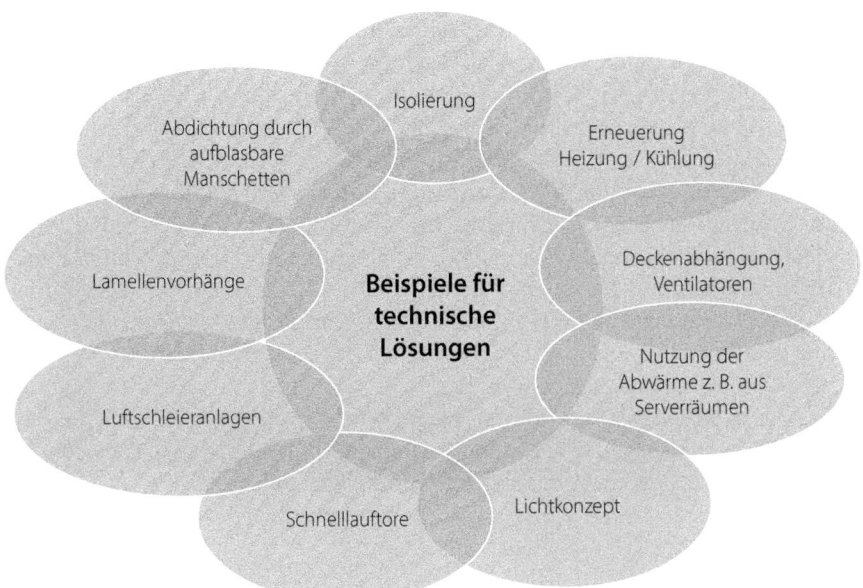

Dar. 4.12: Beispiel für technische Lösungen zur Energieeffizienz in Produktions-, Lager- und Versandgebäuden

Komplexität der Abwicklung von Energieprojekten

Im Gegensatz zu Büroräumen lassen sich Werkhallen für eine energetische Sanierung nicht einfach stilllegen und vielfach schrecken Unternehmen auch vor den sehr viel höheren Kosten zurück. Auch technische Lösungen sind schwieriger zu finden und vor allem zu kalkulieren (▶ Kap. 5.1.5). Bei Betriebsbegehungen steht der Besucher deshalb gelegentlich in Hallen, deren Produktionstechnik und Logistikanlagen auf dem neuesten Stand sind, deren Gebäudehülle und Klimatechnik aber weit hinter den heutigen Möglichkeiten herhinken.

Komplexität der Bedienung im laufenden Betrieb

Gerade in der Klimatechnik sind **viele Akteure** beteiligt: vom Facilty Manager bis hin zu Anlagenplanern über die Anlagenbauer und vielen Nutzern bis zu den Instandhaltern. Selbst bei Standardlösungen wie der Klimatisierung von Büros und Serverräumen ist immer wieder zu beobachten, dass niemand das Gesamtsystem in der notwendigen Weise durchschaut.

Die **Bediengeräte** erfordern eine ausführliche Einweisung oder ein intensives Studium der vielfach schwer verständlichen Betriebsanleitungen. Bildschirme und Fenstertechnik bei der Bedienung sind auch bei modernen Heizungen oft noch unzureichend. Die technisch ausgebildeten Industriekunden sehen sich mit weit komplexeren Anlagen und Steuerungen konfrontiert. Die Lebensdauer der Anlagen einschließlich Bedieneinheiten beträgt Jahrzehnte, so dass auch der Bedienkomfort hinterherhinkt.

Bei Industrieanlagen ist darüber hinaus oft nicht nur eine, sondern eine ganze **Vielfalt von Steuereinheiten** zu finden, die nur im Zusammenspiel Verschwendung vermeidet. Diese Steuerungen sind normalerweise auch nicht räumlich an einem Ort. Die Heizungssteuerung ist beispielsweise im Keller am Brenner, die Steuerung der nachträglich eingebauten Klimaanlage findet sich in Nebenräumen der Halle und Ventilatoren zur Außenluftversorgung lassen sich einzeln vor Ort ein- und ausschalten. Klimatechnische Anlagen können über Jahrzehnte durch Umbauten und (Teil-)Modernisierungen gewachsen sein. In der Praxis sind unübersichtliche, suboptimal gesteuerte klimatechnische Lösungen deshalb häufig vorzufinden.

Sogar bei **Neuplanungen** sind nicht selten unsinnige Lösungen zu beobachten: Ein Kühlregister einer Klimaanlage, das auf hohe Leistung gestellt ist, und eine nachgeschaltete Heizung, die auf die gewünschte Temperatur aufheizt. Jeder ist zufrieden. Der Anlagenbauer hat im konkreten Fall die Anlage so voreingestellt und die Nutzer empfinden die Temperatur als angenehm. Nur ein findiger Instandhalter hat in diesem Fall den Unsinn aufgedeckt.

Rechtliche Anforderungen

Es wird von etwa 20.000 relevanten Bauvorschriften in Deutschland gesprochen. Diese Zahl macht deutlich, dass die obigen Ausführungen nur eine winzige Auswahl dessen darstellen, was bei Wohngebäuden zu beachten ist. Das gilt umso mehr für Gewerbebauten, deren baulich-energetische Vorgaben zudem im Zusammenhang mit arbeitsrechtlichen und berufsgenossenschaftlichen Vorschriften zu sehen sind.

4.2.4 Klima- und Beleuchtungstechnik

Die sich abzeichnenden bautechnischen Entwicklungen fasziniert: Immobilien, die keinen Gas- oder Ölbrenner benötigen und somit fast keine Energie. Die Gebäude sind dennoch angenehm warm und haben ein gutes Raumklima. Wie kann das gelingen? Ausgehend von der Technologie des Passivhauses werden im folgenden Abschnitt 4.2.4.1 weitere wichtige Möglichkeiten der Klimatechnik vorgestellt. Für Industrieunternehmen spielen die im Abschnitt 4.2.4.2 erörterten Möglichkeiten der Wärmerückgewinnung eine besondere Bedeutung, denn Produktionsanlagen wie Öfen oder auch Einrichtungen der betrieblichen Infrastruktur wie Serverräume geben Wärme ab. Der Abschnitt 4.2.4.3 stellt Möglichkeiten der Beleuchtung als ein Element von »Ambient Intelligence« vor.

4.2.4.1 Heizsysteme

Folgende ausgewählte Heizsysteme (die auch teilweise Elemente der Kühlung und Wärmespeicherung umfassen) werden nun vorgestellt:

- Passivhäusertechnologie,
- Wärmepumpenheizung,
- Warmluftheizungen und Strahlungsheizungen.

Passivhaustechnologie

Passivhäuser setzen Standards, indem sie ohne aktive Heizung im Sinne eines Gas- oder Ölbrenners auskommen. Dazu ist ein Bündel technischer Möglichkeiten einzusetzen, deren wichtigste hier erläutert werden (▶ Dar. 4.13).

Die Wärmeenergie bleibt durch eine gute **Isolierung** und vollständige **Abdichtung** des Gebäudes in der energetischen Hülle des Gebäudes. Der **Wärmedurchgangskoeffizient (U-Wert)** gibt an, wie viel Watt (physikalische Leistung) pro Quadratmeter und Kelvin (K, entspricht einem Grad Celsius) verlorengeht, er hat deshalb die Maßeinheit W/m²K. Bei einem U-Wert von 0,15 W/m²K für die Außenhülle und einer Temperaturdifferenz von 20 Grad Innentemperatur zu null Grad Außentemperatur ist die nach außen abgegebene Energieleistung pro Quadratmeter folgendermaßen zu ermitteln:

$$1\,m^2 \times 20\,\text{Kelvin} \times 0{,}15\,\frac{\text{Watt}}{m^2\,\text{Kelvin}} = 3\,\text{Watt}$$

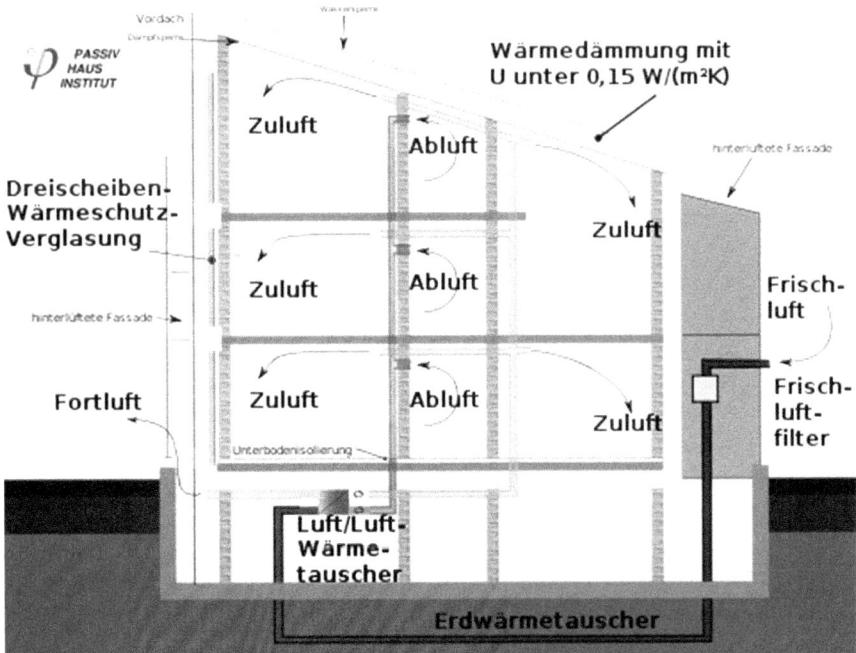

Dar. 4.13: Passivhaus Schemazeichnung (Quelle: Passivhaus Institut)

Um diese Größenordnung noch über eine andere Rechnung anschaulich zu machen: Ein **Mensch** strahlte im Ruhezustand eine **energetische Leistung** von knapp 100 Watt ab, Sportler können bei einer kurzzeitigen Anstrengung 200 bis 400 Watt Leistung erbringen. So lange sich eine Person mit 100 Watt Leistungsabgabe im Haus befindet, kann sie den Wärmeverlust durch 100/3 = 33 Quadratmeter Außenhülle ausgleichen.

Um den Energieverlust zu berechnen, muss mit der Dauer multipliziert werden, in der diese 20 Grad Temperaturdifferenz herrscht. Die folgende Formel baut darauf auf und berechnet den Energieverlust eines Quadratmeters pro Stunde in Wattstunden:

$$1\,h \times 1\,m^2 \times 20\,\text{Kelvin} \times 0,15\,\frac{\text{Watt}}{m^2\,\text{Kelvin}} = 3\,\text{Wh}$$

Zugdichte Gebäude fürhen zum Problem der **Lüftung**. Der Luftwechsel zur Vermeidung von Schimmelbildung und für die Atemluft erfolgte in alten Gebäuden über Undichtigkeiten, bei neueren Gebäuden über regelmäßiges Öffnen der Fenster, was sich bei Passivhäusern verbietet: Die Körperwärme der Bewohner und die Benutzung von Geräten wie Herd oder Fön könnte den Wärmeverlust im Winter nicht mehr ausgleichen. Deshalb ist der Luftwechsel in Passivhäusern über eine automatische Belüftung gesichert, so dass bei niedrigen Außentemperaturen die Fenster nicht geöffnet werden müssen und dürfen. Hier kommen zwei zusätzliche technische Möglichkeiten zum Einsatz:

- Über einen **Wärmetauscher** erwärmt die ausströmende Innenluft die einströmende Außenluft.
- Die Außenluft kann zusätzlich **vorab erwärmt** werden, indem sie in Leitungen durch Erdreich geleitet wird, das auch bei strengen Frostgraden bis zu acht Grad Celsius hat. So wird auch oberflächennahe Erdwärme genutzt.

Sollte die Temperatur im Haus trotz allem nicht gehalten werden können, ist eine leichte elektrische Nacherwärmung der einströmenden Luft möglich, auch mit dem Wärmepumpenprinzip. Nach Süden ausgerichtete Fenster sowie Solaranlagen ergänzen das energetische Konzept von Passivhäusern. Dabei ist auf eine gute Verschattung der Fenster zu achten, denn sonst heizt sich das Haus im Sommer stark auf. Der Bau von Immobilien mit Passivhaustechnologie erfordert etwa um 10 bis 15 Prozent höhere Investitionen gegenüber Häusern mit konventionellen Heizungen (▶ Dar. 4.14).

Das Luteco-Gebäude oben in der Darstellung 4.14 liegt angrenzend an die Hochschule Ludwigshafen. Es war beim Bau 2006 das größte Passiv-Bürogebäude der Welt und funktioniert tadellos. Zahlreiche Bohrungen von 80 Metern in die Tiefe erwärmen das Wasser für eine Wärmepumpe. Der Energieverbrauch des Gebäudes entspricht deshalb (der Definition eines Passivgebäudes entsprechend) weniger als 15 kWh pro Quadratmeter im Jahr. Und eine »aktive« Heizung gibt es wie erläutert

4.2 Facility Management

Passivhaus in Ludwigshafen, 2006 das größte Bürogebäude als „Greenbuilding"

Passiv-Wohnhaus (Kerzen, Kochen und Fernseher als fühlbare
Einflussfaktoren auf die Erwärmung)

Dar. 4.14: Beispiele für Passivgebäude

nicht. Auf dem Gebäudedach sind Fotovoltaikmodule angebracht, deren jährlicher Ertrag etwa dem Energiebedarf der Wärmepumpe entspricht. Es handelt sich deshalb bilanziell über das Jahr um ein Null-Heizenergie-Haus.

Wärmepumpen

Eine besonders effiziente Technologie stellen Heizungssysteme mit elektrisch betriebenen Wärmepumpen dar, die die **Wärme aus der natürlichen Umgebung** nutzen. Sie bieten sich an, wenn auf Heizungen nicht ganz verzichtet werden kann, aber der Einsatz der fossilen Energieträger Gas oder Öl in Brennern vermieden werden soll. Herzstück der Heizung ist die Wärmepumpe, die ein Heizsystem gemäß dem umgekehrten Kühlschrankprinzip antreibt.

Die **Funktionsweise** einer Wärmepumpe, die die Wärme aus der Außenluft nutzt, kann mit einem **Kühlschrank** versinnbildlicht werden, der in ein abgedichtetes Fenster gestellt wird. Die Öffnung des Kühlschranks ist außen, die Röhren zur Abgabe der Wärme weisen nach innen (die Bezeichnung »Kühlrippen« ist irreführend, denn sie sind ja warm). Öffnet man den Kühlschrank mit der Tür nach außen, so dass die Pumpe anspringt, dann kühlt der Kühlschrank ab und die ins Hausinnere weisenden Röhren geben die der Umgebungsluft entzogene Wärme nach innen ab.

Dabei wird das physikalische Prinzip genutzt, dass Flüssigkeiten bei der Verdampfung Energie aufnehmen. Die bei diesem Wechsel des Aggregatzustandes benötige Energie wird der Umgebung entzogen, so dass **Verdunstungskälte** entsteht. Umgekehrt setzt die Kondensation die aufgenommene Energie wieder frei, so dass **Kondensationswärme** entsteht. Weiter nutzen Wärmepumpen das physikalische Gesetz, dass Flüssigkeiten unter Druck ihren Siedepunkt erhöhen (realisiert beispielsweise beim Dampfkochtopf). Wenn man sie komprimiert, kondensieren Gase folglich und geben Kondensationswärme frei. Die Darstellung 4.15 verdeutlicht, wie Wärmepumpen diese Zusammenhänge nutzen.

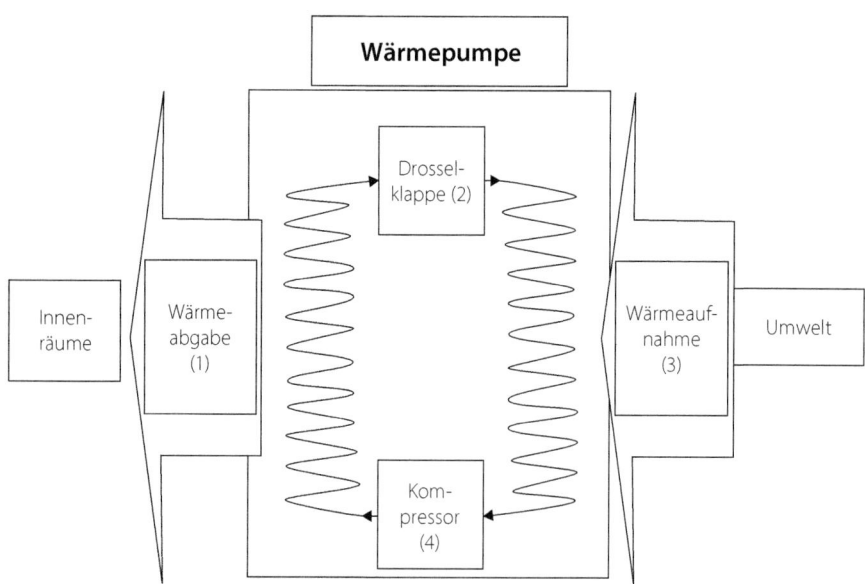

Dar. 4.15: Prinzip der Wärmepumpe

Zu den **technischen Details**: Auf der warmen Seite der Abbildung (1) komprimiert der Kompressor (4) das Medium, so dass es vom gasförmigen in den flüssigen Zustand übergeht und dabei die aufgenommene Wärme abgibt, es entsteht Kondensationswärme. Eine Drosselklappe (2) sorgt dafür, dass der Druck auf der warmen Seite des Systems nicht zu hoch wird und das Medium wieder auf die kalte Seite fließen kann. Dort verringert sich der Druck, das Medium verdampft und gibt dabei Verdunstungskälte ab, es kühlt also die Umgebung. Dabei nimmt es selbst Energie der Umgebung auf, die dann nach Kompression und Kondensation als Kondensationswärme an der gewünschten Stelle wieder abgegeben wird. Damit ist der Kreislauf geschlossen.

Die üblicherweise als Wärmepumpe bezeichneten Geräte bestehen im Wesentlichen aus einem Wärmetauscher, der die Wärme an den eigentlichen Heizkreislauf in der Immobilie abgibt, sowie aus dem Kompressor, im technischen Sinne der eigentlichen Pumpe. Der Antrieb des Kompressors erfolgt durch einen Elektromotor, die Verdichtung geschieht durch Kreiselräder.

Die wirtschaftliche und ökologische **Beurteilung der Wärmepumpenheizung** ist insbesondere davon abhängig, wie lange der Kompressor mit seinem elektrischen Antrieb pro Jahr läuft, um die notwendige Heizenergie bereitzustellen. Für die Auslegung von Heizungen wird die **Jahresarbeitszahl** berechnet, die die erzeugte Heizenergie über das Jahr im Verhältnis zur aufgenommenen elektrischen Energie angibt. Die Jahresarbeitszahl liegt typischerweise bei 3 bis 4,5. Jede Kilowattstunde elektrischer Energie erbringt also eine Heizenergie von 3 bis 4,5 Kilowattstunden.

Große Temperaturgefälle sind dabei ungünstig. Bei einer schlecht gedämmten Immobilie mit kleinen Heizflächen und der Aufnahme der Umgebungsenergie durch die Luft ist von einer Wärmepumpenheizung abzuraten. Die von der Wärmepumpe erzeugte Temperatur für den Heizkreislauf (Vorlauftemperatur) ist dann hoch, die Umgebungsluft im Winter kann sehr niedrig sein und dementsprechend muss die Pumpe lange laufen.

Um die **Erdwärme** zu nutzen, bietet es sich an, Rohre entweder flächig in ein bis anderthalb Metern Tiefe zu verlegen oder eine platzsparende Bohrung bis auf 60 bis 80 Meter vorzunehmen. Günstige Bedingungen, um eine gute Jahresarbeitszahl zu erreichen, bieten Fußbodenheizungen in Kombination mit solchen Erdsonden. Erdsonden stellen die konstante Temperatur von acht Grad auch im Sommer zur Verfügung. Dann lässt sich Erdwärme als Erdkühlung interpretieren. Über die Flächen»heiz«körper sind die Räumlichkeiten kühlbar und Klimaanlagen sind nicht mehr erforderlich.

Um die Energiebilanz von Immobilien weiter zu verbessern, lassen sich solarthermische Anlagen anbringen, um mit Sonnenkollektoren das Brauchwasser zu erwärmen. Fotovoltaik erzeugt elektrischen Strom.

Warmluftheizungen und Strahlungsheizungen

Die in Wohn- und Bürogebäuden verbreiteten hydraulischen Warmwasserheizungen, die ihre Wärme über Heizkörper (Konvektoren) abgeben, sind bei großen Hallen nur selten anzutreffen. Gebräuchlich sind in Industriehallen Warmluftheizungen, die aber in vielen Fällen den noch wenig verbreiteten Strahlungsheizungen unterlegen sind. Diese Heizkonzepte werden deshalb nun vergleichend diskutiert.

Bei **Warmluftheizungen** gelangt die erwärmte Luft meist mechanisch durch ein Gebläse in den zu beheizenden Raum. Warmluftheizungen nutzen die zirkulierende Luft als Wärmeträger. Die Vorteile einer Warmluftheizung liegen in der schnellen Aufheizung, der Integrierbarkeit von Lüftungssystemen sowie in der Möglichkeit, durch Zufuhr von Frischluft nachträglich zu kühlen.

Ein wesentlicher Nachteil eines solchen konvektiven Systems liegt darin, dass warme Luft nach oben steigt und sich ein Wärmepolster unter der Decke bildet. Messungen haben ergeben, dass bei einer Temperatur von 14 bis 18 Grad in ein bis zwei Metern über dem Hallenboden die Temperatur in 10 Metern Höhe auf 30 Grad steigt. Der dadurch entstehende Energieverlust wird häufig noch durch eine schlechte Dämmung des Hallendachs verstärkt. Ein in vielen Hallen durchschlagener Mangel besteht darin, dass die erwärmte Luft durch Öffnungen wie Ladetore entweicht. Kühle Außenluft strömt dann ein und am Fußboden kann es dann noch fühlbar kälter sein als die genannten 14 Grad. Unter solchen Bedingungen sind Warmluftheizungen kein effizientes Heizsystem.

Strahlungsheizungen wie Infrarotheizungen und Deckenstrahlplatten hingegen erwärmen direkt die im Strahlungsbereich befindlichen Körper. Im Gegensatz zur Wärmeübertragung mittels der Luft erfolgt hier eine Übertragung mittels elektromagnetischer Wellen. Dadurch ist der Wärmeverlust bei Strahlungsheizungen deutlich geringer als bei Warmluftheizungen. Mit dieser Eigenschaft, dass sie eine bessere Temperaturverteilung im Raum unterstützen, gehen viele weitere Vorteile einher: So liegt die gefühlte Temperatur höher als beim Einsatz von Warmluftheizungen, obwohl die eigentliche Lufttemperatur niedriger ist. Auch eignen sich Strahler als Heizung in Hallen, die produktionsbedingt einen hohen Luftwechsel erfordern, um beispielsweise schädliche Dämpfe abzuführen. Da Strahlungsheizungen die Luft auf indirektem Weg erwärmen, gibt es kaum Luftbewegungen und somit auch kaum Zuglufterscheinungen oder Staubaufwirbelungen. Des Weiteren reduziert die geringe Luftgeschwindigkeit auch den Wärmeaustausch zwischen Raumluft und Außenluft und verringert so Wärmeverluste. Bei geringen Hallennutzungszeiten, beispielsweise bei Ein-Schicht-Betrieb, ist es notwendig, die Halle vorzuheizen, um bei Arbeitsbeginn eine angenehme Temperatur zu haben. Auch in diesem Fall ist die Installation einer Strahlungsheizung durchaus sinnvoll, denn die Strahler geben schon kurz nach dem Einschalten Wärme ab.

Folgende Faktoren begünstigen den wirtschaftlichen und energieeffizienten Einsatz von Strahlungsheizungen:

- Deckenhöhe ab 4 Metern,
- Hallen mit einem ungenügenden Wärmeschutz,
- geringe tägliche Nutzungszeit (z. B. Ein-Schicht-Betriebe),
- eine produktionsbedingt hohe Luftwechselrate,
- häufige betriebsbedingte Notwendigkeit, die Hallentore zu öffnen,
- bei geforderter Beheizung von einzelnen Hallen- oder Arbeitsbereichen.

4.2.4.2 Abwärmenutzung und Kühlung

Enten frieren mit Ihren Flossen **nicht fest**, wenn sie über eine Eisfläche laufen. Ihre Flossen sind so kalt, dass sie das Eis nicht schmelzen und gar keine Flüssigkeit entsteht, die wieder gefrieren kann. Die Tiere erreichen das, indem sie das Prinzip des Wärmetauschers in ihren Beinen realisieren. Die Arterien, in denen das körperwarme Blut nach unten fließt, werden so an den Venen vorbeigeführt, dass das von den Flossen kommende, kalte Blut das Blut in den Arterien kühlt. Dabei wird das aufsteigende Blut erwärmt. So bleiben die Flossen kalt und verlieren keine Wärme.

Wärmetauscher werden fachmännisch korrekt als Wärmeübertrager bezeichnet und lassen sich in drei Gruppen einteilen:

- **Direkte Wärmeübertrager** bringen das zu wärmende oder zu kühlende Medium unmittelbar in Kontakt mit dem Medium, das seine Temperatur abgeben soll. Das ist beispielsweise realisiert in Kühltürmen von Kraftwerken, in die Wasser eingesprüht wird, um es durch den Kontakt mit der Außenluft abzukühlen.
- **Indirekte Wärmeübertrager** werden als Rekuperatoren bezeichnet, bei denen die Medien durch großflächiges, wärmeleitendes Material getrennt sind. Plattenrekuperatoren leiten beispielsweise kühle und warme Flüssigkeiten in getrennten Kreisläufen durch platzsparend hintereinander angebrachte Platten. Hier sind die Wärmetauscher für ein Passivhaus einzuordnen.
- Ein **halbdirekter Wärmeübertrager** ist das Wärmerad, bei dem sich ein großes Rad mit hoher Wärmeaufnahmefähigkeit (z. B. aus Aluminium) langsam zwischen dem warmen und dem kalten Bereich dreht. Das Rad ist von engen Kanälen durchzogen, durch die sowohl das warme als auch das kalte Medium strömt, ohne sich wesentlich zu mischen. Dabei nimmt das Rad Wärme auf und transportiert sie durch die Drehung in den kalten Bereich und umgekehrt. Beim Einsatz dieser Technologie von Rechenzentren durch die Außenluft sind beeindruckende Energieeinsparungen und Kostensenkungen erreichbar (www.kyotocooling.com). Das ist ein Beispiel für eine freie Kühlung, d. h. für eine Kühlung durch frei verfügbare Außenluft.

Technisch ausgereifte Wärmetauscher gibt es **in jeder Größe**. Von kleinen Geräten im Haushalt, die Wärme vom Gasbrenner zum Wasser in den Heizkessel transportieren, bis hin zu hausgroßen Anlagen für Kraftwerke. Eine geschickte Wärmeführung mit Wärmetauschern kann die Verschwendung verhindern, dass in einem Unternehmen (oder sogar Industriegebiet) gleichzeitig Wärme aus technischen Anlagen nach außen abgeführt und an anderer Stelle geheizt wird.

Machen wir die Probleme und Möglichkeiten anhand eines **Beispiels**, eines **Serverraums** deutlich, der Energie abgibt, während die Büros zu heizen sind. In der Industrie gibt es aber je nach Branche eine Vielfalt von Anlagen mit großer Energieaufnahme und damit oft auch hoher Wärmeabgabe. Beispiele sind Öfen in der metallverarbeitenden Industrie oder der Lebensmittelproduktion, Werkzeugmaschinen im Maschinenbau oder exotherme (Energie freisetzende) Reaktionen in der chemischen Industrie, wie die Produktion von Kalksandsteinen. Es bestehen folgende Möglichkeiten:

- Vermeidung von Heizung im Winter,
- Nutzung der Abwärme zu Heizzwecken,
- Vermeidung energieaufwändiger Kühlung.

Vermeidung von Heizung im Winter

Die aus einem Serverraum abgesaugte warme Luft erwärmt über einen Wärmetauscher die angesaugte Außenluft, so dass der Serverraum selbst im strengen Winter nicht geheizt werden muss. Diese Lösung ist in Passivhäusern verwirklicht, verschwendet aber bei einer großen Wärmequelle wie bei Serverräumen oder Öfen die entstehende Energie, die für mehr als den Raum ausreicht.

Nutzung der Abwärme zu Heizzwecken

Bei einer geschickten Heizungsführung kann der Serverraum deshalb analog einem dezentralen Brenner zur Erwärmung des Wassers oder der Luft fungieren, die direkt zur Heizung beispielsweise von Büroräumen dient. Die Abluft des Serverraums ist zwar geruchsbelastet, kann aber über einen Wärmetauscher das Heizmedium erwärmen.

Im Haushalt ist dieses Prinzip über moderne Kaminöfen realisiert, die nur 20 Prozent der Wärme in den Raum abgeben, mit dem Rest (abgesehen von der Abwärme über das Rauchgas) über einen Wärmetauscher das Wasser im Heizkessel erwärmen. Damit ist auch eine Wärmespeicherung über Stunden bis hin zu einigen Tagen möglich. Die Nutzung der Wärme im Sommer ist schwierig bis unmöglich, wenn kein Heizbedarf besteht. Es gibt experimentelle Häuser, die die Wärme über die Jahreszeiten in einem großen, gut isolierten Wassertank speichern, was sich aber nur als Einzellösung anbietet.

Vermeidung energieaufwändiger Kühlung (freie Kühlung)

Im Sommer ist das in den meisten Unternehmen praktische Ziel, wenigstens keine Energie in die Kühlung zu stecken. Bei Temperaturen unterhalb der Soll-Temperatur in einem Serverraum kann das über freie Kühlung gelingen. Fenster auf statt Klimaanlage an. Das oben erwähnte Wärmerad ist eine technische Möglichkeit hierzu.

An heißen Tagen bietet es sich an, die Erdkühlung zu nutzen, wie bei der Wärmepumpenheizung beschrieben. Diese Möglichkeit könnte ein riesiges Potenzial für viele Länder des Südens beinhalten. Immobilien können dort vielfach aufgrund des warmen Klimas ohnehin auf Heizungen verzichten, haben aber hohen Kühlbedarf.

4.2.4.3 Beleuchtung

Die Beleuchtung ist für das Wohlbefinden sowie die Arbeitssicherheit, -geschwindigkeit und -qualität von vielfach unterschätzter Bedeutung. Aus energetischer Sicht stellen **Leuchtdioden (Light Emitting Diode, LED)** in unterschiedlichen Varianten den Stand der Technik dar. Das gilt für Innen- und Außenbeleuchtung sowie für private und betriebliche Anforderungen. Damit lassen sich auch die Anforderungen der DIN 12 464-1 »Beleuchtung von Arbeitsstätten« mühelos einhalten. Zum Verständnis sind einige Fachbegriffe zu klären:

- Die Lichtausbeute ist der **Lichtstrom (Lumen)**, den ein Leuchtmittel bezogen auf ihre elektrische Leistungsaufnahme (Watt) liefert.
- Der **Ra-Wert** ist ein Maß für die **Farbwiedergabe**. Dieser Farbwiedergabeindex ist so normiert, dass ein Farbwiedergabewert von 100 natürlichem Tageslicht entspricht.

Leuchtmittel, Lampen und Beleuchtungssysteme haben eine lange Lebensdauer. Auch wenn sich viele Ersatzinvestitionen schnell amortisieren, werden viele Beleuchtungen weiterbetrieben, denn sie funktionieren ja (▶ Kap. 5.1.2). Flankierend zum Ersatz der Lampen oder auch bei der Beibehaltung der alten Beleuchtung lassen sich große Verbesserungen durch einfache, kostengünstige **Begleitmaßnahmen** erreichen:

- **Steuerung** der Beleuchtungsanlage mit Zeitschaltuhren, Bewegungsmeldern, Tageslichtsensoren, Dämmerschaltern, Phasenanschnittssteuerungen (kontinuierliche Messung der Lichtstärke im Raum und zu- oder abdimmen der Beleuchtung, sofern das Leuchtmittel gedimmt werden kann). Nicht zuletzt spielt die Motivation der Mitarbeiter, nicht benötigte Beleuchtung auszuschalten, eine Rolle.
- Installation von **Reflektoren** bei Leuchtstoffröhren reduziert die Anzahl der benötigen Leuchten um 15 bis 30 Prozent.
- **Anstrich** der Decken und Wänden in hellen Farben.
- Vergrößerung der **Abhängehöhe** der Leuchten in hohen Hallen. Eine Verringerung der Leuchtenhöhe von 2,5 auf 2 Meter kann bis zu 20 Prozent Energie einsparen.
- Regelmäßige **Reinigung** der Lampen, Abdeckungen und Reflektoren.

Für die Zukunft ist zu erwarten, dass sich eine programmierbare, vollautomatische Beleuchtung als Teil einer »intelligenten« Wohn- und Betriebsumgebung (**Ambient Intelligence**) entwickelt. Es ist dann nicht mehr erforderlich, dass ein Nutzer der Räume oder Hallen das Licht einschaltet, wenn es zu dunkel wird. Vielmehr stellen Sensoren fest, ob ein bestimmtes Helligkeitsniveau unterschritten wird. Diese Sensoren sind für bestimmte Bereiche wie Arbeitsplätze, Lager, Außenbereich installiert. Eine zentrale Steuerung muss jetzt so programmiert werden, dass das Licht für bestimmte Tätigkeiten oder Zeiten (beispielsweise innerhalb oder außerhalb der Arbeitszeit) als optimal empfunden wird. Bewegungsmelder ergänzen das System, das sich auch durch Gesten oder Sprache zusätzlich steuern lässt.

4.2.5 Zukunftsperspektiven

Energieeffiziente **Immobilien**, auf deren Dächern Fotovoltaik und Solarthermie-Anlagen angebracht sind, in deren Garagen Elektrofahrzeuge stehen, **entwickeln sich zu Knoten im intelligenten Energienetz.** Sie sind im Jahresschnitt als energieproduzierende Einheiten zu verstehen, die zu virtuellen Großkraftwerken als Teil von **Schwarmenergie** zusammengeschaltet werden können. Der Raum für die Energiebilanz einer Immobilie ist also mit Sorgfalt abzustecken.

Zusammenfassend kann in der Praxis der Eindruck entstehen, dass das Facility Management und die Klimatechnik noch mit Standardanforderungen der Heizung und Kühlung ringen, die hinter den technischen Möglichkeiten zurückbleiben. Neben den technischen Herausforderungen stellt die Zusammenarbeit der zahlreichen Akteure eine Schwierigkeit dar. Der Anlagenlebenszyklus von ist durchaus komplex: Planung, Bau, Übergabe, Betrieb, Instandhaltung, Revisionen, technischen Anpassungen und Modernisierungen, Rückbau. Dabei sind die Fortschritte in der Digitalisierung sowohl Herausforderung als auch Treiber (▶ Kap. 3.6). Stichworte sind Smart Energy Grids, Smart Home und Smart Factory. Immobilien spielen in der Sektorenkopplung für eine erfolgreiche Energiewende eine mitentscheidende Rolle (▶ Kap. 2.2).

4.3 Logistik

4.3.1 Strukturierung des Schnittfelds von Logistik und Energie

Logistik ist ebenso wie Energiemanagement eine Querschnittfunktion, die sich durch das (physische) betriebliche Geschehen zieht. Als Einstieg und Grundlage ist die gängige und eingängige **Definition** der Logistik basiert auf den **6 R** gewählt:

- Die richtige Menge
- der richtigen Objekte
- hat zur richtigen Zeit
- am richtigen Ort zu sein
- mit der richtigen Qualität
- zu den richtigen Kosten.
  Strategische **Logistikkonzeption** legen die Rahmenbedingungen fest (▶ Kap. 4.3.2).

- Eine Kernfrage ist die »**Energie für Logistik**« oder »**Energie der Logistik**«, also die Wahl des Transportmittels und der Antriebsart, was die Energieform und CO_2-Emissionen bestimmen. Anschaulich: Elektrozug, Diesel-Lkw oder Kerosin-Flugzeug. Abschnitt 4.3.3 über Materiallogistik behandelt Grundlagen anhand eines Beispiels.
- Drehen wir die Begriffe um: »**Logistik der Energie**« oder, etwa gleichbedeutend, »**Logistik für Energie**«. Dies ist das Kerngeschäft der Energiewirtschaft. Die Schnittstelle zu den Unternehmen ist der betriebliche Energieeinkauf. Die Grenzen zwischen Energiewirtschaft/EVU und anderen Unternehmen verwischen durch Prosuming.
- Der übliche Logistik-Begriff beschäftigt sich mit Material einschließlich Energie, er kann auch Personentransporte umfassen. Informationen und Kapital sind nicht einbezogen. Abschnitt 4.3.4 beschäftigt sich mit **Personenlogistik**, was Schnittstellen zum öffentlichen Personennahverkehr (ÖPNV), Fernverkehr, zur Luftfahrt und Reisebranche eröffnet. Alle Unternehmen betrifft das im Sinne von Dienstreisen und Commuting (Pendeln) ebenfalls.
- Der Abschnitt 4.3.5 wagt mit aller Vorsicht einen Blick auf ausgewählte technologisch-organisatorische **Entwicklungen und Perspektiven**.
- Abschnitt 4.3.6 blickt auf das **Ein-Liter-Autos**. Es ist technisch ausgereiften, aber nicht auf dem Markt verfügbar. Die Beobachtungen nähren ein tiefes Unbehagen im Hinblick auf unser Wirtschaftssystem.

4.3.2 Logistikkonzeptionen

Den Ausgangspunkt der Überlegungen bildet die klassische Auffassung von Logistik gemäß der oben erläuterten 6 R in einem Industriebetrieb. Damit sind zahlreiche Abteilungen angesprochen, die Teilaufgaben wahrnehmen (▶ Dar. 4.16).

Dar. 4.16: Abteilungen mit logistischen Aufgaben

Gelesen wie Zeilen auf einer Seite, lässt sich die Abfolge von Beschaffung, Produktion und Vertrieb deutliche erkennen:

- Beschaffungslogistik (Materialdisposition, Einkauf/Beschaffung),
- Innerbetriebliche Logistik (Arbeitsvorbereitung bis Instandhaltung und technische Planung),
- Vertriebslogistik (die weiteren Kacheln).

Logistikkonzeptionen legen die strategischen Rahmenbedingungen fest, die nun im Hinblick auf Energie und CO_2 genauer untersucht werden. Dahinter stehen natürlich die großen strategischen Weichenstellungen: die Produkte, die Produktionstechnologie sowie die Märkte. Die Rolle der Logistik mit ihren konzeptionell-strategischen Festlegungen wird nun anhand folgender Punkte erläutert:

- **Bezugsquellen** mit Anzahl und räumlicher Entfernung (Local versus Global Sourcing),
- **Transportabwicklung** einschließlich Transportmittel, Lager und Materialumschlag,
- **Netzwerkbildung** (Logistikdienstleister, IT-Dienstleister, Banken u. a.),
- **IT-Konzept** (Electronic Logistics im Rahmen des Electronic Commerce).

Bezugsquellen

Die Bezugsquellen auf der Beschaffungsseite stehen spiegelbildlich den Kunden auf der Vertriebsseite gegenüber. Beide sind Glieder in der Supply Chain, die letztendlich von der Urproduktion über die verarbeitende Industrie bis zum Kunden und zum Recycling oder zur Deponierung reicht. Bei den heute vorherrschenden Käufermärkten haben Unternehmen jedoch mehr Gestaltungsmacht auf der Beschaffungsseite als auf der Absatzseite. Auch deshalb ist eine getrennte Erörterung sinnvoll.

Die **Kosten- und Umweltziele** der Logistik befinden sich teilweise in Harmonie und stehen sich teilweise entgegen:

- Grundsätzlich führen eine Verringerung der transportierten Menge, geringere Distanzen und eine bessere Ausnutzung der Transportmittel auch zu verringerten Kosten, einem geringeren Energieeinsatz und niedrigeren Umweltbelastungen.
- Ein Konfliktfeld zeigt sich darin, dass es im Interesse der Gewinnmaximierung liegen kann, lange Transporte durchzuführen, um beispielsweise günstige Bezugsquellen zu nutzen oder weit entfernte Kunden zu beliefern. Die Transportkosten sagen damit nicht die ökologische Wahrheit.

Dieser grundlegende Konflikt drückt sich in den Begriffen **globaler und lokaler Einkauf (Global und Local Sourcing)** aus. Ein Treiber der Globalisierung liegt darin, dass Unternehmen weltweit nach dem kostengünstigsten, leistungsstärksten

Anbieter suchen und zudem im günstigen Fall noch von Wechselkursen profitieren. Damit nutzen sie komparative Kostenvorteile, die durch die geographischen, technologischen oder finanziellen Vorteile verschiedener Länder entstehen. Deshalb konzentriert sich der Anbau von Zitrusfrüchten in den Mittelmeerländern, Deutschland hat sich auf Werkzeugmaschinen spezialisiert und Textilien kommen aufgrund der niedrigen Arbeitslöhne oft aus Südostasien. Die Kostenvorteile müssen jedoch die höheren Transportkosten, Zölle und Verwaltungskosten sowie Risiken durch die langen Transporte, mögliche Qualitätsmängel oder auch Korruption ausgleichen.

Durch die weltweite Arbeitsteilung findet sich die Logistikbranche in einem langfristigen Wachstum, was dem Ziel der Energieeinsparung entgegensteht (▶ Kap. 2.5). Aus der Perspektive der Einzelunternehmung fasst Darstellung 4.17 die Abwägungen zusammen. Die Argumente lassen sich jeweils spiegeln.

Dar. 4.17: Local versus Global Sourcing

Local Sourcing	Global Sourcing
Kurze Transportwege:	Suche nach weltweit leistungsstärksten und kostengünstigten Anbieter
• Niedrige Kosten • geringer Energieverbrauch • wenig CO_2-Emissionen	Risiken, insbesondere:
Lokales, regionales oder landesweites (»domestic«) Know-how im Netzwerk, eventuell über Lieferantenentwicklung (»Supplier Development«) Resilienz (Zähigkeit, Widerstandsfähigkeit) und Zuverlässigkeit	• Unterbrechung der Lieferketten bei Naturkatastrophen (»Force Majeure« – höhere Gewalt), Streik, politischen Unruhen, Kriegen usw. • Geringere Kenntis der Länder und Partnerunternehmen • Währungskursschwankungen

In diesen Zusammenhang passt das »**Reshoring**«. Das bedeutet, industrielle Prozesse zurückzuholen, die in Niedriglohnländer ausgelagert/outgesourct wurden. Ursache hierfür ist die Weiterentwicklung der Produktionstechnologie. Es seien hier nur wichtige Stichworte genannt: 3D-Druck, Automation, Robotik, Künstliche Intelligenz/Artifical Intelligence, Maschinenlernen/Machine Learning, Direct Numerical (DNC-)Werkzeugmaschinen, autonome Transporte usw.

Der dadurch sinkende Personalanteil an den Herstellkosten spricht dafür, dass es weniger wichtig wird, ob die entsprechenden Produktionsanlagen in Niedriglohnländern stehen oder in Deutschland. Diese Re-lokalisierung ist aus ökologischer Sicht natürlich zu begrüßen, wenn denn die Produkte dann auch in Deutschland genutzt werden und nicht wieder in die Welt gehen.

Mit der Frage des Standorts des Lieferanten ist die Entscheidung über die **Anzahl der Lieferanten** verbunden. Die Entwicklung in der Wirtschaft geht hin zu einer geringen Zahl von Zulieferern. Einige Unternehmen verlassen sich auf einen einzigen

Lieferanten für ein bestimmtes Beschaffungsgut (Single Sourcing). Um die Abhängigkeit zu mindern, wird oft ein zweiter Lieferant aufgebaut, um auf ihn ausweichen zu können (Dual Sourcing). Das fallweise Suchen eines Lieferanten (Multiple Sourcing) ist in der Industrie auf dem Rückzug, denn dadurch werden Beschaffungsvolumina nicht gebündelt, um sie in bessere Konditionen umzumünzen.

Transportoptimierung und -abwicklung

Konzepte des Materialflusses zeigen auf, in welcher Weise das beschaffte Gut ins Unternehmen kommt. Bekannte Konzepte sind **Just-in-Time (JiT)** oder **Just-in-Sequence (JiS)** für den außerbetrieblichen Transport (▶ Dar. 4.18). JiS erfordert eine enge Kooperation zumindest zweier benachbarter Partner in der Supply Chain mit Verzahnung von IT, Organisation und Technik. Es erfordert Vertrauen und schafft gegenseitige Abhängigkeiten. Räumliche Nähe, geringe Bestände und volle Transportmittel sind aus Energieperspektive natürlich zu begrüßen.

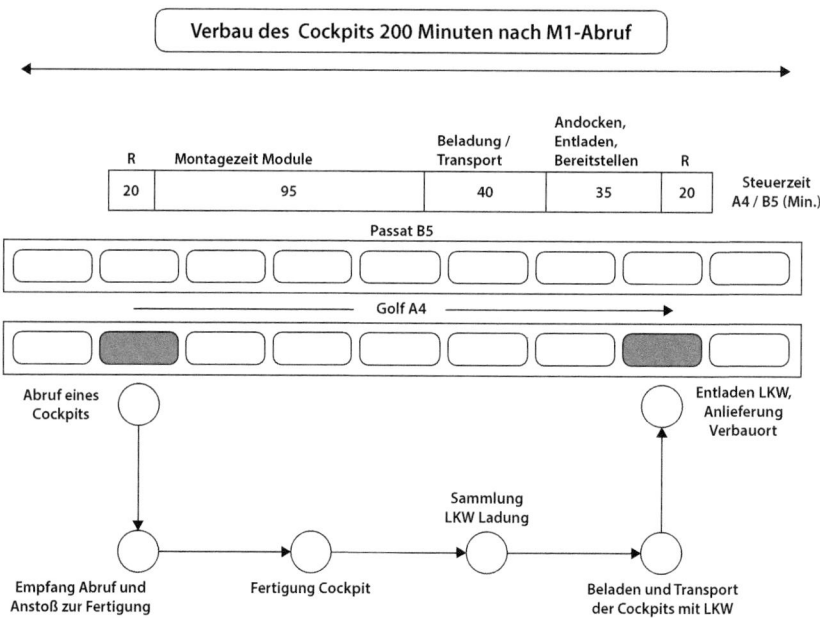

Dar. 4.18: Just-in-Sequence (JiS) als Beispiel für Transportoptimierung (in Anlehnung an Wannenwetsch 2021)

Kanban ist ein innerbetriebliches Konzept des Materialflusses, dessen Grundidee durch die Digitalisierung immer leicht realisierbar ist. Hier sind die Potenziale zur Energieeinsparung durch die kurzen Wege viel geringer als bei der externen Logistik. Die Übergänge zwischen inner- und außerbetrieblich sind zunehmend fließend und die Begriffe überlappen sich.

Tourenplanung mit Software, die **Operations Research (OR)**-Verfahren umsetzt, optimiert die externen Transportwege und -kosten in vielfältigen Anwendungskonstellationen.

Netzwerkbildung und Fifth Party Logistics (5PL)

Wie schon bei JiT und JiS aufscheint, lassen sich Effizienzsteigerungen durch Kooperationen erreichen. Logistikkonzepte sind umso leistungsfähiger, je engmaschiger sie die Supply Chain/Wertnetze knüpfen. Es geht also nicht mehr um das Logistikkonzept eines Unternehmens, sondern um die Bildung von Netzwerken von Unternehmen, die durch Logistikdienstleister (Logistics Provider) verbunden sind. Die IT-Systeme aller beteiligten Unternehmen sind abgestimmt oder sogar an entsprechende Dienstleister ausgegliedert. Banken finanzieren die Materialströme und wickeln die Zahlungen ab. Hilfreich zum Verständnis der Entwicklung und der Logistikbranche insgesamt sind folgende Begriffe:

1. **First-Party-Logistics (1PL)** bedeutet, das Unternehmen transportiert selbst. Anschaulich die Kaltblutgespanne beim Münchener Oktoberfest, mit dem die Brauereien früher ihr Bier ausgefahren haben.
2. **Second Party Logistics (2PL)** meint, dass Unternehmen Speditionen (Logistics Provider) einzeln für Transporte beauftragen – immer noch das Kerngeschäft der Logistikbranche.
3. **Third Party Logistics (3PL)** bedeutet die Zusammenarbeit mit einer Spedition oder einer kleinen Gruppe von Speditionen, die sich auch der Dienste von Subauftragnehmern bedienen.
4. **Fourth Party Logistics (4PL)** heißt, dass ein Unternehmen alle Transporte und weitere logistikbezogene Aufgaben an einen externen Partner abgibt.
5. **Fifth Party Logistics (5PL)** bezeichnet eine noch weitergehende Delegation des Managements von Supply Chains und Wertnetzen an Dienstleister/Provider.

Was kann alles **ausgelagert (outgesourct)** werden, so dass sich das beauftragende Industrieunternehmen auf seine Kernprozesse konzentrieren kann? Die Darstellung 4.19 zeigt die Vielfalt der möglichen Tätigkeiten entlang der Prozesskette eines Auslieferungsauftrags. Vom traditionellen Bild einer Spedition bleibt nur »Abholung und Anlieferung beim Kunden« übrig. Das machen dann häufig preiswerte Speditionen aus Osteuropa mit schlecht bezahlten Fahrern.

Aus dieser Entwicklung zum 5PL folgt für **energetische Fragen**, dass sie beim beauftragenden Unternehmen kaum noch eine Rolle spielen. Der spezialisierte Dienstleister übernimmt Tourenplanung, Transportbündelung und eingesetzte Transporttechnologien. Der Dienstleister hat dann allerdings Optimierungsmöglichkeiten, die auch großen Unternehmen allein nicht zur Verfügung stehen. Der 5PL-Provider (sprich große Speditionen bzw. Logistik-Dienstleister) verfügt über Hubs (Verteil- und Logistikzentren) und kann den Transport für alle seine Kunden bündeln. Bei dieser Integration spielt es keine Rolle, ob es sich um Rohstoffe auf

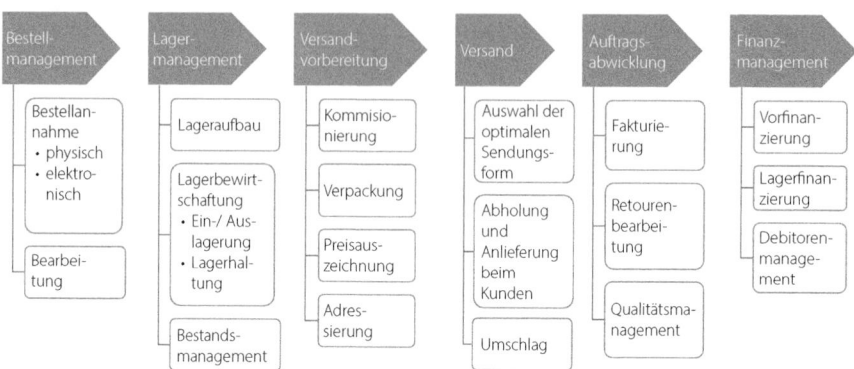

Dar. 4.19: Welche Teilprozesse der Logistik eignen sich für Outsourcing? (in Anlehnung an Wannenwetsch 2021)

der Beschaffungsseite oder um Produkte auf der Vertriebsseite handelt. Mit einem solchen Gesamtüberblick fällt es dem 5PL leichter, Transportkapazitäten voll auszulasten, Leerfahrten zurück zu vermeiden und häufigere Touren zu realisieren. Dies schlägt sich positiv auf Ökologie und Kostenstruktur nieder.

Einige Beobachtungen aus **Wettbewerbs- und Marktsicht**: Es zeigt sich in diesen Überlegungen deutlich, dass enge, breite Kooperationen aus ökologischer Sicht zu Einsparungen führen. Sie führen aber auch zu Konzentrationen und letztlich der Ausschaltung des Wettbewerbs. Damit droht sich die Marktwirtschaft und die damit verbunden niedrigen Preise, technischer Fortschritt, Freiheiten und Selbstbestimmung usw. selbst auszuhebeln. Pointiert ausgedrückt: Es geht in Richtung natürlicher Oligopole oder sogar Monopole, wie es der kometenhafte Aufstieg von Amazon illustriert. Ein struktureller Systemfehler, den eine kluge Wettbewerbspolitik ausgleichen muss. Oder ein Bewusstseinswandel, bei dem sich alle Akteure bescheiden, statt sich dem alten Paradigma der Optimierung bis hin zur Gier zu ergeben.

Electronic Logistics (E-Logistics)

Wenig überraschend spielt die Digitalisierung auch hier wieder eine treibende Rolle. E-Logistics bezeichnet die weitgehende **IT-Unterstützung von Logistikvorgängen**:

- Bei der **Planung** (z. B. IT-gestützt Tourenplanung)
- **Steuerung** (z. B. Tracking und Tracing von Sendungen mittel Global Positioning System, GPS). Bar-Codes (Strichcodes) und QR-Codes (die quadratischen Codes) und RFID-Chips (Radio Frequency Identification Device, also Funk-Chips). Somit lässt sich jeder Versandartikel und auch geringwertige Güter in der Produktion jederzeit lokalisieren.
- **Kontrolle** (z. B. automatisierte Eingangskontrollen, Rechnungsstellung und BDE).

E-Logistics ist ein Element von **Electronic Commerce (E-Commerce)**. Beide Entwicklungen sind aus der Sicht des Energieverbrauchs im **Business-to-Business (B2B)**-Bereich positiv zu sehen, bringen sie doch in der Tendenz eine Effizienzsteigerung von Prozessen. Im **Business-to-Consumer (B2C)** Bereich ist das nicht so eindeutig angesichts des kleinteiligen Onlinehandels. Er ist verbunden mit Retouren, Wegwerfware und massenweisem Einsatz von Kleintransporten in Wohngebieten und Innenstädten.

Doch bleiben wir beim B2B mit der Reduzierung von Lagerbeständen durch mehr Transparenz in der Supply Chain, so dass auch der Energieverbrauch für den Bau und Betrieb von entsprechenden Lagerkapazitäten wegfällt. Bei Transporten wird die Bündelung und Kapazitätsauslastung von Transportmitteln verbessert, wie es das **Desktop-Purchasing (DTP)** als ein wichtiges Beispiel deutlich macht (▶ Dar. 4.20).

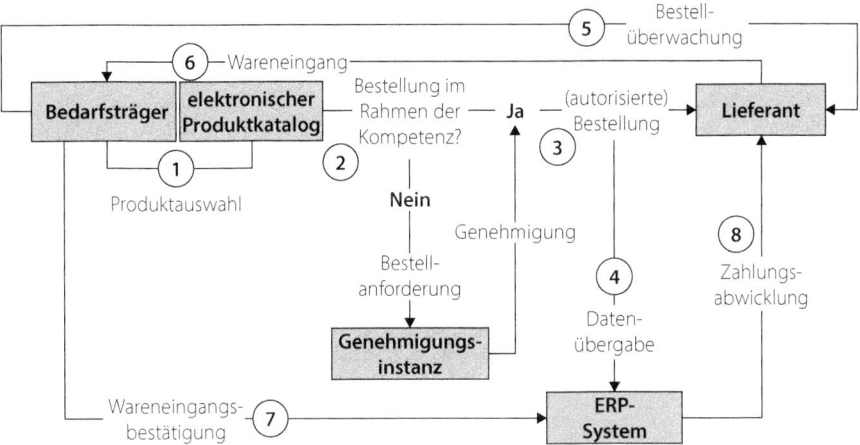

Dar. 4.20: Desktop-Purchasing mittels interner Kataloge als Beispiel für E-Logistics (in Anlehung an Wannenwetsch 2021)

Mit DTP sind im Kern interne Beschaffungskataloge bezeichnet, die von den Mitarbeitern an ihrem Arbeitsplatz (Desktop) im Intranet nutzbar sind. Die Mitarbeiter können ihren Bedarf an C-Artikeln (Kleinteile für Werkstätten, Schmierstoffe oder Büromaterial) ohne aufwändiges internes Genehmigungsverfahren bestellen. Für jede Materialkategorie hat der Einkauf einen Rahmenvertrag mit einem Lieferanten geschlossen, dem die dezentralen Bestellungen der Mitarbeiter direkt zugeleitet werden. Neben den vielen anderen Vorteilen des Systems ist nun eine Volumenbündelung beim Transport mit Energieeinsparung möglich.

Zusammenfassung

Die grundlegende energiebezogene Problematik von Logistikkonzeptionen spiegelt sich im **Gegensatz von lokalen Netzwerken und globaler Beschaffung**. Kennzeichnen wir die beiden Pole mit Ihren Extremen:

Auf der einen Seite steht ein **lokal geprägtes Konzept** als eine sinnvolle Kombination von Single und Local Sourcing in Kombination mit Just-in-Time-Konzepten und Netzwerkpartnern.

Autowerke realisieren dieses lokale Konzept, wenn sie Zulieferer auf das Werksgelände holen, so dass die Lieferung sofort ans Band erfolgen kann. Die Vorteile sind offensichtlich: Kurze Wege, volle Transportmittel, geringe Kapitalbindung durch niedrige Bestände, geringe Logistikkosten und kaum Energieverbrauch durch Transporte. Die **Globalisierung** wirkt dem entgegen.

4.3.3 Materiallogistik

Um Unternehmen die Möglichkeit zu geben, für die Entscheidung über Logistikkonzepte Umweltauswirkungen unterschiedlicher Transportmittel abschätzen zu können, gibt es kostenlose Software (Freeware). Für die Emissionen ist beispielsweise von großer Bedeutung, ob Lkw, Bahn oder Flugzeug den Transport durchführen. Auch der Antrieb und die Art des Treibstoffs spielen eine Rolle. Es ist beispielsweise zu berücksichtigen, ob es sich um Biodiesel oder Ökostrom handelt. Hier drückt sich die Aufgabe der Energie für Logistik aus.

EcoTransIT

Ein aufwändiges, auf wissenschaftlicher Basis erstelltes Programm ist das vom Institut für Energie- und Umweltforschung (ifeu) in Heidelberg und der Rail Management Consultants GmbH (RMCon) entwickelte EcoTransIT (https://www.ecotransit.org/de/). Es gibt eine Auswahl weiterer entsprechender Programme im Internet und auch die Logistik-Module von BWL-Standardsoftware leisten zusehends Unterstützung.

Das hier im Mittelpunkt stehende System EcoTransIT (https://www.ecotransit.org/de/) erlaubt dem Leser, barrierefrei verschiedene Transporte durchzuspielen. Für Business Solutions muss dann gezahlt werden. Aber zum Einstieg lassen sich wichtige Ergebnisse mit einigen Mausklicks und Eingaben nachvollziehen.

Berechnen wir eine Standardfracht von 100 Tonnen »Loses und Schüttgut« von Hamburg nach Bordeaux. Diese Strecke ist so gewählt, dass die angegebenen Transportmittel hinsichtlich der Geografie sinnvoll eingesetzt werden können. Die zur Wahl stehenden Transportmittel sind: Lkw, Zug, Flugzeug, See- und Binnenschiff.

Zunächst ist es sinnvoll, Lkw und Zug zu vergleichen. Würde das Flugzeug gleich mit einbezogen, wären die Unterschiede zwischen den Balkendiagrammen von Lkw und Zug kaum noch zu unterscheiden, weil der exorbitante Energieverbrauch und der sehr hohe CO_2-Ausstoß des Flugs die Skala verzerrt – womit schon ein wesentliches Ergebnis vorweggenommen ist.

Die Ergebnisse für den Energieverbrauch sind standardmäßig in Megajoule angegeben, aber durch einen einfachen Klick lassen sie sich auf Kilowattstunden und Liter Dieseläquivalent umstellen. Hier sind Kilowattstunden gewählt (▶ Dar. 4.21).

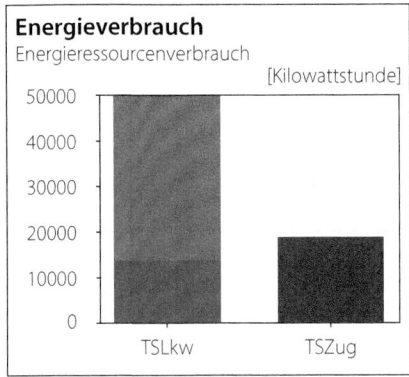 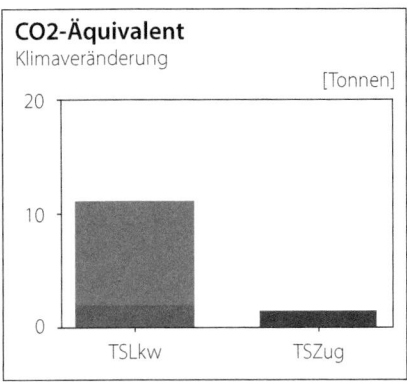

Dar. 4.21: Energie- und CO_2-Vergleich der Strecke Hamburg-Bordeaux für Lkw und Zug mit EcoTransIT

Im Internet sind die Säulen farbig gestaltet, so dass folgende Unterscheidung noch deutlicher wird (online sind die Ergebnisse auch als Darstellung angegeben):

- Der untere Teil der Säule repräsentiert »**Well-to-Tank**« (WTT, »von der Quelle bis zum Tank«). Das ist die graue Energie bzw. die grauen CO_2-Emissionen interpretiert für die Logistik. Die gesamte Säule zeigt somit den Kumulierten Energieaufwand (KEA) oder die Primärenergie.
- Der obere Teil der Säulen zeigt »**Tank-to-Wheel**« (TTW, »vom Tank zum Rad«). Das ist der direkte Energieeinsatz bzw. CO_2-Emissionen vor Ort, im Lkw oder Lokomotive. Im übertragenen Sinne gate-to-gate. Die CO_2-Emissionen des Elektro-Zuges in der Säule ganz rechts sind ausschließlich WTT, denn die Verwendung des Stroms in der Lok erfolgt ja emissionsfrei.

Eine weitere Berechnung zeigt ergänzend die Ergebnisse für Flugzeug (▶ Dar. 4.22).

Die Berechnung von See- und Binnenschiff ist hier nicht mehr ausgeführt, der interessierte Leser kann sie leicht eigenständig durchführen.

Die weiteren Differenzierungsmöglichkeiten bei der Berechnung sind vielfältig:

- Von wo genau in Hamburg geht es los? Innenstadt, Hafen, Industriegebiet? Sind dementsprechend Transportmittelwechsel nötig? Ein kurzer Transport von Containern vom Industriegebiet zum Bahnhof fällt ökologisch kaum ins Gewicht, kostet aber Zeit und Geld.

- Bei welchem Teil der Strecke handelt es sich um Elektro- oder Dieselzüge?
- Auslastung der Transportmittel und Leerfahrten?
- Spezifisches Gewicht (eine Tonne Styropor oder Stahl)? Transportbehältnisse (Sand oder Kühlschränke)?
- Anteil grüner Strom? Konkrete CO_2-Bilanz (und Kosten) der Elektrizität zum Zeitpunkt des Transports? Dunkelflaute oder üppige Versorgung?
- Kühlbedarf, Gefahrstoffregelungen, Mindesthaltbarkeitsdaten?

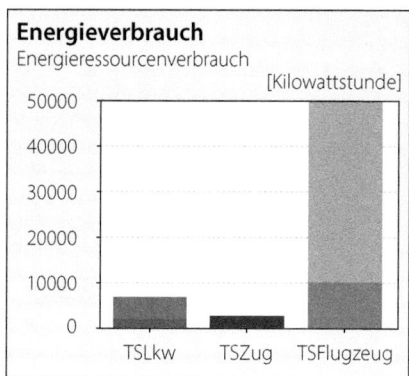
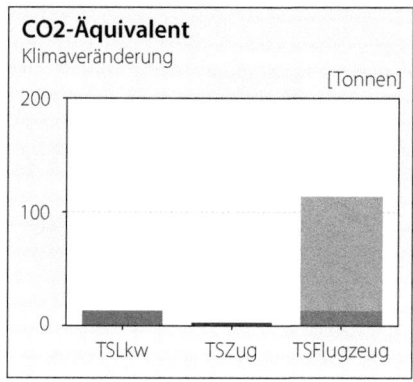

Dar. 4.22: Energie- und CO_2-Vergleich der Strecke Hamburg.Bordeaux für Lkw, Zug und Flugzeug mit EcoTransIT

Durch den zusätzlichen Einsatz eines **Geoinformationssystems (GIS)** kann genau nachvollzogen werden, auf welchem Weg die Güter zu ihrem Zielort gelangt sind.

Im Gegensatz zu den meisten Systemen, welche zur Berechnung der Umweltbelastungen nur den Hauptindikator des Treibhauseffektes Kohlendioxid berücksichtigen, gehen bei EcoTransIT noch weitere Faktoren in die Berechnungen mit ein. Verzichtet wird dabei allerdings auf die Betrachtung der Kategorien Landverbrauch sowie Lärmbelastung. Die folgenden ökologischen Auswirkungen des Verkehrs werden von EcoTransIT in der **Wirkungsbilanz** der betrachteten Transporte berücksichtigt (▶ Dar. 4.23).

Dar. 4.23: Umweltauswirkungen im Softwaretool EcoTransIT

Umweltbelastung	Abkürzung	Einheit	Ökologische Auswirkung
Kohlendioxidemissionen	CO_2	t	Hauptindikator für den Treibhauseffekt
Primärer Energieverbrauch	PEC	MJ	Hauptindikator für Ressourcenverbrauch
Stickoxidemissionen	NOx	kg	Eutrophierung*

Dar. 4.23: Umweltauswirkungen im Softwaretool EcoTransIT – Fortsetzung

Umweltbelastung	Abkürzung	Einheit	Ökologische Auswirkung
Nicht-Methan-Kohlenwasserstoffe	NMHC	kg	Humantoxizität, Smog
Staubemissionen insgesamt	$PM_{ind/dir}$	kg	Humantoxizität, Smog
Feinstaubemissionen	PM_{ind}	kg	Humantoxizität, Smog
Schwefeldioxidemissionen	SO_2	kg	Übersäuerung, Ökotoxizität, Humantoxizität

* Zunahme von Nährstoffen in Gewässern, welche eine unerwünscht starke Vermehrung von Wasserpflanzen nach sich zieht.

Beim Einsatz eines solchen ausgefeilten und kostenlosen Softwaretools besteht die Gefahr, eine **Insellösung** zu schaffen, die nicht ausreichend in die allgemeine Umwelt- und Energiebilanz des Unternehmens integriert ist. Vielen Unternehmen fehlt gerade der systematische Gesamtüberblick. Zusätzlich ist besonders in der Logistik zu beachten, dass beim Einsatz von Logistikdienstleistern viele Wirkungen außerhalb des Unternehmens anfallen. Die sorgfältige Definition der Systemgrenzen bei der Bilanzierung ist deshalb sehr wichtig.

4.3.4 Personenlogistik

Logistik betrifft in erster Linie den bisher behandelten Transport von Material, doch auch von Personenlogistik kann gesprochen werden. Der »Transport« oder die Übermittlung von Informationen fällt hingegen nicht unter den Begriff Logistik und wird im Abschnitt 4.8 gesondert behandelt. Die Personenlogistik spielt für den Energieverbrauch von Reiseunternehmen eine dominierende Rolle. Hier wird die Problematik jedoch anhand von **Dienstreisen** behandelt, um einen Bezug zu allen Unternehmen herzustellen. Auch das **Pendeln zum Arbeitsplatz (Commuting)** ist so abgedeckt sowie die **Mobilität von Privatpersonen**.

Es ist scheinbar eine übersichtliche Aufgabe, Auto, Zug und Flugzeug zu vergleichen. Dazu gibt es zahlreiche Tools im Internet. Doch bei näherem Hinsehen ist die **Methodik der verschiedenen Ansätze** sehr unterschiedlich. Es tun sich teils massive Lücken auf, es werden Äpfel mit Birnen verglichen. Einige Beispiele für die methodischen Herausforderungen:

- Es macht einen Unterschied, ob Kerosin (Diesel) am Erdboden oder in **von Flugzeugen in großer Höhe** verbrannt wird: »Diese verschiedenen Effekte summieren sich derart, dass die Treibhauswirkung des Fliegens im Durchschnitt etwa zwei- bis fünfmal höher ist als die alleinige Wirkung des ausgestoßenen

CO_2.« Stickoxide und Wasserdampf führen zu zusätzlichen klimarelevanten Emissionen (Umweltbundesamt 2022). Dieser Höhenfaktor wird von der Luftfahrtindustrie eher stiefmütterlich behandelt.
- **E-Autos** emittieren bei der Fahrt keine Abgase; gar keine, auch kein CO_2. Aber der Strom, mit denen die Akkus aufgeladen wurde, ist wie schon gezeigt als »**graue Energie**« bzw. »**graue CO_2-Emissionen**« einzubeziehen. Zusätzlich benötigen E-Autos eine **aufwändig hergestellte Batterie**, die später zu recyclen ist. Das sind fixe CO_2-Emissionen, die eigentlich auf die gefahrenen Kilometer zu verteilen wären. Die Schätzungen über den »Break-Even-Punkt« gehen weit auseinander.
- Was kann man nun sinnvollerweise in den Vergleich einbeziehen? Eine Idee wäre es, **nur den variablen Energieverbrauch** und die variablen Treibhausgasemissionen zu berücksichtigen. Also nur zu berücksichtigen, was direkt durch unsere Reisentscheidung beeinflussbar ist. Allerdings einschließlich der grauen Komponenten (Energie- und CO_2-Rucksack), denn sonst würden E-Autos gegenüber Verbrennern unangemessen bevorzugt. Das passt gut bei Autos. Wenn wir sie stehen lassen, sind Verbrauch und Emission null.
- Aber **das passt nicht bei der Eisenbahn oder bei Flugreisen.** Denn die variablen Emissionen von Zug und Flug aus der Entscheidungsperspektive eines zusätzlichen Reisenden im Grunde null. Es ist egal, ob in einen Zug, der ohnehin fährt, noch jemand einsteigt, also echte Null-Grenzkosten. Deshalb sind hier Durchschnittswerte sinnvoll, sonst würden diese Transportmittel unangemessen privilegiert. Die Hoffnung besteht darin, dass langfristig weniger Flugzeuge fliegen, wenn wir insgesamt weniger fliegen.
- Hinzu kommen **weitere Annahmen**, die Rechnungen kippen lassen können: Ist das E-Auto mit Strom vom eigenen Dach geladen oder in einer Dunkelflaute vorwiegend mit Braunkohlestrom? Lassen sich die fixen Emissionen eines E-Autos auf 300.000 Kilometer verteilen (Pool-Auto mit hoher Auslastung) oder nur auf 50.000 (Dritt-Privatwagen mit geringer Fahrleistung)? Sitzen im Auto eine Person oder vier, wie auf einer Urlaubsfahrt? Ist der Flieger, Zug, Bus voll besetzt oder halb leer?

Der Verfasser muss sich eingestehen und den Leser warnen, dass die folgenden Rechnungen methodisch angreifbar sind. Es würde den Rahmen sprengen, die angedeuteten Varianten umfassend durchzurechnen und mittels Sensitivitätsanalysen Spannbreiten zu zeigen. Um weiter das Gefühl für methodische Schwierigkeiten zu schärfen, im Folgenden ein kurzer Abriss des Lebenszyklus eines E-Autos. Dies schafft auch Voraussetzungen zur Beurteilung der politischen Entscheidung für E-Mobilität.

Lebenszyklusbetrachtung der E-Autos

Die Beurteilung von E-Autos erfordert den Blick auf den gesamten Lebenszyklus von Produktion, Nutzung und Second Life/Recycling/Entsorgung:

- **Produktion**: Elektroautos mit ihren Batterien erfordern einen im Vergleich zu Benzin- und Dieselautos sehr viel höheren Energie- und Materialaufwand.
Hinzu kommt die Abhängigkeit von Metallen, die für Batterie und Elektromotor nötig sind, wie Kobalt oder seltene Erden. Die sind weltweit knapp und teuer. Deutschland hat keine Vorkommen, jedoch u. a. Russland und China. Der Abbau erfolgt in Afrika teils unter menschenunwürdigen Bedingungen.
- **Nutzung**: Es gibt zahlreiche Studien über die CO_2-Bilanz, die untersuchen, wie weit ein E-Auto fahren muss, um die höheren CO_2-Emissionen bei der Produktion in der Nutzung zu kompensieren. Das sind je nach Annahmen der Studien zwischen 45.000 und 210.000 Kilometern, eine erhebliche Spanne. Dieser Break-even-Punkt oder Amortisation im Hinblick auf die CO_2-Emissionen ist also sehr hoch. Viele E-Zweitwagen werden ihn möglicherweise kaum erreichen. Das ist ernüchternd. In der Berechnung des Flottenverbrauchs bezieht die EU E-Autos mit Emissionen von null ein. Das stimmt nur für die eigentliche Fahrt, aber nicht für den »Energierucksack« des E-Autos mit der Batterie. Und es stimmt auch nicht für die »graue Energie« des Stroms, mit dem der Akku geladen wurde.
- **Recycling und Entsorgung**: Die hochkomplexen Akkumulatoren mit ihren Klebungen und wertvollen Materialmischungen sind schwer zu recyceln. Auch hier sind noch Fragen ungeklärt.
Eine Weiternutzung der Akkus kann über ein **Second Life** erfolgen, in einem zusammengeschalteten Elektrospeicher für die den Ausgleich von intelligenten Netzen. Aber wie von Handys bekannt, irgendwann sind die möglichen Ladezyklen aufgebraucht und der Akku funktioniert nicht mehr.

Beispielrechnung Teamtreffen mit Anreise

Die Darstellung 4.24 zeigt die Rahmenbedingungen für das Beispiel einer Besprechung von Außendienstmitarbeitern, um dann die Kosten, den Energieverbrauch und die Emissionen der notwendigen Dienstreisen zu berechnen. Auf dieser Basis ist dann zu entscheiden, ob die Besprechung mit physischer Präsenz zwingend ist oder ob die Teilnehmer sich virtuell mittels einer Videokonferenz treffen können.

Berechnung der Kosten

Die Teamleiterin ist in der Zentrale und muss nicht reisen, während die Mitarbeiter aus unterschiedlichen Entfernungen anreisen müssen und dabei jeweils andere Verkehrsmittel benutzen. Die beiden wichtigsten Kostenarten der Reisekosten sind die Transportkosten sowie die Personalkosten der Reisenden. Andere Kostenarten wie Tagessätze zur Spesenerstattung oder Parkkosten werden vernachlässigt. Bei mehrtägigen Reisen würden Übernachtungskosten das Kostengefüge nennenswert verschieben (▶ Dar. 4.25).

4 Energiemanagement in betrieblichen Funktionen

Dar. 4.24: Rahmenbedingungen einer Geschäftsbesprechung mit Dienstreisen

Person	Entfernung vom Besprechungsort in km	Transportmittel	Gesamte Reisedauer in Stunden
Teamleiterin	0	–	–
Mitarbeiter A	200	Diesel Pkw	4
Mitarbeiter B	200	Benzin Pkw	4
Mitarbeiter C	200	E-Auto öffentliche Ladesäule	4
Mitarbeiter D	200	E-Auto Sonnendach	4
Mitarbeiter E	200	Zug	4
Mitarbeiter F	400	Flugzeug	6
Mitarbeiter G	5	Fahrrad	0,5

Dar. 4.25: Berechnung der Reisekosten für ein beispielhaftes Geschäftstreffen

Person	Transportkosten	Personalkosten	Gesamtkosten
Teamleiterin	0	0	0
Mitarbeiter A Diesel Pkw	400 km x 0,38 Euro/km = 152 Euro	4 Stunden x 50 Euro/Stunde = 200 Euro	352 Euro
Mitarbeiter B Benzin Pkw	400 km x 0,38 Euro/km = 152 Euro	4 Stunden x 50 Euro/Stunde = 200 Euro	352 Euro
Mitarbeiter C E-Auto aus dem Netz	400 km x 0,38 Euro/km = 152 Euro (siehe Bemerkungen unten)	4 Stunden x 50 Euro/Stunde = 200 Euro	352 Euro
Mitarbeiter D E-Auto Sonnendach	400 km x 0,38 Euro/km = 152 Euro (siehe Bemerkungen unten)	4 Stunden x 50 Euro/Stunde = 200 Euro	352 Euro
Mitarbeiter E Zug	Abhängig von Bahncard, Art des Zugs usw., 120 Euro	4 Stunden x 50 Euro/Stunde = 200 Euro	320 Euro
Mitarbeiter F Flug	Abhängig vom Flugtarif, 240 Euro	6 Stunden x 50 Euro/Stunde = 300 Euro	540 Euro
Mitarbeiter G Fahrrad	0	Eine halbe Stunde, 25 Euro	25 Euro
			Summe 2.293 Euro

Die Kostenhöhe kann im Einzelfall stark schwanken. Hier einige Bemerkungen:

Zur Vereinfachung ist bei den **Pkw (B bis D)** eine Entfernungspauschale von 0,38 Euro angesetzt, die das Unternehmen den Mitarbeitern für ihre privaten Autos zahlt. Damit sind fixe Kosten wie Abschreibung, Versicherung, Steuern usw. berücksichtigt. Aus der Sicht der Mitarbeiter ändern sich die Kosten für Treibstoff. Es lohnt sich, die Stromkosten für E-Autos bei verschiedenen Ladevarianten genauer anzusehen. Ein Verbrauchswert von 15 Kilowattstunden auf 100 Kilometer ist angesetzt. Die Kosten pro Kilowattstunde bei **öffentliche Ladesäulen** haben eine große Spanne und können bemerkenswert hoch sein, gehen wir von 0,70 Euro aus:

$$400\,\text{km} \times 15\,\frac{\text{kWh}}{100\,\text{km}} \times 0,7\,\frac{\text{Euro}}{\text{kWh}} = 42\,\text{Euro}$$

Das liegt auf dem Niveau eines sparsamen Verbrenners.

Wenn nun das Auto in der **heimischen Garage aus dem Netz** aufgeladen wird, möglichst noch mit einem flexiblen Stromvertrag und Smart Metering zu kostengünstigen Zeiten. Setzen wir 30 Cent pro Kilowattstunde:

$$400\,\text{km} \times 15\,\frac{\text{kWh}}{100\,\text{km}} \times 0,3\,\frac{\text{Euro}}{\text{kWh}} = 18\,\text{Euro}$$

Dies ist eine bemerkenswerte Reduktion. Die sich steigern lässt durch das Aufladen mittels **Fotovoltaik-Modulen auf dem Dach**. Die variablen Kosten bei der Dach-Variante sind:

$$400\,\text{km} \times 15\,\frac{\text{kWh}}{100\,\text{km}} \times 0,0\,\frac{\text{Euro}}{\text{kWh}} = 0\,\text{Euro}$$

Die **Zugreise** kann sehr unterschiedliche Kosten verursachen. Vom ICE in der ersten Klasse, kurzfristig gebucht zu Spitzenzeiten, bis zur gemeinsam genutzten Netzkarte. Also einer Bahncard 100, die für ein ganzes Jahr zu Fahrten im gesamten Bahn-Streckennetz berechtigt. Der Gerling-Konzern als Arbeitgeber des Verfassers in Köln hatte mehrere Netzkarten in einem Schließfach am Bahnhof deponiert. Die Reisestelle gab dann die Schlüssel zum Fach heraus, in die die Mitarbeiter am Ende der Dienstreise die Karte wieder hineinlegte. So wurde die Netzkarte gepoolt und die variablen Kosten der Bahndienstreise waren null.

Ebenso ist die Variationsbreite für **Flugreisen** enorm. Vom regulär gebuchten Business-Class-Linienflug bis zum Billigflug in der Nacht vom abgelegenen Flughafen für einen eher symbolischen Preis. Flüge von Billiglinien für niedrige zweistellige Europreise sind aus ökologischer und energetischer Perspektive ein Systemfehler. Es ist absurd, dass Flüge wegen der fehlenden internationalen Kerosinbesteuerung gegenüber Bahn und auch Auto konkurrenzlos billig angeboten werden.

Berechnung des Energieverbrauchs und der Kohlendioxid-Emissionen

Beim Pkw hängt der Treibstoffverbrauch pro Kilometer vom Auto, der Fahrweise und – bei einer personenbezogenen Betrachtung – von der Anzahl der Mitfahrenden ab (**Car Pooling**). Die Kennzahlen

- »Energieverbrauch pro Transportmittel und Kilometer« (**Autokilometer**) und
- »Energieverbrauch pro Reisenden und Kilometer« (**Personenkilometer**)

sind also zu unterscheiden. Das gilt entsprechen auch für Transportkosten und Emissionen.

Hier wird angenommen, dass

- jeder Reisende allein fährt,
- ein Diesel-Pkw sechs Liter pro 100 Kilometer verbraucht,
- ein Benzin-Pkw sieben Liter,
- der Bahnreisende 12 Kilowattstunden elektrische Energie auf 100 Kilometer benötigt. Das ist ein schwieriger Kompromiss: Die Bahn (2024) gibt wenig als ein Gramm an wegen Ökostrom, das UBA (2022) aber 31 Gramm.
- auf einen Flugreisenden fünf Liter Kerosin pro 100 Personen-Flugkilometer kommen,
- der Fahrradfahrer eine gute Mahlzeit benötigt.

Die Vorkette ist bei Diesel und Benzin mit einem Zuschlag von etwa 10 Prozent nicht berücksichtigt. Die Kohlendioxidemissionen des Stroms beziehen sich nur auf die Vorkette, den »grauen Rucksack«. Dessen ist sich der Verfasser wohl bewusst, will aber die wichtigsten Einflussgrößen berücksichtigen, ohne zu komplex zu werden.

Es sei an dieser Stelle daran erinnert, dass der Energieinhalt eines Liters Treibstoff etwa 10 Kilowattstunden entspricht. Der Energieverbrauch in Kilowattstunden ist nicht eigens angegeben, lässt sich mit diesem Koeffizienten leicht abschätzen.

Dar. 4.26: Berechnung der Kohlendioxidemissionen für ein beispielhaftes Geschäftstreffen

Person	Energieverbrauch der Reise	Spezifische Kohlendioxidemissionen der Energieform	Kohlendioxidemissionen der Reise in Kilogramm
Teamleiterin	0	0	0
Mitarbeiter A Diesel-Pkw	4 x 100 km x 6 l/100 km = 24 Liter	2,65 kg/Liter	63,60
Mitarbeiter B Benzin-Pkw	4 x 100 km x 7 l/100 km = 28 Liter	2,36 kg/Liter	66,08

Dar. 4.26: Berechnung der Kohlendioxidemissionen für ein beispielhaftes Geschäftstreffen – Fortsetzung

Person	Energieverbrauch der Reise	Spezifische Kohlendioxidemissionen der Energieform	Kohlendioxidemissionen der Reise in Kilogramm
Mitarbeiter C E-Auto Wallbox-Strommix	4 x 100 km x 15 kWh/ 100 km = 60 kWh	0,5 kg/kWh	30
Mitarbeiter D E-Auto Sonnendach	400 km x 15 kWh/100 km = 60 kWh	0,0 kg/kWh (ohne Abschreibung der Module)	0
Mitarbeiter E Zug	400 km x 12 kg/km = 48 kg	12 Gramm pro Personenkilometer wie oben erklärt	48
Mitarbeiter D Flugzeug	800 km x 5 l/100 km = 40 Liter	2,5 kg/Liter (3 Faktor für Emission in großer Höhe)	100 bis 300
Mitarbeiter E Fahrrad	Muskelkraft	0	0
			Summe 308 bis 508 kg CO_2

Wenn ein Unternehmen ein Energiemanagement einführen oder verfeinern will, muss es festlegen, für welche Kennzahlen und Umrechnungsfaktoren es pauschale Werte festlegt und welche Rechnungen mit genauen Annahmen im Einzelfall durchgeführt werden. Um diese Unterscheidung treffen zu können, ist ein Verständnis der jeweiligen Problematik erforderlich. Auch Recherchen in der Literatur und im Internet helfen aufgrund der manchmal stark divergierenden Zahlen nur weiter, wenn die zugrunde liegenden Studien mit ihren Annahmen verstanden werden.

Um eine **reibungslose Zusammenarbeit im Team** zu gewährleisten, ist gegenseitiges Vertrauen notwendig, das sich am besten in direktem, insbesondere informellem Kontakt entwickelt. Auch manche Kundenkontakte bringen größeren Erfolg, wenn sie auf persönlichen Begegnungen gründen. Dienstreisen sind zudem oftmals eine willkommene Abwechslung, wirken auf manche Mitarbeiter wie ein motivierender Anreiz (Incentiv). Jedoch sprechen die obigen Zahlen dafür, Reisen möglichst zu vermeiden und durch Telefon- und Videokonferenzen zu ersetzen.

4.3.5 Ausgewählte technologische-organisatorische Entwicklungen und Perspektiven

Ein Blick auf die Entwicklung von Verkehrstechnologien für verschiedene Verkehrswege rundet die Erörterung der Logistik ab:

- Straßenverkehr Lkw,
- Straßenverkehr Pkw,
- Straßenverkehr Busse,
- Schienenverkehr,
- Luftverkehr,
- Schiffsverkehr.

Straßenverkehr Lkw

- Bei Lkw dominiert der **Dieselantrieb**, von dem auch Instrumente wie EcoTransIT ausgehen. Weitere Antriebsarten sind jedoch möglich:
- **Wasserstoff und Brennstoffzelle**: Hier liegen die Schwierigkeiten bei der Verfügbarkeit des Wasserstoffs (▶ Kap. 3), der fehlenden Transport- und Tankinfrastruktur sowie den hohen Kosten.
- **E-Lkw**: Die Akkus/Batterien sind (zu) schwer, die Reichweite eingeschränkt und die Ladeinfrastruktur ist nicht verfügbar bzw. wäre sehr teuer.
- **E-Lkw mit Oberleitungen**: Eine Teststrecke von Darmstadt nach Frankfurt hat genau dies versucht, letztlich leider ohne Erfolg. Wie Straßenbahnen oder Elektroloks fahren Lkws mit Stromabnehmern unter Oberleitungen auf der rechten Spur der Autobahn. Batterien oder Diesel kommen nur für die Zu- und Abfahrten an die Logistik-Zentren zum Einsatz. Das ist eine gute Idee, erfordert aber die Elektrifizierung aller Autobahnen, auch international, und die Erneuerungen der Lkw-Flotten. **Induktives Laden durch Kabel**, die im Bodenbelag der Autobahnen eingebracht sind, wären technisch ebenso realisierbar.
- **Biodiesel**: Die benötigten Mengen sind zu hoch.
  Jeder Deutsche besitzt etwa 10.000 Gegenstände. Viel dieser Objekte bzw. deren Vorprodukte sind aus fernen Ländern herbeitransportiert. Macht uns diese Überfülle glücklicher? Hier liegt ein Schlüssel zur radikalen Reduktion des Verkehrs.

Personenlogistik

Der vorstehende Abschnitt hat bereits die wichtigsten Antriebsarten für Pkw (**Benzin, Diesel, Elektro**) durchgerechnet. Es gibt weitere Technologien:

- **Hybridfahrzeuge** kombinieren Verbrenner- und Elektrotechnologie. In der Tendenz sind solche Autos teurer und schwerer. Im Stadtverkehr ist ein reines E-Auto günstiger. Bei Urlaubsfahrten sind Dieselfahrzeuge praktischer.
- Hinzu kommt **Autogas**, das sich schon lange als Nische etabliert hat, aber nicht das Potenzial als tragende Technologie bietet.
- **Wasserstoff** ist ebenfalls möglich, wobei die mehrfach angesprochenen Probleme der Verfügbarkeit, eingeschränkten Effizienz und Tankstellen-Infrastruktur im Wege stehen.

Lösungselemente der Gesamtherausforderung »Personenlogistik« bietet auch eine Verlagerung weg vom Individualverkehr mit eigenem Auto:

- **Öffentlicher Personennahverkehr (ÖPNV)** mit Bussen, Straßenbahn, U-Bahn. Seilbahnen kommen in Deutschland wohl kaum in Frage, schon wegen der »Überflugsrechte«. Aber in Städten des Globalen Südens können sie Nischen besetzen.
- **Öffentlicher Personenfernverkehr (ÖPFV)** insbesondere durch die Eisenbahn und (Reise-)Busse, die bei hoher Auslastung eine sehr gute Bilanz aufweisen.
- Neue Lösungen (**Hyperloop**)
- **Car-Sharing** und **-Pooling** (Fahrgemeinschaften)
- **Mobility on Demand**, sozusagen vernetzte Sammel-Taxifahrten. Sie können sehr preiswert sein, wenn autonomes Fahren möglich wird. Damit würde das Taxigewerbe in bisheriger Form obsolet.
- **Lufttaxis**: Kleine, elektrisch betriebene Helikopter. Technisch möglich, aber in den engbebauten deutschen Städten wahrscheinlich nur eine Nischenlösung für Wohlhabende – wenn wir das als Gesellschaft denn so wollen.

Und wieder die Hoffnung auf **Reduktion des Verkehrsaufkommens**. Sich durch den dichten Berufsverkehr zu kämpfen ist wenig spaßig. Homeoffice und verschobene Arbeitszeiten können helfen.

Persönliche Freiheit durch Mobilität ist ein hohes Gut und bringt Freude. Aber den eigenen PS-starken Wagen in der Garage? Bei jungen Männern vor 40 Jahren noch immer hoch priorisiert. Zwei aktuelle Blitzlichter:

- Studierende, die gar nicht mehr den Führerschein machen mit der Begründung: »Ich lebe in einer Großstadt, brauche ich nicht.«
- Und ein US-Amerikaner, den die Liebe noch als Rentner nach Deutschland führte: »Es ist toll hier, die Bushaltestelle ist vor dem Haus und der Bahnhof in Gehentfernung – so bin ich up, up and away!«

Schienenverkehr und Hyperloop

Der Schienenverkehr lässt sich differenzieren:

- Bisher gingen wir implizit von der **konventionellen Eisenbahn** aus, die hochentwickelt und ökologische vorteilhaft ist. Elektrozüge erbringen etwa 90 Prozent der Verkehrsleistungen im Bahnverkehr, denn die Vorzüge des Elektroantriebs sprechen für sich: Diese Motoren sind besonders energieeffizient, lokal emissionsfrei und platzsparend, da ein zusätzlicher Energiespeicher an Bord des Triebwagens nicht benötigt wird. Zusätzliche Einsparpotenziale liegen nur begrenzt vor, da diese Antriebsart schon heute einen hohen Entwicklungsstand erreicht hat. So ist beispielsweise die Rekuperation, also die Wiedereinspeisung von Bremsenergie in das Leitungsnetz, realisiert.

- Diskussionswürdig ist die **Trennung zwischen einem Hochgeschwindigkeitsnetz und dem übrigen Schienennetz**. Die ICE in Deutschland mit über 250 Stundenkilometern Höchstgeschwindigkeit werden immer wieder durch langsamere Züge ausgebremst. In Frankreich haben die vergleichbaren TGV ein eigenes Netz und rasen von Paris bis Bordeaux in gut zwei Stunden. Von Innenstadt zu Innenstadt, schneller als mit dem Flugzeug einschließlich Zeiten für Flughafentransfers. Ein solches Streckennetz, das Inlandsflüge obsolet werden ließe, konnte Frankreich bauen, das weniger dicht besiedelt ist als Deutschland.
- **Magnetbahnen** schweben mittels Magneten berührungslos auf Schienen und erreichen Geschwindigkeiten von über 400 Stundenkilometern. Der »Transrapid« wurde in Deutschland entwickelt, fand aber aufgrund der dichten Besiedelung keine Anwendungsstrecken. In China hat die Technologie eine Nischenstellung.
- **Hyperloop** ist der von Elon Musk ins Spiel gebrachte bekannteste Ansatz eines Transports über Vakuumröhren. In den Röhren transportieren zylindrische Züge Menschen oder Material. Magnete halten und beschleunigen diese zugähnlichen Transportbehältnisse. Durch das Vakuum ist kaum Luftwiderstand mehr vorhanden und der Energieaufwand minimal. Flugzeuggeschwindigkeiten von 1.000 Stundenkilometern sind angepeilt.

Luftverkehr

Beim Luftverkehr verursachen die Emissionen aufgrund ihrer Freisetzung in großer Höhe stärkere Wirkungen auf den Treibhauseffekt als an der Erdoberfläche. Kritische Stoffe für den Flugverkehr sind neben Kohlendioxid vor allem Stickoxide, Wasserdampf und Staubpartikel. Die heute dominierende Antriebstechnologie sind kerosinbefeuerte (Strahl-)Turbinentriebwerke, die vor allem aufgrund ihres geringen Gewichtes diesen Platz einnehmen konnten. Der Energieaufwand und Treibhauseffekt ist damit pro Personenkilometer sehr hoch. Es zeichnen sich auch keine rechten Alternativen zur Vermeidung ab:

- **Biokerosin**: Kerosin hat etwa die Eigenschaften von Diesel. Die benötigten Mengen sind zu hoch, die erforderlichen landwirtschaftlichen Flächen zu groß und die Konkurrenz zur Nahrungsmittelerzeugung ethisch mehr als fragwürdig.
- **Elektroantriebe**: Die Energiedichte von Batterien ist zu gering. Damit werden die Flugzeuge zu schwer, die Nutzlast und Reichweite zu niedrig, die Kosten schnellen hoch. Im Grunde nur für Propellermaschinen mit Elektroantrieb. Düsentriebwerke lassen sich nicht mit Strom betreiben.
- **Wasserstoff**: Technisch komplex, die Energiedichte ist viermal geringer als bei Kerosin, prohibitiv teuer.

Schiffsverkehr

Bis heute werden Schiffe vorwiegend von großen Dieselmotoren angetrieben, da – abgesehen von einem Atomantrieb – keine andere Antriebsart dazu in der Lage ist, die immensen Leistungen von 100.000 PS oder mehr aufzubringen. Die größten Containerschiffe sind 400 Meter lang und können 24.000 Standardcontainer laden, eine gigantische Größe. Folgende Antriebskonzepte sind in der Seefahrt gebräuchlich:

- **Schweröl (»Schiffsdiesel«)**: Seeschiffe fahren nicht mit dem üblichen Diesel/Heizöl/Kerosin, sondern mit Schweröl oder Schiffsdiesel. Die Zähflüssigkeit (Viskosität) ist so hoch, dass das Öl erwärmt werden muss, um überhaupt pumpfähig zu werden und in den Dieselmotoren verbrannt werden zu können. Dementsprechend hoch sind die Abgaswerte. Von Umweltgruppen stammt der Ausdruck, Seeschiffe seien Abfallverbrennungsanlagen auf den Ozeanen. Üblicher Diesel wäre somit schon ein Fortschritt. Biodiesel wäre möglich, verbietet sich aber aus den mehrfach zitierten ökologischen Anbaubedenken und dem Mengenproblem.
- **Erdgas (Liquified Natural Gas, LNG)**: Erdgas ist um vieles sauberer, aber auch deutlich teurer. Die Verflüssigung erfolgt über die Kühlung bis auf weniger als minus 160 Grad. Dadurch sind der Transport und die Lagerung in isolierten Tanks möglich, die auf Schiffen nicht zu viel Platz einnehmen. LNG-Tanker fahren auch mit LNG.
- **Wasserstoff**: Auch das ist technisch möglich, was die Energiedichte angeht. Über Brennstoffzellen kann der Wasserstoff Strom erzeugen, um einen Elektromotor anzutreiben. Aufgrund der Kosten bislang nur im Experimentierstadium. In der Binnenschifffahrt (die hier sonst nicht weiter erläutert wird) sind die Einsatzmöglichkeiten besser.
- **Segel**: Bereits in vorgeschichtlichen Zeiten hat der Mensch den Wind zur Fortbewegung auf dem Meer genutzt. Durch die Gigantomanie des 20. Jahrhunderts ist diese regenerativste aller marinen Antriebsarten verloren gegangen. Aber das lässt sich ja reaktivieren, indem Schiffe zusätzlich mit Segeln ausgestattet werden. Flettner-Rotoren sind rotierende Zylinder auf dem Schiffsdeck, die für Vortrieb sorgen. Sky-Sails-Konzepte nutzen Flugdrachen, die mehrere hundert Meter hoch in stabilen Windbändern die Schiffe zusätzlich ziehen.

Der internationale Wettbewerb auf den Meeren ist hart. Verbindliche Regelungen sind in internationalen Gewässern schlecht durchzusetzen. Sobald eine Reederei zu viel in ökologischere Antriebe investiert, sinken die Margen. Die Transportzeiten steigen, wenn Schiffe den günstigen Windbändern folgen würden und langsamer fahren. Vielleicht wäre es ein Ansatz, wenn Kunden für die ökologischer transportierten Güter mehr zu bezahlen bereit wären. Eine Allianz von wichtigen Ländern mit Seehäfen ist denkbar, die besonders dreckige Schiffe nicht anlegen lässt. Aber wirklich wirkungsvoll ist es, die Globalisierung auf ein gesundes Maß zu reduzieren. Und Schlüsse daraus zu ziehen, dass sich viele der transportierten Waren in viel zu schneller Zeit in Wohlstandsmüll verwandeln, der dann wieder mit Schiffen zur Entsorgung nach Übersee gebracht werden muss.

4.3.6 Herausgehoben: Das Ein-Liter-Auto und die Marktwirtschaft

In einem eigenen Abschnitt sei das Ein-Liter-Auto herausgehoben, mit zutiefst irritierenden und aufschlussreichen Schlussfolgerungen. Bereits 2002 hat VW ein Ein-Liter-Auto vorgestellt, also einen zweisitzigen Diesel-Kleinwagen, der etwa einen Liter pro 100 Kilometer verbraucht (▶ Dar. 4.27).

Dar. 4.27: Ein-Liter-Auto

VW hat dieses Auto mit **nur wenigen hundert Exemplaren** produziert. Die positive Unternehmensentwicklung in den letzten Jahrzehnten hat der Konzern dem allgemeinen Trend zu SUV und anderen, immer schwereren und luxuriöseren Autos zu verdanken. Alle Autohersteller meiden Verbrenner-Kleinwagen, paradoxerweise auch aufgrund der immer schärferen Abgasvorgaben. Die erfordern hohe Fixbeträge pro Auto, bei denen nur geringe Unterschiede bestehen, ob es sich um einen Kleinwagen oder ein teures Auto handelt. Damit schmelzen die Deckungsbeiträge für die kleinen dahin und die profitorientierten Autohersteller konzentrieren sich auf große Modelle.

Der Einstieg zu diesem Kapitel in 4.1 hat schon gezeigt, dass Verkehr mehr als ein Viertel der deutschen Primärenergie verbraucht, also die Summe von Pkw,

Lkw, Bahn usw. Setzen wir übliche Verbrenner mit bescheiden fünf Litern pro 100 Kilometern an, könnte das Ein-Liter-Autos die Emissionen aus dem Individualverkehr theoretisch fünfteln. Alle anderen Autohersteller wären seit 2002 sicher auch in der Lage gewesen, dem Beispiel von VW zu folgen und entsprechende Modelle auf den Markt zu bringen. Die Hersteller wollen offenbar den Kannibalismus-Effekt vermeiden: Wer ein Ein-Liter-Auto kauft ist weniger geneigt, daneben noch ein anderes, größeres, teureres Auto zu erstehen.

Bleiben wir beim Ein-Liter-Auto und schauen auf das **unheilige Zusammenspiel verschiedener Akteure**:

- Die **Autohersteller**, deren mutmaßliche Entscheidungshintergründe oben angerissen sind. Von internationalen Finanzinvestoren getriebene Großkonzerne, die nicht anders können im gegenwärtigen System? VW und BMW haben Kennzeichen von Familienunternehmen (Piech/Porsche und Quandt).
- Die **Konsumenten** kaufen, was ihnen mit Macht vermarktet wird. »Keeping up with the Joneses«, der Vergleich mit den Nachbarn, scheint nach wie vor wirkungsmächtig. Die Wählerschaft der Grünen ist überdurchschnittlich gebildet und wohlhabend. Hätte hier nicht eine übergreifende Keimzelle entstehen können, die Druck aufbaut, um diesem technologischen Fortschritt die Bahn zu ebnen? Aus den feinen Vierteln fahren zu Berufsverkehrszeiten nun statt Verbrenner-SUV immer öfter E-SUV – die durch die Batterie natürlich noch schwerer sind.
- Wie sieht es mit den Medien, der unabhängigen kritischen **Presse** aus? Kaum beachtet lässt sie dieses Thema links liegen. Sogar die Bildersuche für dieses Buch und ein Beleg für die Vorstellung des Urmodells 2002 gestaltete sich schwierig.
- Der **Staat**?
  - Seltsamerweise kommt niemand auf die Idee, den immer schärferen Abgasvorschriften (Flottenverbrauch der EU) über Ein-Liter-Autos zu begegnen. Elektromobilität soll es richten. Ein Schelm, der vermuten würde, dass Gewinne der Autokonzerne mitgedacht werden.
  - Der Staat könnte bei so offensichtlichem Marktversagen als Unternehmer auftreten und es selbst machen.
  - Oder wäre nicht ein Deal zwischen technischen Hochschulen und den Ministerien möglich gewesen? Ihr bekommt eine ordentliche Summe, konstruiert ein Ein-Liter-Auto, wir bringen es gemeinsam in die Profitzone? Bei dem Streetscooter und der RWTH Aachen hat es ja im Großen und Ganzen geklappt.

4.4 Energiebeschaffung

4.4.1 Vorüberlegungen

Begriffe

Die Begriffe Beschaffung (Procurement) und Einkauf (Purchasing) werden vielfach synonym verwendet. Lehrbuchtypisch beschreibt Beschaffung aber eher die strategischen Festlegungen, Einkauf meint mehr die operative Abwicklung innerhalb dieser Rahmenbedingungen. Deshalb ist die Überschrift »Beschaffung« gewählt, weil im sich Hinblick auf Energie neue Herausforderungen stellen, auf die strategisch zu reagieren ist. Beispiele sind

- die Bedarfsermittlung (Voraussetzungen schaffen, um zukünftige Lastprofile abzuschätzen),
- neue Beschaffungswege direkt oder indirekt über die Energiebörse,
- die Planungen der Lager- und Transportmittel der Energie (Logistik der Energie).

Auch hier deutet sich schon an, wie stark die Verflechtung mit anderen Abteilungen ist.

Objekte von Beschaffung und Einkauf

Die Objekte lassen sich grundsätzlich grob in Investitionsgüter auf der einen Seite und Roh-, Hilfs-, und Betriebsstoffe (RHB) auf der anderen Seite einteilen:

- Zu den **Investitionsgütern** gehören auch Anlagen, die Energie verbrauchen, die einen entscheidenden Einfluss auf die langfristige Energieeffizienz des Unternehmens haben. Jedoch hat der (kaufmännische) Einkauf im Hinblick auf Investitionsgüter eher eine ausführende Funktion. Denn technische Planungen und Investitionsrechnungen sowie Energiestrategien (▶ Kap. 5) geben hier die Linie vor.
- Die Energierelevanz des Einkaufs von Roh-, Hilfs- und Betriebsstoffe, die ebenfalls durch Produktentwicklung (Design) und technische Planung spezifiziert sind, liegt vor allem im verwendeten Logistikkonzept, z. B. Global versus Local Sourcing. Energie selbst gilt in diesem Sinne als Betriebsstoff.

Weiteres Vorgehen

Dieses Buch deckt viele beschaffungsrelevanten Problemstellungen also weitgehend an anderer Stelle ab. Jedoch bleibt für diesen Abschnitt 4.4 ein wichtiger und innovativer Teilbereich: Die Beschaffung von Energie selbst, wobei wichtige Besonderheiten zu beachten sind.

Die klassische Make-or-Buy-Entscheidung spielt bei Energie eine besondere Rolle. Das kam schon im Kapitel 2 im Begriff »Prosuming« zum Ausdruck. Beispiele sind Fotovoltaikanlagen auf dem eigenen Fabrikdach, Verkauf von Prozesswärme im Nahwärmenetz innerhalb des Industriegebiets oder eigene Kraftwerke auf dem Gelände. Das geht hin bis zum Kauf von eigenen Offshore-Windparks (▶ Kap. 4.4.4). Einkauf und Beschaffung lassen sich in dieser Perspektive als Teil der Energie-Supply Chain einordnen. Das Energie-Supply Chain-Management entscheidet somit, wie weit unser Unternehmen Upstream in die Wertschöpfungskette geht.

Zunächst sind die Aufgaben und Probleme der Energiebeschaffung zu erläutern (▶ Kap. 4.4.2), um dann genauer auf die Beschaffung elektrischer Energie einzugehen. Sie bietet besonderes Einsparpotenziale (▶ Kap. 4.4.3). Das liegt auch an technischen Entwicklungen wie Smart Metering und intelligenten Stromnetzen. Power-Purchase-Agreements sind ergänzend erklärt und diskutiert (▶ Kap. 4.4.4).

4.4.2 Klassifizierung der Energiebeschaffung

Große Unternehmen, die unter Umständen auch über eine eigene Energieversorgung verfügen, haben sich mit der strategischen Energiebeschaffung und auch dem Energieeinkauf schon lange beschäftigt. Mit der Liberalisierung des Energiemarktes und der Einrichtung der Energiebörse (European Energy Exchange, EEX) im Jahr 2000 haben sich die Chancen und Risiken nochmals erhöht. Es ergeben sich in der Folge auch Möglichkeiten für die Energiebeschaffung von kleinen und mittleren Unternehmen, die in der Vergangenheit die Energie über Vollversorgungsverträge bezogen.

Um die Energiebeschaffung systematisch anzugehen, sind zunächst die **benötigten Energieformen** und Energieträger zu erfassen, die als Bezugsenergie im Unternehmen Verwendung finden. Insbesondere sind das

- elektrisch Energie (z. B. für Prozesswärme, elektrische Verbraucher in Produktion und Verwaltung, Heizung),
- Gas (Heizung, Prozesswärme),
- Öl (Heizung, Produktionsprozesse),
- Treibstoffe für den Fuhrpark (Benzin, Diesel),
- Fernwärme (Heizung, Prozesswärme).
  Hinzu kommt der Bezug von Energiedienstleistungen (Wärme, Druckluft usw.) als Contracting-Lösung (▶ Kap. 5.1.4). Wasserstoff hier aufzunehmen, erscheint zum Zeitpunkt des Schreibens noch zu spekulativ.

Ein grundsätzliches Problem liegt darin, dass Unternehmen entscheiden müssen, **wie aufwändig** die Beschaffung der Energie gestaltet wird. Dabei sind Preissteigerungen und mögliche Einsparprozentsätze zunächst weitgehend unklar. Außerdem ist der Einkauf für die einzelnen Energieformen und das dafür notwendig Know-how recht unterschiedlich:

4 Energiemanagement in betrieblichen Funktionen

- **Bei geringen Einkaufsvolumina** für Energie kann es ausreichen, wenn sich ein Mitarbeiter des Einkaufs einarbeitet und langfristige Verträge schließt.
- **Bei großen Einkaufsvolumina** lohnt es sich, Experten damit zu beschäftigen, die Entwicklungen auf den Börsen der Welt verfolgen sowie die geostrategisch-politischen Entwicklungen. Es bestehen Parallelen zum Einkauf anderer börsengängiger Rohstoffe und die entsprechenden Methoden (Szenariotechniken, Chartanalyse usw.) können Anwendung finden.
- Hier ist der Schritt bei Großunternehmen zum **Energiehandel als einem eigenständigen Geschäftsfeld** der jeweiligen Unternehmen nicht mehr weit.

Die Darstellung 4.28 zeigt **wichtige Einflussfaktoren** unterschieden nach einzelnen Energieformen, die Unternehmen bedenken müssen, wenn sie Aufwand und Art der Energiebeschaffung festlegen; die Erläuterung folgt im Anschluss.

Dar. 4.28: Einflussfaktoren auf die Energiebeschaffung

	Bisherige Kosten	Zukünftige Bedeutung im Energiemix	Physische Lagermöglichkeiten	Andere Absicherung gegen Preissteigerungen	Einfluss des Einkaufs auf Kohlendioxidemission
Elektrische Energie	Daten aus der Kostenartenrechnung	Abhängig von der Energie- und Technologiestrategie	Gering, für EVU z. B. Speicherseen, für Energienutzer Akkumulatoren, P2X	Zukunftsgeschäfte an der EEX, langfristige Lieferverträge	Bis 100 Prozent
Gas			Ja, Gasspeicherstätten	Börsenhandel und langfristige Lieferverträge	Gering, perspektivisch mehr Windgas PtG
Flüssige Brennstoffe (Heizöl, Benzin, Diesel)			Lagertanks	Börsenhandel und langfristige Lieferverträge	Gering, perspektivisch mehr PtL
Fernwärme			Mittel, über große Wassertanks	Je nach Vertragsgestaltung	Nein

Bisherige Kosten

Die bisherigen Kosten der Energie lassen sich als absolute Zahl oder relativ zu den Gesamtkosten oder dem Umsatz ausdrücken. Sie sind gemäß der verwendeten Energieform zu differenzieren, denn der Energiemix der Unternehmen kann sehr unterschiedlich sein. Sowohl die absoluten als auch die relativen Zahlenkategorien sind wichtig:

- Aufgrund der **absoluten** Energiekosten lässt sich abschätzen, wie aufwändig die Beschaffung sein darf, wenn von einem bestimmten Einsparungsprozentsatz durch eine bessere Beschaffung ausgegangen wird.
- Die **relativen** Energiekosten (Anteil an den Gesamtkosten) zeigen, wie wichtig Energie für das Unternehmen insgesamt ist.

Die Spanne reicht von einer geringen Bedeutung für den Unternehmenserfolg bei Dienstleistungsunternehmen, deren Energieverbrauch durch Heizung und elektrische Verbraucher entsteht, bis hin zu Unternehmen der Kalk- und Zementindustrie sowie Aluminiumhütten, deren wichtigste Kostenart Energiekosten mit 30 bis 40 Prozent sein können. Das heißt jedoch nicht, dass Banken oder Versicherungen diese Frage völlig vernachlässigen dürfen, denn auch die absolute Höhe der Kosten kann beachtlich sein und manche Einsparungsmöglichkeiten im Einkauf sind leicht zu realisieren.

Zukünftige Bedeutung im Energiemix

Energiepreise sind stark schwankend (volatil) und in der Tendenz steigend, so dass die zukünftige Bedeutung im Energiemix für die strategische Beschaffung von Bedeutung ist (▶ Kap. 5.2). Die Beschaffung der Energieformen unterscheidet sich beträchtlich.

Der **Ehrlichkeit** halber sei hinzugefügt, dass filigrane Strategieüberlegungen in der Vergangenheit von neuen Gesetzen stark verändert wurden. Beispielhaft sei die Wasserstoffstrategie des Bundes in den Jahren nach 2022 genannt, die dann wieder mit Milliardensubventionen für energieintensive Branchen abgefedert werden musste. Pointiert ausgedrückt: Grundsatzentscheidungen über den Energieeinsatz hängen manchmal mehr von politischen Entscheidungen ab als von Märkten.

Physische Lagermöglichkeiten

Um Preisschwankungen auszunutzen, sind die physischen Lagermöglichkeiten für Energie zu prüfen und dann entsprechend zu nutzen.

- **Elektrische Energie** ist leider an sich nicht lagerfähig, wie es beispielsweise Öl ist (▶ Kap. 2.2.4). Dadurch entstehen starke Preisschwankungen im Tagesverlauf.
- **Gase** sind lagerfähig. Dies betrifft zunächst die wichtigste Unterform, das nicht komprimierte Erdgas, das sich in großen unterirdischen Gaskavernen oder oberirdischen Gasspeichern speichern lässt. Verbrauchende Unternehmen verfügen normalerweise nicht über solche Speicher. Gas lässt sich im Gegensatz zu

Flüssigkeiten komprimieren. So ist das Leitungsnetz auch ein Speicher, in dem der Druck innerhalb vorgegebener Spannen variiert wird.
Weiter ist zwischen gasförmigem Erdgas, Compressed Natural Gas (CNG) und Liquified Propane Gas (LNG) zu unterscheiden ist. Die kurzfristige Lagerung von Gasen erfolgt bei einer mobilen Verwendung wie bei gasbetriebenen Fahrzeugen in komprimierter Form in den Tanks.
- **Flüssige Brennstoffe** wie Öl, Benzin oder Diesel sind problemlos in Tanks lagerfähig, was bei Heizöltanks gängig ist, bei eigenen Tankstellen für den Fuhrpark jedoch nur von wenigen Unternehmen praktiziert wird.
- **Fernwärme** ist begrenzt lagerfähig über große, gut isolierte Tanks, in denen die Versorger heißes Wasser einspeisen können. Auch in den Leitungen liegt ein gewisses Potenzial für Speicherung.

Absicherungen gegen Preissteigerungen

Sind nun andere Absicherungen gegen Preissteigerungen möglich? Der Kaufzeitpunkt und der Verwendungszeitpunkt der Energie lassen sich nicht nur durch physische Lagerung entkoppeln, sondern auch durch vertragliche Regelungen. Bei börsennotierten Energieformen (Strom, Öl und Ölderivate sowie Gas) besteht eine deutliche Analogie zum besser bekannten, etablierten und ausgefeilten Wertpapierhandel. Konkrete Instrumente sind langfristige Kaufoptionen (Futures). Weiter lassen sich Individualverträge mit EVU direkt oder mit Energiehändlern schließen, die Festpreise, gestaffelte Festpreise oder indizierte Preisentwicklungen festlegen. Bei Fernwärmenetzen ist eine lange, gegenseitige Bindung typisch, da das Leitungsnetz nicht anders genutzt werden kann und langfristig die Abschreibungen eingepreist sind.

Einfluss des Einkaufs auf Kohlendioxidemissionen

Der Einkauf kann Einfluss auf die Kohlendioxidemissionen nehmen, wobei es große Unterschiede gemäß der Energieform gibt:

Bei **elektrischem Strom** kann fast die gesamte Kohlendioxidemission vermieden werden. Der Versorgungsvertrag muss dann vorsehen, dass die gesamte Stromlieferung aus regenerativen Quellen stammt. Die elektrische Energie, die bei einer Abnahmestelle aus dem Stromnetz kommt, ist zwar immer eine technisch bedingte Mischung aus unterschiedlichen Quellen der Stromerzeugung. Die EVU sind jedoch verpflichtet, ihre Energieproduktion sowie den Zukauf zu bilanzieren und müssen so sicherstellen, dass sie mindestens so viel Strom aus Sonnenenergie oder Windkraft produzieren oder einkaufen, wie sie es den Kunden zugesichert haben.

Ein wichtiger Einwand: Der Bezug von »grünem« Strom verändert zunächst weder am Strom, der aus der Steckdose kommt, noch am gesamten Strommix etwas. Es ist zunächst eine reine bilanzielle Rechengröße. Indirekt können dadurch

Wirkungen entstehen, indem die Anbieter neue regenerative Energieanlagen finanzieren und bauen.

Unter **Gas** wird zunächst Erdgas verstanden, allerdings kann auch mit Biomasse Biogas mit fast gleichen technischen Einsatzmöglichkeiten erzeugt werden. Theoretisch könnte deshalb der Einkauf auch hier eine fast vollständige Einsparung von Kohlendioxidemissionen erreichen. Jedoch gibt es anders als beim Strom kaum EVU, die Gasversorgungsverträge mit Biogas anbieten. Die Mengen sind einfach knapper und das Potenzial geringer. In einigen Regionen werden Verträge mit einer fünfprozentigen Biogasbeimischung angeboten. Im Einzelfall sind Individuallösungen mit lokalen Biogasproduzenten zu prüfen, falls in der Region möglich. Im Prinzip gilt der gleiche Einwand wie bei grünem Strom. Power-to-Gas aus überschüssigem regenerativem Strom bietet zukünftig hoffentlich Möglichkeiten.

Auch **flüssige Brennstoffe** wie Heizöl, Diesel und Benzin (Ethanol-Alkohol) lassen sich aus Biomasse gewinnen. Heizölhändler bieten Ölsorten mit der Beimischung von Biokraftstoffen an. Es hängt von der technischen Anwendung ab, wie hoch die Beimischung zu fossilen Kraftstoffen sein kann. An der Tankstelle weist E5 und E10 auf den Prozentanteil Bioethanol hin. Auch hier die Hoffnung auf Power-to-Liquids.

4.4.3 Beschaffung elektrischer Energie

Es gibt für Unternehmen drei Grundtypen für die Beschaffung elektrischer Energie:

- Vollversorgung mit einem standardisierten Tarifvertrag,
- Individuell ausgehandelte Verträge,
- Direkter Einkauf an der Energiebörse.

Vollversorgung mit einem standardisierten Tarifvertrag

Standardisierte Verträge sind nur **für kleinere und mittlere Unternehmen** mit vergleichsweise geringen Einkaufsvolumina empfehlenswert bzw. unvermeidlich. Der Markt ist über Vergleichsportale transparent wie bei Privathaushalten.

Die Stromtarife der EVU haben sich nach der Liberalisierung schon stark differenziert und diese Entwicklung hält an. Elektrische Energie an sich ist ein homogenes Gut, das mit immer gleicher Qualität und Versorgungssicherheit durch das Stromnetz geliefert wird. Die EVU müssen also andere Differenzierungsmöglichkeiten finden, um sich vom Wettbewerber zu unterscheiden. Smart Metering wird dazu führen, dass die Arbeitspreise sich nach den Bezugszeiten noch stärker unterscheiden werden. Schon länger war eine Unterscheidung nach Hochtarif (HT) von 6.00 bis 22.00 Uhr und Niedrigtarif von 22.00 Uhr bis 6.00 Uhr mit einem Zweitarifzähler möglich. Mit Smart Metering wird eine Abrechnung im 15-Minuten-Rhythmus oder sogar stetig möglich. Die Anzahl der von den EVU angebotenen Tarife wird damit steigen und der Beschaffungsmarkt für die Unternehmen unübersichtlicher. Flexible Preise (dynamische oder Flexpreis-Tarife) sind der Weg und ein wesentlicher Baustein für die Energiewende.

Individuell ausgehandelte Verträge mit einem EVU

Größere Unternehmen sollten Ihre Marktmacht nutzen, um bessere Konditionen auszuhandeln. Dabei sind vorrangig folgende **Punkte in einem Individualverträgen** für den Strombezug zu regeln:

- **Bezugsleistungslimit/Maximalleistung/Anschlusswert**: Die Summe der Leistung aller elektrischen Verbraucher, die gleichzeitig genutzt werden.
- **Übergabestellen** und **Anschlussanlagen**.
- **Leistungspreis** für die bereitzustellende Leistung in Euro pro Kilowatt/Megawatt. Es handelt sich um einen Fixpreis pro Periode, der durch Verbrauchsänderungen nicht beeinflussbar ist. Der Leistungspreis wirkt also wie eine Grundgebühr, die in Abhängigkeit von der bereitgestellten Leistung festgelegt wird.
- **Arbeitspreis** in Cent pro Kilowattstunde oder Euro pro Megawattstunde. Hier kommt mit Smart Metering eine Differenzierung nach Zeiten.
- **Leistungsfaktorklausel** zur Kompensation des Blindstroms. (Zur Erläuterung: Bei großen Stromverbrauchern – z. B. einer betrieblichen Maschine – und den Stromerzeugern/-umwandlern – z. B. einem Kraftwerk – pendelt elektrisch Energie, die nicht als Wirkstrom bezahlt werden muss.)
- **Vertragsdauer, Festpreisvereinbarungen, Preisänderungsklauseln.**
- **Rechtliche Angaben** wie Haftung, Gerichtsstand usw.

Der Übergang von Tarifverträgen und Individualverträgen wird fließend, wenn EVU Tarifgruppen für verschiedene Kundengrößen anbieten. Der Stromeinkäufer kann dann beispielsweise verhandeln, in einen Stromtarif aufgenommen zu werden, der für größere Abnahmemengen vorgesehen ist. Die Anbieter profitieren von einer Marktintransparenz und der Trägheit mancher Kunden, die den Energieeinkauf noch nicht als eigenständiges Feld erkannt haben.

Als zusätzliche Aufbereitung der Daten für die Planung ist die **Jahresdauerlinie** hilfreich. Das folgende Diagramm zeigt eine Jahresdauerlinie des Leistungsbedarfs (auf der Ordinate abgetragen). Die benötigte Leistung ist ähnlich wie bei einer ABC-Analyse abnehmend geordnet. Die Abszisse zeigt für die 8.760 Stunden im Jahr, wie oft welcher Leistungsbedarf vorlag.

Die Jahresdauerlinie zeigt also, über welche Dauer welche Energieleistung benötigt wird. Die Dauerlinie, die auch für andere Zeiträume als Stunden-, Tages- oder Monatsdauerlinie erstellbar ist, sagt also nichts über die zeitliche Verteilung der Bedarfsstruktur, sondern nur die Anteile, die eine bestimmte Leistungsabnahme hat. Lastprofile zeigen die Verteilung der Leistung/Last über einen Zeitraum.

Diese Analyse hilft bei der Festlegung des Bezugsleistungslimits (Maximalleistung, Anschlusswert). Es hat meist keinen Sinn, für wenige Stunden im Jahr eine

4.4 Energiebeschaffung

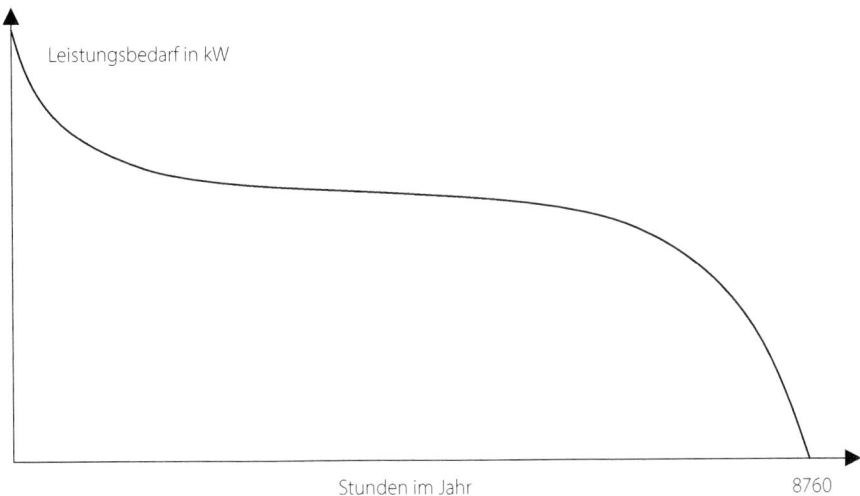

Dar. 4.29: Jahresdauerlinie

höhere Leistungsbereitstellung für das ganze Jahr zu vereinbaren. Die Lastspitzen sind dann zu vermeiden, abzurasieren (»Peak Shaving«).

Folgendes Beispiel des »**Peak Shaving**« macht deutlich, welche Möglichkeiten bei Unternehmen mit hohem Stromverbrauch bestehen und wie individuell die Verträge ausgestaltet sein können: EVU müssen die Spitzenlast ihrer Kunden abdecken und daran ihre Erzeugungskapazitäten bemessen. Sie können nun mit großen Kunden wie Aluminiumhütten oder Stahlproduzenten vereinbaren, dass die Energie verbrauchenden Anlagen kurzfristig reduziert oder ausgeschaltet werden, wenn die EVU erkennen, dass die Stromversorgung knapp zu werden droht. Die EVU können über diese Regelung Investitionen in weitere Kraftwerke oder teure Zukäufe vermeiden. Ihre Kunden bekommen beispielsweise einen Abschlag auf den Strompreis für den gesamten Bezug.

Direkter Einkauf an der Energiebörse

Nun zum dritten Grundtyp der Strombeschaffung: Große Verbraucher können Strom und andere Energieträger seit 2000 direkt über die Energiebörse European Energy Exchange (EEX) kaufen. Die Struktur der EEX ist kompliziert, u. a. mit Handelsplätzen in Leipzig und Paris (EEX 2024). Die **Kostensenkung** durch den Bezug mit Hilfe der EEX ist durch mehrere Effekte bedingt:

- Der **Zwischenhandel wird umgangen**. Elektrische Energie ist immer mehr als Handelsware anzusehen und nicht nur als direktes Geschäft zwischen Energieerzeuger und Energieverbraucher.
- Es gibt **neue Vertragsformen**, die dem Energiekunden von EVUs nicht angeboten werden, die aber bei einer Anmeldung an der EEX zur Verfügung stehen.

- Ein auch aus technischer Sicht sehr interessanter Aspekt besteht in der **Anpassung** der Verträge und Stromversorgungspakte **an das Verbrauchsprofil** des Unternehmens. So trägt die EEX dazu bei, Nachfrage und Angebot zu koordinieren. Die Einsparungsmöglichkeiten sind dabei für die Unternehmen der Anreiz, nicht nur die Beschaffung an den Verbrauch, sondern auch umgekehrt den Verbrauch an die Beschaffung anzupassen (Demand Side Management).

Ein Grundproblem der Strommärkte für Unternehmen unterschiedlicher Größe ist es, wie weit Kostensenkungen an den Energiebörsen auch an kleine und mittlere Unternehmen weitergegeben werden. Um deutlich zu machen, welche Einsparungsmöglichkeiten in diesem Bereich liegen, sei der Strompreis für Privatkunden (den auch kleine Unternehmen mit Vollversorgungsverträgen bezahlen) dem Preis an der EEX gegenübergestellt.

- Der eigene Strompreis steht im Vertrag (wenn es noch kein Flex-Vertrag ist),
- der Börsenstrompreis lässt sich leicht recherchieren.

Der Verfasser hat es gerade gemacht (Stand Juli 2024):

- 38 Cent (0,38 Euro) pro Kilowattstunde für den grünen Bezugsstrom mit Standardvertrag,
- 77 Euro pro Megawattstunde an der Börse, also 0,077 Euro oder 7,7 Cent pro Kilowattstunde.

Die große Spanne geht allerdings zum großen Teil nicht darauf zurück, dass Zwischenhändler aufschlagen, sondern auf staatliche Eingriffe (Stromsteuer, Netzentgelte usw.). Die Zusammensetzung des Strompreises für Endkunden ist interessant.

Nun zum prinzipiellen Ablauf des Handels an der EEX. Der Energiehandel differenziert nach folgenden wichtigen **Leistungspaketen:**

- **Bandbezug (Baseload),** dauernde Stromlieferung zur Absicherung der Grundlast, ob abgerufen oder nicht. Hier lässt sich wieder nach langfristigen Verträgen und der Beschaffung über den Spotmarkt der Börse unterscheiden.
- Im Gegensatz zur dauernden Basislieferung legen **Block- und Programmbezüge** Stromlieferungen von definierter Menge zu bestimmten Zeiten in der Woche oder am Tag fest. Solche Stunden- und Blockkontrakte lassen sich ebenfalls langfristig vereinbaren oder kurzfristig (Peakload) abschließen.
- **Ausgleichsenergie** für Spitzenbelastung (Peakload) sind demgegenüber meist teurer und lassen sich kurzfristig auf dem Spotmarkt vereinbaren.

Das Strombezugsprofil soll möglichst gut auf das Lastprofil des Werkes passen. Die Kunst des strukturierten Stromeinkaufs besteht nun darin, zu den richtigen Zeitpunkten lange laufende Verträge mit niedrigen Preisen auszuhandeln und mit den übrigen Peakloadverträgen den Bedarf möglichst gut zu decken. Die Stromlieferverträge werden also zu einem Portfolio zusammengestellt. Das heißt deshalb auch **Portfoliomanagement** in Analogie zum Finanzbereich (▶ Dar. 4.30).

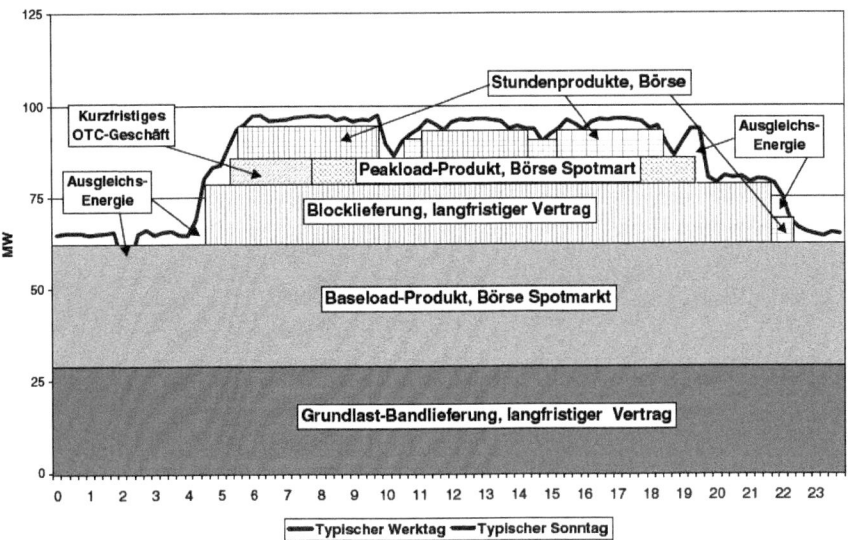

Dar. 4.30: Bedarfsdeckung mit Portfoliomanagement (Konstantin 2007, S. 50)

Weitere Methoden und Begriffe beim Börsenhandel sind auch **Festpreisbeschaffung** und **Stichtagsbeschaffung**, die einen festen Energiepreis für einen bestimmten Lieferzeitraum auf Basis der aktuellen Terminmarktpreise vereinbaren. Das **Tranchenmodell** (franz. »Scheibe«) zielt auf die Reduktion bzw. Streuung des Preisrisikos: Teilmengen beispielsweise eines Terminmarktproduktes werden zu mehreren Zeitpunkten gekauft.

Als Hintergrund ist in Darstellung 4.31 der Zusammenhang von **Leistung und Energie in einer Lastkurve/-profil/-gang** dargestellt, wobei der Kurvenverlauf eine Tageslastkurve nahelegt.

Die Fläche unter der Kurve (mathematisch: das Integral) entspricht der benötigten Energie. Wenn nun alle hohen Leistungen nach links verschoben werden und alle niedrigen nach rechts, so ergibt sich die Dauerlinie. Die Lastkurve des Unternehmens ist die Aggregation der Lastkurven aller Verbraucher.

Bei der Ermittlung der Lastprofile sind zahlreiche wichtige **Einflussgrößen** zu beachten, hier wichtige Beispiele:

- Betriebliche Rhythmen wie Schichten, Wochenenden, Betriebsferien,
- Jahreszeitliche Einflüsse mit Temperatur, Licht, Wind,
- Auftragslage und Produktionsprogramm.

4 Energiemanagement in betrieblichen Funktionen

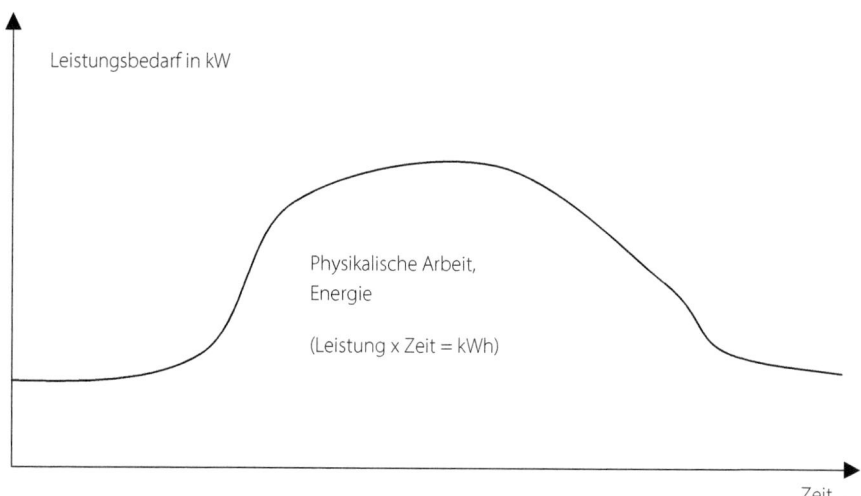

Dar. 4.31: Lastverlauf mit dem Zusammenhang von Leistung und Energie

Im Abschnitt über Produktionsplanung und -steuerung ist erläutert, wie der Schritt von einer lediglich dokumentierenden Ermittlung des Lastverlaufs zu einer gestaltenden Planung zu gehen ist. Diese Lastganganalyse und -planung ist besonders spannend, erfordert umfassende Kenntnisse des Betriebs, Phantasie und Kreativität – und wird zukünftig möglicherweise von Künstlicher Intelligenz übernommen?

Da der Handel von Energie an der Börse dem **Handel mit Finanzprodukten oder anderen Rohstoffen sehr ähnlich** ist, sind die Bücher zur Finanzwirtschaft und zum Börsenhandel relevant. Ein entscheidender Unterschied beim Stromhandel ist allerdings, dass zukünftig das Angebot immer mehr vom Wetter abhängen wird (Stichwort: Dunkelflaute, siehe Kapitel 2 zur Entwicklung der Energiemärkte). Das ist bei Geld, Kupfer oder Rohöl anders.

Um auf der Basis dieser Informationsversorgung Verträge des Portfolios abzuschließen, kann sich der Einkauf folgender **Handelsformen** bedienen:

- **Bilateraler Stromhandel (Over-the-counter (OTC)-Plattformen)**: Bilaterale Vereinbarungen von Stromerzeugern und Stromabnehmern. Die EEX stellt lediglich die Basis bereit, dass die Handelspartner individuelle Vereinbarungen treffen können.
- **Spotmarkt oder Day-Ahead-Market**: Physische Börsengeschäfte, da typischerweise einen Tag später Strom fließt. Die Preise werden von der EEX in Analogie zu Aktienbörsen festgelegt und sind somit für die Marktteilnehmer gegeben. Damit kann auf individuelle Verhandlungen und die Kenntnis eines direkten Handelspartners verzichtet werden.
- **Terminmarkt (Futures)**: Preisabsicherungs- und Spekulationsgeschäfte für längerfristige Stromlieferungen. Auch hier stellt die EEX Transparenz her und die Preise für die Marktteilnehmer zur Verfügung. Beim Terminmarkt muss es nicht

zu einer physischen Stromlieferung kommen, sondern der Ausgleich erfolgt durch finanzielle Zahlungen.

Das Finanzvolumen der Börsen übersteigt den Wert der letztlich geflossenen Energie um ein Vielfaches. Ähnlich den Finanzmärkten besteht die Gefahr, dass der eigentliche Wert der Ware durch Spekulation verzerrt wird.

Dabei darf man die **Wirtschaftlichkeit** allerdings nicht aus den Augen verlieren. Ergebnisse einer eigenen Fallstudie für den Standort eines Industrieunternehmens zeigten, dass die bestehende Vollstromversorgung über ein EVU zu 2,4 Mio. Euro Kosten führt. Die strukturiere Beschaffung über die EEX könnte die Kosten laut einer internen Modellrechnung auf 1,8 Mio. Euro senken. Jedoch sind die Kosten für die Teilnahme am Handel nicht zu unterschätzen. Neben den Gebühren der EEX ist es vor allem der Aufbau einer Einkaufs- oder Handelskompetenz mit Mitarbeitern und IT-Ausrüstung, die hier ins Gewicht fallen.

Die Darstellung 4.32 zeigt die Struktur des Strommarktes mit den wichtigsten jeweiligen **Handelsformen und Marktteilnehmern** unter Einbeziehung der EEX im Überblick.

Dar. 4.32: Struktur des Strommarktes

Handelsform	Marktteilnehmer
Großhandelsmarkt (Wholesale Market): EEX mit Spotmarkt und Terminmarkt sowie OTC-Handelsplattform Individualverträge zwischen großen Partnern	Anbieter: EVU, Independent Power Producer (IPP), Händler/Makler, ausländische Anbieter
	Nachfrager: EVU, Großunternehmen, Einkaufsgemeinschaften, Händler/Makler, ausländische Nachfrager, am Terminmarkt auch Finanzanleger wie Banken
Einzelhandelsmarkt (Retail Market)	Anbieter: EVU und Stromhändler
	Nachfrager: Tarifkunden

Auf eine Besonderheit des Strommarktes sei hingewiesen, das **Merit-Order-Prinzip oder -Effekt**. Gemeint ist die Ordnung bzw. Reihenfolge des Einsatzes der stromproduzierenden Kraftwerke auf einem Stromhandelsplatz (▶ Dar. 4.33).

Im Prinzip stellt dies die Angebotskurve auf dem Strommarkt dar: Zunächst kommen Solar- und Windkraftanlagen zum Einsatz, deren Grenzkosten sehr gering sind (»Die Sonne schickt uns keine Rechnung« – wenn die Anlagen gebaut sind und die Infrastruktur steht). Dann folgen Atomkraft, Braunkohle und Steinkohle, die Brennstoffkosten verursachen. Erdgaskraftwerke produzieren die Kilowattstunde zu noch höheren variablen Kosten und am teuersten ist Wasserstoff.

Das Merit-Order-Prinzip besagt nun, dass die letzte zum Einsatz kommende Technologie den Preis für den Gesamtmarkt bestimmt. Das ist problematisch, denn

4 Energiemanagement in betrieblichen Funktionen

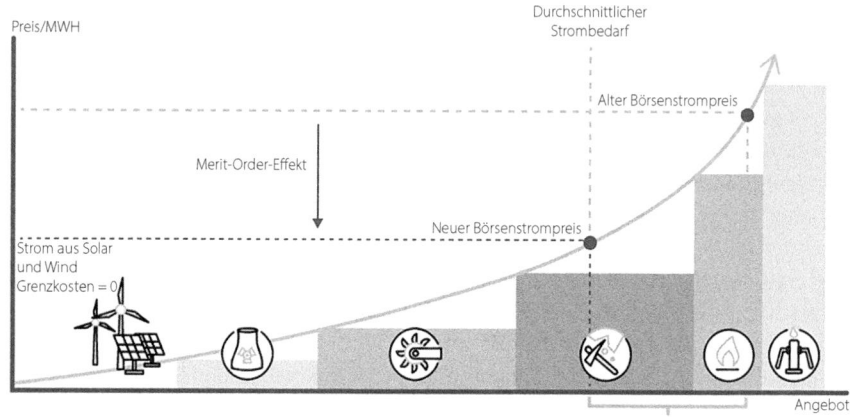

Dar. 4.33: Merit-Order-Effekt (Quelle: Next-Kraftwerke.de und tengelmann-energie.com)

trotz billiger regenerativer Energien bleibt der Preis hoch und die Betreiber von Wind- und Solarparks realisieren hohe Gewinne. Technische Probleme stellen sich bei Atom- und Kohlekraftwerken, die schlecht regulierbar sind und sich schon gar nicht wie Kaffeemaschinen ausschalten lassen. Zur Abdeckung von Spitzenlasten und Dunkelflauten sind besser regelbare Gaskraftwerke erforderlich. Gas als Brennstoff ist relativ teuer, zusätzlich steht die Wirtschaftlichkeit der Kraftwerke durch die geringe Auslastung in Frage. Kapitel 2 hat die Problematik von Wasserstoff schon erörtert. Dieser Energieträger kommt so gar nicht vor, er muss mit Effizienzverlusten teuer aus anderen Energieformen gewonnen werden.

Das Prinzip, nach denen sich die so die Angebotskurve herausbildet, ist auf allen Märkten gleich. Auf dem Energiemarkt sind die Grenzkosten der Anbieter jedoch sehr unterschiedlich. Die Grenzkosten bei anderen (börsennotierten) Gütern haben eine geringere Spannbreite, wenn es beispielsweise um die Förderung von Kupfer oder den Anbau von Getreide geht. Die Diskrepanz zwischen Fast-null-Grenzkosten für Erneuerbare und den teuren Gaskraftwerken stellt sich so nur auf dem Strommarkt.

Weitere Formen und Dienstleister

Die angesprochenen Formen der Energiebeschaffung lassen sich variieren und kombinieren. Das tun insbesondere Energiekonzerne, Einkaufsdienstleister, Makler und Genossenschaften gerne, um ihren Kunden neue Produkte bieten zu können. Das »Neue« besteht jedoch oft in der Neukombination des Alten. Damit haben auch KMU die Chance, näher an das Börsengeschehen heranzurücken und wie die Großen zu profitieren – sofern nicht die Kosten für die Inanspruchnahme der Handelsdienstleistung zu viel von der Kostensenkung aufzehrt. Diese Energieeinkaufsdienstleistungen lassen sich auch gut mit anderen Leistungen kombinieren, beispielsweise mit einem Energiemanagement im engen Sinne, also der Erfassung und Auswertung der Energiedaten.

4.4.4 Power-Purchase-Agreements

Begriff und Funktionsweise

Power-Purchase-Agreements (PPA) bezeichnen Verträge, die große Unternehmen direkt mit Erzeugern erneuerbarer Energien abschließen. Historisch hat das beispielsweise die BASF schon lange getan, deren Stammwerk in Ludwigshafen einen Energiebedarf wie Dänemark hat. Sie erwarb kurz gesagt Eigentumsrechte an sibirischen Öl- und Gasfeldern von russischen Staatskonzernen. Im Gegenzug hat sie der russischen Seite Anteile an Konzerngesellschaften eingeräumt. Die Desertec-Idee ist ja ebenfalls von europäischen Großunternehmen getragen worden und basiert gleichfalls auf dieser Grundidee. Auch zur Umstellung auf grünen Wasserstoff treten energieintensive Unternehmen direkt an mögliche Lieferanten in anderen Ländern heran. Eigene Investitionen in Solar- und Windparks sichern die Energieversorgung »Upstream« noch direkter, ohne von externen Lieferanten abhängig zu sein. Die Deutsche Bahn geht beispielsweise diesen Weg durch eigene Offshore-Windparks in der Nordsee.

Bewertung aus marktlicher und demokratischer Sicht

Investitionen in Erneuerbare sind grundsätzlich positiv. Die Wirtschaft ist faktisch weitgehend globalisiert und Unternehmen sichern sich auf diese Weise die kritische Ressource (grüne) Energie. Aber eigentlich ist es die Rolle der Staaten, Rahmendaten zu schaffen, dass alle ansässigen Unternehmen auf transparenten Märkten die benötigte Energie kaufen können. Alle Unternehmen, ohne Benachteiligung der KMU. Mit PPA nehmen findige Großunternehmen nun eine Abkürzung. Damit sind die Energiemengen nicht mehr auf dem öffentlichen Markt verfügbar, was die Preise treibt. Zudem ist eine Tendenz zur Oligopolisierung und Intransparenz unverkennbar.

Letztlich ist es eine **demokratisch-politische Frage**, wer Flächen im öffentlichen Eigentum auf See oder Land nutzen darf. Was Staaten gehört, gehört allen Bürgern. Über Ausschreibungen und Versteigerungen können diese Rechte, z. B. für Windparks in der Nordsee, an den Meistbietenden gehen. Das spült Geld in die Staatskasse, verengt aber den Spielraum für alle, die nicht zum Zuge kommen bzw. nicht über die nötigen Milliardensummen verfügen.

International sind in vielen Ländern die Lizenzgebühren (»**Royalties**«) recht intransparent. Royalties sind die staatlichen Gebühren für Förderrechte oder Landnutzen. Wörtlich-historisch: die Abgaben an den König. Viele gas- und ölreiche Länder gehen gar nicht den Weg der Privatisierung von Flächen und Rohstoffen, sie nutzen sie durch staatseigene Unternehmen. Aramco in Saudi-Arabien, Rosneft in Russland oder Statkraft in Norwegen sind Beispiele. Wem die Gewinne dieser Staatskonzerne zugutekommt, ist in Saudi-Arabien, Russland und Norwegen offenkundig recht unterschiedlich.

4.5 Produktionsplanung und -steuerung (PPS)

4.5.1 Planungsaufgaben und -ebenen

Im Industriebetrieb ist normalerweise die Produktion der Bereich mit dem größten Energieverbrauch und damit kommt der Produktionsplanung und -steuerung (PPS) eine herausragende Rolle für das Energiemanagement zu. Die Aufgaben der PPS lassen sich strukturieren wie in Darstellung 4.34 gezeigt. Die Planungsebenen sind damit aus praktischen Gründen auf zwei reduziert, was dem üblichen Vorgehen in Wissenschaft und Praxis an dieser Stelle entspricht.

Dar. 4.34: Aufgabenbereich der Produktionsplanung und -steuerung

Planungsgegenstand	Strategische (und taktische) Ebene	Operative Ebene
Produktionsprogramm	Forschung und Entwicklung (F+E), Konstruktion	Kurzfristiges Produktionsprogramm
Produktionsfaktoren	Fabrikplanung Anlagenplanung Personalplanung	Bedarfsplanung (RHB) Beschaffung/Einkauf
Produktionsablauf, -prozess	Layoutplanung	Ablauf-/Prozessplanung

Die Darstellung differenziert in den **Spalten** die beiden Ebenen der strategischen und der operativen Planung. Den Bezug zu übergeordneten, ethisch-normativen Ebenen wurden in Abschnitt 3.7 herausgearbeitet. Die Strategie hat die Taktik mit aufgenommen. Also als grobe Faustregel:

- Entscheidungen, mit Wirkungen von über einem Jahr sind strategisch(-taktisch),
- darunter ist es operative Planung bis hin zur gegenwartsorientierten Steuerung.

Eine Hierarchisierung der Planung besteht darin, dass die strategische Planung die Rahmenbedingungen für die operative setzt.

Die **Zeilen der Darstellung** sind angelehnt an den Planungsablauf, bei dem ebenfalls eine hierarchische Planung zu erkennen ist: Mit der Entscheidung über die Produkte ist gleichzeitig festgelegt, welche Produktionsfaktoren erforderlich sind. Erst wenn die Produktionsfaktoren verfügbar sind, können die Produktionsprozesse ablaufen.

4.5 Produktionsplanung und -steuerung (PPS)

In den folgenden Abschnitten geht es im Wesentlichen um die operative Planung, denn die energiebezogenen Aspekte der strategischen Planung sind bereits in anderen Kapiteln dieses Buches abgehandelt:

- Der strategischen **Produktplanung** obliegt die Forschung und Entwicklung (F&E). Die wesentlichen energiebezogenen Informationen für diese Aufgabe entstammen den Energiebilanzen (▶ Kap. 3). Die inhaltliche Stoßrichtung der Entwicklung wird durch die Energiestrategie bestimmt, die als Teil der der gesamten Unternehmensstrategie zu sehen ist (▶ Kap. 5). Hier ist ein nicht weiter verfolgter Bereich: F&E treiben Inventionen (Erfindungen) voran für Innovation (Erneuerung). Vor dieser Vielfalt kapituliert dieses Buch weitgehend, hier einige wichtige Kategorien mit Blick auf die Industrielle-Nachhaltigkeitsrevolution:
    - Gewinnungstechnologie für erneuerbare Energie: Schwimmende Offshore-Windkraftanlagen,
    - effiziente Energienutzung: Halb-Liter-Auto,
    - weitere Produkte: Recyclinggerechtes Konstruieren, Schrauben statt Kleben, ökologische Rohstoffe.
- Die strategische Planung der **Produktionsfaktoren** entscheidet insbesondere über die Gebäude, die Produktionsmaschinen, aber auch alle unterstützenden Anlagen wie Heizungen, Druckluftversorgung, Mess- und Regeltechnik einschließlich IT oder auch die Logistikeinrichtungen mit dem Fuhrpark.
- Die strategische Planung des **Produktionsablaufs** legt die räumliche Anordnung der Betriebsmittel (Maschinen) am Standort und in den Werkhallen fest. Diese Layoutplanung determiniert dann den Materialfluss in den Werkshallen und am Standort.

Die **folgenden Abschnitte** erläutern deshalb die energiebezogenen Aufgaben und wichtige Planungsverfahren der operativen Planung:

- Programmplanung (▶ Kap. 4.5.2),
- Faktorplanung (▶ Kap. 4.5.3),
- Prozess-/Ablaufplanung unter Rückgriff auf die Theorie der betrieblichen Anpassung (▶ Kap. 4.5.4).

Dabei wird eine stückorientierte Werkstattproduktion in Einzel- oder Serienproduktion als Auftrags- oder Lagerproduktion angenommen. Dieser **Produktionstyp** liegt beispielsweise bei einem Maschinenbauunternehmen vor, das die produzierten Spezialmaschinen in Serien oder als Sonderanfertigung auf Kundenwunsch herstellt. Auf die ganze Bandbreite energiebezogener Aufgaben bei anderen Produktionstypen und dementsprechend auch anderen Planungsverfahren kann hier nicht eingegangen werden.

4.5.2 Operative Programmplanung

Die operative Planung des Produktionsprogramms entscheidet, welche Produkte in welchem Zeitraum hergestellt werden. Diese erste, für den Deckungsbeitrag, die Auslastung und die Erfüllung der Kundenwünsche grundlegende Entscheidung der operativen PPS benötigt eine umfangreiche **Informationsversorgung**. Aufgrund der Bedeutung und Komplexität der Planung ist es in der Praxis meist ein Entscheidungsgremium, welches das Produktionsprogramm festlegt:

- Der Vertrieb schätzt Absatzvolumina ein und legt die schon erteilten Aufträge vor.
- Der Betrieb, die Arbeitsvorbereitung und Instandhaltung bringen die verfügbaren Produktionskapazitäten in den Entscheidungsprozess ein.
- Die Kostenrechnung kalkuliert die Deckungsbeiträge der Produkte.

Dabei liegt das Problem darin, dass sowohl **Energiekosten** als auch Kosten der Emission von Treibhausgasen den Produkten **richtig zugeordnet** werden müssen. Die Voraussetzung ist eine auf Produkte bezogene Energiebilanz (Produktbilanz ▶ Kap. 3). Oft finden sich in der Praxis nach grob geschätzten Schlüsseln verteilte Energiekosten, die in die Kalkulation der Produkte eingehen und die Planungsergebnisse verzerren.

Ein Standardverfahren zur Berechnung des optimalen Produktionsprogramms ist die **Lineare Programmierung (LP)**. In der Literatur ist gut beschrieben, wie sich Umweltwirkungen wie Kohlendioxidemissionen in die Modelle einbinden lassen, so dass auf die modelltheoretischen Feinheiten an dieser Stelle nicht mehr eingegangen wird (Kals 1993, Rager 2006).

In der Praxis verwenden Unternehmen Lineare Programme zur Programmplanung eher selten. Das liegt daran, dass die meisten Märkte **Käufermärkte** sind, auf denen die Käufer mehr Macht haben als die Produzenten/Verkäufer. Das bedeutet auch, dass Kapazitäten nicht knapp sind und Aufträge nicht abgelehnt werden müssen, wie es das LP-Modell impliziert. Die operative Programmplanung besteht deshalb in den meisten Fällen darin, die eingehenden Aufträge zu registrieren und ihre Erfüllung einzuplanen.

Allerdings kann die Linearen Programmierung dazu dienen, **Simulationsrechnungen** für das Produktionsprogramm durchzuführen. So ist es mit diesem Verfahren möglich, den Periodenausstoß von Treibhausgasen zu begrenzen, um keine zusätzlichen Emissionszertifikate mehr kaufen zu müssen. Die Modellierung kann auch die Treibhausgasemissionen mit fiktiven Preisen versehen und auf dieser Basis das optimale Produktionsprogramm bestimmen. Der Sinn von solchen Modellrechnungen, die Treibhausgasen einen Preis zuordnen oder sie begrenzen, liegt also nur in seltenen Fällen in unmittelbaren Verhaltensänderungen. Aber für alle Unternehmen sind solche Verschiebungen im Produktionsprogramm wichtig für die Strategiebildung. Es handelt sich um **schwache Signale** der strategischen

Früherkennung. Es ist klug, Auswirkungen der Energiewende auf das Produktionsprogramm, auf Deckungsbeiträge und den Gewinn zu kennen.

4.5.3 Operative Faktorplanung

Der nächste zu behandelnde Planungsbereich der PPS ist die operative Faktorplanung, oft auch als Materialwirtschaft bezeichnet – die Begriffe werden in Wissenschaft und Praxis uneinheitlich und wenig trennscharf verwendet. Innerhalb der Materialwirtschaft kommt der **Materialdisposition** die Aufgabe zu, den Bedarf an RHB so zu ermitteln, dass die Produktion reibungslos verläuft, aber auch keine großen Lagerbestände entstehen. Energie wird üblicherweise als Betriebsstoff aufgefasst oder auch neben die RHB-Systematik gestellt. Mit der programm- (deterministischen) und verbrauchgebundenen (stochastischen) Bedarfsermittlung werden in der Materialdisposition zwei grundlegende Verfahrensgruppen unterschieden:

- Die **verbrauchgebundene Bedarfsermittlung** schreibt mittels statistischer Verfahren die Vergangenheitswerte fort. Diese Aufgabe liegt dann weniger bei der Abteilung Materialdisposition, sondern eher bei den auf Strombeschaffung spezialisierten Einkäufern, deren Arbeit bereits in Abschnitt 4.4 erörtert wurde. Künstliche Intelligenz wird gemäß 3.6 eine zunehmende Rolle spielen.
- Die **programmgebundene Bedarfsermittlung** multipliziert das Produktionsprogramm mit den Produktions-(Energie-)koeffizienten, um so den Bedarf an Ressourcen zu ermitteln. Das Prinzip ist einfach: Wenn ein Auto (Produkt) vier (Produktionskoeffizient) Stoßdämpfer (Rohstoff) benötigt, so benötigen 1.000 Autos 4.000 Stoßdämpfer. Der Produktionskoeffizient (Ressourceneinsatz pro Produkteinheit) ist mit der Anzahl der Produkte aus dem Produktionsprogramm zu multiplizieren. Analog ist ein Energiekoeffizient in Abschnitt 3.2 eingeführt (Energieeinsatz pro Produkteinheit). So lässt sich mit der gesamten geplanten Produktionsmenge der Energieverbrauch in der Planungsperiode berechnen.

Die Schwierigkeit besteht darin, dass der Produktionsablauf in zahlreiche **Dispositionsstufen** aufgeteilt ist. Die Rohstoffe müssen beschafft und bearbeitet werden, bevor sie in Zwischenprodukte und Baugruppen eingehen können, die schließlich zum Endprodukt zusammengefügt werden. **Stammbaum- oder Gozinto-Darstellung** geben den Produktaufbau wider (▶ Dar. 4.35).

Diese Darstellung lässt sich nicht nur als abstrakter Produktaufbau interpretieren, wie er auch in Stücklisten (dem Grunddokument der Materialdisposition) enthalten ist. Sie kann auch als vereinfachtes Layout einer Fertigungshalle mit Eingangslagern (Beschaffungsbereich), Werkstätten (Produktionsbereich) und Ausgangslager (Absatzbereich) aufgefasst werden. Wird nun für jeden Knoten in diesem Graphen (also jedes Lager und jeden Produktionsprozess) nicht nur der Materialbedarf erfasst, sondern auch der Energiebedarf, so lässt sich der gesamte

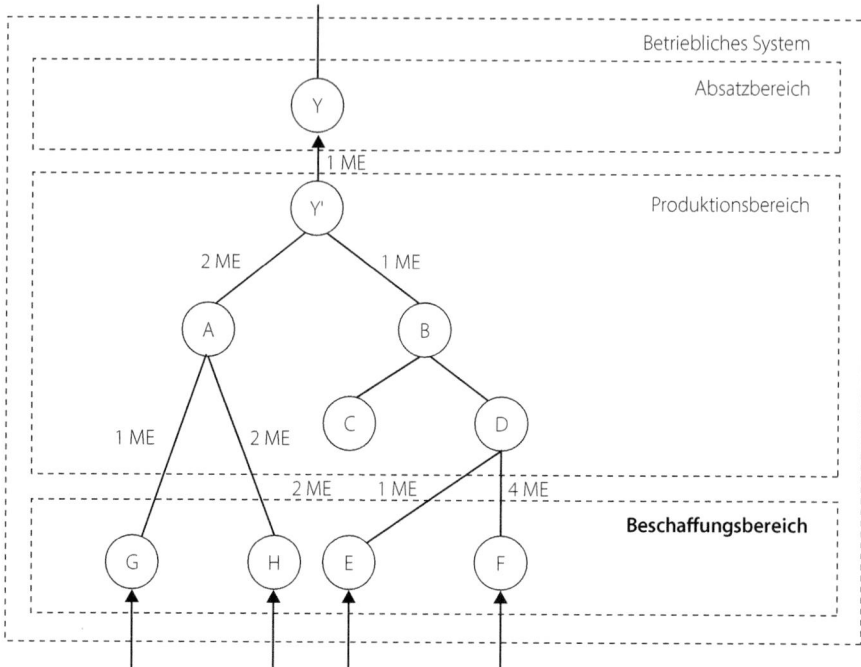

Dar. 4.35: Gozintograph (Schieferdecker u. a. 2006, S. 233)

Energiebedarf recht genau planen. Die Grundlage für diese Anwendung ist in Prozessbilanzen gelegt.

In einer sehr differenzierten Planung lassen sich die **Pfade im Graphen als innerbetriebliche Transporte** interpretieren und können ebenfalls genau erfasst werden. Dabei ist jedoch der Energieeinsatz gering, wenn es sich nicht um standortübergreifende Produktionssysteme handelt. Die Verfahren der programmgebundenen Bedarfsermittlung beziehen die Vorlaufverschiebung ein, d. h. die Verweilzeiten des Materials an den einzelnen Knoten. Damit kommt die Materialdisposition der exakten zeitlichen Energiebedarfsermittlung einen Schritt näher. Die Besonderheiten betrieblicher Energieerzeugungs-, Energieumwandlungs- und Energieverteilungsanlagen würden hier den Rahmen sprengen. Im Prinzip lässt sich aber der Energiefluss analog zu dem hier erörterten Materialfluss planen.

4.5.4 Operative Prozess-/Ablaufplanung

Die Arbeitsvorbereitung plant nun im Rahmen eines hierarchischen Vorgehens auf der Basis der bisherigen Ergebnisse den genauen Produktionsablauf. Das Produktionsprogramm liegt fest und das Material ist beim Bedarfszeitpunkt verfügbar. Grundlegende energiebezogenen Aufgaben und Methoden der Prozessplanung sind im Abschnitt 4.5.4.1 erläutert. Eine Basis für Detailentscheidungen bietet die Theorie der betrieblichen Anpassung, mit der sich Abschnitt 4.5.4.2 beschäftigt.

4.5.4.1 Aufgaben und Methoden

Die Abteilung **Arbeitsvorbereitung** heißt in der Praxis oft auch Auftragsdisposition, da sie von der gerade behandelten Materialdisposition zu unterscheiden ist. Die Arbeitsvorbereitung/Auftragsdisposition legt auf der Basis des Produktionsprogramms Produktionsaufträge/-lose fest. Das sind anschaulich gesagt Zusammenfassungen von Rohstoffen oder Halbprodukten, die die Fertigungsanlagen durchlaufen. Praktisch könnte es sich um Wellen oder Zahnradrohlinge handeln, die in einer Gitterboxpalette zusammengefasst sind. Diese Produktionsaufträge sind nun den Anlagen zuzuordnen. Es ist also festzulegen, welche Anlage/Werkstatt die Bearbeitung der Rohstoffe, Zwischenprodukte und die Montage der Endprodukte zu welchem Zeitraum vornimmt. Das wichtigste Dokument ist dabei der **Arbeitsplan**, der die Bearbeitungsreihenfolgen enthält.

Das Ergebnis der Arbeitsvorbereitung ist der **Ablaufplan**, der Produktionsaufträge den Anlagen zuordnet. Die Darstellung 4.36 enthält ein Beispiel für einen Ablaufplan, der in einem Ablaufdiagramm (auch als Gantt-Chart bezeichnet) dargestellt ist. Ein Produktionsauftrag durchläuft innerhalb zwölf Zeiteinheiten die Werkstätten NC-Fertigung (Numeric Control, also computergesteuerte Werkzeugmaschinen), Härterei und Qualitätssicherung.

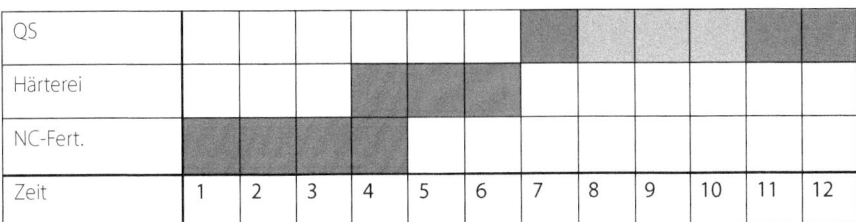

Dar. 4.36: Beispiel für einen Ablaufplan

Dabei kann auch der Energieverbrauch geplant werden. Dort sind wesentliche energiebezogene Daten des Fertigungsauftrags und der für die einzelnen Arbeitsschritte eingesetzten Anlagen visualisiert. Die Datenbasis hat Abschnitt 3.4 zur Kostenrechnung und Prozessmodellierung ausführlich behandelt.

Die wichtigsten Ziele der Ablaufplanung sind

- die Minimierung der Durchlaufzeiten,
- die Maximierung der Kapazitätsauslastung und
- die Einhaltung der Fertigstellungstermine.

4 Energiemanagement in betrieblichen Funktionen

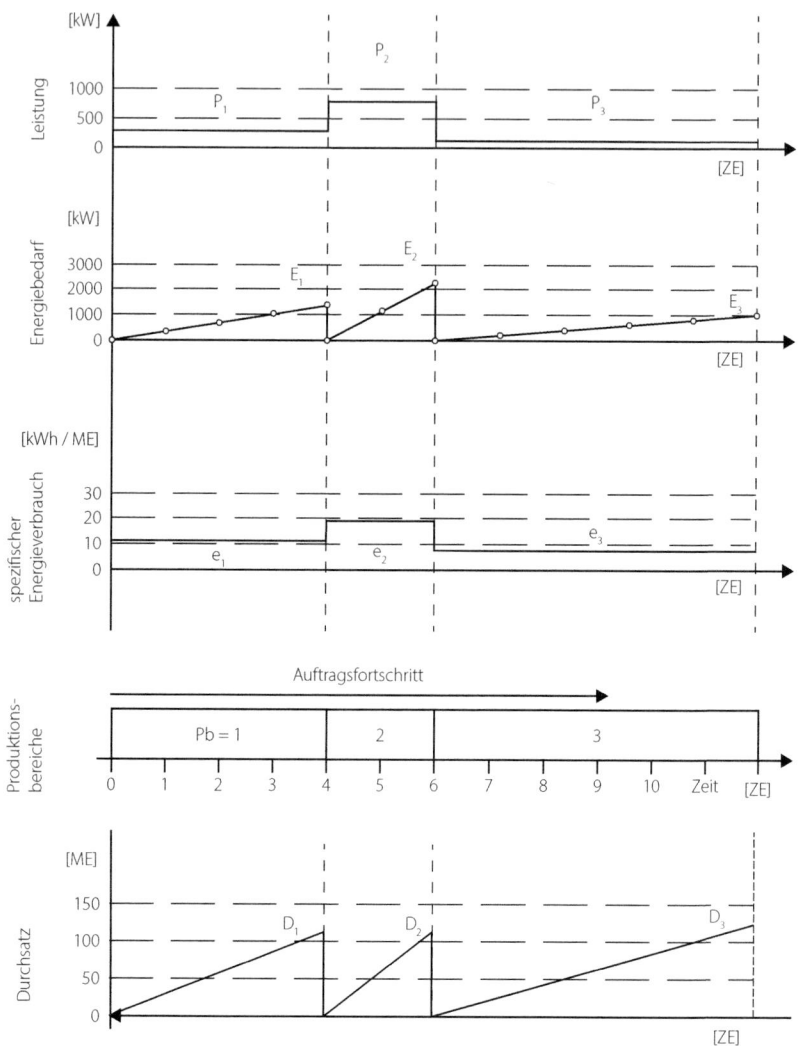

Dar. 4.37: Planung des Energieverbrauchs aufgrund des Ablaufplans (Schieferdecker u.a. 2006, S. 267)

Nun kommen weitere **energiebezogene Ziele** für die Ablaufplanung hinzu:

- Steigerung der Energieeffizienz, also bei gegebenen Fertigungslosen die Senkung des Verbrauchs.
- Die Ablaufplanung soll den zukünftigen Energiebedarf möglichst gut prognostizieren, um der Strombeschaffung gute Informationen zu bieten.
- Bei schon geschlossenen Stromlieferungsverträgen soll die Planung Spitzen vermeiden und sich der Verbrauch dem vertraglich festgelegten Lastprofil möglichst gut annähern.

Die Ablaufplanung hat folgende wichtige **Handlungsmöglichkeiten** zur Steigerung der Energieeffizienz:

- die Zuordnung der Fertigungsaufträge zu Maschinen mit niedrigem spezifischen Energieverbrauch,
- die energieoptimale Fahrweise von Anlagen (▶ Kap. 4.5.4.2),
- die Vermeidung von energieintensivem An- oder Abfahren von Produktionsprozessen, beispielsweise durch die Bildung von geeigneten Produktionslosgrößen,
- das Lastmanagement, den Energieverbrauch zu verringern bzw. in gewünschte Zeitfenster mit niedrigen Kosten zu verlegen. Es geht dabei beispielsweise um die Frage, ob es lohnend ist, die Arbeitsphase einer energieintensiven Maschine in die Spätschicht zu verlegen.

Darstellung 4.38 zeigt das exemplarisch für den anschaulichen und für den Laien leicht zugänglichen Prozess des Autofahrens. Diese Überlegungen knüpfen direkt an Abschnitt 3.3 zur Kostenrechnung an, der den Prozess des Autofahrens modelliert.

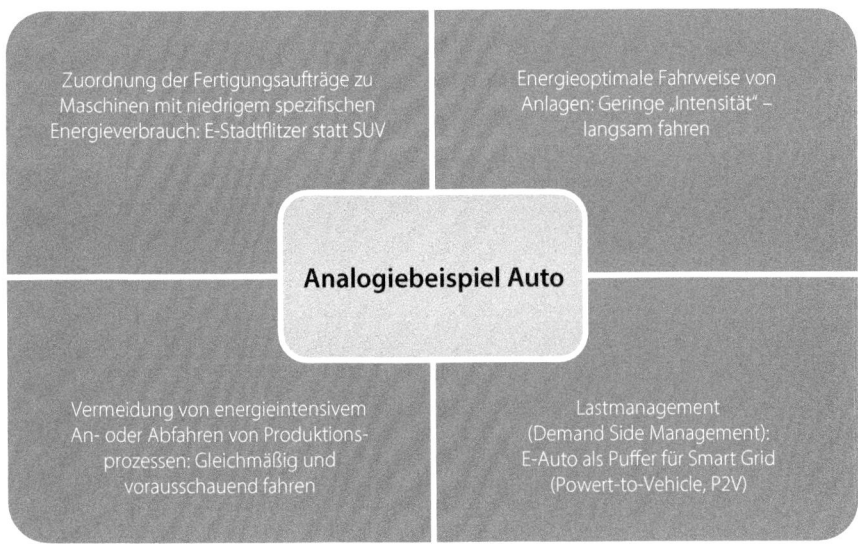

Dar. 4.38: Energiebezogene Handlungsmöglichkeiten der Ablaufplanung am Beispiel Auto

4.5.4.2 Theorie der betrieblichen Anpassung

Die Produktionstheorie bietet eine etablierte Basis, um deutlich zu machen, wie die umrissenen Optimierungspotenziale zu nutzen sind. Die »Theorie der betrieblichen Anpassung« beschäftigt sich mit der Anpassung von Produktionsanlagen an wechselnde Auslastungen. Die Überlegungen basieren auf der von Erich Gutenberg entwickelten Produktionsfunktion Typ B, ein im Ansatz operatives Modell, das also nur variable und keine fixen Kosten einbezieht. Die **Grundidee** besteht darin,

- zeitliche,
- intensitätsmäßige und
- kapazitätsmäßige

Anpassungsvorgänge zu unterscheiden.

Zeitliche Anpassung anhand eines Beispiels

Führen wir die Grundideen am Beispiel eines Automobils in einem Kurierdienst ein: Ein Student finanziere sein Studium mit Kurierfahrten mit seinem eigenen Auto und einem festen Umsatz pro zurückgelegtem Kilometer. Er versucht zunächst, die wenigen Aufträge, die er bekommt mit möglichst geringen Kosten abzuwickeln. Dazu fährt er im Hinblick auf die Betriebskosten (Kraftstoffverbrauch, Reifenabnutzung usw.) mit optimaler Geschwindigkeit. Es muss die Verbrauchskurve in Abhängigkeit von unterschiedlichen Geschwindigkeiten bekannt sein (▶ Dar. 4.39).

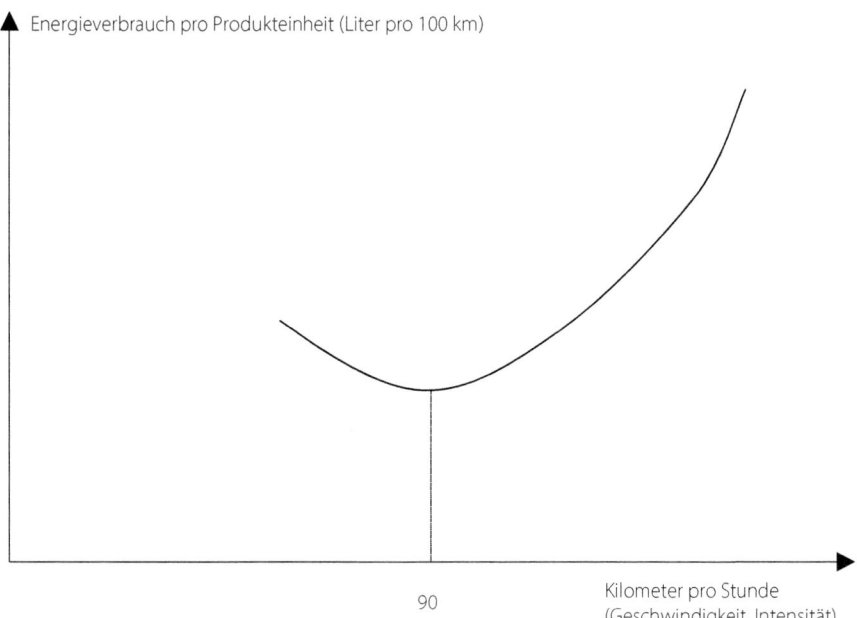

Dar. 4.39: Energieverbrauch in Abhängigkeit von der Intensität

Die Produktionsintensität ist definiert als Arbeitseinheiten pro Zeiteinheit, hier also Kilometer pro Stunde. Dahinter stehen technische Größen, im Beispiel die Anzahl der Kurbelwellenumdrehungen bei einer bestimmten Übersetzung des Getriebes. Bei einer Geschwindigkeit von 90 Kilometern pro Stunde sei der Kraftstoffverbrauch optimal, bei untertouriger Fahrweise steigt er leicht, bei sehr hohen Geschwindigkeiten steigt er stark an. So lange die verfügbare Zeit für die Aufträge (die Beschäftigung in der Terminologie der Kostenrechnung) ausreicht, **passt sich** unser Student **zeitlich** an und minimiert seine variablen Energiekosten. Er hängt sich auf der Autobahn entspannt hinter einen Lkw. Bei automatisch gesteuerten Anlagen würde sich das hier vernachlässigte Problem der Personalkosten nicht stellen.

Intensitätsmäßige Anpassung

Wenn der Student nun mehr Aufträge bekommt und sie in der ihm zur Verfügung stehenden Zeit in einer Periode (pro Tag) nicht ausführen kann, ist er gezwungen, schneller zu fahren. Er **passt sich intensitätsmäßig** an. Bei der Ausschöpfung der maximalen Kapazität fährt er die gesamte verfügbare Zeit mit Höchstgeschwindigkeit über die Autobahn, der Kraftstoffverbrauch ist maximal, sowohl spezifisch (pro Kilometer) als auch absolut (pro Periode, pro Tag). Zusätzliche, in diesem Modell nicht berücksichtigte Gesichtspunkte sind darin zu sehen, dass die Lebensdauer des Motors sinkt und die Unfallwahrscheinlichkeit ansteigt, vom Fahrstress ganz zu schweigen. Bei der Ermittlung der Kostenverläufe anderer Anlagen kann es zwar nicht zu Unfällen kommen, aber oft spielt die Ausschussquote bei steigender Produktionsgeschwindigkeit eine Rolle.

Darstellung 4.40 zeigt die variablen Energiekosten (Kraftstoffkosten) in Abhängigkeit von den gefahrenen Kilometern pro Planungsperiode (pro Tag) bis zur Kapazitätsgrenze einer Produktionsanlage (eines Kurierfahrzeugs).

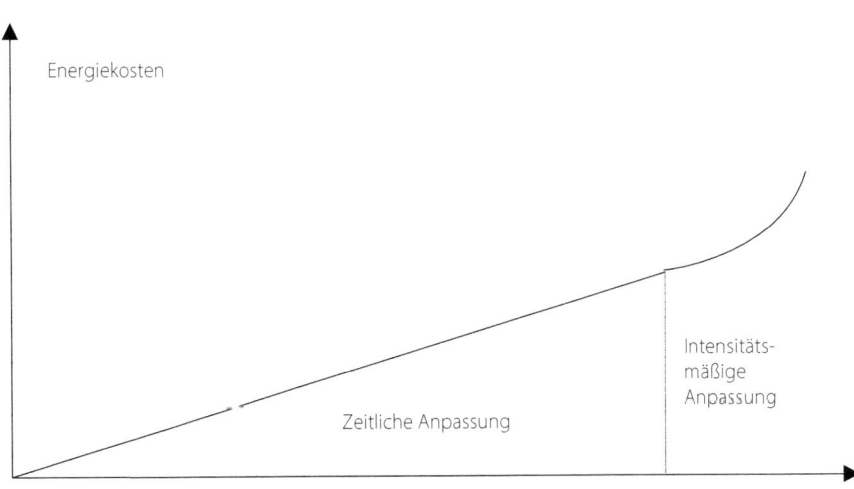

Dar. 4.40: Verlauf der variablen Energiekosten bei zeitlicher und intensitätsmäßiger Anpassung

Der lineare Kostenverlauf im Bereich der zeitlichen Anpassung bedeutet, dass bei jedem Kilometer gleich viel Energie verbraucht wird, die spezifischen (Stück-) Kosten pro Outputeinheit sind gleich. Bei intensitätsmäßiger Anpassung durch schnellere Fahrt steigen die Kosten, wobei gleichmäßig über die gesamte verfügbare Zeit schneller gefahren wird. Das muss die Tagesplanung abhängig von der geplanten Strecke (Beschäftigung, Output) vorsehen. Die Kapazitätsgrenze ist dort erreicht, wo über die gesamte Zeit mit maximaler Geschwindigkeit (Intensität) gefahren wird.

Kapazitätsmäßige Anpassung

Bei weiter steigender Auslastung ist das Produktionssystem **kapazitiv anzupassen**, im Beispiel ist ein zweites Kraftfahrzeug in Betrieb zu nehmen. Das könnte ein Kommilitone sein, der einige Fahrten übernimmt. Die Inbetriebnahme einer weiteren, bereits angeschafften Anlage kann mit Rüstkosten verbunden sein, beispielsweise Reinigungskosten, Einrichtekosten oder dem Energieverbrauch einer Vorwärmphase. Deshalb ist graphisch, rechnerisch oder durch Modellrechnungen (Simulation) zu ermitteln, ab welcher Ausbringungsmenge diese Rüstkosten den durch die intensitätsmäßige Anpassung entstandenen Mehrkosten entsprechen.

Im Beispiel siedeln wir jetzt den Kommilitonen in einer Nachbarstadt an, so dass Kraftstoffkosten für die Anfahrt entstehen, sobald er an einem Tag Fahrten übernimmt (siehe den Kostensprung in Darstellung 4.41).

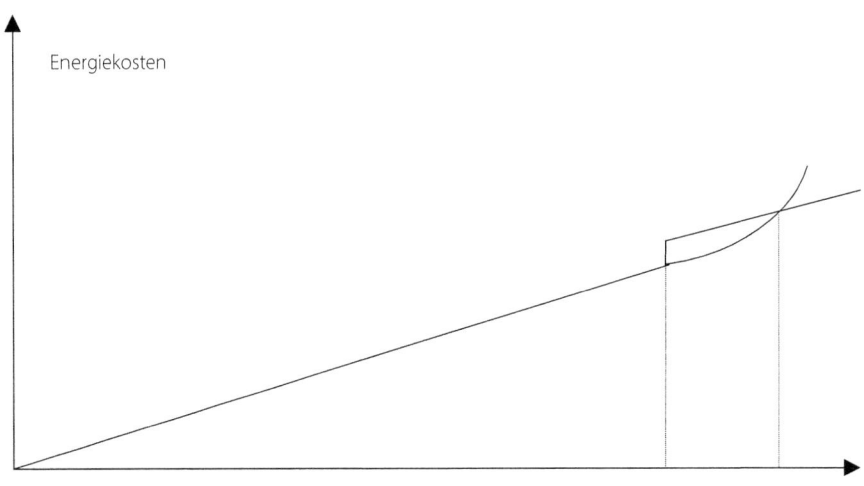

Dar. 4.41: Verlauf der variablen Energiekosten bei zeitlicher, intensitätsmäßiger und kapazitiver Anpassung

Die Inbetriebnahme des zweiten Autos erhöht die Kapazität, so dass es möglich wird, beide Betriebsmittel (Autos) mit optimaler Intensität (Geschwindigkeit) zu betreiben. Die dadurch erfolgte kapazitive (kapazitätsmäßige) Anpassung ist lohnend bei einer Beschäftigung, die nach dem Schnittpunkt der Kurven liegt. Dann sind die Mehrkosten der Anfahrt geringer als die Kosten durch eine hohe Geschwindigkeit beim Einsatz eines einzigen Autos. Im linken Teil der Abbildung ist die zeitliche Anpassung optimal, im mittleren Teil ist eine intensitätsmäßige Anpassung durch schnellere Geschwindigkeit angeraten und bei einer hohen Auslastung im rechten Teil lohnt sich der Einsatz eines zweiten Autos (Betriebsmittels, Maschine, Anlage), wobei beide Autos mit optimaler Geschwindigkeit gefahren werden.

Steigende Bedeutung und automatisierte Prozesse

Dieses hier auf Energieverbrauch und -kosten konzentrierte Standardmodell der betrieblichen Anpassung bezieht normalerweise alle relevanten Kostenarten ein. **Die Energiekosten gewinnen mit steigenden Energiepreisen an Bedeutung** und bei manchen Anlagen (z. B. in der Rohstoffindustrie mit Öfen und Trocknungsanlagen) sind diese dominant. Eine isolierte Betrachtung des Energieverbrauchs hilft zum Verständnis der Prozesse und der darauf aufbauenden Ablaufplanung, auch wenn bei der konkreten Steuerung in der Praxis viele weitere, oft dominierende Einflussfaktoren zu beachten sind. Dazu gehören verschiedene Qualitätsmerkmale bei den Anlagen, der Stand der Überstundenkonten der Werker, Überstunden- oder Nachtzuschläge auf den Lohn oder auch ein Eilauftrag für einen wichtigen Kunden, der die sorgfältige Planung durcheinanderbringt. Das Modell ist auch hilfreich bei der strategischen Planung neuer Anlagen, beim Ersatz von alten Anlagen oder bei einer dauerhaft höheren Produktionsmenge. Dann kommen fixe Kosten ins Spiel, die durch die Anschaffung von Betriebsmitteln entstehen.

Eine einfache Möglichkeit, den Energieverbrauch in verbrauchsschwache Nachtzeiten zu verschieben, sind **automatisierte Prozesse**. Im Privathaushalt sind viele elektrische Verbraucher wie Spülmaschine, Trockner oder Waschmaschine bereits mit einer Zeitschaltuhr versehen. In einer weiteren Stufe können sie mittels Smart Meter auf Flex-Preise reagieren.

Computergesteuerte Werkzeugmaschinen in Unternehmen bieten auch diese Möglichkeit, jedoch sind die Produktionsprozesse und ihre Rahmenbedingungen deutlich komplexer. Störungen können beispielsweise erst am folgenden Morgen behoben werden oder es ist ein Bereitschaftsdienst mit zusätzlichen Kosten einzurichten. Manche Produktionsanlagen mit hohen Qualitätsanforderungen benötigen eine ausreichende Betriebstemperatur, um die Toleranzen einzuhalten. Normalbetrieb, Stand-by-Betrieb, Aufwärmphasen und das Ausschalten der Maschinen sind damit als Betriebszustände zu unterscheiden und einzeln im Ablaufplan zu berücksichtigen.

4.6 Produktion

In der Produktion schlägt das Herz des Unternehmens, hier erfolgt die Wertschöpfung, für die der Kunde letztlich bezahlt. Dieser Kernprozess ist sehr stark abhängig von der Branche:

- Dienstleistungsproduktion bei Banken oder Versicherungen ist weitgehend dematerialisiert, so dass die energiebezogenen Problemschwerpunkte bei Facility Management und Green IT anzusiedeln sind.
- Der Energieverbrauch von Logistikdienstleistern entfällt vor allem auf die Transporte.
- Industrieunternehmen betreiben so unterschiedliche Anlagen wie Werkzeugmaschinen (Maschinenbau), Extruder (kunststoffverarbeitende Industrie) oder chemische Reaktoren.

Beim Blick in die Verteilung des Primärenergiebedarfs in Abschnitt 4.1 müsste sich dieser Abschnitt ausführlich der Energieeffizienz in der Industrie- und Gewerbeproduktion widmen. Die notwendige branchenindividuelle Herangehensweise würde jedoch den Rahmen dieses Buches sprengen.

Hier stehen deshalb zwei bisher nicht zusammenhängend diskutierte Themen im Mittelpunkt. Sie sind komplex, in hohem Maße energierelevant und vielfach vernachlässigt: Drehzahlveränderliche elektrische Antriebe im Abschnitt 4.6.1 und – damit zusammenhängend – die Druckluftversorgung im Abschnitt 4.6.2.

4.6.1 Elektrische Antriebe

Die Problematik

Beispiele sind Antriebe für Werkzeugmaschinen, Pumpen für Rohrleitungen, Elektromotoren für Förderbänder oder Kompressoren zur Erzeugung von Druckluft. Gemäß einer Faustregel entfallen bei einem Standardmotor mit einer jährlichen Nutzungsdauer von 3000 Stunden (etwa eine Schicht pro Tag an 365 Tagen) etwa 3 Prozent der Lebenszykluskosten auf die Anschaffung, aber über 95 Prozent auf den Energieverbrauch während der Nutzung (▶ Kap. 5.1.1 und 5.1.2).

Technischer Fortschritt hat in den letzten Jahren in zweifacher Weise zu großen Verbesserungen geführt:

- Zum einen hat sich die **Energieeffizienz** moderner Elektromotoren erheblich verbessert,
- Zum zweiten sind sie **regelbar**, d. h. elektronische Drehzahlregler führen dem Motor zu jeder Zeit nur so viel Energie zu, wie er für seine Antriebsaufgabe gerade benötigt. Hohe Verluste, beispielsweise durch eine nachträgliche Drosselung eines Förderstromes, sind dann ausgeschlossen.

Da die **Lebensdauer** von Elektromotoren sehr hoch ist und trotz intensiver Nutzung Jahrzehnte betragen kann, ist davon auszugehen, dass erhebliche Teile des Bestands an elektrischen Antrieben in der Industrie veraltet sind. Dies bedeutet konkret, dass es bei alten Aggregaten mit geringer Effizienz nur zwei Betriebszustände gibt: Sie sind ausgeschaltet oder laufen unter Volllast. Ein großes Rationalisierungspotenzial tut sich für die Unternehmen auf. Es sind also Pumpen, die tadellos und störungsfrei funktionieren, durch neue zu ersetzen. Das Einsparpotenzial hängt von der Häufigkeit, der Dauer und dem Ausmaß von Teillastphasen ab.

Anlagenbauer neigen zu einer **konservativ-vorsichtigen Auslegung ihrer Aggregate**, die ja Jahrzehnte ihren Dienst verrichten sollen. Sie werden deshalb eher leistungsstärkere Motoren wählen, um die Produktivität des gesamten technischen Systems auf keinen Fall zu gefährden. Das kann dann bei ungeregelten Antrieben dazu führen, dass Jahrzehnte viel mehr Energie verbraucht wird als wirklich nötig wäre. Zudem steigern größere Geräte den Umsatz der Hersteller und Planer.

Eine exemplarische Studie

In der Literatur und nach den Ergebnissen einer eigenen Untersuchung sind Energie- und Kosteneinsparungen von 20 bis 40 Prozent eine typische Größenordnung. Die eigene Studie ist in einem Kraftwerk entstanden und wird nun etwas genauer dargestellt, da sie viele typische Muster aufweist.

In dem Kraftwerk fördern Speisewasserpumpen das Wasser, das in den Kesseln verdampft wird und dann die Turbinen betreibt, in einem geschlossenen System. Nach den gesetzlichen Vorschriften besteht das Antriebssystem aus zwei gleich großen Hochdruckpumpen. Eine Pumpe dient als Reserve und wird bei Ausfall oder Revisionen der Hauptpumpe eingesetzt. Die Pumpen verfügen über eine erhebliche Leistung von 650 Kilowatt (das entspricht etwa 850 PS). Es ist bemerkenswert, dass im gegebenen Fall keine exakten Verbrauchswerte verfügbar waren. Mit einem aufwändigen Rechenverfahren konnte der jährliche Energieverbrauch auf etwa 4.000 Megawattstunden abgeschätzt werden, was bei einem Energiepreis von zu dem Zeitpunkt sehr niedrigen Preis von 60 Euro pro Megawattstunden Kosten von etwa 240.000 Euro pro Jahr bedeutet. Bei der Berechnung der benötigen Pumpenleistung zeigte sich, dass die Pumpen für die aktuellen Gegebenheiten zu groß ausgelegt waren und zwei geregelten 335 kW-Motoren ausreichen, eine Einsatz- und eine Reservepumpe. Deren Stromverbrauch ist bei den zugrunde gelegten Daten mit 2.500 Megawattstunden zu beziffern. Die Einsparung von 37,5 Prozent beträgt somit 1.500 Megawattstunden und 90.000 Euro pro Jahr. Die Investition von 230.000 Euro einschließlich Montage und Inbetriebnahme ist damit in gut 2,5 Jahren amortisiert. Ein wichtiger technischer Grund für dieses Ergebnis sind die stark schwankenden Volumenströme im Kraftwerk, die im Winter doppelt so hoch sind wie im Sommer. Geregelte Motoren können darauf eingestellt werden, ungeregelte nicht.

Die Grundmuster dieser Wirtschaftlichkeitsrechnung stellten sich in dieser Fallstudie dann auch für zwei kleinere Pumpen heraus: Eine zu große Dimensionierung, schwankende Anforderungen und schon bei einem niedrigen Energiepreis eine Amortisationszeit von knapp unter drei Jahren. Steigende Energiepreise machen die Maßnahmen noch rentabler.

Hintergrund Rollenverteilung im Planungsprozess

Ein Hemmschuh für die Wahl effizienter elektrischer Antriebe bei Neuanlagen besteht darin, dass solche Anlagen als Gesamtlösungen von Anlagenhersteller oder Ingenieurbüros geplant werden. Deren Kunde und späterer Nutzer, der die Energierechnung bezahlt, hat oft nicht die Detailkenntnisse, auf die richtige Wahl bei elektrischen Antrieben zu achten. Externe Planer werden vor allem danach beurteilt, ob sie den Kostenrahmen einhalten. Sie achten deshalb vor allem auf die wenigen Prozent Anschaffungskosten, statt die hohen Energiekosten während der langen Nutzungsdauer in den Mittelpunkt zu stellen. Eine zu kleine Dimensionierung der Aggregate wird vom Kunden bemerkt und reklamiert, während eine zu große Dimensionierung lange Zeit überhöhte Kosten verursacht, die aber nur aufgedeckt werden, wenn danach gesucht wird. Sie betreffen eben auch nur den Kunden und nicht den externen Planer. Zudem steigert ein höheres Projektvolumen das Honorar des Planers.

4.6.2 Druckluft

Einführung in die Problematik

Druckluft ist ein Energieträger, der in vielen Industrieunternehmen vielfältig eingesetzt wird. Beispielsweise kann Druckluft als Antrieb für Werkzeugmaschinen oder Fördersysteme dienen, Druckluft ist notwendig für aufblasbare Manschetten zur Abdichtung zwischen Hallentor und Lkw, auch Handwerkzeuge wie Bohrmaschinen können von Druckluft angetrieben sein.

Wie funktionieren **zentrale Druckluftsysteme**? Das Prinzip ist einfach: Ein elektrischer Kompressor steht an einem zentralen Ort und drückt Luft in ein Leitungssystem. Im Grunde handelt es sich um einen Elektromotor, der eine Pumpe antreibt, die wiederum über einen Filter Luft ansaugt und in das Leitungsnetz einspeist. Über ein Manometer (Druckmesser) prüft eine automatische Steuerung, ob der Druck im Leitungssystem dem Sollwert entspricht. Wenn der Druck absinkt, so wird gerade Druckluft verwendet, der Kompressor springt an und stellt den benötigten Druck wieder her. Es sind Kühleinrichtungen notwendig, dass das System nicht überhitzt. Das Leitungsnetz für Druckluft verläuft zu allen Stellen im Betrieb, an denen dieser Energieträger nötig ist. Entweder sind die Betriebsmittel, die mit Druckluft betrieben werden, fest angeschlossen oder Geräte wie Druckluftpistolen können mit einem Handgriff an Ventilen eingesteckt werden. Die folgenden Gründe machen plausibel, weshalb **gerade hier schnell Verschwendung** entstehen kann.

Technische Empfindlichkeit der Druckluftanlagen

Die Darstellung 4.42 zeigt, wie schnell kleine Undichtigkeiten dazu führen, dass die Verdichtung von Luft die Vernichtung von Geld mit sich bringt. Es reicht, dass ein Gabelstaplerfahrer mit einer sperrigen Ladung eine Leitung touchiert, so dass sich – optisch kaum wahrnehmbar – ein Flansch löst.

Dar. 4.42: Kosten für Undichtigkeit im Druckluftnetz (Bayerisches Landesamt für Umweltschutz 2004, S. 10)

Lochdurchmesser im Druckluftsystem in Millimetern	1	3	5	10
Luftverlust in Liter pro Sekunde	1,24	11,14	30,95	123,8
Energieverlust pro Jahr bei 8760 Stunden in kWh	2.891	26.017	27.270	289.080
Kosten in Euro pro Jahr bei 18 Cent/kWh	540	4.682	13.008	54.034

Schwierige Zuordnung der Betreiberverantwortung

Die lauten Kompressoren stehen üblicherweise in separaten Räumen, so dass die Leitungen quer durch den Betrieb und zu den zahlreichen Nutzern von Druckluft führen. Aufbauend auf den Erläuterungen zur Betreiberordnung (► Kap. 4.2.1) und Instandhaltung (► Kap. 4.7), müssen also sehr viele Abteilungen in die Abstimmung einbezogen werden, wer die Anlagen wann auf welche Weise instandhält und – vor allem – wer wie oft nach welchen Kriterien die Leitungen überprüft. Die Erfahrung zeigt, dass viele Unternehmen diese Fragen nicht ausreichend beantwortet haben.

Pauschalisierte Kostenverantwortlichkeit

Eine Ursache dafür, dass die Verantwortung für Druckluft nicht ausreichend geregelt ist, liegt in der üblicherweise pauschalen Verteilung der Kosten. Es ist meist zu aufwändig, die Entnahme von Druckluft als Betriebsdaten zu messen und auf diesen Messergebnissen eine verursachungsgerechte Kostenverteilung vorzunehmen. Durch die pauschale Schlüsselung hat auch kein Kostenstellenverantwortlicher den Anreiz, sich des Themas anzunehmen, denn Zeit und Kosten würden seiner Kostenstelle zugerechnet, der Nutzen käme allen zugute.

Aufwändige Bedarfsermittlung für die Druckluft

Einer Abteilung ist die Steuerung des Kompressors zugeordnet, typische Lösungen sind Betriebstechnik, Facility Management oder ein Nutzer mit großem Druckluftbedarf. Die verantwortlichen Mitarbeiter stellen dabei die Anlage normalerweise so ein, dass sich niemand beschwert. Die Anlage läuft also zeitlich lange und im Hinblick auf den eingestellten Druck (intensitätsmäßig) sehr hoch. Sie orientiert an den Nutzern, die den höchsten Bedarf haben. Dieser Bedarf müsste mit wechselndem Fertigungsprogramm, Überstunden und technischen Änderungen für jede Schicht neu erfasst werden. Wenn die verantwortliche Abteilung nicht besonders pflichtbewusst ist, geschieht das nicht und die Anlagen produziert Druckluft, die niemand benötigt.

Maßnahmen zur Energieeffizienz

Eine Effizienzsteigerung und Energieeinsparung lässt sich mit folgenden Maßnahmen erreichen (in Erweiterung von Radgen 2007, S. 10):

- Im Rahmen größerer Investitionen lassen sich alte, nicht geregelte Kompressoren ersetzen, Wasserkühler durch bessere Luftkühler austauschen und Wärmerückgewinnungen installieren.
- Es ist zu prüfen, ob kleine, kostengünstige Maßnahmen zu wesentlichen Verbesserungen führen. Hier sind insbesondere die Beseitigung von Leckagen, die Anpassung von Rohrdurchmessern und die Beseitigung von Flaschenhälsen zu nennen.
- Die Luft zur Kühlung muss an der Gebäudenordseite angesaugt und gefiltert werden.
- Die Filterelemente sind – ebenso wie die gesamte Anlage – regelmäßig zu überprüfen und instandzuhalten.
- Als wichtige organisatorische Maßnahmen sind die Reduzierung des Systemdrucks und die Abschaltung der Anlage oder von Anlagenteilen bei Betriebsruhe zu nennen.
- Bei komplexeren, größeren Anlagen mit mehreren, manchmal räumlich verteilten Kompressoren ist auch die Kombination der Steuerung dieser Anlagen zur Energieeinsparung wichtig.
- Die Einbeziehung der Druckluft über ein Contracting (▶ Kap. 5.1.4) kann technisches Know-how ins Unternehmen bringen und Kosten senken.

4.7 Instandhaltung

Eine gute Instandhaltung ist unabdingbar, um unnötige Energieverluste zu vermeiden. Im Umkehrschluss kann es bei einer vernachlässigten Instandhaltung zu enormen Verbrauchs- und Kostensteigerungen kommen. Zudem wird schnell aus einer kleinen Instandhaltungsmaßnahme eine große Reparatur. Instandhaltung spielt in der Literatur zur Produktionswirtschaft eher eine untergeordnete Rolle und auch in vielen Unternehmen überrascht, dass faktisch im Hinblick auf viele wichtige Anlagen eine ausfallbedingte Instandhaltungsstrategie zu beobachten ist. Deshalb einige Erklärungen dazu, wie es gelingen kann, komplexe Industrieanlagen in effizientem, sicherem und energieeffizientem Zustand zu halten. Dazu ist zunächst zu klären, wie die Instandhaltung grundsätzlich funktioniert (▶ Kap. 4.7.1). Um die Umsetzung in die betriebliche Praxis zu realisieren, ist die organisatorische Verantwortlichkeit festzulegen (▶ Kap. 4.7.2). Abschließend wird der Energiebezug durch Beispiele vertieft (▶ Kap. 4.7.3).

4.7.1 Begriff, Pläne, Strategien

Begriff und Teilbereiche

Bei einer korrekten **Begriffsdefinition** gliedert sich die Instandhaltung in zumindest drei Teilbereiche (▶ Dar. 4.4.3). Die DIN 31 051 unterscheidet weiter die hier nicht aufgegriffenen Kategorien Anlagenverbesserung und Schwachstellenanalyse.

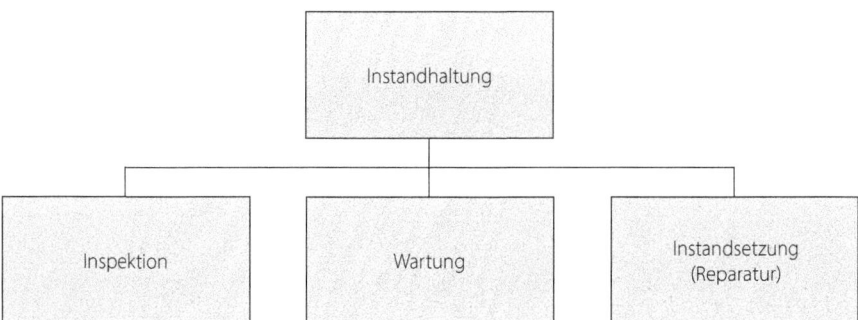

Dar. 4.43: Teilgebiete der Instandhaltung

- Bei der **Inspektion** wird der Ist-Zustand des Instandhaltungsobjekts festgestellt (beispielsweise Sichtprüfung auf Undichtigkeiten der Ölwanne beim Auto).
- Die **Wartung** bewahrt den Soll-Zustand (beispielsweise Ölwechsel).
- Die **Instandsetzung/Reparatur** stellt den Soll-Zustand wieder her (beispielsweise Ersetzen der Benzinpumpe nach einem Defekt).

Instandhaltungspläne

Selbst Privatleute vergessen schon mal einen Instandhaltungstermin beim Auto (»Inspektion«) oder der Heizung (»Wartung«). Bei Industrieunternehmen ist es ungleich schwieriger, den Überblick zu behalten. Die Zahl der separat zu **erfassenden Instandhaltungsobjekte** geht schnell in die Zehntausende, bei Großanlagen in die Hunderttausende. Jedes einzelne Objekt (jede Pumpe, jeder Satz Gabelstaplerreifen, jede Rohrleitung) ist also zunächst hierarchisch zu erfassen, wie es Darstellung 4.44 für das eingängige Beispiel des Fuhrparks zeigt.

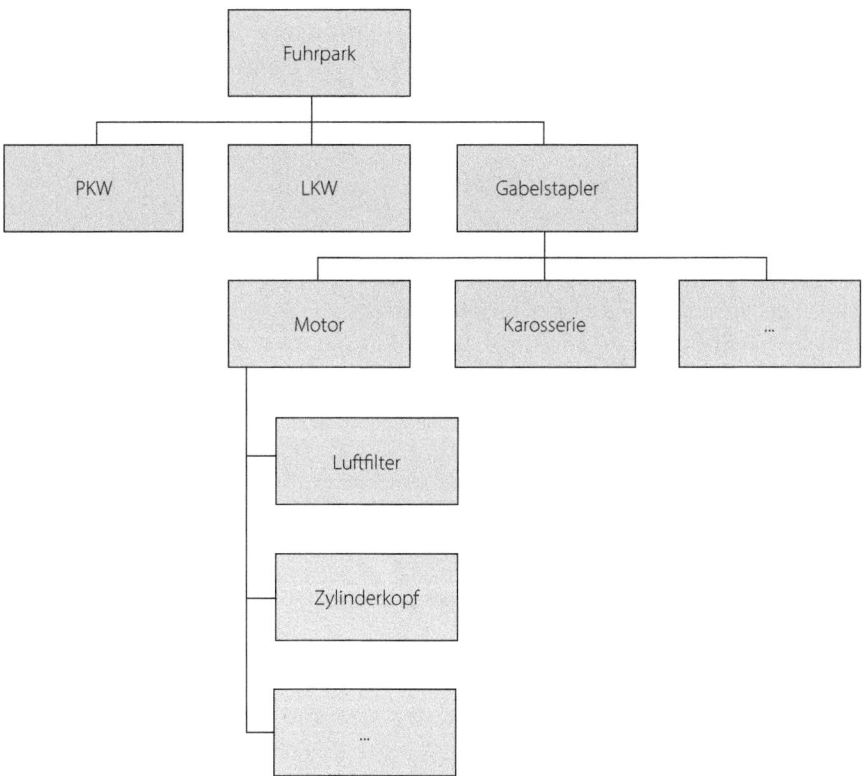

Dar. 4.44: Erfassung der Instandhaltungsobjekte am Beispiel Fuhrpark

Auf dieser Basis ist jedes Instandhaltungsobjekt in **Instandhaltungsplänen** zu berücksichtigen. Das können banale, schnell zu erledigende Dinge wie beispielsweise die Überprüfung des Luftfilters bei einem Gabelstapler sein. Allerdings kann die Instandhaltung auch die umfangreiche Revision von Großanlagen umfassen.

Um beurteilen zu können, wann welche Instandhaltungsmaßnahmen sinnvoll sind, zeigt Darstellung 4.45 den idealtypischen Verlauf der Kostenkurven im **Spannungsfeld zwischen maximaler und unterlassener Instandhaltung**.

Beide Extreme sind teuer. In der Praxis tendieren Unternehmen eher zu einer zu geringen Instandhaltung. Beispielsweise treiben die Kosten eines höheren Energieverbrauchs die Kurve der Kosten unterlassener Instandhaltung in die Höhe.

4.7 Instandhaltung

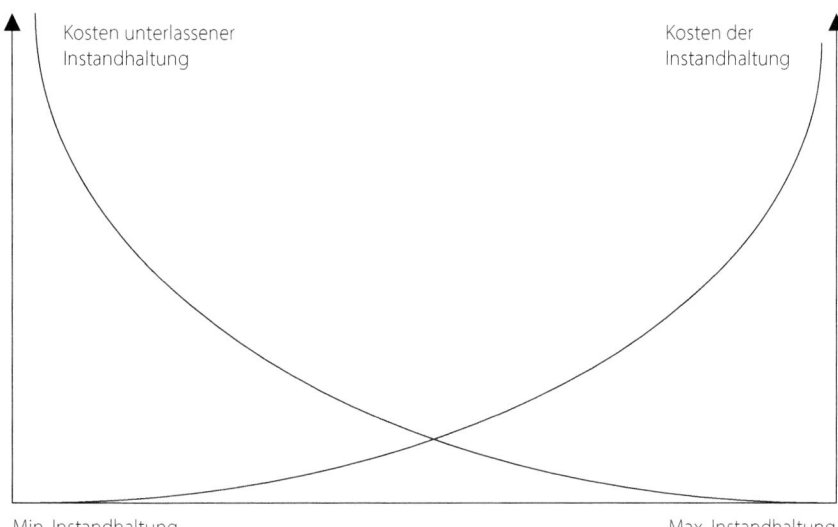

Dar. 4.45: Kostenveräufe zwischen maximaler und unterlassener Instandhaltung

Instandhaltungsstrategien

Mit diesem Kostenverlaufsmodell im Hintergrund orientiert sich die Instandhaltung inhaltlich an einer der drei folgenden **Instandhaltungsstrategien** (▶ Dar. 4.46). Diese Instandhaltungsstrategien erklären den obigen Kostenverlauf. Die ausfallbedingte Instandhaltungsstrategie entspricht der minimalen Instandhaltung, die vorbeugende Instandhaltung geht in Richtung der maximalen Instandhaltung, die zustandsabhängige sucht einen Kompromiss.

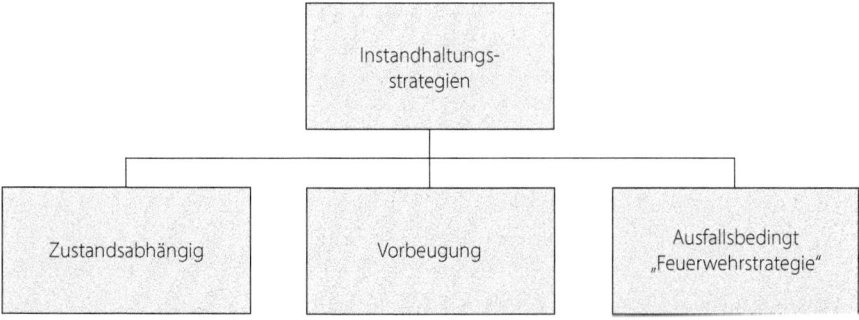

Dar. 4.46: Instandhaltungsstrategien

Zu den grundlegenden Strategien:

- Die **zustandsabhängige** Strategie entscheidet auf Basis der Ergebnisse einer Inspektion über die Wartungs- und Reparaturmaßnahmen. Der Zustand von Reifen, Werkzeugen oder Filtern wird beurteilt und dementsprechend entschieden, ob ein Ersatz zweckmäßig ist. Dies ist die Strategie, die für die meisten Instandhaltungsobjekte – auch aus energetischer Sicht – wünschenswert ist. Die Digitalisierung öffnet hier Möglichkeiten.
- Die **vorbeugende** Instandhaltung tauscht technische Komponenten (Rohrleitungen, Ventile usw.) nach einer festgelegten Zeit aus, ohne den aktuellen Zustand zu beachten. Das kommt beispielsweise bei einer großen Revision einer Raffinerie in Frage, wenn der Austausch vor der nächsten Revision sehr aufwändig wäre. Auch die Betreiber von Atomkraftwerken, die um jeden Preis materialbedingte Störfälle im Primärkreislauf vermeiden müssen, verwenden diese Strategie.
- Eine schlechte, unsystematische Instandhaltung führt zur **ausfallbedingten** Strategie (»Feuerwehr-Strategie«). Die Instandhalter werden dann wie die Feuerwehr gerufen, wenn Betriebsmittel nicht funktionieren. Es ist leicht vorstellbar, wie sich der Energieverbrauch verhält, wenn Motoren, Heizungen, Rohrleitungen, Kälteanlagen usw. sich so lange selbst überlassen bleiben, bis sie ganz ausfallen.

4.7.2 Verantwortlichkeiten

Anhand eines energiebezogenen Beispiels seien die **Schnittstellenprobleme bei der Zuordnung der organisatorischen Verantwortlichkeiten** erläutert. Das knüpft an die Betreiberordnung im Abschnitt 4.2.1 an. In der **Chipindustrie** ist die Klimaanlage instandzuhalten einschließlich der Filter für die Reinräume. Bei einigen Arbeiten ist die Anlage auszuschalten, so dass die Produktion ebenfalls zu unterbrechen ist. Wer hat nun die Verantwortung, die Instandhaltung anzustoßen und durchzuführen?

- Der **Produktionsleiter**? Er ist ohnehin schon stark belastet und hat zudem nicht alle Detailkenntnisse für die auszuführenden Tätigkeiten, er ist beispielsweise nicht der Fachmann für die Filter.
- Eine interne, zentrale **Instandhaltungsabteilung**, sofern sie diese Aufgabe des Facility Managements mit übernimmt? Diese Abteilung kennt die Produktionsabläufe nicht so genau wie der Produktionsleiter.
- Oder externe **Dienstleister** wie beispielsweise der Anlagenhersteller, der einen Instandhaltungsvertrag bekommen hat? Das verursacht keine fixen Personalkosten. Es ist für den Chiphersteller jedoch problematisch, sich bei einer so entscheidenden Aufgabe mit Qualitätsrelevanz auf Externe zu verlassen. Zudem bleiben die Abstimmungsprobleme mit der Produktion bestehen.

Anhand dieser Fragen wird deutlich, welche Schnittstellen zwangsläufig entstehen. Hier kommt die volle Bedeutung der **Betreiberordnung** und der **Ablaufbeschreibungen** zum Tragen. Darin ist für jedes Instandhaltungsobjekt zu regeln,

- wer die Dokumentationen führt (also die Stamm- und Bewegungsdaten in die Programme einpflegt),
- wer die Termine, Strategien und Pläne festlegt,
- wer über die Durchführung durch interne oder externe Kräfte entscheidet und sie überwacht,
- welche Abstimmungs- und Freigabeprozesse zu durchlaufen sind, um nicht bei laufender Produktion plötzlich Staub auf den Chips zu haben (▶ Kap. 6.6.3).

Lösungstendenzen in KMU und Großindustrie

Kleinere und mittlere Unternehmen neigen zu einer dezentralen Lösung, bei der der Nutzer der Anlagen auch die Instandhaltung verantwortet, also auch diesen Teil der Betreiberverantwortung wahrnimmt. In den Organigrammen sucht man oft den Begriff »Instandhaltung« vergebens, findet aber Schlosser- und Elektrikerwerkstätten. Die Werkstätten werden also vom Betreiber beauftragt. Sie stehen somit in Konkurrenz mit externen Anbietern, so dass viele Unternehmen die Instandhaltungsdienstleistungen outsourcen.

Diese einfache Herangehensweise an Instandhaltung überfordert leicht den Nutzer/Betreiber. Sie birgt zudem Risiken im Hinblick auf Produktivität, Qualität, Umwelt, Haftung und auch für die Energiekosten. Je zahlreicher und komplexer die Anlagen sind, umso mehr Know-how ist erforderlich und desto eher bietet sich eine zentrale Lösung an.

Große Konzerne und Standorte richten deshalb häufig zentrale Instandhaltungsabteilungen ein, die die Objekte systematisieren, die Strategien festlegen, die Pläne erstellen und sie auch ausführen. Dabei bietet sich eine Spezialisierung auf Instandhaltungsobjekte an, also beispielsweise auf Elektrik, Mechanik, Filter usw. Auf diese Weise kommt es leicht zu zersplitterten, unübersichtlichen Lösungen. Den Vorteilen der Bündelungseffekte durch eine Zentralisierung stehen also die möglichen Nachteile der Unübersichtlichkeit sowie der Entfernung vom Nutzer entgegen.

Eine sorgfältig aufgebaute Instandhaltung, die in Abstimmung mit allen Beteiligten im Rahmen der Betreiberordnung dokumentiert wurde, erfüllt in aller Regel auch die rechtlichen Anforderungen. Im Energiebereich kann es dazu kommen, dass ein externer Dritter mit rechtlich verbrieften Kompetenzen die Sachverhalte noch einmal überprüft, wie es bei Schornsteinfegern oder den Ausstellern von Energieausweisen der Fall ist.

4.7.3 Energierelevanz unterlassener Instandhaltung

Zur Verdeutlichung der Aufgaben und Bedeutung der Instandhaltung für das Energiemanagement sind hier einige Beispiele aufgeführt. Zur Gliederung ist der Aufbau dieses Kapitels herangezogen.

Facility Management

- Die **Brenner von Heizungen** sind großen Temperaturschwankungen ausgesetzt, so dass Ersatzteile notwendig werden und die Steuerung nachgestellt werden muss. Geschieht das nicht, steigt der Brennstoffverbrauch und die Lebensdauer des Benners sinkt.
- **Undichtigkeiten an Gebäudehüllen** (verzogene Fenster, defekte Gummilippen an Rolltoren usw.) führen zu Zugluft und höheren Heizkosten. Auch die Isolierung von besonders heißen Anlagen wie Öfen muss die Instandhaltung überprüfen.
- Alle **Filter** (beispielsweise beim Ansaugen von Außenluft für die Hallenbelüftung) setzen sich zu mit der Folge, dass die Pumpen stärker arbeiten müssen und sich die Luftqualität verschlechtert.
- Nach den technischen Regeln für **Gasinstallationen** (TRGI) ist der Grundstückseigentümer zur regelmäßigen und sachkundigen Überprüfung seiner Gasleitungen verpflichtet. Spätestens im Schadensfall muss dokumentiert sein, dass sachgemäße und regelmäßige Überprüfungen der Leitungen stattgefunden haben.

Logistik

- Der Treibstoffverbrauch von Pkw und Lkw steigt bei zu niedrigem **Reifendruck**. Zudem nutzen die Reifen schneller ab und die Unfallwahrscheinlichkeit steigt durch eine geringere Bodenhaftung.
- **Vereiste Kühlräume** verhindern, dass die erzeugte Kälte den Raum kühlen kann. (Das gilt auch für die heimische Kühltruhe.)

Produktion

- Die Folgen von **Undichtigkeiten an Druckluftanlagen** wurden bereits erörtert. Gleiches gilt für alle Energieleitungen im Unternehmen wie Warmwasser oder Dampf. Bei schlechter Instandhaltung von Gas- oder Ölleitungen kommt es zur Gefährdung von Mensch und Umwelt.
- Die Instandhaltung kann (mit-)entscheiden, welche **Schmieröle** Verwendung finden. Teurere Leichtlauföle reduzieren den Energieverbrauch deutlich und können sehr wirtschaftlich sein.
- Jede Art von **Hydraulik** ist einer starken mechanischen Beanspruchung ausgesetzt. Undichtigkeiten führen (neben dem für die Umwelt gefährlichen Aus-

treten von Hydrauliköl) auch zu höheren notwendigen Pumpenleistungen und damit zu höherem Energieverbrauch.
- **Stumpfe Werkzeuge** zum Häckseln, Fräsen oder Sägen, die ihre »Standzeit« überschritten haben, brauchen einen höheren Andruck und damit mehr Energie – ganz abgesehen von den damit einhergehenden Qualitätsproblemen. Gleiches gilt für Kugellager und die vibrationsfreie Rotation von Wellen.
- Die Steuerung von technischen Prozessen kann nur so gut sein, wie die Informationen, die die **Betriebsdatenerfassung** liefert. Eine gute Instandhaltung muss deshalb jeden defekten Messfühler, jedes falsch eingestellte Thermometer und jede Leitung mit Wackelkontakt bemerken und reparieren.

Diese Beispiele sind auch für den technischen Laien verständlich. In Industrieunternehmen kommt es abhängig von der eingesetzten Technologie zu energiebezogenen Instandhaltungsaufgaben, die erklärungsbedürftiger sind und die hier nur exemplarisch genannt werden können. Beispiele sind die Instandhaltung von Heizelementen in Extrudern (Anlagen zur Herstellung von Kunststofffolien), chemischen Reaktoren oder Bleichanlagen zur Papierherstellung. Die ständige Überwachung der Kennzahlen aus der Energiedatenerfassung und -auswertung (Monitoring) ist für die Instandhaltung von besonderer Bedeutung. Eine Veränderung des Energieverbrauchs pro Leistungseinheit (beispielsweise Kilowattstunden pro geförderte Menge bei Pumpen oder Dieselverbrauch pro 100 Kilometer bei Lkws) kann auf Instandhaltungsbedarf hinweisen.

4.8 Green IT

4.8.1 Begriffe, Trends und Übersicht

Interpretationsmöglichkeiten des Begriffs Green IT

Das Bundesumweltministerium definiert den **Begriff Green IT** wie folgt: Unter Green IT sind umweltverträgliche Produkte und Dienstleistungen der Informations- und Kommunikationstechnik (IKT) sowie der Nutzung von IKT zur Umweltschonung zu verstehen. Dies umfasst die Berücksichtigung des gesamten Lebenswegs von IKT-Produkten sowie deren Auswirkungen auf das Klima und andere Umweltwirkungen, wie zum Beispiel die Inanspruchnahme kritischer Rohstoffe (Bundesumweltministeriums 2020).

Bei genauerem Hinsehen verbergen sich drei Ebenen:

- Im Zentrum des Begriffs Green IT steht die **Hardware** bei Produktion, Betrieb/Nutzung sowie Recycling/Entsorgung.
- Doch besonders im Betrieb beeinflusst das **Nutzungsverhalten** und die **Software** die Ressourceneffizienz und die Emissionen. Die aktuellen Entwicklungen (Stichwort Cloud Computing) verändern dabei das Spiel deutlich.

- Darüber hinaus stellt sich die grundsätzliche Frage, ob und wie durch den Einsatz von IT-Ressourcen eingespart werden können. Der Abschnitt 3.6 »Digitalisierung als **Enabler**« hat sich für den Energiebereich hiermit schon genauer beschäftigt, was aber nicht unter den engen Begriff der Green IT fällt.

Beeinflussende Trends (steigender Energiebedarf und Cloud Computing)

Das Thema gewinnt immer größere Bedeutung. Gemäß IPCC sind 12 Prozent der globalen Treibhausgasemissionen auf IT zurückzuführen, Tendenz steigend. Die Nutzung von IT unterliegt mit **Cloud Computing** einer Entwicklung, die die Diskussion von Green IT sehr viel komplexer macht:

- **Früher** war Green IT relativ handlich und stringent zu verstehen: Privatpersonen und kleinere Unternehmen hatten ihre Personal Computer (Desktops), Laptops, Drucker, Faxgeräte usw. im Büro stehen. Größere Unternehmen betrieben eigene Server und Rechenzentren, so dass die Endgeräte zu Terminals der unternehmensinternen, zentralen Server wurden.
- Die **heutige** Entwicklung kennzeichnen Begriffe wie Cloud Computing, Software-as-a-Service (SaaS) und On-Demand-Lösungen: Cloud Computing bedeutet, dass Rechnerleistung und Speicherplatz nicht mehr vor Ort liegen, im lokalen Computer oder im eigenen Server bzw. Rechenzentrum, sondern in einer Datenwolke. Die großen IT-Anbieter bzw. -Provider verkaufen die Kapazitäten ihrer Rechenzentren und es ist kaum noch möglich nachzuverfolgen, wo auf der Welt was berechnet und gespeichert wird. Unternehmen kaufen keine eigenen Programme mehr, sondern sie nutzen in der Cloud die Services »on demand«. Sie zahlen damit nur für die in Anspruch genommene Leistung, die die IT-Provider irgendwo bereitstellen.

Der **Verfasser** hat gerade einen **neuen Dienst-Laptop** bekommen und stellt erstaunt fest, dass die Festplatte die Datenmengen des alten Rechners nicht fassen kann. Das Rechenzentrum bestätigt die dahinterliegende Absicht des Landes Rheinland-Pfalz als Hochschulträger: Größere Datenmengen sollen auf die dafür vorgesehenen Datenserver in die Cloud wandern: Ein Server für den Austausch größerer Dateien im Stil von »one drive«, ein eigener Server für Videos, das Lehrmaterial auf der Lernplattform usw. Ein Laptop kann herunterfallen, kaputtgehen und die aktuellen Daten sind weg. Die Server haben hingegen eine professionelle Datensicherung. Und auch verschiedene Services für Studierende und Dozenten sind über eine Anmeldung zentral online bereitgestellt: Lehr- und Prüfungsplanung einschließlich Mailsystem, Lehrdeputatsabrechnung, Reisekosten usw.

Ob die intendierte Zentralisierung wirklich ein Fortschritt ist? Mögliche **Problemfelder** sollen hier nur angedeutet werden:

- Datensicherheit,
- Cyberkriminalität,

- Sabotage,
- Redundanz und Resilienz,
- Ausfall bei Katastrophen, Blackouts oder bewaffneten Konflikten.

Schlussfolgerungen und weiteres Vorgehen

Diese Trends beeinflussen das Verhältnis von Geräten des Nutzers und Geräte des Providers. Zentrale Rechenzentren ersetzen zusehends lokale Geräte. Ebenso verschieben sich Rechen- und Speichervorgänge vom Nutzer in die Cloud. Die zu betrachtenden »grünen« **Auswirkungen der IT** sind auch deshalb **vielschichtig** und kaum pauschal berechenbar. Einige weitere Beobachtungen zur Komplexität des Themas:

- Notebooks als Beispiel bestehen insgesamt aus 1.800 bis 2.000 Einzelteilen sowie einer Vielzahl von Materialien. Metalle wie Stahl, Kupfer, Aluminium, unterschiedliche Kunststoffe und Klebstoffe, Glas und Verpackungsmaterial. Im Produktionsprozess der Einzelteile entstehen weitere Umweltwirkungen, Wasserverbrauch, Schadstoffemissionen usw.
- Der hier im Mittelpunkt stehende Energiebedarf hängt stark vom Nutzungsverhalten ab und der Nutzung der Cloud sowie des Internet. Die daraus resultierenden CO_2-Emissionen sind wiederum durch die Art der verwendeten Energie bestimmt, Windkraft oder Braunkohlenstrom.
- »Grün« bezieht sich auf die ökologische Säule der Nachhaltigkeit. Gerade bei Recycling und Entsorgung ist aktuell damit aber die soziale Säule untrennbar verbunden. Das liegt an den menschenunwürdigen Arbeitsbedingungen bei der Verwertung in Entwicklungsländern.

Die **folgenden Abschnitte** können deshalb nur exemplarische Herausforderungen zeigen und ein Verständnis für die Probleme wecken. Hier ist die klassische Gliederung der engen Definition gewählt:

- Produktion der IT-Geräte (▶ Kap. 4.8.2),
- Betrieb und Nutzung (▶ Kap. 4.8.3),
- Lebensdauer, Recycling und Entsorgung (▶ Kap. 4.8.4).

4.8.2 Produktion der Geräte

Eine Studie vergleicht die **Umweltauswirkungen** bei der **Produktion und der Nutzung von PCs** (Puca/Carrano/Liu 2017). Hier lässt sich schön zeigen, welche Auswirkungen unterschiedliche Annahmen haben. Die Verfasser unterscheiden die Szenarien Business-as-usual (BAU) und Recycling-and-renewable (RAR). Bei BAU wird konventioneller Strom verwendet und nicht-recycelte Materialien. RAR unterstellt möglichst positive Bedingungen. Die Herstellung erfolgt unter Verwendung von recycelten Materialien und erneuerbaren Strom- und Wärmequellen. In der Studie wird recyceltes (»sekundäres«) Aluminium als Beispiel genannt. Dieses hat 90 Prozent weniger kumulierte Energie als neues (»primäres«) Aluminium. Wirft man einen Blick auf die Werte des Endprodukts sieht man, dass für den Energieverbrauch im BAU-Szenario fast 43 kg Öl-Äquivalente nötig sind, während im RUE-Szenario es nur 11 Einheiten sind. Eine Reduktion um 74 Prozent.

Ein **Blitzlicht zur CO_2-Problematik**: In Darstellung 4.47 sind Angaben zusammengetragen aus den Pages von Apple (2023) und Dell (2023).

Zu den Spalten:
Die Spalte »CO_2 Lifecycle« gibt die CO_2-Äquivalenz über die gesamte angenommene Nutzungsdauer, inkl. Stromverbrauch bei der Nutzung an.
In der Spalte »CO_2 Produktion« kann man die CO_2-Äquivalenz ablesen, die für die Produktion, den Transport zum Endkunden und die Entsorgung des Geräts aufgewendet wird.
Die dritte Spalte, Pkw-km, veranschaulicht die Anzahl der Kilometer, die ein typischer Pkw mit Verbrennungsmotor fahren kann, bis er die gleiche Menge CO_2 erzeugt, die bei der Produktion des entsprechenden Geräts entstanden ist. Hierbei wird von 250 g CO_2 Ausstoß pro km ausgegangen, was jedoch für Deutschland zu üppig ist.

Dar. 4.47: CO_2-Vergleich von Apple- und Dell-Produkten

Produkt	CO_2 Lifecycle	CO_2 Produktion	PKW-KM
Apple MacBook Air 13-Zoll 256MB (2020)	161 kg	137 kg	548km
Apple MacBook Pro 16-Zoll 1TB (2021)	395 kg	288 kg	1152km
Apple iPad Air 4th-gen 64GB (2020)	82 kg	73 kg	296km
Apple iPhone 13 128GB	64 kg	54 kg	216km
Dell XPS 13 9300 (2020)	327 kg	284 kg	1136km
Dell Precision 3650 Tower (2021)	765 kg	341 kg	1364 kg

Da die Angaben von den Herstellern selbst stammen, sollte daraus allein keine Empfehlung abgeleitet werden. Die Werte eignen sich allerdings gut, um eine grobe Abschätzung der Größenordnung zu treffen. Der Vergleich zwischen Produktion und Lifecycle zeigt zudem, wie hoch gerade bei typischen Konsumgeräten der Anteil der Produktion ist – aber auch, wie gering die erzeugte CO_2-Menge im Vergleich zum Pkw mit Verbrennungsmotor ausfällt, wenn man sich überlegt, was für Strecken wir teilweise täglich fahren, um zur Arbeit zu kommen.

Was in der CO_2-Bilanz nicht berücksichtigt wird, sind Themen wie ethische Fragen bei der Beschaffung von Rohstoffen oder wie groß der Aufwand wäre, ein defektes Gerät zu reparieren. Der Einfluss der Reparaturfreundlichkeit auf die Ökobilanz hängt wiederum von der Zuverlässigkeit der Geräte ab. Auch diese Aspekte zeigen, dass die von den Herstellern angegebenen CO_2-Werte lediglich einen Anhaltspunkt darstellen und es viele mögliche Variablen gibt, die die Bilanz verändern können.

4.8.3 Betrieb der Geräte

Hier ist gemäß den bisherigen Erläuterungen eine dreiteilige Struktur sinnvoll:

- Nutzung von lokalen Geräten,
- Aktivitäten im Netz und in der Cloud,
- Betrieb von Rechenzentren.

Nutzung von lokalen Geräten

Der Energieverbrauch von IT-Geräten ist offenbar sehr unterschiedlich gemäß des Nutzungsverhaltens. Poolrechner an der Hochschule sind während des Semesters Wochentags acht Stunden im Einsatz. Der private Laptop eines Berufstätigen kommt möglicherweise nur auf acht Stunden in der Woche. Die Treibhausgasemissionen hängen wie immer stark davon ab, ob Elektrizität aus dem Stromnetz oder Grünstrom vom eigenen Dach verwendet wird.

Die Geräte werden in der Tendenz kleiner und energieeffizienter. Ein beispielhaftes Notebook hat gemäß Osthoff (2021)

- eine Leistung von etwa 53,7 Watt während der Nutzung,
- im eingeschalteten, aber ungenutzten Zustand zwischen 3,3 und 7,9 Watt und
- im ausgeschalteten Zustand von 0,65 Watt.

Besonders der Energieverbrauch im ausgeschalteten Zustand erscheint bemerkenswert und rechtfertigt eine Steckerleiste mit zentralem Schalter, um nach Nutzung alle Geräte am Schreibtisch mit einem Knopfdruck vom Netz zu nehmen.

Zur Einschätzung des Verbrauchs: 0,054 kW bei 10 Stunden ergibt 0,54 kWh. Das ist etwa ein Zwanzigstel des Tagesverbrauchs eines Haushalts von 10 kWh. Da lohnen sich keine Klimmzüge zur Verminderung.

Aktivitäten im Netz und in der Cloud

Eine interessante Frage ist der Energieverbrauch durch Internetaktivitäten. Berners-Lee (2020) schätzt die Treibhausgasbilanz für einzelne Aktivitäten ab:

- Eine E-Mail (je nach Länge und Gerät) verursacht 0,2 bis 20 Gramm CO_2-Äquivalente.
- Eine Internetsuche kommt auf 0,5 bis 8 Gramm CO_2-Äquivalente. Andere Untersuchungen kommen sogar auf 2 bis 10 Gramm.
- Bei einem Durchschnittswert von 5 Gramm resultieren aus 1.000 Mails oder Suchanfragen etwa 5 Kilogramm CO_2-Äquivalente. Umgerechnet auf Treibstoff: Bei 2,36 Kilogramm CO_2 pro Liter Benzin und 2,65 für Diesel entsprechen die 5 Kilogramm etwa der Emission von zwei Litern Benzin oder Diesel. Je nach Auto entspricht das einer Strecke von etwa 40 Kilometern.

Es lohnt sich also nicht aus Energie- und Klimagründen die Internetrecherche einzuschränken – allerdings sollten solche Anfragen zur Verbesserung der Arbeitseffizienz überlegt abgeschickt werden. Massen-Werbungs-Spam-Mails als »Un-Güter« fallen allerdings stärker ins Gewicht und nutzen den Nutzern nicht.

Der Trend zum Cloud Computing insgesamt ist eine Chance für die Dekarbonisierung der IT. McKinsey (2022) sieht eine Reduktion von 55 Prozent für den Fall eines durchdachten Übergangs. Zentrale Rechenzentren sind effizienter als lokale Rechen- und Speicherleistungen.

Es ist jedoch immer zu Fragen, wozu die Anwendungen dienen, es gibt auch offensichtliche Einsparpotenziale. Ohne ins Detail zu gehen: Kyptowährungen wie Bitcoin und Blockchain-Anwendungen sollen 5 Prozent des weltweiten IT-Energieverbrauchs verursachen (Berner-Lee, 2020).

Betrieb von Rechenzentren

Die größten Stromverbraucher im IT-Bereich und damit die größte Herausforderung für Green IT stellen Rechenzentren dar. Dort sind viele Server auf engstem Raum zusammengefasst, was einen erheblichen Energiebedarf mit viel Abwärme verursacht. So wird Kühlung erforderlich. Folgende wichtige Möglichkeiten stehen Rechenzentren zur Verfügung:

- Reduzierung von Daten und Anwendungen,
- Verbesserung der Serverauslastung,
- Beschaffung energieeffizienter Geräte,
- Optimierung der Klimatisierung und Nutzung der Abwärme für Nah- oder Fernwärmenetze,
- eigene grüne Stromversorgung. Die US-Amerikanischen Tech-Unternehmen bauen zu ihren neuen Rechenzentren gleich Solarparks in geeigneten Regionen der USA.

4.8.4 Lebensdauer, Recycling und Entsorgung der Geräte

Eigentlich müsste sich dieser Abschnitt auch mit der Hardware von Rechenzentren beschäftigen. Aber das würde nur einen kleinen Teil der Leser betreffen. Um die ohnehin nur exemplarisch möglichen Einblicke zu vermitteln, konzentriert sich das Folgende auf Einzelgeräte wie PC, Laptops und Handys.

Begrenzte Lebensdauer, erschwerte Instandhaltung und geplanter Verschleiß (Planned Obsolescence)

Die **Nutzungsdauer** ist ein wichtiger Einflussfaktor auf die Nachhaltigkeit. Schon die Konstruktion der Geräte stellt hier Weichen. Der Nutzer kann sich für teurere, aber solidere und reparierbare Geräte entscheiden – wobei das recht intransparent ist. Die Hersteller arbeiten erkennbar vielfach gegen die Langlebigkeit ihrer Produkte. Viele Leser haben sicher schon Handy entsorgen müssen, weil die Akkus verklebt sind statt, wie beim Laptop, Steckverbindungen zu nutzen.

An sich könnte ein Nutzer mit technischem Verständnis den **Austausch einer modernen SSD-Festplatte** auch eigenständig durchführen (Wellendorf 2023). Voraussetzung dafür ist, dass der Hersteller einem keine unnötigen Steine in den Weg legt. Dies beginnt oft bei den Schrauben, die für das Befestigen der Gehäuseböden genutzt werden. Oftmals sind das sehr feine Schräubchen, für die sich auch in gut sortierten Feinmechaniker-Werkzeugkästen kein passendes Gegenstück finden lässt. Hin und wieder müssen zuvor Standgummis entfernt werden, die teils verklebt sind.

Ist der Boden entfernt, nehmen die Schwierigkeiten im Inneren des Laptops eher noch zu. In vielen Fällen sind RAM und SSD fest auf dem Mainboard verlötet. Andere Teile sind oft miteinander verklebt. Nicht nur, um für mehr Halt zu sorgen, sondern auch um die Erreichbarkeit von Schnittstellen und Steckern zu unterbinden. Auch die Ankündigung, dass durch das Öffnen des Notebooks die Garantie erlischt, schreckt viele davon ab, Teile auszutauschen.

Auch die Anschlüsse an den Seiten eines Laptops nutzen sich mit der Zeit ab. Das gilt insbesondere für USB-C-Ports, die technisch an vielen Stellen überzeugen, bei intensiver Nutzung aber auch Schwächen zeigen. Wenn der Lade-Stecker in dem Port zu wackeln beginnt, nimmt die Leistung bei der Datenübertragung und beim Laden schnell ab. Viele Notebooks können heute aber nur noch über diesen einen Anschluss geladen werden. Ist dieser defekt, kann er einzeln nicht gewechselt werden, was für viele Laptops das Ende der Nutzungsdauer bedeutet.

Recycling von Komponenten

Beim **Vorgängerlaptop des Verfassers** funktionierte plötzlich die **Tastatur** nicht mehr richtig. Ein freundlicher Mitarbeiter des Rechenzentrums hat dann die Tastatur eines ausrangierten Laptops genommen und eingebaut. So sollte es sein. Ein Laptop besteht aus vielen Komponenten wie Gehäuse, Bildschirm, Mainboard, Festplatte, Netzteil, Tastatur usw. Elektrik und Elektronik sind im Grunde sehr langlebig. Autos entsorgen wir ja auch nicht, wenn der Anlasser oder der Auspuff kaputt sind – oder wenn nur die Reifen abgenutzt sind. Wären die Geräte so konstruiert, dass die Komponenten leichter auszutauschen sind, könnten die Geräte länger genutzt werden. Alte Geräte lassen sich dann als Vorratslager für Ersatzteile verwenden.

Eine **Standardisierung** in der Branche würde zusätzlich helfen. Wie wenig Interesse die Hersteller daran haben, zeigt der jahrzehntelange Wildwuchs bei den Ladekabelsteckern der Handys mit entsprechenden Auswirkungen auf den Elektroschrott. Innovationen bei Hard- und Software sind dahingehend kritisch zu hinterfragen, ob sie wirklich Fortschritt bringen oder den Nutzer nur dazu bringen sollen, vermeitlich neue Geräte zu erwerben.

Rücknahme und Recycling versus Entsorgung in Entwicklungsländern

Die **Verwendung von gefährlichen Stoffen in Elektrogeräten** unterliegt in der EU den Bestimmungen der Richtlinie 2011/65/EU (RoHS), der Verordnung (EG) Nr. 1907/2006 (REACH) und der Verordnung (EG) Nr. 1272/2008 (CLP), die den Schutz der Umwelt und der menschlichen Gesundheit gewährleisten. Elektronikprodukte enthalten viele **wertvolle Stoffe** wie Kupfer, Aluminium oder Stahl. Bei unsachgemäßer Entsorgung entstehen jedoch Gefahren für Mensch und Natur. Zu diesen potenziell gefährlichen Materialien gehören u. a. Blei, Quecksilber, Cadmium, bromierte Flammschutzmittel, chlorierte Kunststoffe und Schwermetalle. Das Recycling ist bedauerlicherweise aufwändig und offensichtlich nicht lohnend. Die Hersteller unterliegen Rücknahmepflichten, z. B. dem Elektrogerätegesetz (ElektroG). Das Entsorgen im Hausmüll ist den Besitzern der Geräte nicht erlaubt. Dennoch findet ein erheblicher Teil des Elektroschrotts seinen Weg in Entwicklungsländer. Dort realisieren sich die Gefahren einer **unsachgemäßen Entsorgung** (▶ Dar. 4.48).

Dar. 4.48: Illegale Entsorgung von Hardware im Globalen Süden (Quelle: Wrede 2022)

Label und Siegel

Die internationale Norm ISO 14024 legt für Umweltkennzeichnungen vom Typ I fest, dass die Kriterien für diese Kennzeichnungen in einem transparenten und wissenschaftlichen Verfahren entwickelt werden müssen. Eine individuelle Herstellererklärung ist deshalb kein normkonformes Umweltzeichen. Beispiele für Typ-I-Umweltzeichen sind das

- deutsche Umweltzeichen »Blauer Engel",
- europäische »EU-Ecolabel",
- skandinavische Prüfsiegel »TCO Certified« sowie
- amerikanische Energieeffizienz-Label »Energy Star«.

Die Kriterien dieser Zeichen sind öffentlich einsehbar, ebenso wie die Listen der mit diesen Umweltzeichen gekennzeichneten Produkte.

Grundsätzlich können Laptops und Computer noch nicht als nachhaltig oder »grün« bezeichnet werden. Die Markierung solcher Produkte als »Green IT« ist vor dem oben geschilderten Hintergrund irreführend. Die Produkte können allenfalls im Vergleich untereinander in ihren jeweiligen Kategorien als umweltverträglicher bezeichnet werden oder durch positive Umweltauswirkungen bei der Nutzung zu einer Umweltentlastung beitragen.

5 Wirtschaftlichkeit, Strategie und Ethik

5.1 Wirtschaftlichkeitsrechnung

Die vielen erfreulichen technischen Möglichkeiten des Kapitel 4 müssen sich im Unternehmensalltag der Wirtschaftlichkeitsprüfung stellen. Dieser Abschnitt erläutert Besonderheiten der Investitionsrechnung und Finanzierung, die sich aus der Perspektive des Energiemanagements ergeben (▶ Kap. 3). Die Überschriften nennen die einbezogenen Methoden.

5.1.1 Total Cost of Ownership (TCO) und Life-Cycle Costing (LCC)

Worum es geht

Total Cost of Ownership (TCO, Gesamtkosten des Eigentums) und Life Cycle Costing (LCC, Lebenszykluskosten) sind zwei zusammenhängende Verfahren der Kostenrechnung, die für Energieprojekte besondere Bedeutung haben. Bei Investitionen und Kaufentscheidungen neigen Personen und Unternehmen dazu, in einer Vergleichsrechnung die Investitionssummen beispielsweise beim Bau von Hallen oder beim Kauf von Anlagen gegenüberzustellen und dann die »billigere« Variante auszuwählen. Die gesamten Kosten, die der Eigentümer zu tragen hat, sind aber vielfältig und betreffen alle Phasen der Beschaffung, der Nutzung und des Rückbaus. Als plakativer Einstieg seien elektrische Antriebe in der Industrie genannt, deren dominierende Kostenart die Energiekosten sein können, sie können bis über 90 Prozent ausmachen. Das liegt insbesondere daran, dass Pumpen in Kraftwerken, Antriebe für Fließbänder oder Lüftungsanlagen je nach Schichtbetrieb fast 24/7 laufen und zudem eine Lebensdauer von Jahrzehnten haben (▶ Dar. 5.1).

Indirekte (unsichtbare) Kosten zu direkten (sichtbaren) machen

Die Problematik der TCO lässt sich auch schön mit dem **Eisbergmodell** des folgenden Bildes zeigen, das wichtige Kostenarten enthält. Wer nur die bei der Anschaffung sichtbaren Kosten sieht, ignoriert die symbolischen 6/7 des Eisbergs, die unsichtbar unter Wasser liegen (▶ Dar. 5.2).

5.1 Wirtschaftlichkeitsrechnung

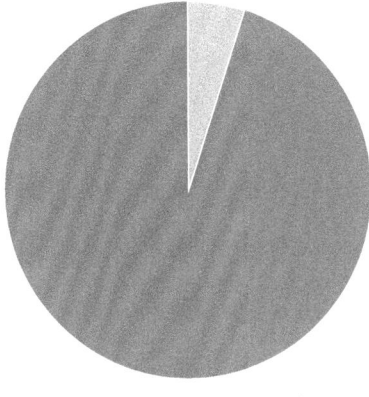

　　　　Sonstige Kosten　　　Energiekosten

- Controlling muss gegen Dominanz der Anschaffungskosten bei Investitionen ankämpfen, kostenminimal statt billig!
- 60 bis 95 Prozent der TCO / LCC von elektrischen Antrieben, Heizungen usw. können Energiekosten sein

Dar. 5.1: Möglicher Anteil der Energiekosten an den TCO bei elektrischen Antrieben

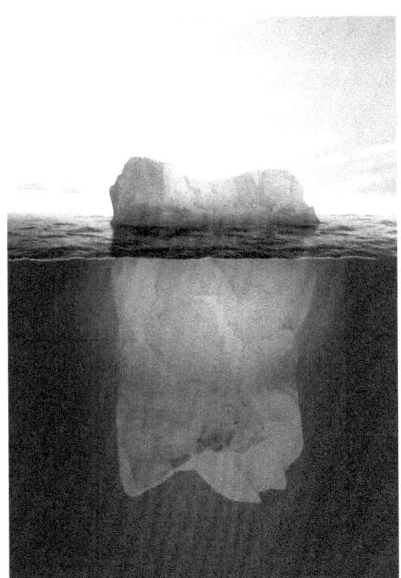

Direkt sichtbare Anschaffungskosten
- Anschaffung
- Finanzierungs-/ Kapitalkosten
- Bereitstellung betrieblicher Infrastruktur

„Verborgene" indirekte Kosten
- Inbetriebnahme / Produktionsanlauf
- Schulung
- Personal
- Energie
- Raum
- Betriebsstoffe
- Instandhaltung
- Stillstand
- Entsorgung / Wiederverkauf

Dar. 5.2: Eisbergmodell der Kosten

Direkte (sichtbare) und indirekte (zunächst unsichtbare) Kosten lassen sich nicht sauber und eindeutig unterscheiden. Es hängt immer von der Modellbildung, der Betrachtungsweise und dem Kontext ab. Die Standarddefinition der Kostenrechnung unterscheidet direkte Kosten danach, ob sie direkt einem Produkt, einer Kostenstelle, einem Projekt zuzurechnen sind. In dem Kontext hier sind es Investitionsobjekte, die Gegenstand der Betrachtung sind. Konventionell sind die Anschaffungskosten die direkten Kosten, alles andere ist indirekt und kommt später (manchmal erst Jahrzehnte). Die TCO-Denkweise fordert dazu auf, alle Kosten als direkt anzusehen, die von der Investition verursacht werden. Das entspricht dem Kostenverursachungsprinzip.

Eine **Keimzelle des TCO-Konzepts ist der IT-Bereich**, der ja als Effizienztreiber gilt. Doch viele Unternehmen machten und machen die Erfahrung, dass die Kosten nicht sinken nach dem Kauf von Hard- und Software. Die vielen Prozessumstellungen, Schulungen, Widerstände usw. liegen unter der Wasseroberfläche. Besonders anschaulich sind »Hey Joe-Effekte«: Der freundliche, IT-affine Kollege Joe kommt gerade vorbei und hilft bei einem Computerproblem. Sein interner, fixer Kostensatz wird nicht verbucht, die Opportunitätskosten seiner liegengebliebenen Arbeit nicht betrachtet, obwohl sie in die Totalität der Kosten der Eigentümerschaft hineinfallen.

Besonders anfällig für die Verengung auf Anschaffungskosten erscheinen **öffentliche Beschaffungsprojekte**, die ja strengen rechtlichen Regelungen unterliegen. Je nach Investitionshöhe und -objekt, sind für Gewerke in Bauprojekten europaweite, öffentliche Ausschreibungen erforderlich. Also beispielsweise für die Klimatechnik eines Hochschulneubaus. Die Gründe für dieses Vorgehen sind gewichtig. Dieses Verfahren hält die Konkurrenz hoch, die Kosten niedrig und vermeidet Korruption. Aber damit wird es schwierig, die nach TCO beste Lösung auszuwählen und nicht die im Sinne der Anschaffungskosten niedrigste. In öffentlichen Verwaltungen, hier am Beispiel der Hochschulen in Rheinland-Pfalz, findet sich ebenfalls das Kompetenzgetümmel, welches für Großkonzerne typisch ist: Der Bauherr und Eigentümer ist das Land, die ausführende Institution in Rheinland-Pfalz der »Landesbetrieb Liegenschafts- und Baubetreuung« (LBB), der nutzende Besitzer ist die Hochschule.

Interne Nutzungsphasen bei TCO

TCO fordern also dazu auf, alle Kosten zu betrachten, die das Eigentum eines Vermögensgegenstandes verursacht. Die folgende Darstellung zeigt eine Einteilungsmöglichkeit für wichtige interne Phasen, die ein Investitionsobjekt durchläuft. Diese (internen!) Lebenszyklen passen gut für Maschinen, Klimatechnik, Fahrzeuge usw. Typische, direkt zuordnungsbare Kostenarten sind beispielhaft aufgeführt.

Wer ist eigentlich der Eigentümer (»Owner«)? Das deutsche BGB unterscheidet zwischen **Eigentum und Besitz**. Eigentum beschreibt die rechtliche Zuordnung, Besitz die Verfügungsgewalt. Der Eigentümer einer Wohnung darf beispielsweise die Wohnung nicht ohne Einwilligung des Besitzers, des Mieters, betreten. Auch nicht mit edlen Absichten, beispielsweise um die Heizungsventile zu kontrollieren. Der Mieter wiederum darf hingegen nicht über eine Heizungserneuerung entscheiden.

5.1 Wirtschaftlichkeitsrechnung

Dar. 5.3: Lebenszyklusphasen und wichtige Kostenarten

Phase im Lebenszyklus (aus Eigentümersicht)	Wichtige Kostenarten
Planung sowie Kaufentscheidung und Kauf	Interne Kosten für die Erstellung des Lastenhefts, der Ausschreibungsunterlagen und der Angebotseinholung, Bewertung und Entscheidung, Finanzierungskosten
(Ein-)Bau/Installation, Testphase und Inbetriebnahme	Interne Begleitung des Lieferanten, vorbereitende Arbeiten
Betrieb	Abschreibungen, Zinsen, Instandhaltung, Energiekosten
Deinstallation/Rückbau und Entsorgung	Kosten für Dienstleister und eigene Mitarbeiter, Entsorgungskosten und eventuelle Erlöse

Diese Unterscheidung kann im Industriebereich sehr hinderlich sein, das zeigt die oben erwähnte Betreiberordnung bzw. die Aufteilung in Eigentums- und Betreibergesellschaften (▶ Kap. 4.2). Im Wohnungsmarkt ist diese Unterscheidung von Eigentum und Besitzer/Mieter ein großes Thema, da letztlich politisch festgelegt wird, wie weit Energieeffizienzinvestitionen die Miete erhöhen. Anders ausgedrückt: Der Streit, wer energetische Sanierungen letztlich bezahlt, erschwert den Fortschritt. Das ist für Immobilienwirtschaft und Baubranche bedeutsam, wird aber hier nicht weiterverfolgt.

Verschiedene Interpretationen von LCC

Der Begriff Lebenszykluskosten (LCC, Whole-Life-Costs) lädt zu Missverständnissen ein. Lebenszykluskosten lassen sich folgendermaßen unterschiedlich definieren:

- In der Literatur findet sich die Erklärung von LCC und TCO als synonyme Begriffe. Das impliziert, dass der Lebenszyklus nur das **eigene Eigentum des Fokus-Unternehmens** in der engen Gate-to-gate-Interpretation betrifft. Das kann man so sehen, steht aber begrifflich im Gegensatz zur Lebenszyklusanalyse und dem Denken in Wertnetzen (▶ Kap. 3.5).
- Begrifflich nahe liegt die Interpretation der LCC im Sinn des **gesamten Lebenszyklus** eines Produkts oder Investitionsobjekts. Also die Summe aller interner Kosten, die alle im Wertschöpfungsnetzwerk Beteiligten tragen (Urproduktion, Vorproduktion, »wir«, nachgelagerte Produktion, Kunde/Nutzer, Recycling).

Sowohl TCO als auch LCC lassen sich zudem

- so auffassen, dass nur interne Kosten der Beteiligten einbezogen sind (konventionell-traditionelle Sichtweise).

- Es lassen sich aber auch die externen Effekte und Kosten einbeziehen. Also die physikalischen Effekte im Sinne einer Stoffstromanalyse/Ökobilanzierung, die sich dann auch mit aller Vorsicht monetarisieren lassen.

Der **weitere Abschnitt** konzentriert sich auf die internen TCO ohne externe Effekte, um die gewinnorientierte Informationsversorgung bei Investitionsentscheidungen eines Unternehmens zu unterstützen. Durch die Vermeidung des LCC-Begriffs entstehen auch keine Unklarheiten durch die verschiedenen möglichen Interpretationen.

Beispiele und Herausforderungen

Es ist leicht formuliert, dass alle Kosten eines Investitionsobjekts zu ermitteln sind, um Alternativen vergleichen zu können. In der Praxis ist das schwierig bis unmöglich, wenn es beispielsweise um Maschinen geht, die viele Jahre in Betrieb sein werden. Bei komplexen Anlagen ist ein direkter Vergleich oft schon deshalb nicht möglich, weil die technischen Eigenschaften unterschiedlich sind. Zudem muss der Kalkulator weitere Annahmen treffen, die Unsicherheiten beinhalten: Nutzungsdauer, Instandhaltungsaufwand, Restwert, Energiekosten bei unterschiedlichen Trägern usw.

Um das für Betriebswirte anschaulich zu machen, nehmen wir als Beispiel die Entscheidung über die Antriebsart von **Gabelstaplern**, dieselbetrieben oder elektrisch. Schon die zur Wahl stehenden Stapler haben unterschiedliche Leistungscharakteristika wie Größe, Hubkraft und -höhe. Offensichtlich haben die E-Stapler bei langem Betrieb gegenüber den Dieselstaplern den Nachteil, länger an die Wallbox zu müssen anstatt schnell aufgetankt zu werden. Elektroantrieb erscheint bei fortscheitender Energiewende CO_2-ärmer und zukunftsweisender. Abgasentstehung und niedriger Geräuschemission sprechen ebenso für den E-Antrieb, was aber schlecht in Kostenkategorien zu quantifizieren ist. Deshalb eigenen sich für solche komplexeren Investitionsentscheidungen auch Nutzwertanalysen als Methode.

Es besteht eine positive Korrelation zwischen dem technischen Entwicklungsstand von Betriebsmitteln, der Investitionshöhe und niedrigen Betriebskosten. Moderne, energiesparende Anlagen erfordern also höhere Investitionen als Anlagen, die hinter dem aus technischer Sicht Möglichen zurückbleiben.

Bei weniger komplexen Investitionsobjekten ist es einfacher, den TCO-Gedanken mit Schwerpunkt Energie in Investitionsentscheidungen einfließen zu lassen. Bei **der eigenen Brennwert-Gasheizung** hat der Verfasser ex-post alle Daten über Installation, Instandhaltung und Verbrauch. Der Energiekostenanteil an den TCO liegt bei etwa 60 Prozent. Ex ante wäre es schwierig, zu diesem Ergebnis zu kommen, denn es hängt von recht unsicheren Annahmen ab: Jährlicher Verbrauch, Brennstoffkosten, Entwicklung der CO_2-Abgabe, Instandhaltung, Nutzungsdauer sind wohl die wichtigsten.

Auch das **eigene Auto** kommt auf 40 Prozent Energieanteil an den TCO. Wäre es ein Edel-Oberklassenmobil, würde dieser Anteil sinken. Bei überdurchschnittlicher

Laufleistung (statt eher moderater Fahrleistung) würde er steigen. Deshalb ist dieses Ergebnis auch kaum übertragbar auf Flottenfahrzeuge des betrieblichen Fuhrparks, die eine hohe Auslastung haben. Ganz zu schweigen von Lkw, die möglichst immer laufen und deren Dieselmotoren eine Gesamtlaufleistung von über einer Million Kilometer erreichen.

Wieder sind wir an einem Punkt, in dem einfache Aussagen und Kennzahlen nicht möglich sind. Es gilt einmal mehr, die technisch-wirtschaftlichen Zusammenhänge im jeweiligen Einzelfall zu durchdringen, um die wichtigsten Einflussfaktoren einzubeziehen.

5.1.2 Optimaler Ersatzzeitpunkt

Problematik und Herausforderung

Für diesen Abschnitt ist die Unterscheidung zwischen der wirtschaftlich optimalen Nutzungsdauer und der technischen Lebensdauer einer Anlage zentral. Der gesunde Menschenverstand scheut sich, technisch perfekt funktionierende Geräte gegen neue zu ersetzen, insbesondere in der Abschreibungsphase. Das kann jedoch wirtschaftlich geboten sein, wenn die zukünftigen Betriebskosten bei einem Ersatz sinken. Technischer Fortschritt hat bei Beleuchtungen beispielsweise bewirkt, dass alte Glühbirnen und Energiesparleuchtmittel gegen LED ausgetauscht werden sollen.

Abschreibung und Sunk Costs

Es ist dabei unerheblich, ob die Anlage bereits voll abgeschrieben ist. Die normalerweise verwendeten zeitabhängigen Abschreibungen sind fixe Kosten, die im Hinblick auf Ersatzinvestitionen als Sunk Costs zu sehen sind: In der Vergangenheit versunkene Kosten, die in eine zukunftsgerichtete Sicht nicht eingehen dürfen. In Investitionsentscheidungen sind nur Kosten einzubeziehen, die durch die Entscheidung verändert werden, alle anderen Kosten sind entscheidungsirrelevant. Dazu gehören eben auch Abschreibungen, die in der Folge vergangener, irreversibler Investitionen entstanden sind.

Wie schwer es fallen kann, Sunk Costs aus der Betrachtung auszublenden, macht das »**Gesetz der ersten Schubkarre**« deutlich. Sobald bei einem gewaltigen Projekt wie einem Staudamm der erste physische Spatenstich erfolgt ist, stoppen die Verantwortlichen dieses kaum noch, selbst wenn sich die Unrentabilität des Gesamtprojekts erweisen sollte, um das Vorhaben nicht als Fehlinvestition offenbaren zu müssen.

Rational ist es hingegen, bei jeder Steigerung der Energiepreise alle Energieverbraucher im Unternehmen daraufhin zu überprüfen. Zudem ist im Blick zu halten, bei welchen Aggregaten es neue technische Entwicklungen gibt. Innovationen sind jedoch oft nicht nur im Hinblick auf das Kriterium des Energieverbrauchs besser als vorhandene Geräte, sondern auch bei Faktoren wie der Produktivität, Flexibilität, Qualität, Bedienerfreundlichkeit, Einbindung in die Prozessleittechnik, Betriebsdatenerfassung usw.

Deshalb fließt die Senkung der Energiekosten nur als ein Kriterium unter anderen in die umfassende Investitionsentscheidung ein, die mit **Scoringverfahren wie der Nutzwertanalyse** gefällt werden kann.

Berechnung anhand eines Beispiels

Wie lässt sich die Vorteilhaftigkeit von Ersatzinvestitionen berechnen? Greifen wir auf die Daten der Ersatzinvestition einer elektrisch betriebenen Pumpe im Abschnitt 4.6.1 zurück, um die für die Praxis wichtigsten Möglichkeiten aufzuzeigen. Die folgende Darstellung 5.4 zeigt die relevanten Zahlen im Überblick:

Dar. 5.4: Daten für die Berechnung der Ersatzinvestition in eine elektrisch betriebene Pumpe

Kennzahl	In Betrieb befindlicher elektrischer Pumpenantrieb	Ersatzinvestition mit geringerer Dimensionierung und geregeltem Antrieb
Anschaffungspreis	Irrelevant, da 38 Jahre im Betrieb und voll abgeschrieben	230.000 Euro
Verbrauch elektrischer Energie pro Jahr	4.000 MWh	2.500 MWh
Energiekosten pro Jahr bei 60 Euro/MWh	240.000 Euro	150.000 Euro, Einsparung also 90.000 Euro
Technische (Rest)nutzungsdauer	Unklar, aber mindestens fünf Jahre nach Schätzung	Über 40 Jahre
(Rest-)Wert der Anlagen und Abschreibung	Null, der Schrottwert entspricht den Deinstallations- und Entsorgungskosten	230.000 Euro kalkulatorisch über 40 Jahre (also mit 2,5 Prozent) abzuschreiben, entspricht 5.750 Euro/Jahr
Sonstige Betriebskosten	Für beide gleich	
Kalkulationszinssatz	5 Prozent	

Ein einfaches Verfahren der Berechnung ist die Kostenvergleichsrechnung als Grenzkostenrechnung für ein Jahr. Diese Rechnung lässt sich ausdehnen auf die fünf Jahre der angenommenen Restlaufzeit der Altanlage.

Kostenvergleichsrechnung als Grenzkostenrechnung für ein Jahr

Die Kostenvergleichsrechnung addiert alle Kosten, die von der Entscheidung abhängen, und wählt die Möglichkeit mit den geringsten Kosten. Dabei können die gesamten Kosten über die Lebensdauer oder – wie in der folgenden Darstellung 5.5 – die (Grenz-)Kosten pro Jahr herangezogen werden. Diese Verkürzung auf ein Jahr ist zulässig, da die Kosten der Alternativen gleichbleiben bzw. für die günstigere Ersatzinvestition sogar sinken.

Dar. 5.5: Investitionsrechnung mit Kostenvergleichsrechnung

Kostenart	In Betrieb befindlicher elektrischer Pumpenantrieb	Ersatzinvestition mit geringerer Dimensionierung und geregeltem Antrieb
Energiekosten/Jahr	240.000 Euro	150.000 Euro
Sonstige Betriebskosten/Jahr	Für das Ergebnis irrelevant, da für beide Anlagen gleich	
Abschreibung/Jahr	0 Euro	5.750 Euro
Zinskosten	0 Euro	11.500 Euro im ersten Jahr, dann langsam sinkend, da Zinsen nur für den Restwert der Anlage anzusetzen sind
Relevante Gesamtkosten pro Jahr	240.000 Euro	167.250 Euro

In diesem Fall ist das Ergebnis eindeutig, denn die Energiekosteneinsparungen sind höher als die hinzukommenden Abschreibungen und Zinsen. Unter anderen Voraussetzungen kann aber die Entscheidungsfindung schwieriger sein. Die Zinsen können schwanken, die Energiepreise steigen, die technische Restnutzungsdauer unklar sein. Dann sind für verschiedene Ersatzzeitpunkte mehrere Berechnungen mit unterschiedlichen Annahmen durchzuführen, um ein Gefühl für die Problematik zu bekommen (▶ Kap. 5.1.5). Im Zweifel gebieten es ethische Gründe, den Ersatz der alten Anlagen vorzuziehen, denn neben den hier einbezogenen internen Kosten entstehen ja auch noch externe Kosten in Form der Emission von Treibhausgasen.

Investitionsrechnung für die angenommene Restlaufzeit der Altanlage

Nun folgt die gesamte Kostensenkung (Einzahlungen) und die Mehrkosten (Auszahlungen) für den Zeitraum von fünf Jahren, in dem die alte Anlage voraussichtlich noch ihren Dienst tun könnte. Dazu stellt die Darstellung 5.6 die jährlichen Energiekosteneinsparungen den wesentlichen jährlichen Mehrkosten durch die neue Anlage (Abschreibung und Zinsen) gegenüber.

Dar. 5.6: Berechnung der jährlichen Kostensenkung

Jahr	1	2	3	4	5
Energiekosten-senkung	90.000	90.000	90.000	90.000	90.000
Mehrkosten (Abschreibungen und Zinsen)	5.750 + 11.500 = 17.250	5.750 + 11.212,50 = 16.762,50	5.750 + 10.926 = 16.676	5.750 + 10.637,50 = 16.387,50	5.750 + 10.350 = 16.100
Kostensenkung	72.750	73.237,50	73.324	73.612,50	73.900

Hier lassen sich Barwert, Endwert oder interner Zinsfuß für die ganze Reihe berechnen. Der »Endwert« weist uns aber darauf hin: Es geht hier nur und ausschließlich um die Ersatzinvestitionsentscheidung und den Horizont von fünf Jahren. Die Pumpe hat aber eine erwartete Lebensdauer von 40 Jahren. Zudem lässt sie sich nicht isoliert als Investitionsobjekt bewerten, denn sie ist in den Gesamtkomplex des Kraftwerks integriert und ihr allein sind keine Einzahlungen/Leistungen zuzurechnen.

In der Praxis kommt es zunächst auf eine Abschätzung von Größenordnungen an. Viel mehr als von Feinheiten der Zinsrechnung hängt das Ergebnis von der angenommenen Laufzeit ab, die oft schwer zu bestimmen ist. Das liegt oft daran, dass schwer zu prognostizieren ist, wie lange ein altes Aggregat noch ohne große Reparaturen und ohne Störungen seinen Dienst verrichten wird oder zu welchem Zeitpunkt für das neue Gerät technische Verbesserungen zu erwarten sind.

5.1.3 Energetische Amortisation und Erntefaktor

Energetische Amortisation

Analog zur wirtschaftlichen Amortisationszeit ist im Energiemanagement die energetische Amortisationszeit zu berechnen:

$$\text{Energetische Amortisationszeit} = \frac{\text{Kumulierter Energieaufwand für die Produktion einer Energieanlage}}{\text{Erzeugte Energie pro Jahr}}$$

- Sie ist im engeren Sinne eine Kennzahl für Energieanlagen, die regenerative Quellen nutzen. Die Bewertung von konventionellen Energieanlagen (Kohle- oder Gaskraftwerke) ist methodisch schwierig.

- Die energetische Amortisationszeit lässt sich aber auch im Prinzip für sonstige Maßnahmen der Energieeffizienz (Gebäudeisolierung usw.) heranziehen.

Bei der engeren Definition umfasst sie die Betriebsdauer einer energieumwandelnden Anlage, in der die kumulierte jährliche Nettoenergieerzeugung genauso groß geworden ist wie der kumulierte Energieaufwand (KEA) für die Herstellung der ganzen Anlage. Die energetische Amortisationszeit wird auch anschaulich als Energierücklaufzeit bezeichnet.

Gemäß der VDI-Richtlinie 4600 »Kumulierter Energieaufwand – Begriffe, Definitionen, Berechnungsmethoden« ist im KEA bereits die zum Betrieb der Anlage notwendige Energie eingerechnet. Bei einer Fotovoltaikanlage ist dies nicht relevant, da ihr Betrieb keine Betriebsenergie erfordert, was beispielsweise bei einer Wärmepumpe anders ist. Fotovoltaikanlagen amortisieren sich energetisch je nach Typ und Standort in einem bis zwei Jahren. Bei Windkraftanlagen liegt der Wert bei vier bis acht Monaten. Allerdings bringt die Recherche, welchen Einfluss die Betonfundamente von Onshore-Anlagen haben, widersprüchliche Ergebnisse.

Es gibt unterschiedliche Auffassungen darüber, ob auch für Anlagen, die mit fossilen Energieträgern betrieben werden, eine Amortisationszeit berechnet werden soll und ob bei dieser Berechnung die Energie des Brennstoffs einzubeziehen ist. Die Bezeichnung Amortisationszeit für mit fossilen Rohstoffen betriebene Anlagen erscheint kritisch, da keine Rückgewinnung im Sinne der Nutzung regenerativer Quellen stattfindet.

Bei der Berechnung der energetischen Amortisationszeit von Energieeffizienzmaßnahmen kann die Berechnung des Energieaufwandes schwierig sein, wenn relevante Daten nicht verfügbar sind. So sind beispielsweise bei einer Gebäudeisolierung die Energiebilanz des verwendeten Materials und der Energieaufwand für die Montage einzubeziehen. Bei der Einsparungsseite ist die Senkung des bisherigen Energieverbrauchs zu berechnen, was ebenfalls Zurechnungsprobleme mit sich bringt.

Neben dem etablierten Begriff der energetischen Amortisation kann die **Treibhausgas- oder Kohlendioxidamortisation** definiert werden.

$$CO_2\text{-Amortisationszeit} = \frac{\text{Kumulierter Kohlenstoffaufwand für die Produktion einer Energieanlage}}{\text{Vermiedene Kohlenstoffemissionen pro Jahr}}$$

Sie besagt, wie lange es dauert, bis die bei der Produktion einer Energieanlage emittierten Treibhausgase über die Energiegewinnung aufgewogen sind. Genauer: Eine Fotovoltaikanlage erzeugt im laufenden Betrieb CO_2-freien Strom. Der ersetzt anderen Strom, man könnte z. B. den deutschen Durchschnitt ansetzen. Die CO_2-Emissionen des ersetzen Durchschnittsstroms kann nun der Solaranlage als Einsparung/Vermeidung angerechnet werden (Opportunitätsprinzip).

Erntefaktor, Energy Returned on Energy Invested (ERoEI, EROI)

Der Erntefaktor ist das Verhältnis der in der gesamten Nutzungsdauer einer Energieanlage »geernteten« Energie zur eingesetzten Energie. Verwandt mit dem Begriff Erntefaktor ist die Kennzahl Energy Returned on Energy Invested (EROI).

$$EROI = \frac{\text{Energieertrag über die gesamte Nutzungszeit der Energieanlage}}{\text{Kumulierter Energieaufwand für die Produktion und den Betrieb der Energieanlage}}$$

Im Zähler findet sich der kumulierte Energieaufwand für Bau, Betrieb (einschließlich Energie) und Rückbau. Bei Anlagen, die mit fossilen Brennstoffen betriebenen werden, ist der Erntefaktor deshalb immer < 1. Bei Windkraftanlagen mit einer angenommenen Nutzungsdauer von 25 Jahren liegt der Erntefaktor im Idealfall über 50. Das heißt, dass jede in den Bau einer Windkraftanlage fließende Kilowattstunde fünfzigmal zurückfließt im Laufe des Anlagenbetriebs. Entscheidend ist, dass der Betrieb keinen Energieeinsatz mehr erfordert. Bei Fotovoltaikanlagen ist eine Größenordnung von fünf anzunehmen. Die in der Literatur angegebenen Zahlen schwanken sehr stark, da Nutzungsdauer, Energieausbeute, Bautyp ebenfalls variabel sind. Durch technischen Fortschritt ist zudem von besseren Werten für die Zukunft auszugehen.

5.1.4 Contracting

Begriff, Funktionsweise und Formen

Contracting – abgeleitet von »Contract« für Vertrag – ist ein Oberbegriff für eine Bandbreite von technischen und energiebezogenen Leistungen, die ein Energieanbieter (Contractor, Contractinggeber) für den Energienutzer (Contractingnehmer, Contractingkunde) erbringt. Typischerweise ist ein EVU der Contractinggeber und ein Unternehmen aus einer anderen Industrie- oder Dienstleistungsbranche der Contractingnehmer. Die Grundidee besteht darin, dass der Contractor mit seinen Investitionen und seinem Know-how für den Kunden Energieeinsparungen erzielt, aus denen er dann bezahlt wird. Die Einsparungen sollen so hoch sein, dass zusätzlich auch der Contractingnehmer profitiert. Anhand der Leistungen des Contractors lassen sich verschiedene Formen des Contracting unterscheiden:

- Energieliefercontracting (Anlagencontracting),
- Einsparcontracting (Performancecontracting),
- Finanzierungscontacting (Third-Party-Financing, Anlagenbau-Leasing),
- Betriebsführungscontracting,
- Besonderheiten bei Vermietern als Contractinggeber.

Beim **Energieliefercontracting (Anlagencontracting)** sichert der Contractor dem Kunden zu, Energie an einem Übergabepunkt bereitzustellen:

- in einer bestimmten Menge,
- mit einer festgelegten Qualität (z. B. Temperatur oder Druck),
- zu einem bestimmten Preis,
- mit einer festgelegten Zuverlässigkeit (Service-Level-Agreement).

Dieser Übergabepunkt liegt aber nicht vor einer betrieblichen Anlage zur Energieumwandlung (z. B. einer Heizung), sondern dahinter. Ein Stadtwerk liefert also beispielsweise nicht nur das Gas, sondern übernimmt die gesamte Verantwortung für Finanzierung, Planung, Bau und Betrieb der Heizung. Das Eigentum an den Anlagen geht nach der Vertragslaufzeit, typisch sind hier 5 bis 12 Jahre, auf den Contractingnehmer (das Unternehmen) über. Um Steuern auf Energie zu sparen, kann sich das Contracting direkt auf die Nutzenergie beziehen, beispielsweise in Form von Druckluft oder Wärme.

Das Contracting kann als **Einsparcontracting (Performancecontracting)** ausgestaltet sein, bei dem der Contractinggeber eine erfolgsabhängige Vergütung bekommt. Die Entwicklung der Energiekosten der letzten Jahre wird fortgeschrieben, um eine »Base Line« (Basislinie, Ausgangslinie) zu definieren. Diese Basislinie wird verdichtet in einer Zahl, den durchschnittlichen Energiekosten pro Periode in der Vergangenheit. Dies ist dann die Basis, um die Einsparungen durch die Maßnahmen des Contracting zu berechnen. Schwierigkeiten ergeben sich aus schwankenden Energiepreisen und schwankenden Auslastungen in der Vergangenheit, die bei der Festlegung der Base Line zu unterscheiden sind. Auf dieser Basis sind dann faire Vereinbarungen zu treffen, wie die zukünftigen Einsparungen bei einer möglichen Entwicklung von Energiepreisen und Auslastungen zwischen den Partner aufgeteilt werden.

Das Einsparcontracting kann auch andere Maßnahmen als die Energielieferung betreffen, deshalb ist es in der folgenden Überblicksdarstellung gesondert aufgeführt. Insgesamt gilt, dass das Einsparvolumen ausreichen muss, um den Aufwand des Contracting zu rechtfertigen. Als Schwellenwert gelten Energiekosten für eine Einzelliegenschaft in Höhe von 150.000 Euro.

Beim **Finanzierungscontacting (Third-Party-Financing, Anlagenbau-Leasing)** liegt der Anlagenbetrieb beim Contractingnehmer.

Das **Betriebsführungscontracting** ist als umfassendes technisches Anlagen- oder Gebäudemanagement zu sehen. Der Contractor übernimmt als externer Facility Manager die gesamte Verantwortung für vertraglich festgelegte energietechnische Anlagen, die er allerdings nicht notwendigerweise geplant und finanziert hat.

Eine Sonderform des Einsparcontracting liegt vor, wenn **Vermieter als Contractinggeber** Maßnahmen der Energieeinsparung durchführen (z. B. Beleuchtung, Klimatisierung, Wärmerückgewinnung), wobei die Einsparungen jedoch dem Mieter als Contractingnehmer zugutekommen. Um dem Vermieter einen Anreiz zu geben, können sich die Partner auf eine Mieterhöhung einigen.

Dar. 5.7: Formen des Contracting

	Finanzierung	Planung und Bau	Betriebsführung	Erfolgsabhängige Vergütung für Contractinggeber
Energieliefercontracting	x	x	x	(x)
Finanzierungscontracting	x	(x)		(x)
Betriebsführungscontracting			x	(x)
Einsparcontracting	x	x	x	x

Die asymmetrische Verteilung der Kosten von baulichen Energiesparmaßnahmen (trägt der Vermieter) und des Nutzens (für den Mieter) verhindert viele rentable Projekte. Mit einer erfolgsabhängigen Honorierung für den Vermieter oder einer festen Mieterhöhung lassen sich Wege finden. Im industriellen Bereich haben die Mieter, die ja Unternehmen sind, oft viel Know-how bei Planung, Projektdurchführung und Betrieb, so dass der Vermieter (oft eine Verwaltungsgesellschaft) mit diesen technischen Detailfragen nicht belastet wird. Es sind kreative Lösungen für individuelle Konstellationen zu finden.

Vorteile und Herausforderungen

Die **Idee des Contracting** ist bestechend: Durch steigende Energiekosten entsteht in Unternehmen ein Problem, dass manchen Mittelständler überfordert. Das Management hat oftmals nicht die Zeit, das Know-how und das Geld, das Problem anzugehen. Ein spezialisierter Partner aus der Energiebranche mit dem nötigen Know-how übernimmt den Arbeitsaufwand bei der Vertragsgestaltung, bei der Planung der Anlagen, beim Bau und beim Betrieb. Eine dreifache Win-Situation, denn neben den Contractingpartnern gewinnt auch die Gesellschaft durch geringere Treibhausgasemissionen.

Leider können sich beim Contracting **komplizierte Detailfragen und damit zusammenhängende Nachteile** auftun, so dass viele Projektideen unrealisiert bleiben:

- Realisierte Projekte können in **Konflikten** münden, ohne dass die Partner sich vor Ablauf der Laufzeit trennen könnten.
- Mögliche Probleme liegen in der **eingeschränkten Flexibilität** und der möglichen Änderung äußerer Rahmenbedingungen im Laufe der langen Bindungsdauer. Das Unternehmen als Contractingkunde kann beispielsweise bei großem

wirtschaftlichem Erfolg oder Misserfolg den Energieverbrauch nicht ausreichend verändern oder die Nutzung in den Gebäuden umwidmen.
- Je nach Contractingvertrag sind **Behinderungen anderer technischer Maßnahmen** möglich. Ein Umbau der Halle mit einem anderen Layout und neuen Gebäudeöffnungen beeinflusst beispielsweise die Führung der Leitungen der Klimatechnik und den Energiebedarf. Es ist klar zu regeln, wer unter welchen Bedingungen die Kosten trägt.
- Beim **Konkurs eines Partners** kann es für den wirtschaftlich gesunden Part zu erheblichen Kostenbelastungen kommen.
- Die **Haftung für Schäden**, die der Contractinggeber verursacht, ist zwar schon im BGB geregelt, sollte jedoch bei den Vereinbarungen im Detail festgeschrieben werden, denn die Schadenshöhe kann außerordentlich hoch sein. Fehlt Energie, können Betriebsunterbrechungen zu Umsatzausfällen und Goodwill-Verlusten führen. Sinkt die Temperatur in einem Lager mit einer wasserbetriebenen Sprinkleranlage unter null Grad Celsius, so ist die Sprinkleranlage zerstört und – im ungünstigen Fall – auch noch das feuchtigkeitsempfindliche Lagergut.
- Um solche Schäden ausschließen zu können, muss der Contractinggeber bei einer vereinbarten Betriebsführung jederzeit **Zugang** zu allen notwendigen Anlagen und Räumlichkeiten haben. Damit sind alle Probleme des Werkschutzes angesprochen, von der Zugangskontrolle und -dokumentation zur Personalauswahl bis hin zur Verhinderung von Sabotage und Industriespionage.
- Der Contractingnehmer muss sicherstellen, dass der Contractinggeber die **Einhaltung aller** rechtlichen und internen **Regelungen** garantiert. Dazu gehören die Auflagen und Nebenbestimmungen der Betriebsgenehmigung und die Abstimmungen mit externen Behörden. Aber auch die Einhaltungen der internen Bestimmungen von Arbeitssicherheit, Qualitätsmanagement, Umweltschutz, Werkschutz usw. Die Verflechtungen können kompliziert sein, denn der Contractinggeber ist normalerweise der Genehmigungsinhaber und Betreiber der Energieanlagen – innerhalb des Gebäudes, für das der Contractingnehmer die Verantwortung trägt. Dieses Argument lässt sich allerdings auch umdrehen: Der Contractinggeber ist als Energiespezialist (z. B. Stadtwerk) normalerweise der Erfahrenere, so dass es dem Contractingnehmer (ein mittelständisches Unternehmen) eher Probleme löst, statt neue zu schaffen.
- Bei einem Einsparcontracting entstehen **Interessenkonflikte**, nicht nur bei der Definition der Baseline, sondern auch bei der Messung der Einsparung, falls der Vertrag in diesen zentralen Punkten unpräzise ist. Während des Betriebs drängt der Contractor auf einen minimalen Energieverbrauch, der Contractingkunde möglicherweise auf einen betriebsbedingt höheren Energieeinsatz.

Diese lange Liste möglicher Schwierigkeiten muss nicht in jedem Fall abgearbeitet werden, es gibt auch weitgehend problemlose Fälle. Richtet man den Blick auf andere Bereiche des Outsourcing, so sollte auch beim Contracting ein Vertrauen in die Professionalität und Zuverlässigkeit des Partners aufgebaut werden. Auch beim sensiblen Werkschutz, der Instandhaltung gefährlicher Anlagen oder bei der Beauftragung von Fifth-Party-Logistics-Providern vertrauen viele Unternehmen auf externe Dienstleister. Diese Erfahrungen bei der Auswahl, Anweisung und Kontrolle von Auftragnehmern und Partnern dient als Argument für eine grundsätzlich positive Herangehensweise an das Energiecontracting.

Neben dem Contracting sind bei der Finanzierung von energiebezogenen Projekten weitere Besonderheiten durch **öffentliche Förderungen** zu beachten. Es sind zu nennen (in Anlehnung an Hessel 2008, S. 113 ff.) Darlehen und Garantien der Europäischen Investitionsbank (EIB), Umwelt- und Energiesparprogramme des European Recovery Program (ERP), Förderungen und zinsgünstige Kredite durch die Kreditanstalt für Wiederaufbau (KfW), das Kraft-Wärme-Kopplungs-Gesetz (KWKG), das Erneuerbare Energien Gesetz (EEG), Förderprogramme auf Landes- und Kommunalebene einschließlich subventionierter Energieberatung sowie Förderung von Pilotprojekten durch Institutionen wie die Deutsche Energie-Agentur (Dena) oder das Umweltbundesamt (UBA).

5.1.5 Sensitivitätsanalysen

Grundidee

Die Grundidee der Sensitivitätsanalyse ist einfach: Sie zeigt die Auswirkung der Veränderung einer (unabhängigen) Variablen auf eine (abhängige) Variable. Wie sensibel bzw. empfindlich reagiert beispielsweise die Rentabilität eines Investitionsprojekts auf eine Veränderung des Zinssatzes? Dies ist die Idee der internen Zinsfußmethode. Für Darstellung 5.8 gilt:

- Auf der Abszisse (x-Achse) ist die unabhängige (veränderliche) Variable. Hier der Zinssatz, den wir sozusagen hin- und herschieben.
- Auf der Ordinate (y-Achse) ist die abhängige (reagierende) Variable, die Rentabilität, die bei steigendem Zinssatz sinkt. Bei einer Rentabilität von Null ist der kritische »interne Zinssatz« erreicht.
- Alle anderen Variablen bleiben gleich (ceteris paribus).

Anwendung bei Energieinvestitionen

Wie lässt sich dieses Verfahren sinnvoll auf Energieinvestitionen anwenden? In diesem Abschnitt werden Erfahrungen aus der Beratungspraxis beschrieben, um mit besonderen Schwierigkeiten bei der Datenbeschaffung für Investitionsrechnungen umzugehen. Denn darum geht es in den meisten Fällen: Wenn die Daten über die Maßnahmen vorliegen, ist es Handwerk, die Wirtschaftlichkeit der Projekte durchzurechnen. Es sind jedoch die als »Kunst des Managements« bezeichneten Fähigkeiten erforderlich, um in einer unübersichtlichen, von fehlenden Informationen, Unwägbarkeiten und widerstrebenden Interessen geprägten Umgebung strukturiert sinnvolle Maßnahmen zu finden und umzusetzen. Die Auswirkungen

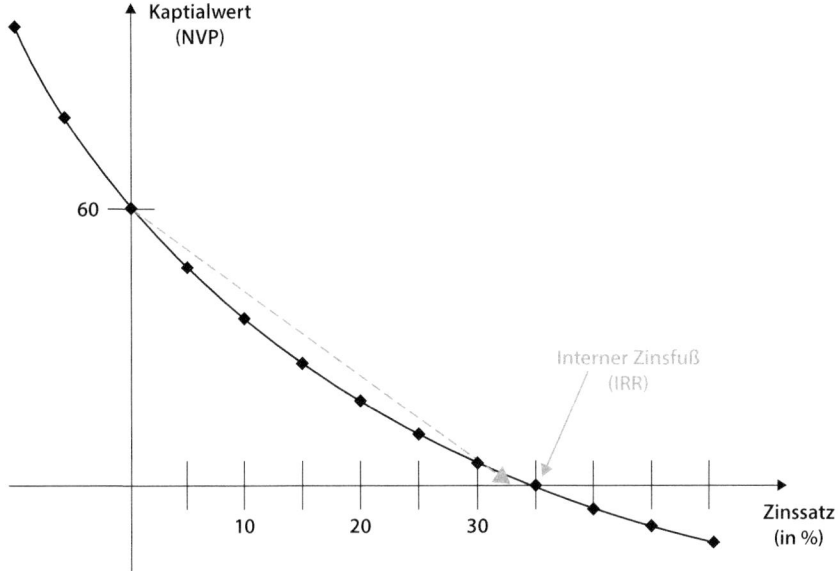

Dar. 5.8: Interne Zinsfußmethode als Beispiel für eine Sensitivitätsanalyse (http://www.control lerakademie.de/news/controlling/der-interne-zinsfuss)

von VUCA (Volatility, Uncertainty, Complexity and Ambiguity) zeigen sich bei Energieprojekten oft im Zusammenhang mit folgenden Parametern:

- Um die **Investitionshöhe** für industrielle technische Lösungen (z. B. Umbau der Klimatechnik) abschätzen zu können, sind Angebote einzuholen, wobei die internen oder externen technischen Planer die Anlagen begehen müssen. Schon für die Erstellung der Angebote sind also Grobplanungen durchzuführen, die zwar zunächst nicht in Rechnung gestellt werden, aber dennoch Arbeitsaufwand erfordern.
- Die möglichen **Kostensenkungen** sind oft sogar noch nach einer Detailplanung mit Unsicherheiten behaftet und der zukünftige Energiepreis ist ebenfalls unsicher.
- Wie geschildert, setzen viele Unternehmen Maximalgrenzen für die **Amortisationszeit**, um eine Investition freizugeben. Hier sei auf die im folgenden Abschnitt 5.1.6 geschilderten Einwänden hingewiesen und auf die Wirtschaftlichkeit als überlegene Kennzahl. Jedoch lässt sich das Prinzip der Sensitivitätsanalyse anhand der Amortisationsrechnung sehr schön zeigen. Das liegt daran, dass die drei hier betrachteten Zahlen unmittelbar eingängig zusammenhängen:
Investitionshöhe dividiert durch jährliche Kostensenkung ergibt die Amortisationszeit.

Mittels Sensitivitätsanalysen lässt sich nun mit wenig Aufwand abschätzen, welche Maßnahmen weiterverfolgt werden sollten und welche Ideen aufgegeben werden müssen. Die folgenden Passagen spielen jetzt mit diesen drei Kennzahlen.

Investitionshöhe als unabhängige Variable, Amortisationszeit als unabhängige Variable und Kostensenkung konstant

Darstellung 5.9 zeigt eine erste Herangehensweise. Die Investitionshöhe sei unklar und deshalb als unabhängige Variable auf der Abszisse abgetragen. Wie sensitiv reagiert nun die Amortisationszeit, die als abhängige Variable auf der Ordinate steht? Dazu muss die jährliche Einsparung ceteris paribus als feststehend angenommen werden. Das ist in der Darstellung für eine Einsparung von 500 Euro und 250 Euro pro Periode abgetragen.

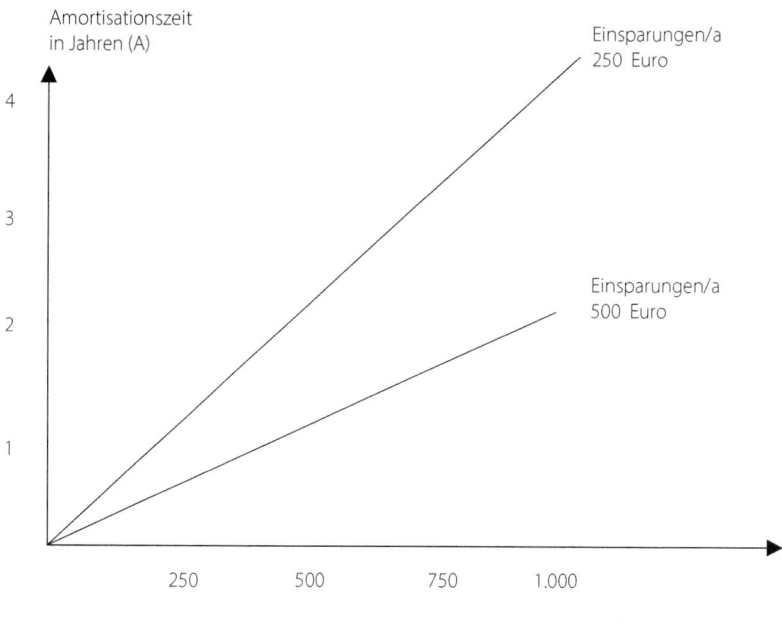

Dar. 5.9: Amortisationszeit in Abhängigkeit von der Investitionshöhe bei gegebenen Einsparungen

Mathematisch lassen sich die Geraden mit der bekannten Grundformel für die Berechnung der Amortisationszeit berechnen.

$$A = \frac{\text{Investition}}{\text{Ertrag (pro Jahr)}}$$

Einsparung als unabhängige Variable, Amortisationszeit als unabhängige Variable und Investitionshöhe konstant

Nun tauschen wir die Rolle von Investitionshöhe und Einsparung in dieser Formel. Wir wollen wissen, wie sich unterschiedlich hohe jährliche Einsparungen/Kostensenkungen auf die Amortisation auswirken. Darstellung 5.10 ist dazu eine feste Investitionshöhe anzunehmen (hier 1.000 Euro).

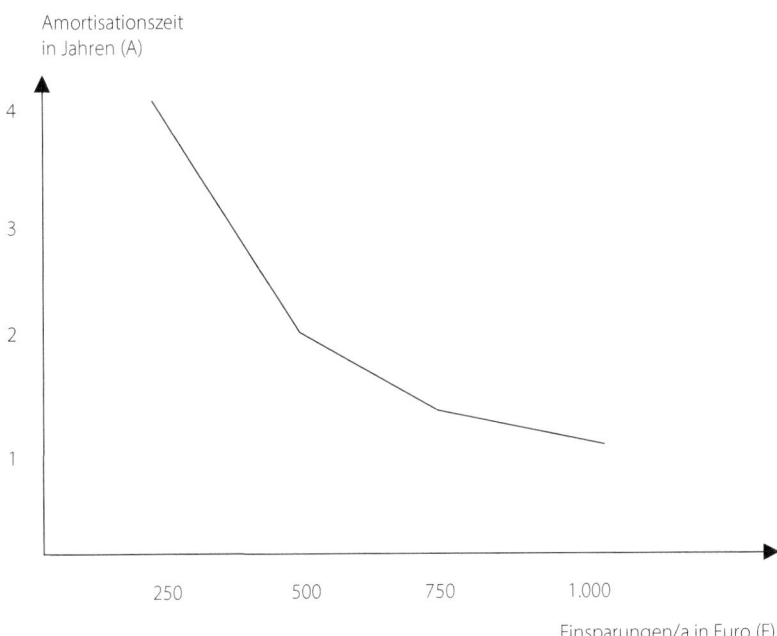

Dar. 5.10: Amortisationszeit in Abhängigkeit von der jährlichen Einsparung bei einer festen Investitionshöhe von 1.000 Euro

Mit dieser Formel oder einer Graphik lässt sich abschätzen, wie hoch die Einsparung einer Maßnahme sein muss, um bei einer bestimmten Investitionshöhe eine vorgegebene Amortisationszeit zu erreichen.

Natürlich lassen sich auch hier wieder verschiedene Graphen für unterschiedliche Investitionshöhen erstellen, die sich jeweils der Form einer Hyperbel annähern. Die Formel bleibt dabei gleich, aber die Investitionshöhe ist jetzt im Zähler die Konstante und die Einsparung in Nenner die unabhängige Variable.

Der Zusammenhang von Investitionshöhe und Kostensenkung bei gewünschten Amortisationszeiten

Es bietet sich an, nun noch die dritte Variante einzubeziehen: Die Investitionshöhe und die Kostensenkung/Einsparung sind auf den Achsen abgetragen. Die Amortisationszeiten sind gegeben.

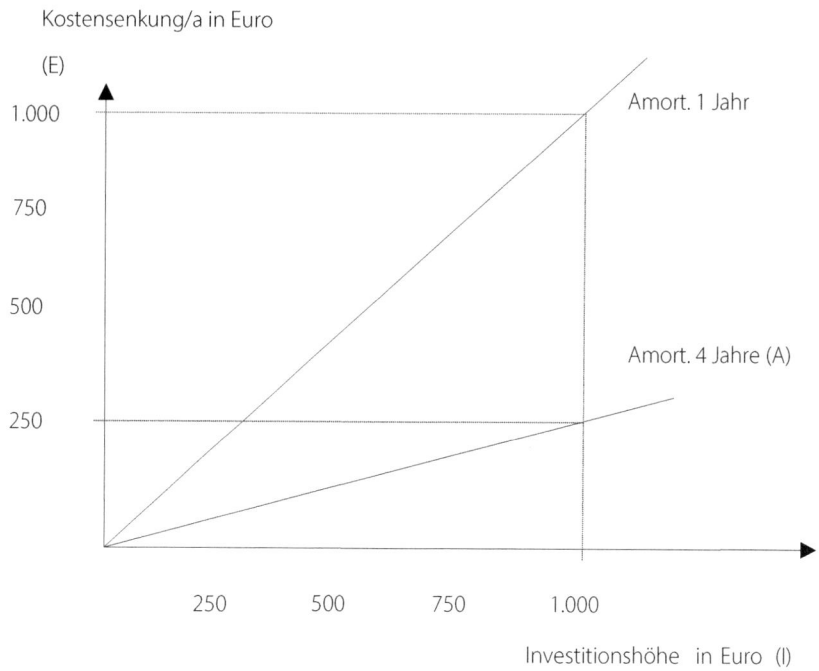

Dar. 5.11: Zusammenhang von Investitionshöhe, jährlicher Einsparung und Amortisationszeit

In Darstellung 5.11 sind Geraden für zwei Amortisationszeiten eingezeichnet:

- Die Winkelhalbierende repräsentiert eine Amortisationszeit von einem Jahr.
- Die Verbindungslinie zwischen dem Ursprung und dem Punkt, der durch eine Investitionshöhe von 1.000 Euro und einer jährlichen Einsparung von 250 gekennzeichnet ist, zeigt Amortisationszeiten von vier Jahren.

Das entspricht nicht genau der Idee der Sensitivitätsanalyse, denn die Investitionshöhe hat keinen direkten Einfluss auf die Einsparung. Die Ursächlichkeit von unabhängiger und abhängiger Variable ist also hier (anders als in den beiden Vorvarianten) nicht gegeben. Dennoch ist die Analyse aufschlussreich.

Der Wert für die Einsparung E lässt sich gemäß der folgenden Formel (die übliche Geradengleichung) berechnen. Die Amortisationszeit ist als Konstante gegeben (A, in der Darstellung ein und vier Jahre). Die Investitionshöhe fungiert als zweite Variable auf der Abzisse.

$$E = \frac{I}{A}$$

Entscheidungskriterien für Energieinvestitionen

In Erweiterung dieser Verfahren ist darauf zu achten, welche Interessenlage und bewussten oder unbewussten Entscheidungskriterien die Entscheider zur Freigabe von Mitteln verwenden. Großunternehmen haben dafür oft ausführliche und durchdachte Richtlinien, im Mittelstand ist das dagegen häufig anders.

Controller in KMU wissen normalerweise, welche Entscheidungsheuristiken die beratenen Manager verwenden. Heuristiken sind im Gegensatz zu Optimalitätsverfahren einfach anzuwenden und führen erfahrungsgemäß zu guten Ergebnissen. Es kann sich um einfache Rechenverfahren handeln, aber auch um Faustregeln, die Unternehmen oder Manager entwickelt haben. Manchmal ist es schlicht Bauchgefühl oder unternehmerischer Instinkt. Folgende beispielhafte Regeln können in der Praxis relevant sein:

- Investitionssummen von mehr als einer Million Euro nur für Energieeffizienz überfordern die Finanzkraft der meisten KMU und führen zur Vernachlässigung anderer wichtiger Investitionen im Kerngeschäft.
- Einzelmaßnahmen mit einem möglichen jährlichen Einsparvolumen von weniger als 10.000 Euro führen zu einer hohen Zahl von Investitionsprojekten, so dass sich die Mitarbeiter nicht mehr auf die wichtigen Maßnahmen konzentrieren können. Solche kleinen Projekte werden deshalb nicht aufwändig geprüft.

Verzichtet man auf Abschätzungen im Stil von Sensitivitätsanalysen, kann die Entscheidung manchmal grob falsch ausfallen oder gar nicht erfolgen. Und da keine Entscheidung auch eine Entscheidung ist: Lieber Varianten durchrechnen, um Gefühl für »Sensitivitäten« zu bekommen, statt den Blick gar nicht in die schwarzen Datenlöcher zu richten.

5.1.6 Wirtschaftlichkeit versus Amortisationszeit – Überblick über wichtige Kriterien der Investitionsrechnung

Überblick

Die vorausgehenden Abschnitte haben die etablierten Methoden der Investitionsrechnung auf energiebezogene Problemstellungen bezogen und dabei auch etwas erweitert. Zusammenfassend und erweiternd zeigt Darstellung 5.12 wichtige Kriterien.

5 Wirtschaftlichkeit, Strategie und Ethik

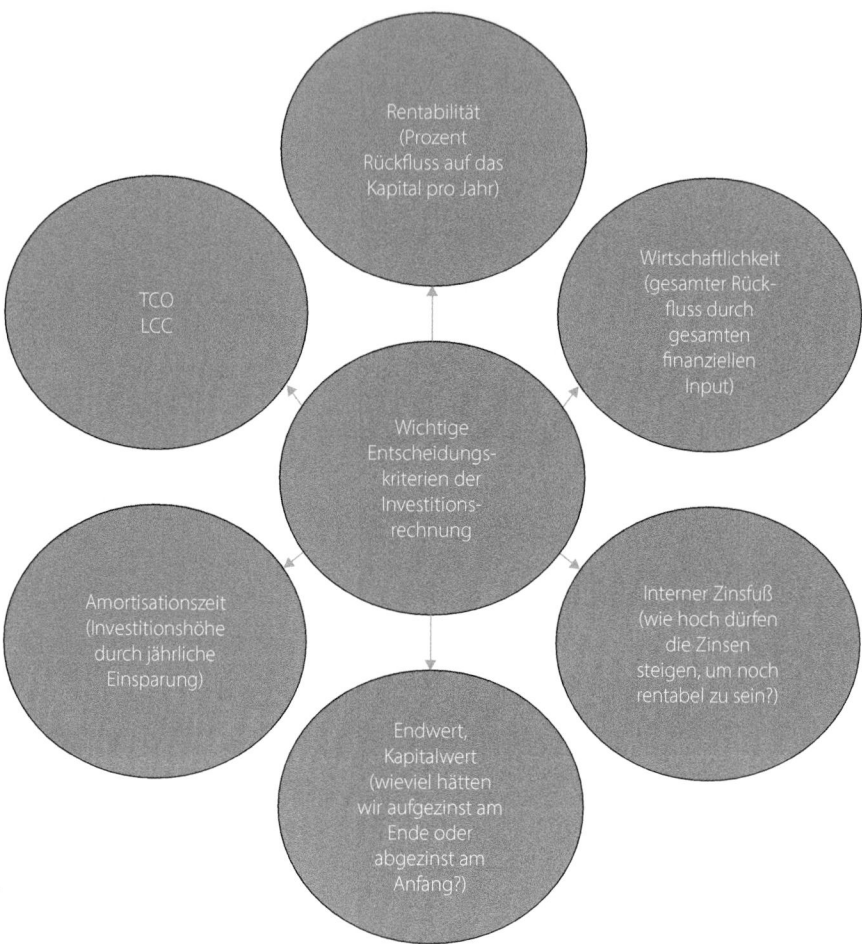

Dar. 5.12: Wichtige Entscheidungskriterien der Investitionsrechnung

Wirtschaftlichkeit versus Amortisationszeit

Eine wichtige Klarstellung steht noch aus: Die schon mehrfach verwendete Amortisationszeit ist streng genommen ein Kriterium der Risikoabschätzung, nicht der Wirtschaftlichkeitsrechnung. Es wird berechnet, wie schnell die investierten Mittel zurückfließen (so lange darf nichts schiefgehen). Was danach geschieht, dafür ist diese Kennzahl blind. Nun haben aber viele Investitionen in Energiegewinnung und -effizienz eine lange Laufzeit. Solaranlagen, Windkraftanlagen, Gebäudeisolierungen usw. lassen sich Jahrzehnte nutzen. Die Wirtschaftlichkeit bezieht das ein. Sie berechnet sich in erster Näherung (ohne Zins etc.) allgemein folgendermaßen:

$$\text{Wirtschaftlichkeit} = \frac{\text{Ertrag}}{\text{Aufwand}}$$

Angewandt auf Investitionsprojekte und -objekte ergibt sich:

$$\text{Wirtschaftlichkeit} = \frac{\text{Gesamter Rückfluss einer Investition}}{\text{Investitionshöhe}}$$

Die Modellrechnungen in Darstellung 5.13 zeigen, wie die Amortisationszeit solche Investitionen benachteiligt.

Zahlungsreihe Investition A:
- Amortisationszeit 10 : 2 = 5 Jahre
- Wirtschaftlichkeit Gesamtprojekt 12 : 10 = 1,2
- Annahme des Projekts: ja, „wir wollen spätestens in 5 Jahren das Geld wieder sehen"

t	1	2	3	4	5	6	7	8	9	10	11	12	13	14	15	16	17	18	19	20	21
€	-10	2	2	2	2	2	2	0	0	.	.	.									

Zahlungsreihe Investition B:
- Amortisationszeit 10 : 1 = 10 Jahre
- Wirtschaftlichkeit Gesamtprojekt 20 : 10 = 2
- Annahme des Projekts: nein, Payoff ist zu lang

t	1	2	3	4	5	6	7	8	9	10	11	12	13	14	15	16	17	18	19	20	21
€	-10	1	1	1	1	1	1	1	1	1	1	1	1	1	1	1	1	1	1	1	1

Dar. 5.13: Wirtschaftlichkeit versus Amortisationszeit

Investition B ist mit Blick auf die Wirtschaftlichkeit deutlich vorteilhafter als Alternative A. Bei Anwendung des Entscheidungskriteriums Amortisationszeit hat Alternative B aber keine Chance auf Realisierung.

5.2 Energiestrategien

Der **Begriff Energiestrategie** findet sich vielfach in den Medien **im Hinblick auf Gebietskörperschaften**. Gemeint sind damit die Strategie der Kommunen über Bundesländer hin zu Ländern und Staatenbünden (Stichwort: »Wasserstoffstrategie«). Im Kern geht es um folgende Fragen:

- Wie hoch wird der Energiebedarf sein?
- Welche Energieträger sollen ihn decken?
- Wie sind die Verfügbarkeiten, die Preise, die CO_2-Emissionen?

Im letzten Punkt drückt sich die **Ziele-Trias der staatlichen Umweltpolitik** aus, die auch für Unternehmen relevant ist:

- Versorgungssicherheit,
- Wirtschaftlichkeit,
- Nachhaltigkeit.

Die Nachhaltigkeit drückt insbesondere das Ziel der Energiewende hin zu einer treibhausgasfreien Versorgung aus. Die Strategie soll mit Zahlen und Zeiten hinterlegt sein.

Die **Energiestrategie von Unternehmen** lässt sich im Grunde von den gleichen Fragen und Zielen leiten. Sie ist einzubinden in die allgemeine Unternehmensstrategie (▶ Kap. 5.2.1).

Der Abschnitt 5.2.2 bietet eine Auffassung der Energiestrategie über einen anderen Blickwinkel: Die betriebswirtschaftlichen Kriterien für die Freigabe von Energieinvestitionen stehen im Mittelpunkt. Das ist wirkungsmächtig in vielen Unternehmen, die keine oder nur eine rudimentäre (technische) Energiestrategie festgelegt haben.

Die weiteren Abschnitte unterstützen die Formulierung einer Energiestrategie, indem sie wichtige Methoden der strategischen Planung anwenden. Die ausgewählten Instrumente sind

- Szenariotechnik (▶ Kap. 5.2.3),
- Strength-Weeknesses-Opportunities-Threats-Analysen (SWOT ▶ Kap. 5.2.4),
- die Einordnung der Energiekosten als strategischen Wettbewerbsfaktor (▶ Kap. 5.2.5) sowie
- Methoden des Risikomanagement (▶ Kap. 5.2.6).

5.2.1 Energiestrategie als Teil der Unternehmensstrategie

Strategien sind Maßnahmenkombinationen, um langfristige Ziele zu erreichen. In Unternehmen geht es zunächst im Kern um die Festlegung, welche Kundenbedürfnisse auf welchen Märkten mit welchen Produkten langfristig bedient werden sollen (▶ Kap. 3.7). Ökonomisches Oberziel ist die Gewinnerzielung, um das langfristige Überleben zu sichern.

Verflechtung der Teilstrategien

Aus der Gesamtstrategie werden Teilstrategien für die einzelnen Funktionsbereiche wie Beschaffung, Produktion, Absatz abgeleitet. Die Energiestrategie im engeren Sinne ist nun eng verwoben mit diesen Teilstrategien, die in Industrieunternehmen im Kern Technologien betreffen. Hier einige Beispiele, um das anschaulich zu machen:

- Verfolgen wir in der **Beschaffung** Local-, Domestic- oder Global Sourcing-Strategien (regionalen, deutschlandweiten oder globalen Einkauf)? Damit sind Folgen für die Energiebilanz unserer Supply Chain bzw. Wertschöpfungsnetzwerks verbunden.
- Welche Energieträger nutzt unsere **Produktion**? Die Umstellung etwa der energieintensiven Schwerindustrie von Kohle und Gas auf Wasserstoff oder grünen

Strom sind Mammutaufgaben mit direkter Auswirkung auf den Unternehmensfortbestand.
- Wie bringen wir im **Vertrieb** unsere Produkte zu den Kunden? Mögliche Weichenstellungen bestehen in der Antriebsart unseres eigenen Fuhrparks (Diesel, Strom, Wasserstoff) oder der Wahl des Versandtransportmittels (Lkw, Bahn, Flugzeug).

Energie muss in diesen Teilstrategien konsistent mitgedacht werden, beginnend von der Markt- und Produktstrategie. Alle langfristig wirkenden Planungen mit Auswirkungen auf Energie bilden in der Gesamtheit die Energiestrategie im weiteren Sinne. Die Energiestrategie im engeren Sinne beantwortet dann die Eingangsfragen nach Bedarfshöhe, Bedarfsdeckung und Nachhaltigkeit.

Zielkategorien im Zusammenhang gedacht

Die Definitionen heben einhellig hervor, dass Strategien dazu da sind, Ziele des Unternehmens zu erreichen. Um Energie einzubinden, hilft ein genauer Blick, welche Zielkategorien das sind und wie sie zusammenspielen. Differenzieren wir:

- Traditionell stehen rein **rechenhaft-ökonomische** Kategorien wie Überlebensfähigkeit, Marktanteile und als zentrale Messgröße Gewinne im Mittelpunkt.
- Gerade im Energiebereich mit CO_2-Emissionen und Klimawandel ist aber deutlich, dass einzelwirtschaftliche Gewinne keineswegs gleichbedeutend mit dem Schaffen von Werten in übergeordneter Sicht sind. In Kapitel 2 wurde bereits die Rolle von Unternehmen in weiterentwickelten Wirtschaftssystemen angesprochen, womit »Ziele« auch weit mehr als bloße Gewinne sein können. Viele Unternehmen stellen Nachhaltigkeit als Unternehmensziel prominent heraus, was sich dann natürlich auch in der Energiestrategie ausdrücken muss. Der folgende Abschnitt 5.3 zu **Ethik und Werten** vertieft diese Denkrichtung.

Aber gehen wir zunächst noch von der engen Zielsetzung Gewinn aus. Die folgende Darstellung 5.14 zeigt, dass Investitionen in eine betriebliche Energiewende – auch wenn ihre rechenbare Rentabilität in Frage steht – über verschiedene Mechanismen positiven Einfluss auf zukünftig-langfristige Gewinnerzielung haben kann. Ökonomisch-eigennützige und ökologisch-altruistische Ziele und Verhaltensweisen sind also vielfach verwoben.

Noch immer ist der Typ der »knallharten« Manager, Berater und Controller weit verbreitet, deren Denkweise nur auf Zahlen und rechenhafte Gewinnoptimierung ausgerichtet ist. Diese Darstellung deutet an, dass auch »weiche« Zusammenhänge wirkungsmächtig sind. Wer sich nur auf Rechenbares beschränkt, beschränkt seine Sicht.

5 Wirtschaftlichkeit, Strategie und Ethik

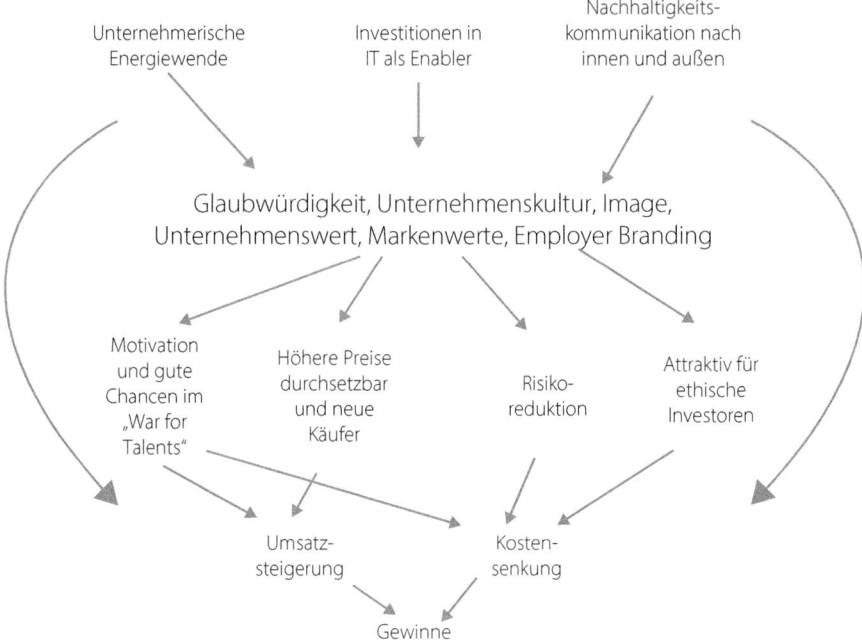

Dar. 5.14: Verflechtung rechenhafter und qualitativer Faktoren zur langfristigen Gewinnerzielung (Kals 2015, S. 110)

Bedeutung der Strategiefestlegung in energieaffinen Branchen

Unternehmerische Energiestrategien unterliegen den Unsicherheiten der staatlichen Regelungen, beispielsweise der deutschen Wasserstoffstrategie, dem Wechselspiel zwischen russischem Erdgas und amerikanischem LNG-Frackinggas, der CO_2-Bepreisung u. v. a. Damit hängt dieser Bereich in besonderer Weise von der Wirtschaftspolitik ab, die staatliche Strategien umsetzen. Das gilt besonders für folgende Typen von Unternehmen:

- Branchen mit besonders hoher Energieintensität der Produktion wie Stahl, Papier oder Glas,
- Branchen, deren Produkte Energie nutzen, wie Autos, Elektrogeräte oder auch Gebäude,
- die Energiebranche selbst.

Hier sind spezifische Herausforderungen zu meistern. Dieses Buch bleibt bekanntermaßen allgemeiner und bezieht sich auf alle Branchen, wobei Industrie/produzierendes Gewerbe einen Schwerpunkt darstellen.

5.2.2 Energiestrategie interpretiert als Freigabekriterien für Investitionen

Lösen wir uns in diesem Abschnitt von der üblichen, oben umrissenen Begriffsfassung von letztlich technologischen Strategien. Aus der Sicht von BWL und Controlling lässt sich der Begriff auch folgendermaßen interpretieren: Die Umsetzung der Strategien geschieht über Investitionen, für die Budgets geplant werden. In vielen Unternehmen, die keine systematische Strategieentwicklung betreiben, ist die Freigabe von Investitionsbudgets faktisch die dominierende Methode der Weiterentwicklung. Vereinfacht gesprochen: Sie ergreifen alle Maßnahmen, die einen möglichst schnellen Rückfluss der Mittel versprechen, bis die Budgets erschöpft sind. Das greift recht kurz und benachteiligt viele Energieinvestitionen mit langer Amortisationszeit, aber hoher Wirtschaftlichkeit aufgrund der langen Nutzungsdauer. Deshalb ist es wichtig, als Teil einer strategischen Herangehensweise die Freigabekriterien für entsprechende Investitionen festzulegen. Die folgende Darstellung 5.15 systematisiert die Möglichkeiten im Wechselspiel von ökonomisch-rechenbaren und ethisch-wertegeleiteten Kriterien.

Dar. 5.15: Systematisierung von Strategien zur Freigabe von energiebezogenen Investitionen

Strategie	Typische Rentabilitäts- und Amortisationserwartung für Energieprojekte	Einbezogene Aufwendungen und Erträge	Planungshorizont
Passive Strategie	25 Prozent, 4 Jahre	Kurzfristig, quantifizierbar	Keine systematische Planung
Kurzfristig-rechenbare Strategie	25 Prozent, 4 Jahre	Kurzfristig, quantifizierbar	1-5 Jahre
Langfristige Strategie mit schwer rechenbaren Einflussfaktoren	5-10 Prozent 10-20 Jahre	Quantitative und qualitative Faktoren	Jahrzehnte
Offensiv-ethische Strategie: Realisierung aller wirtschaftlichen Energiesparmaßnahmen	Weighted Average Cost of Capital (WACC)	Quantitative und qualitative Faktoren	Jahrzehnte/generationenübergreifend
Maximale Strategie, Veränderung des Unternehmenszwecks	Unterschiedlich, nicht zwangsläufig mit der offensiven Strategie verbunden	Rechenhafte und qualitative Faktoren	Jahrzehnte/generationenübergreifend

Passive Strategie

Energie wird nicht als eigenständiges, zusammenhängendes Handlungsfeld wahrgenommen. Das Management ist überlastet oder im Hinblick auf diese Problematik noch nicht aufgewacht. Das Umweltmanagement (das zwingend die Energieproblematik umfasst) wird lustlos mit Minimalaufwand betrieben: entweder gemäß den rechtlichen Vorschriften oder um das Re-Audit für die Zertifizierung gerade so zu bestehen. Energiesparmaßnahmen werden realisiert, wenn sie sich den überlasteten Mitarbeitern aufdrängen und jemand eher zufällig bemerkt, dass sie eine hohe Rentabilität haben. Aber nach ihnen wird nicht gesucht. Diese Strategie ist unprofessionell und birgt zunehmend Risiken.

Strategie der kurzfristigen Gewinnoptimierung

Das Management verlässt sich auf Zahlen, die vorliegen oder gut abschätzbar sind. Das passt zu den Kriterien, die für alle Investitionsvorhaben in solcherart geführten Unternehmen gelten können: Rentabilität mindestens 25 Prozent, Amortisationszeit höchstens vier Jahre. Das sind realistische Zahlen für erfolgreiche Unternehmen in Zeiten des Booms. Viele der im Vorkapitel erläuterten Maßnahmen sind kurzfristig zu realisieren und extrem rentabel, beispielsweise die Verbesserung des Strombezugs, die Optimierung der Steuerung der Klimaanlage oder die Bündelung von Transporten. Hier geht es häufig um verbesserte Planung und Steuerung. Langfristige Überlegungen über Technologie- und Energiepreisentwicklung sind nicht im Fokus und viele Energiesparmaßnahmen mit geringerer Rentabilität fallen heraus.

Diese Strategie ist weit verbreitet. Sie wird befördert durch institutionelle Anleger, die das Aktienportfolio nach Quartalsberichten umschichten sowie durch Vorstandsmitglieder, die die Verlängerung Ihres Vertrages anstreben.

Strategie der langfristigen Gewinnoptimierung

Unternehmer, die über Dekaden denken, versuchen alle Faktoren für die langfristige Gewinnoptimierung ins Kalkül zu ziehen. Je langfristiger die Überlegung, desto unsicherer die Daten und desto qualitativer die Erfolgsfaktoren. Die langfristigen, größeren und wichtigeren Maßnahmen im Energiebereich sind mit Investitionen verbunden, die eine außerordentlich lange technische und wirtschaftliche Laufzeit haben. Gebäudeisolierungen, Kraftwerksbauten oder Wärmetauscher können bei guter Instandhaltung eine Nutzungsdauer von einem halben Jahrhundert überschreiten. Um solche Maßnahmen zu bewerten, sind langfristige Energiepreise und Technologieentwicklungen zu beachten, aber auch Faktoren wie Image und Mitarbeitermotivation spielen eine Rolle.

Offensiv-ethische Strategie

Bei den bisher unterschiedenen, gewinnorientierten Strategien geht es um Gewinnmaximierung. Der Unterschied liegt im kurzfristigen oder langfristigen Zeithorizont, der zugrunde gelegt wird. Die offensiv-ethische Strategie fügt eine Überlegung hinzu: Die Lösung des Energieproblems ist eine derart wichtige Aufgabe, dass alle Maßnahmen mit einer positiven Rentabilität realisiert werden. Damit ist ein maßvoller Verzicht auf Gewinnmaximierung verbunden in Form von Opportunitätskosten, also dem entgangenen Nutzen einer anderen Verwendung der investierten Mittel (beispielsweise im Hauptzweck des Unternehmens oder bei Kapitalanlagen). Ein Beispiel wäre die energetische Sanierung einer Produktionshalle, die nur knapp eine positive Rentabilität erreicht. Als positive Rentabilität ist mindestens die Erwirtschaftung des durchschnittlichen Zinssatzes zu verstehen, die das Unternehmen für sein gebundenes Kapitel aufbringen muss, der Weighted Average Cost of Capital (WACC).

Maximale Strategie

Das Unternehmen wird überprüft und dabei gefragt, wie es einen Beitrag zum Klimaschutz leisten kann. Das mag auf den ersten Blick unrealistisch erscheinen. Doch gerade im Energiebereich gibt es Typen von Unternehmen, bei denen nicht Gewinnerzielen und schon gar nicht Gewinnmaximierung im Mittelpunkt stehen:

- (Bürger-)Energiegenossenschaften, die auch aus Idealismus gegründet werden, um als Zivilgesellschaft die Energiewende voranzutreiben.
- Öffentliche Unternehmen wie z. B. Stadtwerke, die schon immer eher Kostendeckung als Gewinnerziehung verfolgen.
- Öffentlich geförderte Versuchs- und Pilotanlagen in Kooperation mit Unternehmen oder Forschungsinstituten, bei denen Erkenntnisgewinn im Vordergrund steht (Public-Private-Partnership, PPP).
- Familienunternehmen, die nicht von Kapitalgebern mit kurzem Gewinn-Erwartungshorizont abhängen.

Der betrieblichen Praxis sei vor dem Hintergrund der Ausführungen dieses Kapitels empfohlen, Investitionen in gewisser Weise privilegiert zu behandeln:

- wirtschaftlichkeit statt Amortisationszeit (▶ Kap. 5.1.6),
- langer Zeithorizont,
- geringer Renditeerwartung (nur WACC),
- Einbeziehung »weicher« Entscheidungskriterien im Sinne eines umfassenden Zielsystems,
- je nach Unternehmenskultur Realisierung ethisch-moralischer Beweggründe.

5.2.3 Szenariotechnik

Szenarien beschreiben mögliche Entwicklungen umfassend, die für unternehmerische Strategien relevant sind. Das hat Kapitel 2 auf hoher Aggregationsebene schon angesprochen (Brasilianisierung, Null-Grenzkosten-Gesellschaft, Postwachstumsökonomie). Für die unternehmerische Energiestrategie bedeutet das, verschiedene Möglichkeiten zu beschreiben,

- wie sich die Verfügbarkeit von Energieträgern und ihre Preise entwickeln,
- welche Technologien sich durchsetzen oder neu hinzukommen,
- wie sich die geostrategische Situation der großen Machtblöcke auf die Energiemärkte auswirkt und
- ob und auf welche Weise Entwicklungen ineinandergreifen (Bevölkerungswachstum, Migration, Pandemien, Klimawandelfolgen, künstliche Intelligenz ...).

Dieser Anspruch ist erkennbar zu groß, um halbwegs gesichert und umfassend Aussagen machen zu können. Wir begegnen dem unternehmerischen Risiko an sich und letztlich der »Conditio Humana«, also dem Wagnis, Mensch zu sein.

Dieser Abschnitt könnte nun zur Bibliothek ausgebaut werden, um die kursierenden Szenarien und Prognosen zusammenzufassen und weiterzudenken. Szenarien beschreiben Zukunftsmöglichkeiten, Prognosen wollen mit Wahrscheinlichkeiten vorhersagen. Aber auch bei einem bescheideneren Anspruch und engerem Gegenstandsbereich sprengt das den Rahmen und wird zudem schnell von der tatsächlichen Entwicklung überholt. Das zeigt sich bei der Rückschau auf die Pläne und Prognosen zu Elektromobilität, Netzausbau, Atomkraft, Gebäudeheizung, CO_2-Bepreisung usw. Im Grunde hat es in allen diesen Bereichen Überraschungen und Umbrüche gegeben, auf die sich die Unternehmen nur schwer einstellen können, denn die strategischen Investitionen stellen Weichen für Jahrzehnte. Umbau der Autowerke, virtuelle statt Großkraftwerke, Wärmepumpe statt Gasheizung seien als Beispiele genannt.

5.2.4 Stärken-Schwächen-Analyse (SWOT-Analyse)

Die Themen dieses Kapitels zu Standardmethoden der strategischen Planung sind grob top-down geordnet: Nach den schwierigen, übergreifenden Szenarien kann das Top Management etwas konkreter eruieren, wo das Unternehmen steht. Damit ist zunächst eine energiebezogene Stärken-Schwächen-Analyse angesprochen. Als SWOT-Analyse kommen noch Chancen und Risiken/Bedrohungen/Gefahren mit hinein (Strengths, Weaknesses, Opportunities, Threats).

Stärken-Schwächen-Analyse

Die folgende Abbildung illustriert den Einstieg in eine Bewertung mit wichtigen Kategorien. Die Spalten stellen eine Einschätzung im Branchen-/Wettbewerbsvergleich dar, so dass durch das Ausfüllen der Darstellung 5.16 ein Profil entsteht.

Dar. 5.16: Energiebezogener Stärken-Schwächen-Vergleich mit der Konkurrenz

	Sehr schwach	Schwach	Durchschnittlich	Stark	Sehr stark
Kostenkennzahlen					
Energiekostenanteil					
Veränderung der Energiekosten im Zeitvergleich					
…					
Energiekennzahlen					
Energieeinsatz pro Produkt					
Energieverbrauch pro Quadratmeter Halle					
…					
Technologiebewertung					
Geregelte elektrische Antriebe					
Passivhaustechnik					
…					
Managementsystem					
Zuordnung von Verantwortlichkeiten					
Formulierung von Energiezielen					
…					

Diese Überlegungen lassen sich auf mehrfache Weise **differenzieren**, so dass umfangreiche, im Detail aussagkräftige Darstellungn und Profile entstehen:

- gemäß den einzelnen Energieformen (Strom, Öl usw.),
- gemäß der Aufteilung der Energieversorgung nach regenerativen Quellen und nicht-regenerativen Energieträgern,
- gemäß Betriebsstätten und Betrieben,
- gemäß Produktlinien und Produkten,
- nach betrieblichen Funktionen.

Die **Kennzahlensysteme aus Kapitel 3** fließen in den ersten Teilen ein und lassen sich im Unternehmen einfach übernehmen. Aber auch wenn die Daten vorhanden sind, bleibt es schwierig, daraus Benchmarkinformationen zu machen. Sprich: Es ist schwierig, Einblick in die Energie- und Kostenstruktur der Konkurrenz zu erlangen, um zu sehen, wie unsere Unternehmen im Vergleich dastehen. Für den Block der **Technologiebewertung** gilt das ebenso, der folgende Abschnitt greift das auf und zeigt Möglichkeiten.

Die **managementbezogenen Bewertungskriterien**, die im letzten Teil der Darstellung angedeutet sind, verweisen auf die DIN ISO Managementsysteme (▶ Kap. 6). Die Literatur zu den Normen sowie Berater und Zertifizierer verfügen über ausgefeilte Checklisten. Berater und Zertifizierer haben zudem Einblick in viele Unternehmen und können ggf. im Sinne der Darstellung 5.16 genauer einschätzen, wo das eigene Unternehmen steht.

SWOT-Analyse

Diese Stärken-Schwächen-Analyse lässt sich zu SWOT-Analysen ausbauen, wie anhand des **Beispiels einer mittelständischen Gießerei** in Deutschland illustriert werden soll. Das Familienunternehmen hat sich über Generationen etabliert, verfügt über ausgefeiltes technisches Know-how, was der lange gewachsene Kundenstamm zu schätzen weiß. Gießereien gehören zu den energieintensiven Unternehmen. Der traditionell genutzte Energieträger Kohle muss durch Elektrizität oder sogar Wasserstoff ersetzt werden, was hohe Investitionen erfordert (▶ Dar. 5.17).

Technologiebewertung

Im Fall der Gießerei ist es leicht zu erkennen, dass Kohle kein zukunftsträchtiger Energieträger ist. Doch es sind vielfältige Technologien in einer großen Bandbreite, die die Energiewende ermöglichen. Es kommt darauf an, zum richtigen Zeitpunkt in die richtige Technologie zu investieren.

Der Vergleich mit dem Branchendurchschnitt ist wichtig zur Einschätzung der eigenen Situation, jedoch sagt er wenig darüber, wie die Branche insgesamt eine energierelevante Technologie richtig einschätzt. Auch zeigt der Ist-Zustand in einer Branche wenig darüber, welche Investitionen in Vorbereitung sind. Unter-

5.2 Energiestrategien

Dar. 5.17: SWOT-Analyse einer Gießerei mit Fokus auf Energie

Stärken	Schwächen
• Lange Tradition und Kundenstamm mit hoher Bindung • Engagierte, kompetente, fähige Mitarbeiter • Ausgefeilte, zuverlässige Produktionsprozesse von hoher Qualität einschließlich	• Hohe Kohlendioxidemissionen durch die auf Kohle basierende Technik
Chancen	**Gefahren**
• Durch Investitionen in neue elektrische oder Wasserstoff-Öfen massive Senkung der Kohlendioxidemissionen und die Möglichkeit des Lastmanagements	• Verschiebung der Energiepreise oder öffentlicher Förderungen • Mögliche Überforderung des Unternehmens durch die Investitionen

nehmen, die schneller als die Konkurrenz sein wollen, müssen sich also ein Bild über technische Möglichkeiten und ihr Einsatzreife machen. Energietechnologien sind auch Produkte, die einem Lebenszyklus unterliegen. Eine besondere Schwierigkeit liegt darin, dass die Entwicklung in einigen Bereichen sehr schnell voranschreitet und deshalb die Gefahr besteht, in eine Technologie zu investieren, die durch eine Innovation schneller als geplant veraltet. Wichtige **Faktoren für die Einschätzung von energiebezogenen Technologien** sind nun anhand beispielhafter Technologien in der folgenden Darstellung 5.18 vorgestellt. Das ist ein Baustein zur Bestimmung des optimalen Investitionszeitpunkts.

Dar. 5.18: Einflussfaktoren auf den optimalen Investitionszeitpunkt in ausgewählte Technologien

Technologie	Technologisch ausgereift?	Kostensenkungen für die Technologie zu erwarten?	Verbindung mit anderen Investitionen?	Rentabilitätssteigerung durch Fortentwicklungen?	Nutzungsdauer?
Antriebstechnik Pkw/Lkw	Nein	Ja	Ja	Hoch	Ø 10
Passivhaus	Ja	Gering	Nein	Nein	> 50
Geregelte elektrisch Antriebe	Ja	Gering	Nein	Nein	> 20
Gaskraftwerk mit KWK	Ja	Gering	Ja	Nein	> 50
...					

Wichtige kritische Punkte werden nun anhand der Beispiele in der Darstellung herausgearbeitet:

- Die **Antriebstechnologie** für Pkw und Lkw (Ottomotor, Dieselmotor, Gasantrieb, Elektromotor, Hybridtechnologie, Brennstoffzellen) sind nicht alle ausgereift (Stichwort: Batterietechnik für E-Autos). Gemäß der Lernkurve sind die Einführungspreise recht hoch, sinken dann aber mit der produzierten Menge. Eine Verbindung mit anderen Investitionen besteht, denkt man an Smart Metering und das Zusammenschalten vieler dezentraler Akkumulatoren zu einem virtuellen Großkraftwerk. Die Rentabilitätssteigerung durch Fortentwicklung der Technologie ist hoch. Im Beispiel steigt die Rentabilität eines Pkw stark, wenn nicht heute ein Pkw mit Verbrennungsmotor, sondern in einigen Jahren ein Pkw mit Elektromotor gekauft wird. Es hängt nun von der geplanten Nutzungsdauer im Unternehmen ab, ob mit der Investition gewartet werden soll. Wird der Pkw in wenigen Jahren ersetzt oder bleibt er die technische Nutzungsdauer von mehr als 10 Jahren in Verwendung?
- Im Unterschied zu diesem Beispiel sind **Passivhäuser** oder geregelte **elektrische Antriebe** technisch ausgereift, allerdings sind noch moderate Preissenkungen zu vermuten. Die Preisentwicklung ist jedoch schwierig abzuschätzen.
- Das eigene **Gaskraftwerk** mit Kraft-Wärme-Kopplung ist ein Beispiel für die Verbindung einer ausgereiften Technologie mit anderen Investitionen. Ein solches Kraftwerk macht nur Sinn in Verbindung mit einer vollständigen Neuordnung der betrieblichen Energieversorgung einschließlich notwendiger Versorgungsleitungen. Die Wasserstofffähigkeit von Gaskraftwerken ist ein offenes Ende an dieser Stelle.

5.2.5 Betriebliche Energiekosten als strategischer Wettbewerbsfaktor

Dazu einleitend ein passender Witz: Zwei Manager sind auf der Jagd in Afrika. Erschöpft von der vergeblichen Pirsch lehnen sie ihre Gewehre an einen Baum, um sich am nahen Bach zu erfrischen. Kaum haben sie das Bachufer erreicht, taucht ein Löwe auf und schneidet ihnen den Rückweg zu den Gewehren ab. Sofort beginnt einer der Manager, seine Stiefel auszuziehen. Erstaunt fragt der andere: »Glaubst du etwa, du kannst einem Löwen davonlaufen?« Der andere antwortet: »Nein, ich muss nur schneller laufen als du!«

Um die betrieblichen Energiekosten als strategischen Wettbewerbsfaktor einsetzen zu können, wirft Darstellung 5.19 einen Blick auf **wichtige Kosteneinflussfaktoren**. Es geht um den gesamten Block der betrieblichen Energiekosten, die je nach Branche einen sehr unterschiedlichen Anteil an den Gesamtkosten haben können. Dieser Kostenblock soll besser als die Konkurrenz gemanagt werden.

5.2 Energiestrategien

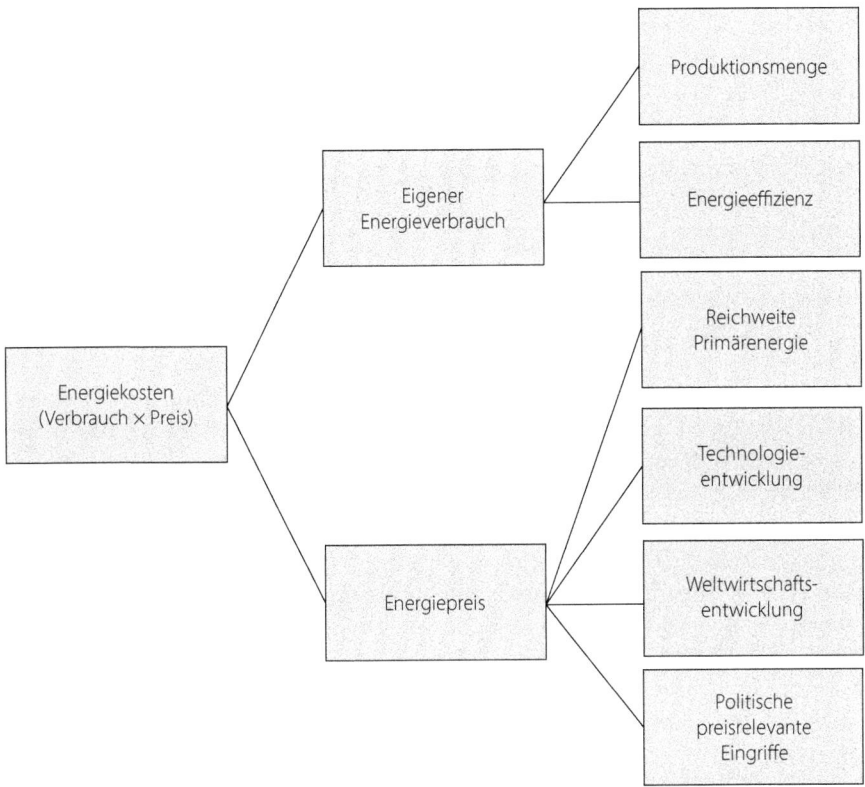

Dar. 5.19: Einflussfaktoren auf zukünftige betriebliche Energiekosten

Die gesamten Energiekosten setzen sich aus der Menge (differenziert nach der jeweiligen Energieform) multipliziert mit dem Preis zusammen. Der betriebliche Energiebedarf hängt davon ab, wie sich die Produktionsmenge entwickelt und ob das zukünftige Produktportfolio mehr oder weniger Energie in der Produktion benötigt (▶ Kap. 4.5). Die Energieeffizienz hängt wesentlich davon ab, wie die Produktionstechnologie und eigene Energieanlagen des Unternehmens entwickelt werden. Auch der Energiepreis ist mehreren, schwer fassbaren Faktoren unterworfen, die nun genauer zu betrachten sind:

Reichweite Primärenergie

Welche Faktoren bestimmen langfristig die Preisentwicklung auf den Öl- und Energiemärkten? Neben kurzfristigen spekulativen Einflüssen ist das Verhältnis von Verbrauch und Reserven an nicht erneuerbaren Energieträgern von dominierender Bedeutung. Dividiert man die Reserven durch den weltweiten Jahresverbrauch eines Rohstoffs, so wird die **Reichweite** berechnet.

$$\text{Reichweite eines fossilen Energieträgers} = \frac{\text{gesamte geologische Reserven}}{\text{globaler Jahresverbrauch}}$$

Die International Energy Agency (IEA) beziffert Anfang des Jahrtausends die Reichweite für die wichtigsten Energieträger wie folgt (zitiert bei Synwoldt 2008, S. 4):

- Kohle: 90 Jahre,
- Erdöl: 30 Jahre,
- Erdgas: 35 Jahre,
- Uran: 35 Jahre.

Solche Zahlen haben jahrzehntelang die Diskussion im Sinne von sich erschöpfenden Rohstoffen geprägt. Die Diskussion stand unter der Prämisse, dass diese fossilen Rohstoffe ausgehen, dass »**Peak Oil**« erreicht oder überschritten sei. Tatsächlich haben sich die Überlegungen als methodisch nicht haltbare Milchmädchenrechnungen erwiesen. Eine stark vereinfachte Modellbildung hat zu diesen Angstszenarien geführt: Ein seltsames Phänomen ist eingetreten, die »**Erdölkonstante**«, eine über die Jahrzehnte konstante Reichweite bei steigendem Rohölverbrauch. Die folgenden Faktoren erklären dies. Andere Schätzungen geben höhere Reichweiten an, für Kohle mehr als 200 Jahre, Öl, Gas und Uran um die 50 Jahre. Insbesondere drückt sich darin auch aus, dass Kohle in vielen Ländern noch leicht verfügbar ist; niedrige Förderkosten sind ein Hinderungsfaktor für erneuerbare Energien.

Technologische Entwicklung

Die Reichweiten wurden immer wieder verlängert, da durch steigende Preise die Ausbeutung neuer Vorkommen profitabel wurde. Zudem gab es neue geologische Funde. Die nötigen Fördertechnologien entwickeln sich parallel. Ein bekanntes Beispiel ist das Fracking-Gas aus den USA, so ist das Land zu einem Netto-Exporteur von Energie geworden. Die ökologischen Bedenken und die schlechte ERoEI (vier kWh Energieertrag bei einer kWh Energieeinsatz) seien hier nicht weiter diskutiert.

Es besteht die Hoffnung, dass nicht die Knappheiten, sondern ein anderer Faktor die Energiepreise begrenzen und die Förderung von fossilen Energieträgern unwirtschaftlich werden lässt: Die Preisentwicklung für Energie aus regenerativen Quellen. Diese Kosten sinken sehr stark und es wird dann wirtschaftlicher, regenerative statt fossile Energieformen zu verwenden.

Weltwirtschaftsentwicklung

Einige grundlegende Fragen:

- Was passiert, wenn China und Indien weiter eine dauerhaft expansive Wirtschaftsentwicklung durchlaufen und deshalb weiter der eingefahrenen Verführung billiger Kohle erliegen?
- Wie teuer werden CO_2-Zertifikate an der European Energy Exchange (EEX)?
- Bleibt die Leitwährung für Rohöl der Dollar und wie verändert sich der Euro-Dollar-Kurs?
- Welchen Einfluss haben politische Konflikte und Verschiebungen der großen Machtblöcke?
- Verursacht der Klimawandel Flüchtlingswellen und Kriege um Öl und Wasser, so dass die Menschheit sich zu einem gemeinsamen großen Schub entschließt?

Politisch relevante Eingriffe

Die Politik arbeitet daran, dass fossile Energieträger im Boden bleiben, um das 2-Grad-Ziel zu erreichen. Damit ist die Reichweite »Unendlich« und die Erschöpfung dieser Ressourcen wäre kein Thema mehr.

Als wichtiges politisches Instrument zur Beschleunigung des Übergangs ist die CO_2-Bepreisung anzusprechen. Hans-Werner Sinn weist zurecht darauf hin, dass Alleingänge wenig sinnvoll sind (▶ Kap. 2.4.1). Zudem ist in Deutschland ein Regulierungsdickicht im Energiebereich entstanden, das mit Preissetzungen, Förderungen und Verboten schwer zu durchschauen und in vielen Punkten auch widersprüchlich ist. Weltweit müssen die großen Emittenten auch wollen, die fossilen Exporteure wie Kanada, Russland, Saudi-Arabien auch mitmachen. Zudem ist der globale Süden finanziell, technisch und organisatorisch in die Lage zu versetzen, mitmachen zu können. Nach den bisherigen Ergebnissen der Weltklimakonferenzen ist das wenig wahrscheinlich. Die Fonds zur Transformation des Südens bleiben zu klein und füllen sich nur zögerlich.

Letztlich bleibt die Hoffnung, dass die politischen Akteure weltweit das marktliche Durchsetzen der aktuellen und zukünftigen Technologien fördern, zumindest nicht behindern. Der Politik obliegen weitere Aufgaben, wie die Förderung des »demographischen Übergangs« und die Vermeidung von Kriegen.

5.2.6 Risikomanagement

Stellen wir das Risiko in den Mittelpunkt und sehen, wie es zu managen ist. Das Risikomanagement geht in folgenden Schritten vor:

- Risikoidentifikation,
- Risikoanalyse und Bewertung,
- Risikosteuerung, Risikostrategien.

Gegenstand des Risikomanagements kann die Energiestrategie als Ganze sein. Letztlich sind aber einzelne Felder bzw. Einzelrisiken differenziert zu betrachten

(z. B. Energiemix und Versorgungssicherheit einzelner Energieformen, technische Einzelbereiche wie energetische Sanierung von Gebäuden usw.).

Risikoidentifikation

Um energiebezogene Risiken für ein Unternehmen identifizieren zu können, sind folgende Fragen hilfreich. Sie lehnen sich an die vorausgehenden Abschnitte an:

- Wie wichtig ist Energie für das Unternehmen? Die absolute und relative Kostenbedeutung ist mit Kennzahlen abschätzbar. Sind es nur Kostenrisiken oder sogar physische Beschaffungsengpässe? Die grundlegenden Überlegungen zu den Chancen und Risiken der Strategie im vorausgehenden Abschnitt Szenariotechnik sind einzubeziehen.
- Welche Stärken und Schwächen bestehen im Vergleich mit der Konkurrenz? Wo sind die kritischen Bereiche: Produktion? Transport? Lagerung?
- Bei welchen Technologien werden möglicherweise Entwicklungen versäumt? Diese Frage gilt einerseits für die Energieeffizienz bei der Leistungserstellung im eigenen Unternehmen. Anderseits ist die Forschung und Entwicklung im Hinblick auf die eigenen Produkte angesprochen, falls deren Verwendung mit Energieverbrauch einher geht, den die Kunden in Zukunft möglicherweise nicht mehr wie in der Vergangenheit bezahlen wollen oder können.
- Die Szenarien können danach differenziert werden, wie sich der Unternehmensgewinn entwickelt, wenn der Ölpreis langfristig auf 100, 150, 200 Dollar pro Barrel verharrt oder darüber hinaus geht.

Die bisher eingenommene Perspektive war die eines Unternehmens, das seine Wettbewerbsposition in einer Branche über eine rationale Energiestrategie verbessern möchte. Aber was passiert mit der ganzen Branche bei disruptiven Umbrüchen?

Risikoanalyse und Bewertung

Das Instrument der Risikomatrix macht das Prinzip der Risikoanalyse und -bewertung deutlich (▶ Dar, 5.20). Die Risikomatrix teilt die Achsen jeweils in drei ordinale Bereiche ein mit niedriger, mittlerer und hoher Eintrittswahrscheinlichkeit und Schadenhöhe. Nehmen wir als Beispiel die Einschätzung des Risikos einer kurzfristig-gewinnorientierten Strategie eines Unternehmens in einer energieintensiven Branche, während die Wettbewerber mit einer langfristigen Strategie größere Energieeffizienz im Unternehmen realisieren. Bei einem starken Anstieg der Energiekosten und Kohlendioxid-Abgaben reduziert sich der Gewinn des Unternehmens. Das kann im Extremfall zur Existenzbedrohung führen und damit als hoher Schaden einzuordnen ist.

Bei einer aufwändigen Vorgehensweise mit einer Quantifizierung der Risiken und Schadenhöhen wird die Risikomatrix natürlich aussagekräftiger. Dabei ist es

5.3 Ethisch-normative Fundierung

	Geringe Eintritts-wahrscheinlichkeit	Mittlere Eintritts-wahrscheinlichkeit	Große Eintritts-wahrscheinlichkeit
Große Schadenhöhe			
Mittlere Schadenhöhe			
Geringe Schadenhöhe			

Dar. 5.20: Risikomatrix

schwierig, auf der Abszisse Eintrittswahrscheinlichkeiten zu bestimmen, denn hier sind als Einflussfaktoren Energiepreissteigerungen oder technologische Entwicklungen relevant, die schwer zu quantifizieren sind. Es ist kaum vorherzusagen, welche Energieform zu welchem Zeitpunkt wie teuer sein wird. Die Schadenhöhe ist im Vergleich dazu besser abzuschätzen.

Risikosteuerung/Risikostrategien

Das Risikomanagement kennt drei grundlegende Strategien:

- Unternehmen können das Risiko selbst tragen.
- Sie können das Risiko mindern.
- Die dritte klassische Strategie ist die Risikoversicherung.

Das unternehmerische Risiko, eine falsche Energiestrategie zu wählen, trägt ein Unternehmen letztlich immer. Vor allem entstehen durch eine passiv-kurzfristige Energiestrategie Risiken, die zu tragen sind. Eine langfristig-offensive Strategie mindert solche Risiken. Eine Versicherung gegen Energiepreissteigerungen ist zwar nicht möglich. Jedoch lassen sich durch langfristige Lieferverträge Preissteigerungsrisiken eingrenzen, was natürlich analog zu Versicherungen mit Kosten verbunden ist. Die Darstellung 5.21 zeigt das Vorgehen etwas erweitert im Zusammenhang.

5.3 Ethisch-normative Fundierung

Fast alle Menschen stellen sich im Laufe ihres Lebens die »letzten Fragen« der Philosophie: Woher kommt der Mensch? Was ist der Mensch? Wohin geht der Mensch? Darauf gründen sich die individuelle Ethik und Moral, die die Frage »Was soll ich tun?« zu beantworten suchen. Die Energiestrategie ist letztlich eine Antwort, die Unternehmen und die dabei beteiligten Personen formulieren können. Um die Diskussion der fundierenden Werte des normativen Managements zu strukturieren, dienen folgenden Punkte:

5 Wirtschaftlichkeit, Strategie und Ethik

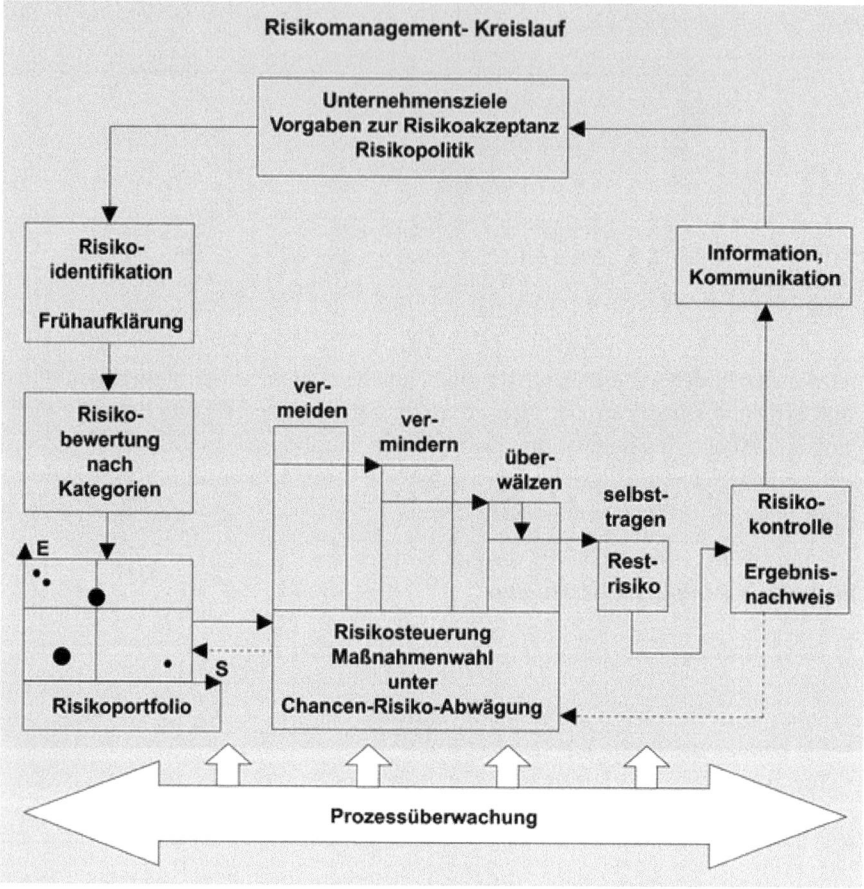

Dar. 5.21: Risikomanagement-Kreislauf (Krystek/Fiege 2013)

- Was sind Ethik und Moral? Abschnitt 5.3.1 klärt diese grundlegenden Begriffe.
- Was sind Kennzeichen der Ethik als Wissenschaft? Abschnitt 5.3.2 zeigt, dass Ethik keineswegs in unwissenschaftlicher Weise Werturteilen bzw. Meinungen Tür und Tor öffnet. Das Gegenteil ist richtig: Sie klärt die denknotwendigen Voraussetzungen der Modell- und Theoriebildung.
- Welche ethischen Theorien sind für das Energiemanagement relevant? Abschnitt 5.3.3 stellt wichtige einschlägige Wertgrundlagen vor. Konkret sind das Nutzenethik, Legalismus, Diskurs- und Pflichtethik sowie ein Blick in die Unternehmensmoral anhand der eigenen Leitlinien und Codes.

5.3.1 Definition von Ethik und Moral

Unter **Ethik** versteht man – kurz gesagt – das Reflektieren der Werte, aus denen wir leben. Daraus ergeben sich Schlussfolgerungen für die eigenen Handlungen, die gemäß den jeweiligen ethischen Theorien folgerichtig sind. Diese Überlegungen, die in wissenschaftlichem Sinne werturteilsfrei sein müssen, helfen bei der Wahl, die ein einzelner Mensch für sich fällt.

Die Entscheidungen für bestimmte Werte bilden in der Summe die **Moral**. Auf der Ebene der Moral entscheidet sich ein Individuum, ein Unternehmen oder ein Staat für konkrete Werte. Die Moral ist also eine Menge (ein »Set«) von aufeinander abgestimmten Werten, die ein Mensch oder eine Gruppe für sich als wahr akzeptiert haben (▶ Dar. 5.22).

Die Trennung zwischen ethischer Reflektion mit wissenschaftlichem Anspruch und individueller, nicht hinterfragter Moral kann fließend sein. Erschwerend kommt hinzu, dass die Begriffe Ethik und Moral oft nicht im korrekten, hier umrissenen Sinne verwendet werden.

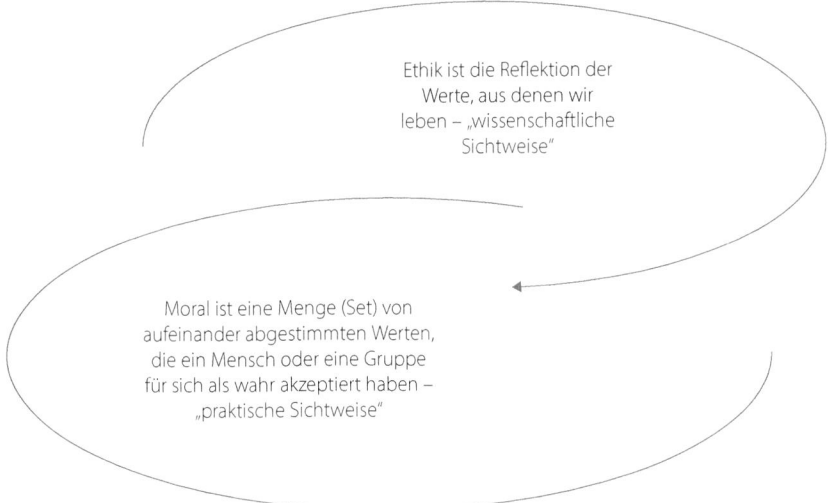

Dar. 5.22: Abgrenzung von Ethik und Moral

Ethik lässt sich in unterschiedlicher Weise **klassifizieren**, insbesondere nach

- dem Gegenstandsbereich (Wirtschaftsethik, Technikethik, Medizinethik),
- den Adressaten (Managementethik, Konsumentenethik, Berufsethik),
- nicht-metaphysischen (nicht »über die Physik hinausgehenden«) und metaphysischen Grundannahmen (Religionen/Spiritualität).

Als ein möglicher Gegenstand der Ethik passt auch die Verwendung von Energie in diese Systematik. Der Verbrauch nicht regenerativer Ressourcen war spätestens seit der ersten Ölkrise 1973 eine ethische Frage, da allen die Knappheit dieser Ressource für kommende Generationen vor Augen geführt wurde. Es ist aber bislang nicht zur breiten Etablierung des Begriffs **Energieethik** gekommen.

Für das Management ist wichtig, wie sich Ethik auf individueller und Unternehmensebene unterscheidet. **Kann ein Unternehmen eine Moral haben?** Ganz eindeutig ja. In der Betriebswirtschaftslehre wird von Unternehmenskultur gesprochen, definiert als der Gesamtheit der Werte und Normen im Unternehmen. Ein international ausgerichtetes Großunternehmen hat eine andere Kultur als ein mittelständisches Handwerksunternehmen. Das ist erkennbar am Führungsstil, an der Art, Geschäfte abzuwickeln, und auch an vielen Äußerlichkeiten wie Kleidung, Einrichtung usw. Ethische Normen drücken sich in Unternehmensleitlinien, »Codes of Ethical Conduct«, einer Umweltpolitik und vielen weiteren Dokumenten aus. Unternehmen sind also explizit und mehr noch implizit Wertegemeinschaften, die auch ihren Umgang mit Energie definieren müssen. Dabei gilt, dass keine Entscheidung auch eine Entscheidung ist.

Die **Wortherkunft** von Ethik aus dem Griechischen ist aussagekräftig: **Sitte, Gewohnheit**. Tatsächlich fordert diese etymologische Wurzel uns auf, uns selbst zu hinterfragen:

- Was haben wir gewohnheitsmäßig übernommen und haben es noch nie in Frage gestellt?
- Welche Werte vertreten wir, weil es alle tun?
- Welche Handlungen unterstützen wir, weil es üblich ist?

Der Blick in andere Zeit und Länder fördert eine kritische Beobachtung und Distanz zu den eigenen Überzeugungen: Wie würden wir denken und handeln, wenn wir in Zentraleuropa vor der Aufklärung (also vor 1700) aufgewachsen wären? Oder eine Erziehung in Beijing der Kaiserzeit (bis 1912) genossen hätten?

5.3.2 Wissenschaftlichkeit bei der Einbeziehung ethischer Werte

Wissenschaft ist »wertfrei«, also nicht individuell wertendem Urteil unterworfen. Jede Aussage ist mit Verstand und Logik – im Idealfall über Experimente – beweisbar. Ebenso erhebt eine gute Unternehmensführung den Anspruch, ihre Entscheidungen rational und nachvollziehbar zu begründen, im Idealfall controllingorientiert mit Zahlen belegt. Oft besteht deshalb das Missverständnis, dass Ethik etwas schwer Fassbares, Weiches, Individuelles sei, das Fehlurteilen und sogar Manipulation den Weg bereitet. Schon die Unterscheidung von Ethik und Moral zeigt jedoch, dass dieses negative Bild dem Wesen und der Bedeutung von Ethik keinesfalls gerecht wird. Bei jeder wissenschaftlichen Theorie und jeder unternehmerischen Unterscheidung spielen neben Sachurteilen auch Werturteile eine Rolle: Werturteile im Basisbereich, die unvermeidbar sind. Entscheidungen werden besser, ist man sich dieser Zusammenhänge bewusst. Um das deutlich zu machen, sind nun drei Phasen der wissenschaftlichen Theoriebildung am Beispiel der Entscheidung für eine Energiestrategie erläutert.

Erste Phase: Wertbasis und Werturteile im Basisbereich

Bei jedem Forschungsvorhaben und jeder bedeutenderen Entscheidung der Unternehmensführung ist eine Auswahl eines Objektbereichs, Forschungsgegenstands oder Projekts unumgänglich. Eine bewusste Entscheidung für eine Wertbasis hebt oft unbewusste Festlegungen ins Bewusstsein. Diese Entscheidungen im Basisbereich sind Werturteile, die kein Wissenschaftler und wissenschaftlich arbeitender Praktiker umgehen kann. Bereits die Entscheidung, eine Energiestrategie zu formulieren und umzusetzen, ist ein Werturteil im Basisbereich. Damit ist eine Entscheidung gegen eine unbewusst-passive Strategie und gegen andere Projekte gefallen, die man in dieser Zeit hätte durchführen können.

In den Basisbereich fällt auch die Auswahl der Methoden. Es gibt viele stützende Plausibilitätsgründe, weshalb der Einsatz bestimmter Methoden beispielsweise der strategischen Planung sinnvoll ist. Aber es lässt sich nicht im mathematischen Sinne zwingend beweisen, dass es diese Methode sein muss und keine andere sein darf. Im Umweltbereich ist der Umgang mit Externalitäten eine methodische Ur-Weichenstellung. Es ist somit offensichtlich, dass die verwendeten Methoden einen großen Einfluss auf die Schlussfolgerungen haben. Die Entscheidung über eine Energiestrategie ist zudem davon bestimmt, ob eine Nutzen-, Pflicht- oder Diskursethik die Moral des Unternehmens prägt.

Zweite Phase: Theorie- bzw. Modellbildung im engeren Sinne

Während Werturteile im Basisbereich unumgänglich sind, dürfen Werturteile im Aussagenzusammenhang der Modellbildung nicht vorkommen. Das wären unlogische Schlussfolgerungen oder falsche Berechnungen bei der Modellbildung und Entscheidungsfindung. Bei der Anwendung der gewählten Verfahren der Investitionsrechnung für energiebezogene Projekte dürfen also keine Fehler vorkommen. Werturteile bei der Anwendung sind auch bewusste manipulative Eingriffe, um ein bestimmtes Ergebnis zu erzielen. In diesem Sinne ist Wert(urteils)freiheit gemeint: Rationalität, Nachvollziehbarkeit und Objektivität.

Dritte Phase: Test des Modells

Galileo Galilei hatte es im Vergleich zu den Energiemanagern einfach, als er die Fallgesetze erforschte, indem er Kugeln schiefe Ebenen hinunterrollen ließ: Er konnte experimentieren. Manager können das nur sehr eingeschränkt. Ihre Modelle stellen einen Ausschnitt aus der komplexen Lebens(um)welt von Unternehmen dar und umfassen Zeiträume von vielen Jahren. Das einzig mögliche Experiment ist oft die Umsetzung in die Praxis. Wenn am Ende des zugrunde gelegten Planungshorizonts die berechneten Einsparungen an Energie und Kosten nicht eingetroffen sein sollten, kann das an falschen Annahmen, falschen Berechnungen oder einer Veränderung der Rahmenbedingungen (Auslastung, technische Verfahren usw.) liegen. Die Wiederholung des »Experiments« unter Ceteris-paribus-Bedingungen ist dem Manager nicht möglich.

5.3.3 Inhalte ethischer Theorien

Die Grundlagen der Wissenschaftstheorie machen deutlich, wie durchschlagend die Wertbasis für die Formulierung einer Energiestrategie und dann für das praktisch Handeln von Unternehmen ist. Ethische Theorien sind sozusagen Musterlösungen für Wert-Sets, die Angebote für die persönliche oder unternehmerische Moral darstellen. Sie werden durch unsere Kulturgeschichte weitergegeben und haben sich in eine schier unübersehbare Vielfalt aufgefächert. Die »Goldene Regel« (behandele andere so, wie du selbst behandelt sein möchtest) ist schon im alten Ägypten nachweisbar. Wichtige, für das Energiemanagement relevante Gruppen ethischer Grundideen und Theorien sind hier nun klassifiziert und kurz umrissen (▶ Dar. 5.23)

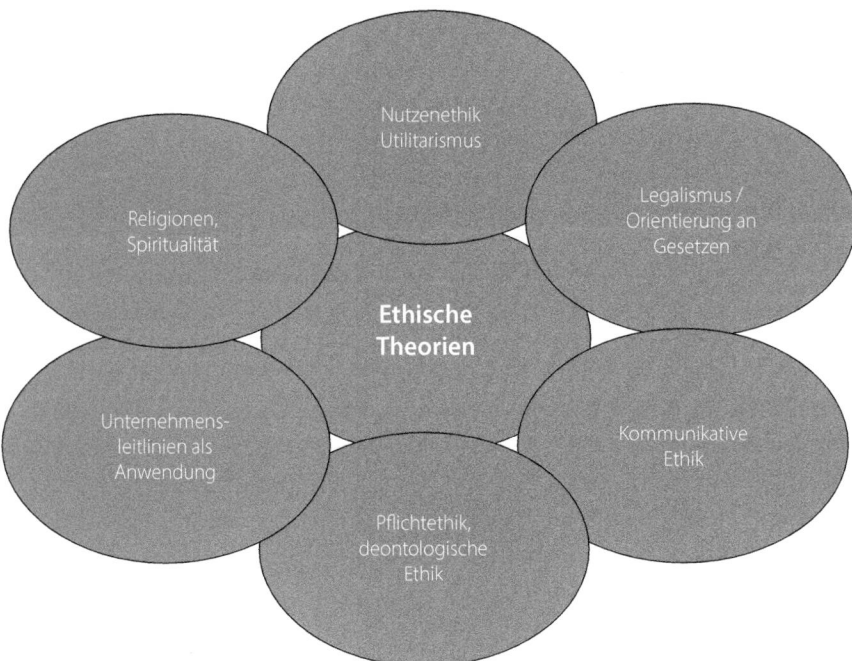

Dar. 5.23: Überblick zu ausgewählten ethischen Theorien

Nutzen im Mittelpunkt: Nutzenethik/utilitaristische Ethik/Utilitarismus

Nutzentheorie (Utilitarismus von »Utility«) ist eine teleologische Wirtschaftsethik: Sie zielt auf den Endzustand, das Ergebnis, den erzielten Nutzen, das erreichte Glück. Adam Smith hat in seinem 1776 erschienen Buch »Wealth of Nations« als erster den Marktmechanismus beschrieben. Wie durch eine unsichtbare Hand koordinieren Märkte den Wettbewerb und führen zu einem optimalen Einsatz knapper Ressourcen. Der Eigennutz des Einzelnen führt also dazu, dass »der größte Nutzen für die größte Zahl« erreicht wird, wie es die Klassiker der Volkswirtschaftslehre formuliert haben.

Adam Smith stand dieser Reduktion auf den Nutzen skeptisch gegenüber, er war Moralphilosoph und ist nur aus seinem ersten großen Werk, der »Theorie of Moral Sentiment«, verständlich. Die Moral des Menschen bildet sich dementsprechend auf einer Basis von Gefühlen, die in der Modellbildung des Homo oeconomicus aber kaum vorkommen.

Die elegante Schönheit des Marktmodells und seiner schier unerschöpflichen Verfeinerungen faszinierte Ökonomen schon immer. Büsten von Adam Smith wurden schon zu Lebzeiten in Buchhandlungen aufgestellt. Der Eigennutz – bei Unternehmen im Sinne des Gewinnstrebens – ist mit dem Nutzenargument ethisch positiv begründet. Eine berühmte These des Nobelpreisträgers Milton Friedman pointiert: »The ethical obligation of business is to maximize its profits« (Friedman 1970). Die Neoklassiker haben die Bedeutung des freien, möglichst wenig reglementierten Spiels der Marktkräfte, die zu Innovation, Wachstum und Wohlstand führen, allerdings in einer Weise in den Vordergrund gestellt, die mehr als fragwürdig ist. Der Abschnitt 2.5.1 hat das schon ausgeführt und kritisiert.

Im Hinblick auf das Energiemanagement ist der schlagende Einwand gegen eine aus dem Utilitarismus begründete Gewinnmaximierung die Existenz externer Kosten. Eine Energiestrategie, die ausschließlich als Beitrag zur Gewinnmaximierung des Unternehmens fungieren soll, ist deshalb nicht mit einer utilitaristischen Ethik zu begründen. Der Marktmechanismus führt in diesem Fall nicht zum optimalen Einsatz knapper Ressourcen und damit zur Schaffung von Werten, sondern zu Fehlallokationen bis hin zur Vernichtung von Werten und zur Gefährdung von »statistischen« Menschenleben.

Dieser grundlegende Defekt im Marktmechanismus und damit der ethischen Begründung des Handelns von Unternehmen lässt sich ausgleichen durch die Internalisierung externer Kosten. Die Problematik trägt jedoch letztlich viel grundlegenderen Charakter: Das der Marktwirtschaft immanente quantitative Wachstum führt langfristig zur Zerstörung der natürlichen Lebensgrundlagen, sofern es nicht gelingt, ein entmaterialisiertes, qualitatives Wachstum zu erreichen, das der ursprünglichen Bedeutung des Wortes »nachhaltig« gerecht wird.

Rechtliche Regelungen im Mittelpunkt: Legalistische Ethik

Die Nutzenethik ist – mehr oder weniger bewusst – die normative Begründung jedes gewinnorientierten Unternehmens. Eine weitere Grundhaltung, hier als legalistische Ethik bezeichnet, ist ebenfalls zumindest implizit in jedem Unternehmen ein Thema. Rechtliche Regelungen mindern die oben umrissene Kritik an der freien Marktwirtschaft, so dass unser jetziges System Züge einer ökosozialen

Marktwirtschaft trägt. Unternehmen, die sich an diese Regelungen halten, fühlen sich deshalb oft ethisch legitimiert. Jedoch haben die weltweiten politischen Regelungen nicht ausgereicht, den Klimawandel zu vermeiden. Nutzenethik und legalistische Ethik sind deshalb als ethische Begründung für gewinnmaximierendes Handeln im Energiebereich brüchig.

Vereinbarungen im Mittelpunkt: kommunikative Ethik/Diskursethik

Was kann ergänzend Orientierung bieten? Die kommunikative Ethik geht vom Grundverständnis der Demokratie aus. Jedem Menschen werden gleiche Rechte zugebilligt. In einer Umweltethik im engeren Sinne werden der belebten und sogar der unbelebten Natur Rechte zugestanden. Die Diskursethik sagt, dass – ist jemand von einer Entscheidung betroffen – er auch bei der Entscheidungsfindung zu beteiligen ist. Der Diskurs hat dabei im Idealbild herrschaftsfrei abzulaufen, d. h. bei gleicher Informationslage und ohne Druck. Die Beteiligung der Betroffenen kann über Repräsentation erfolgen, wenn eine Gruppe (Kunden, Anrainer usw.) nicht vollständig an einen Tisch geholt werden kann. Die in einer solchen Diskussion gefundenen Einigungen können als ethisch fundierte Normen gelten. Steinmann/Löhr (1992, S. 69 f.) formulieren folgende vier Kriterien für einen Dialog:

- Unvoreingenommenheit, d. h. die Bereitschaft, alle Vororientierungen in Frage zu stellen, gleichgültig, ob es um Meinungen über Sachverhalte geht oder um Interessen bzw. Ansprüche.
- Nicht-Persuasivität, d. h. die Bereitschaft, auf Appelle zu verzichten, die wider besseres Wissen Vororientierungen in Frage stellen.
- Zwanglosigkeit, d. h. die Bereitschaft, auf Sanktionen für das Geben oder Verweigern von Zustimmung zu verzichten.
- Sachverständigkeit, d. h. die Fähigkeit, der Form und dem Inhalt nach Gründe vortragen zu können, die eine gute Chance haben, auf Zustimmung zu stoßen.

Der Ansatz findet in der Betriebswirtschaft seine Entsprechung im **Stakeholder-Konzept**. Üblicherweise wird der Stakeholder- dem Shareholderansatz gegenübergestellt, was die herausgehobene Stellung der Eigentümer verdeutlicht. Logisch wäre jedoch, die Anteilseigner in die Liste der Anspruchsgruppen aufzunehmen. Hier sind die wichtigsten Anspruchsgruppen aufgeführt mit den Gruppen, Gremien und Mechanismen, mit denen sie am Diskurs über eine Energiestrategie teilnehmen. Weiter enthält Darstellung 5.24 die Spannbreite der Interessenlage an ethischen Aspekten beim Energiemanagement.

5.3 Ethisch-normative Fundierung

Dar. 5.24: Stakeholder und ihr Interesse an ethischen Aspekten des Energiemanagements

Stakeholder	Organ/Repräsentation im Diskurs	Minimales Interesse an ethischen Aspekten beim Energiemanagement	Maximales Interesse an ethischen Aspekten beim Energiemanagement
Shareholder	Aufsichtsrat und Hauptversammlung	ausschließlich gewinnorientierte institutionelle Anleger	ethische Investoren mit der Bereitschaft, auf Rendite zu verzichten
Management und Mitarbeiter	Manager mit direkter Teilnahme an Entscheidungsprozessen und eigenen Entscheidungskompetenzen Mitarbeiter u. a. über Aufsichtsratsmandate	Ausschließlich egoistisches Interesse an persönlicher Karriere, Prämien und sicheren Arbeitsplätzen. Also Gewinnmaximierung des Unternehmens bis zum Zeitpunkt des persönlichen Ausscheidens	Unternehmensmitglieder, die eine Antwort darauf haben wollen, wenn Ihre Kinder sie im Alter fragen: Warum habt ihr das getan? Und was hast du dagegen getan?
Kunden	Durch den Kaufakt	Kaufentscheidung über Nutzwertanalyse, in der Energie nur als rechenbare Kosten eingehen	Bereitschaft zu einem höheren Preis für energieeffiziente Produkte. Kauf bei Unternehmen mit zertifiziertem Umwelt- und Energiemanagement
Staat/Öffentlichkeit	Verabschiedung rechtlicher Regelungen im demokratischen Prozess, Genehmigungs- und Überwachungsbehörden	Anhänger der Neoklassik mit traditionellem Verständnis von Wirtschaftswachstum	Befürworter einer Umsteuerung unserer gesamten Lebens- und Wirtschaftsweise
Kommende Generationen, Leidtragende des Klimawandels	Keine systematische Beteiligung im Unternehmen	Geringes Interesse oft durch wenig Information oder Frustration durch mangelnde Einflussmöglichkeit	Anspruch darauf, dass die derzeitige Generation die Schäden vermeidet

Pflicht im Mittelpunkt: Pflichtethik/deontologische Ethik

Diese ethische Richtung ordnet Menschen, Organisationen oder Staaten bestimmte Pflichten zu. Religiöse Systeme entsprechen oft einer Pflichtethik, etwa die zehn Gebote im Christentum. Für Unternehmen in einem säkularen Staat, mit Individuen, die unterschiedlichen Religionen anhängen können, eignet sich eine religiös motivierte Pflichtethik im Regelfall nicht. Ein aufklärerischer Zweig der Pflichtethik geht auf Immanuel Kant zurück, der im kategorischen Imperativ kulminiert: »Handle nur nach derjenigen Maxime, durch die du zugleich wollen kannst, dass sie ein allgemeines Gesetz werde« (Pleger 2017, S. 94).

Die Wucht dieses Grundsatzes entsteht daraus, dass keine Ausflüchte, beispielsweise in eine bloße legalistische Haltung, mehr möglich sind. Auch der Verweis darauf, dass alle ein bestimmtes Verhalten zeigen würden und deshalb keine Änderung einträte, würde man sich selbst ändern, verfängt hier nicht mehr. Wir sollen so handeln, als käme es nur auf uns an.

Eine populäre Ausprägung der Pflichtethik ist eine der ältesten moralischen Normen der Menschheit: die goldene Regel: »Behandele andere so, wie du selbst behandelt sein möchtest.« (Enderle 1987) Das begründet eine allgemeine Fairness im Unternehmen und gegenüber den Stakeholdern. Wird der Kreis der Stakeholder auf künftige Generationen oder Partner in Entwicklungsländern ausgedehnt, so ergeben sich sehr weitreichende Konsequenzen.

Die eigenen Leitlinien im Mittelpunkt: Die individuelle Moral eines Unternehmens

In vielen Unternehmen sind moralische Maßstäbe kodifiziert. Diese Leitlinien enthalten oft vollmundige, weitreichende, von Marketingspezialisten erarbeitete Formulierungen. Eine in Leitlinien, Codes oder Politiken zum Ausdruck gebrachte Vision ist dazu gedacht, einen hohen Maßstab anzulegen, der im Alltag auch durchaus einmal verfehlt werden kann.

Allerdings treffen solcherart Papiere oft auf Vorbehalte, denn die Diskrepanz zur Unternehmensrealität kann allzu groß sein. Großunternehmen haben praktisch alle eine Fülle von Leitlinien, Codes oder sonstigen Grundsatzpapieren, die vollmundig den Umgang mit der Umwelt, den Mitarbeitern, den Lieferanten und anderen Anspruchsgruppen in einem Idealbild zeichnen. Meist auf der zweiten Ebene der Homepage, mittlerweile selbst bei Mittelständlern, so dass sich leicht Beispiele finden lassen.

Diese Papiere sind vielfach so uniform, dass sie eher an juristische Texte oder Werbetexte erinnern statt an individuelle, ehrliche Langfristziele aus der unternehmerischen Lebenswirklichkeit. Normensysteme wie die EU-Berichtsrichtlinien, die Global Reporting Initiative (GRI) oder die managementorientierten DIN EN ISO-Normen fordern solche Leitlinien. Damit entsteht auch der Druck, etwas Unangreifbares nach außen zu stellen. Einerseits ist das als Antriebskraft für eine wirkliche Entwicklung zu begrüßen. Anderseits trägt dies die Gefahr der hohlen Pflichtübung in sich.

Die Entwicklung einer Energiestrategie ist ein guter Anlass, die eigenen Kodizes kritisch zu betrachten. Die Darstellung 5.25 zeigt den Zusammenhang zwischen Energiestrategien und den hier diskutierten normativ-ethischen Grundlagen.

5.3 Ethisch-normative Fundierung

Die ausgefüllten Felder sind als Anregungen und Einstieg in eine strukturierte Diskussion im Unternehmen zu verstehen.

Dar. 5.25: Verbindung von Energiestrategie und Energieethik

	Utilitarismus (herkömmliche Auffassung)	Legalismus	Pflichtethik	Kommunikative Ethik	Der eigene »Code of Ethical Conduct«
passive Strategie (Ignoranz)					
Gewinnoptimierung kurzfristig/ rechenbar	x	x			
Gewinnoptimierung langfristig/ nicht rechenbar	x	x	x	(x)	x
Offensive Strategie	(x)	x	x	x	x
Maximale Strategie		x	x	x	x

Gott im Mittelpunkt: Religionen

Religionen sind an einer weltanschaulich neutralen Hochschule in einem säkularen Staat ein schwieriges Thema. Die Aufklärung im 18. Jahrhundert hat das Individuum ermutigt, sich seines eigenen Verstandes zu bedienen. Und eben nicht religiösen Führern zu folgen, denn allzu oft waren Konflikte und Kriege auch religiös motiviert: Die »christlichen« Kreuzzüge im Mittelalter, die Reformationskriege zwischen Katholiken und Protestanten in der beginnenden Neuzeit, und leider lassen sich auch viele aktuelle Beispiele unterschiedlicher Religionen finden. Deshalb gilt es als zivilisatorischer Fortschritt, dass sich fast alle Staaten und Staatenbünde weltliche Verfassungen und Grundwerte gegeben haben. Religionsfreiheit ist dabei ein ganz wichtiges, universelles Menschenrecht. Und nun ein Rückschritt, indem in einem wissenschaftlichen Fachbuch die Religion wieder eine Rolle spielt? Es geht nicht darum, Religionsgemeinschaften zu stärken (und schon gar keine bestimmte). Vielmehr soll der Blick in einer praxisorientierten Sicht auf das gerichtet werden, was wirkungsmächtig ist in Unternehmen bei energiebezogenen Grundsatzentscheidungen. Dabei sind in Wissenschaft, Praxis und auch Vorlesungen zwei Ebenen zu unterscheiden: Ethik und Moral.

- Die **ethisch-wissenschaftliche Perspektive**: Fünf von sechs Menschen auf der Welt hängen offiziell einer Religion an. Wenn wir die Welt verändern wollen, ist es zielführend, diese wertespendenden Überzeugungen einzubeziehen. Sie strahlen natürlich auch in Unternehmen hinein. Der Wissenschaftlichkeit tut das keinen Abbruch: Die Einbeziehung aller wirkungsmächtiger Überzeugungen, explizit auch der religiösen, ist ein Werturteil im Basisbereich. Die religiösen Überzeugungen selbst befinden sich im Objektbereich des Wissenschaftlers.
  So lässt sich auch die von der Aufklärung geforderte Toleranz realisieren. Ein Forscher schaut, was ist, und will es in der Analysephase möglichst ohne eigene Filter objektiv verstehen. Ein Voltaire zugeschriebenes Zitat, das in verschiedenen Fassungen kursiert, bringt das auf den Punkt: »Ich mag verdammen, was du sagst, aber ich werde mein Leben dafür einsetzen, dass du es sagen darfst.«
- Die **moralisch-persönliche Sicht**: Getrennt von dieser wissenschaftlichen Vorgehensweise hat der Forscher persönliche Werte und Überzeugungen. Die bleiben aber zunächst außen vor. Das gilt analog auch für Controller, die von der Geschäftsleitung vorgegeben Entscheidungsvarianten durchrechnen. Oder für Berater, die für ihre Kunden die vereinbarten Konzepte erstellen. Im Grunde gilt das für jeden Profi, der in der Kultur seine Organisation seine Rolle spielt. Wenn die persönlichen Überzeugungen, mit denen der Rolle übereinstimmen, ist engagiertes, kreatives Arbeiten die Folge. Bei Diskrepanzen entstehen »kognitive Dissonanzen«. Sie wirken wie Sand im Getriebe es eigenen Lebens und der jeweiligen Organisation. Gemeinsame Werte und Normen sind hingegen gemäß Unternehmenskulturforschung ein entscheidender Faktor für den Erfolg.

Diese beiden Perspektiven/Sichtweisen laufen implizit im Grunde immer mit. An vielen Stellen im Energiebereich berühren sie sich, ebenso wie bei den vielen weiteren Herausforderungen der Unternehmensethik. Das sind dann Gelegenheiten, die Wertbasis der Organisation weiterzuentwickeln und zu stärken, indem wir uns sowohl als Profis als auch als Menschen begegnen. Metakommunikation (Kommunikation über Kommunikation) hilft dabei: Explizit aussprechen, auf welcher Ebene man sich gerade bewegt. Das ist wissenschaftliches Vorgehen in der Praxis.

Werturteile im Basisbereich **ausdrücklich** zu **benennen** und ggf. gemeinsam festzulegen, ist das wirkungsvollste Mittel gegen Unwissenschaftlichkeit, Irrationalität oder sogar Manipulation. Diese Denkweise ist nicht nur für wissenschaftliche Arbeiten reserviert, sondern betrifft viele Situationen im Unternehmen oder Privatleben. Folgende Fragen helfen, auf die Metaebene zur Orientierung zu gehen:

- Worum geht es jetzt gerade genau? (Festlegung des Gegenstandsbereich, sozusagen die Forschungsfrage. Wer die Agenda setzt, hat den Diskurs vorbestimmt.)
- Wie wollen wir vorgehen? (Methode)
- Wovon gehen wir aus? (Wertbasis, Annahmen und Prämissen)
- Passen unsere Maßnahmen auf das, was wir eigentlich wollen? (Überprüfung des Konzepts anhand der Wertbasis)

6 Organisatorische Umsetzung

Energiemanagement lässt sich als betriebswirtschaftlicher Ansatz mit seinen Aufgaben, Methoden und Instrumenten auf eine abstrakte Weise interpretieren. Für die Umsetzung im Unternehmen ist jedoch eine konkrete organisatorische Verankerung notwendig. Hier bietet sich die DIN ISO 50001 »Energiemanagementsysteme« an, die in einer Linie mit Qualitäts- und Umweltmanagementsystemen stehen. Zusätzlich haben DIN und ISO-Normen für das Management von Treibhausgasen herausgegeben. Die ersten drei Abschnitte dieses Kapitels erklären die Möglichkeiten und Grenzen dieser managementorientierten Normen. Abschnitt 6.4 ordnet die Ansätze in ein integriertes Management ein. Die übrigen Abschnitte des Kapitels ergänzen in einer klassischen Herangehensweise energiebezogene Aspekte der Aufbauorganisation (▶ Kap. 6.5), Ablauforganisation (▶ Kap. 6.6) und Projektorganisation (▶ Kap. 6.7). Dabei schimmert immer der Anspruch einer integrierten Sichtweise durch.

6.1 Charakteristika und Entwicklung der managementorientierten DIN ISO Normen

Die Institutionen und ihr Zusammenspiel

Um den Charakter der DIN ISO 50001 Energiemanagementsysteme (die in unserem Zusammenhang die zentrale Norm ist) zu erfassen, hilft ein Blick auf das Wesen von DIN und ISO sowie auf die Entstehungsgeschichte. Dazu sind zunächst die **Institutionen** zu verstehen, die diese Normen erarbeiten und veröffentlichen:

- Das **Deutsche Institut für Normung (DIN)** ist ein eingetragener Verein, dessen Zweck darin besteht, insbesondere technische Normen festzulegen, um Fortschritt und Effizienz zu fördern. DIN erarbeitet Normen im Konsensverfahren mit »interessierten Kreisen«, insbesondere Herstellern, Handel, Industrie, Wissenschaft, Verbrauchern, Prüfinstituten und Behörden.
- Dabei bestehen Kooperationen und inhaltliche Abstimmungen mit anderen Normungsinstitutionen, zunächst auf europäischer Ebene. Manchmal wird zwischen DIN und ISO noch die »**Europäische Norm**« (engl. Euronorm oder »European Standard«) eingeschoben, die ebenfalls beteiligt ist, also »DIN EN ISO«. »Norm« ist mit »Standard« ins Englische zu übersetzen. Englisch auch »norm« zu sagen wird verstanden, hört sich aber schräg an.

- Für die globale Umsetzung ist die »**International Organisation for Standardization« (ISO)** von ausschlaggebender Bedeutung, die eine vergleichbare Satzung und Zielsetzung wie die DIN hat. International relevante Normen werden deshalb auch global abgestimmt und erscheinen in Deutsch und Englisch, oft auch Französisch. Das betrifft die hier relevanten Managementnormen, die die DIN und ISO seit den 1980er-Jahren in ihren Wirkungskreis aufgenommen haben.

Die Bezeichnung DIN 50001 oder ISO 50001 oder DIN EN ISO 50001 oder kurz »die 50001« sind alle in der Praxis gängig. Bei manchen Normen gibt es in der Zählung zwischen DIN und ISO Unterschiede, aber die grundlegenden managementorientierten Normen sind alle in der Nummernbezeichnung abgestimmt. Zu der Hauptnorm 50001 existieren Ergänzungen mit der Nummerierung 50002, 50003 usw.

Technik erweitert um Management

Eigentlich geht es bei DIN und ISO um technische Normen (ISO 1 legt Referenztemperaturen für geometrische Produktspezifikationen fest, ISO 2 die Drehrichtung von Garnen). Doch im Laufe der 1970er- und 1980er-Jahre wurde immer deutlicher, dass die technische Qualität auch vom Management abhängt. Mehr noch: Eine gute Organisation und ein durchdachtes Management sind unabdingbar für die technische Leistungsfähigkeit einer Organisation.

Um die Entwicklung am **Beispiel der Autoindustrie** anschaulich zu machen: Die Autos bekamen immer mehr Ausstattungsvarianten, die Teilezahl stieg und die Montagebänder wurden komplexer. Wenn dann in der Endkontrolle etwas nicht funktionierte, war die Nacharbeiten aufwändig und teuer – und das passierte immer häufiger. Die Ursache der Qualitätsmängel können vielfältig sein. Nehmen wir einen exemplarischen Fehler an, ein Kunststoffdeckel im Motorraum klappert. Die **4M-Analyse (Material, Maschine, Methode und Mensch)** macht deutlich, dass die Ursache des Mangels in folgenden Bereichen liegen könnte und eine Vielzahl von Funktionen betreffen kann:

- **Material**: Ein fehlerhaftes Teil wurde verbaut, Ursachen könnte in der Materialbeschaffung (Einkauf) liegen oder in der Eingangskontrolle.
- **Maschine**, hier im Sinne von Werkzeug: Die Druckluftpistole, mit dem der Deckel befestigt wird, war defekt.
- **Methode**: Die Instandhaltung hat die Druckluft oder die Druckluftpistole nicht engmaschig genug überprüft.
- **Mensch**: Der Mitarbeiter hat schlampig gearbeitet oder ist als Aushilfskraft nicht gut eingewiesen und überwacht worden. Das betrifft wiederum die Personalauswahl, -schulung und -kontrolle.

6.1 Charakteristika und Entwicklung der managementorientierten DIN ISO Normen

Überblick: QM, UM, EnMS, Treibhausgas-Management

So entstand zunächst die DIN ISO 9001 **Qualitätsmanagementsysteme** (QM-System). Der Anspruch der QM-Systeme bestand und besteht darin, möglichst alle Elemente, Funktionen, Managementbereiche zu betrachten und zu gestalten, die Einfluss auf Mängel bzw. deren Vermeidung haben können. Deshalb enthält die DIN ISO 9001 Qualitätsmanagementsysteme – stark vereinfacht gesagt – eine Checkliste, welche Elemente und Anforderungen das QM regeln muss.

Diese Grundidee haben DIN und ISO dann auf das **Umweltmanagement** übertragen. Eigentlich wäre das nicht nötig, denn das Qualitätsmanagement beschäftigt sich per definitionem mit allem, was für das Unternehmen relevant ist, also auch mit dem Umweltmanagement. Dennoch haben sich die umweltbezogenen Herausforderungen zu einer solchen Komplexität entwickelt, dass 1996 die DIN ISO 14001 Umweltmanagementsysteme erschien (▶ Dar. 6.1).

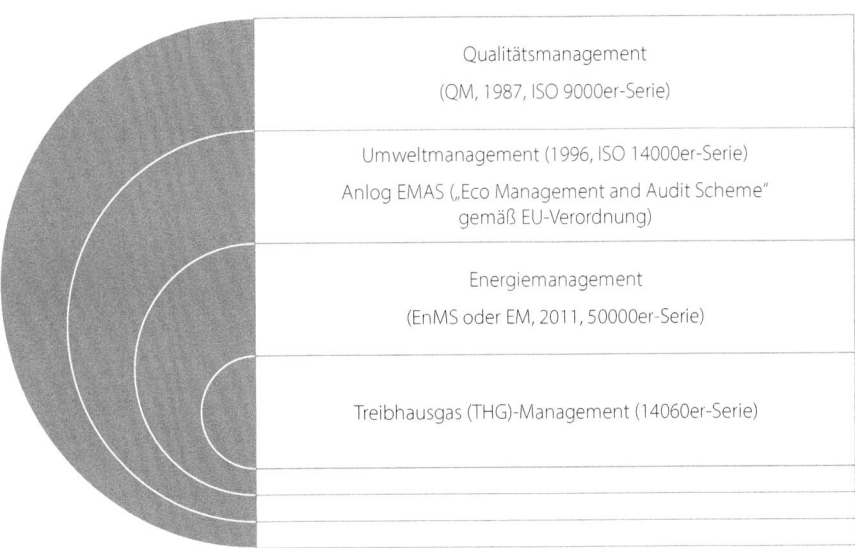

Dar. 6.1: Überblick über relevante DIN ISO-Normenreihen

In der Aufbauorganisation war es vielfach in der Unternehmenspraxis so, dass QM-Beauftragte die Umweltfragen schlicht nicht mehr abdecken konnten und sich deshalb eigene Umweltbeauftragte etablierten. Das gleiche Spiel lässt sich dann mit der DIN ISO 50001 **Energiemanagementsysteme** beobachten. Energieaudits nach DIN EN 16247 betreffen KMU. Und schließlich folgte die DIN ISO 14060er Reihe zum **Treibhausgasmanagement**. Insbesondere in Abschnitt 3.1.4 wurde die Erstellung des Corporate Carbon Footprint (PCC) und des Product Carbon Footprint (PCF) dargestellt.

Parallelen zwischen der DIN EN ISO 14000er-Serie und EMAS

Beim Umweltmanagement hat sich eine **Doppelstruktur** herausgebildet, denn die **EU hat ein Eco Management and Audit Scheme (EMAS)** als Verordnung herausgegeben. EU-Vorordnungen gelten unmittelbar in allen Mitgliedsländern. Die Schärfe ist jedoch herausgenommen, da die Anwendung freiwillig ist. In Deutschland hat das **Umweltauditgesetz (UAG)** die EMAS-Regelungen umgesetzt. Da die Verbreitung der DIN ISO 14000 viel größer ist als EMAS, wird an dieser Stelle EMAS nicht weiter vertieft. Inhaltlich sind die Unterschiede zwischen EMAS und DIN ISO gering.

Der Gesamtüberblick ist schwierig: Beispiel 50000er-Serie

Da DIN, ISO und weitere Normungsinstitutionen diese managementbezogenen Themenbereiche zu kleinen Serien ausgebaut haben, ist es letztlich schwierig, den Überblick zu behalten. Dies gilt schon allein für den in dieser Passage herausgegriffenen Energiebereich. Eine Gesamtübersicht ist hier schon deshalb nicht sinnvoll, weil sie zu viele Seiten kosten und dann doch wieder relativ schnell veralten würde. Deshalb sind im Folgenden nur die relevanten Energiemanagement-Normen der 50000er Serie aufgeführt, von 50001 bis 50015. Zum Überfliegen und um einen ersten Eindruck zu bekommen. Kurze Kommentare zeigen, wo beim eigenen Recherchieren Fallstricke verborgen sind:

- Die verankernde Hauptnormen ist die DIN ISO 50001 Energiemanagementsysteme.
- ISO 50002:2014-07 Energieaudits – Anforderungen mit Anleitung zur Anwendung. Es erschwert den Überblick, dass die ISO mit 50002 die Energie-Zählung fortführt, aber die DIN hier ein anderes Thema verorten: »DIN 50002-1:2020-03 Klebungen in elektronischen Anwendungen – Haftfestigkeit an Oberflächen – Teil 1: Zugprüfung«. Der Zusatz »:2014-07« bezeichnet Erscheinungsjahr und -monat. Praxis und Literatur verzichten oft auf die Jahresnennung, um sprachliche Sperrigkeit zu vermeiden. Zudem bleiben Kernanforderungen recht konstant und neu Ausgaben liegen viele Jahre auseinander.
- DIN ISO 50003:2022-05 Energiemanagementsysteme – Anforderungen an Stellen, die Energiemanagementsysteme auditieren und zertifizieren
- DIN ISO 50004:2021-11 Energiemanagementsysteme – Anleitung zur Einführung, Aufrechterhaltung und Verbesserung eines Energiemanagementsystems nach ISO 50001
- DIN ISO 50005:2022-09 »Energiemanagementsysteme – Leitfaden für eine phasenweise Umsetzung« (ISO 50005:2021); Deutsche Fassung EN ISO 50005:2022. Es zeigt sich die Unübersichtlichkeit durch die Reihenfolge der Verabschiedungen von DIN und ISO in einem anderen Jahr.
- DIN ISO 50006:2017-04 Energiemanagementsysteme – Messung der energiebezogenen Leistung unter Nutzung von energetischen Ausgangsbasen (EnB) und Energieleistungskennzahlen (EnPI) – Allgemeine Grundsätze und Leitlinien.

- ISO 50007:2017-06 Energiedienstleistungen – Leitlinien für die Bewertung und Verbesserung der Energiedienstleistung für Nutzer.
- ISO/TS 50008:2018-11 Energiemanagement und Energieeinsparungen – Gebäudedatenmanagement für die energiebezogene Leistung – Leitlinien für einen systemischen Ansatz zum Datenaustausch. ISO/TS bedeutet, dass die DIN eine Technische Spezifikation (TS) der ISO unverändert übernommen hat.
- 50009 ist eine nicht-energiebezogene, sehr spezielle technische Norm.
- ISO/PAS 50010:2023-01 Energy management and energy savings – Guidance for net zero energy in operations using an ISO 50001 energy management system«. PAS bedeutet Public Available Specification, diese hier ist nur auf Englisch verfügbar.
- ISO/TS 50011:2023-04 Energy management systems – Assessing energy management using ISO 50001:2018. Wieder eine DIN-Norm mit gleicher Nummer aber ganz anderem, technisch-speziellem Thema.
- 50012 bis 50014 sind mit anderen Themen belegt.
- DIN ISO 50015:2018-04 Energiemanagementsysteme – Messung und Verifizierung der energiebezogenen Leistung von Organisationen – Allgemeine Grundsätze und Leitlinien

Jede dieser Normen kostet in der Größenordnung zwischen 100 und 200 Euro. Sie sind nicht sehr dick und schon die Titel verraten, dass die eine oder andere Überlappung zu erwarten ist. Die ersten Abschnitte beschäftigen sich ohnehin mit Einordnungen und Begriffsdefinitionen. Insgesamt drängt sich der Eindruck auf: Zu viel des Guten.

Die Regelungen sind freiwillig, sie sind ja von eingetragenen Vereinen festgelegt und haben keinen gesetzlich-verpflichtenden Charakter. Die Managementsysteme sind nicht nur anwendbar auf Unternehmen, sondern im Prinzip auf jede Organisation, also auch Behörden, Hochschulen, NGO usw.

PDCA-Cycle

Die Normen enthalten den Grundgedanken der stetigen Verbesserung und der externen Zertifizierung durch einen unabhängigen Dritten (Third Party Certification) mittels wiederkehrender Audits. Dem liegt der PDCA (Plan, Do, Check, Act)-Zyklus zugrunde:

- Nach dem Plan
- folgt die Ausführung,
- deren Ergebnisse dann kontrolliert werden
- als Grundlage für Anpassungs- bzw. Korrekturmaßnahmen zur Planeinhaltung,

um dann einen neuen Planungszyklus zu starten. Es ist eine Erweiterung des Managementkreises aus

- planen (zukunftsorientiert),
- steuern (gegenwartsorientiert),
- kontrollieren (vergangenheitsorientiert),

der intuitiver verständlich ist.

Zertifizierung durch Dritte

Die Normen verankern insbesondere einen dreijährigen PDCA-Zyklus. In diesem Rhythmus überprüft/auditiert ein externer Zertifizierer das Managementsystem, um das Zertifikat zu erneuern. Zusätzliche interne Audits mit kürzeren (Jahres-) Rhythmen sind im Stil einer rollierenden Planung natürlich sinnvoll bis zwingend. Die externe Zertifizierung dient der Selbstvergewisserung und zum Nachweis gegenüber externen Anspruchsgruppen. Die Darstellung 6.2 illustriert die wichtigen dabei einbezogenen Rollen.

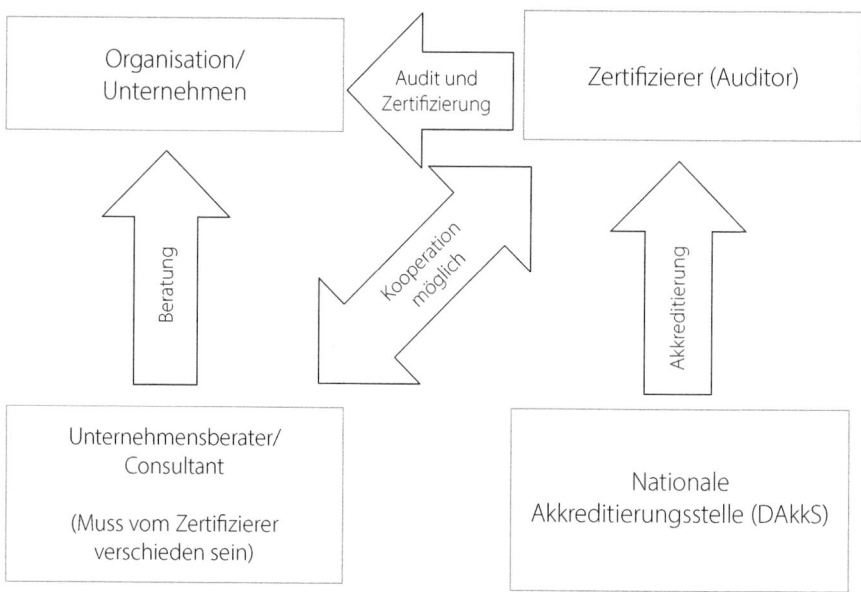

Dar. 6.2: Rollen bei der Zertifizierung

Der **Zertifizierer** auditiert das Unternehmen und verleiht bei Erfolg das Zertifikat. Das Zertifizierungsunternehmen wird akkreditiert (zugelassen) von der **Nationalen Akkreditierungsstelle** (die Deutsche Akkreditierungsstelle, DAkkS). Eine **Beratung** in diesem Prozess ist möglich, allerdings darf es nicht das Zertifizierungsunternehmen selbst sein, das berät und sich dann eine erfolgreiche Beratung zertifiziert.

Große Beratungsunternehmen in diesem Bereich weichen diese Idee auf, indem sie einschlägige Tochter- oder Schwesterunternehmen gründen.

Das Durchzählen der Spieler im Sinne einer »**Third Party-Certification**« ist hilfreich zum tieferen Verständnis:

- Der Erste (First Party) ist das eigentliche Unternehmen.
- Der Zweite (Second Party) sind die Anspruchsgruppen, denen das Unternehmen seine Ambitionen und Errungenschaften glaubhaft machen möchte.
- Der Dritte (Third Party) ist das Zertifizierungsunternehmen (Zertifizierer) als unabhängige, sachkundige und neutrale Prüfungsinstanz.
- Als Vierter könnte die DAkkS angesehen werden, wobei diese Zählung nicht üblich ist.

Das **Audit** bezeichnet die Überprüfung einer Organisation durch einen Auditor, um ein Zertifikat bedingungslos zu erteilen, unter Auflagen zu gewähren oder zu verweigern. Der Begriff ist mit dem lateinischen »audio« verwandt und bezeichnet bildlich das Hineinhören in eine Organisation. Verbreitet ist der Begriff Audit schon lange als eingedeutschte Übersetzung für eine kaufmännische Wirtschaftsprüfung. Mittlerweile ist der Begriff in vielen weiteren Felder üblich: z. B. als Qualitäts-, Umwelt-, Öko-, Energie-, Arbeitssicherheit-, Compliance-, Gleichstellung-Audit.

6.2 Anforderungen der DIN ISO 50001 Energiemanagementsysteme

Die verschiedenen Management-Normenfamilien drohten inhaltlich und strukturell auseinanderzulaufen, was die parallele Umsetzung in einem Unternehmen natürlich sehr erschwerte und zu Bürokratismus zu führen drohte. Deshalb haben sich die Normungsinstitutionen auf eine »High Level Structure« (HLS) geeinigt, die alle organisations- und managementbezogenen Normen gliedert. Sie wurde zuerst angewendet 2013 in der ISO 27001 Informationssicherheitsmanagementsysteme. Darstellung 6.3 zeigt die Kapiteleinteilung in Verbindung mit dem PDCA-Cycle.

Die ersten **Abschnitte 0 bis 3** sind gefüllt mit Vorworten, Verweisen, Begriffsdefinitionen usw., dies liest sich recht juristisch und bei allen Normenfamilien ähnlich. Konkreter für das, was zu tun ist, wird es dann mit den folgenden Anforderungen in den Abschnitten 4 bis 10:

6.2.1 Kontext der Organisation, Beginn des »Plan«

Nicht nur Unternehmen können die Normen anwenden, sondern wie erläutert auch andere Organisationen. Es ist deshalb zu beschreiben, um welche Art Organisation es sich handelt (Behörde, Hochschule, NGO u. a.). Weiter sind die interessierten Parteien mit ihren Erfordernissen und Erwartungen aufzuführen, wohinter

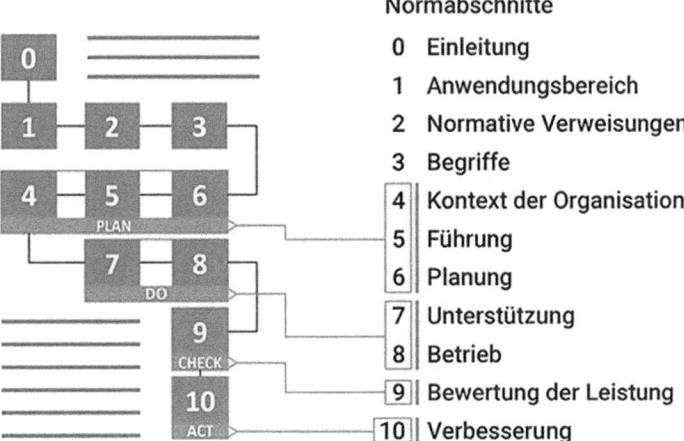

Dar. 6.3: High Level Structure der managementbezogenen DIN ISO-Normen (http://www.qualit aetsmanagement.me/qualitaetsmanagement-iso-9001/high-level-structure)

das Anspruchsgruppen (Stakeholder)-Konzept steht. In diesen einführenden Teil gehört auch ein Umriss des Anwendungsbereichs und der Abgrenzung des Energiemanagementsystems.

6.2.2 Führung

Das zentrale Stichwort in diesem Bereich ist zunächst die »Energiepolitik«. Im Grunde müsste

- eine Kaskade von Qualitäts-, Umwelt-, Energie-, Treibhausgaspolitik sich einfügen in
- die anderen Politiken, Leitlinien, Kodizes für Arbeitssicherheit, Gesundheit, Compliance, Gleichstellung, Datensicherheit, Führung und viele weitere Felder.

Der Manager steht ein wenig ratlos davor, wie es gelingen kann, diese Fülle an wichtigen Grundsätzen und Werten denn auch tatsächlich zum Leben zu erwecken. Und nicht nur die branchenüblichen Papiere schematisch anzupassen, um keinen Aspekt zu vergessen, so dass die Zertifizierung ohne Auflagen gelingt.

Führung im Sinne der DIN ISO erfordert die Festlegung von »Rollen, Verantwortlichkeiten und Befugnissen«. Damit ist der weite Bereich der Organisation angesprochen, was die weiteren Abschnitte dieses Kapitels mit Aufbau-, Ablauf- und Projektorganisation vertiefen (▶ Kap. 6.5 bis 6.7).

6.2.3 Planung

Unser drittes Kapitel mit den Energiebilanzen zur Informationsversorgung lässt sich hier einordnen. Die Norm nennt Stichworte, die die Anforderungen zeigen:

- energetische Bewertung, Energieleistungskennzahlen (engl. EnPI – Energy Performance Indicator),
- energetische Ausgangsbasis (▶ Kap. 5.1.4),
- Planung der energiebezogenen Datensammlung.

Der Begriff »Leistung« erschließt sich nicht unmittelbar, denn es ist der Energieverbrauch gemeint. Die »Leistung« besteht darin, möglichst energieeffizient zu sein, also wenig zu verbrauchen – der positiv konnotierte Begriff bleibt aber auch bestehen, wenn Unternehmen schlecht abschneiden. Im Umweltmanagement ist die Begriffswahl noch widersprüchlicher. Dort bezeichnen »Umweltleistungen« faktisch die Belastungen (Verschmutzungen).

Nach der erstmaligen Messung des Status quo beim Einstieg in ein Energiemanagement sind Energieziele zu erstellen, um ihre Erreichung dann in der nächsten Periode im Sinne des PDCA zu messen. Um etwas zu verändern, sind Maßnahmen zu planen und umzusetzen, ein Energieprogramm zu verabschieden. Beispiele:

- Energieziel 1: Senkung des Energiebereichs im Gebäudebereich um x Prozent bis zu einem Zieljahr. Passende Maßnahmen des Energieprogrammes: Energetische Sanierung der Produktionshallen.
- Energieziel 2: Erhöhung des Anteils Erneuerbarer am Gesamtverbrauch von x auf y Prozent bis zum Jahr z. Passende Maßnahme des Energieprogramms: Umstellung der Elektrizitätsbeschaffung auf »Grünstrom«.
- Energieziel 3: Ein zertifiziertes EnMS bis zum Jahr x. Entsprechende Maßnahme des Energieprogramms: Projektplanung mit Verantwortlichkeiten, Budgets, Zeitplan u. v. a.

Zudem mahnt (zwingt!) die Norm, Maßnahmen zum planmäßigen Umgang mit Risiken und Chancen explizit anzugehen. Ein weites Feld, das sich hier eher stichwortartig hineingeschmuggelt hat (und das dieses Buch in der strategischen Planung in Abschnitt 5.2.6 umrissen hat).

6.2.4 Unterstützung, Start von »Do«

Unterstützung bezieht sich auf die ausführenden Akteure des Energiemanagement, insbesondere den oder die Energiemanager. Sie brauchen die notwendigen Ressourcen wie Büros, Budgets, Personalstellen usw. Das (personalisierte) Energiemanagement benötigt die erforderlichen Kompetenzen, um die komplexe Aufgabe mit Erfolg angehen zu können. Sie benötigen Bewusstsein für die Wichtigkeit des Energie- und CO_2-Thema, das sie über Kommunikation an andere weitergeben müssen.

6.2.5 Betrieb

Primär geht es um die Planung der Produktion, wobei die Überwachung dem nächsten Punkt 9 zugeordnet ist.

Hier ordnet die Norm auch »Design« ein, was in diesem Zusammenhang mit Forschung und Entwicklung oder Konstruktion neuer Produkte zu übersetzen ist. Hier im »Betrieb« liegt nahe, dass es auch um die Weiterentwicklung der Produktionsanlagen, der Klimatechnik, Logistik usw. geht (was dieses Buch im vierten Kapitel thematisiert). Die Entwicklung neuer Produkte ist auch eine Aufgabe von großer Wichtigkeit, gerade wenn diese Energie verbrauchen (Autos, Waschmaschinen, Pumpen u. a.).

Die Norm hat hier im Betrieb auch die Beschaffung verortet. Dabei ist es sinnvoll zwischen der Beschaffung von Energie selbst (▶ Kap. 4.4), von anderen Gütern als Energie (▶ Kap. 3.5) und von Investitionsgütern zur Verbesserung der Energieeffizienz (▶ Kap. 4 und 5.1) zu unterscheiden.

6.2.6 Bewertung, »Check«

Die Bewertung bezieht sich zunächst auf die »Überwachung, Messung, Analyse und Bewertung der energiebezogenen Leistung und des EnMS«. Das gelingt durch die digitale Entwicklung in Richtung Smart Factory immer leichter.

Eine andere Kategorie der Überwachung stellen die hier verankerten »internen Audits« dar. Die sollen so funktionieren (z. B. jährlich), dass nicht vor den externen Audits im dreijährigen Rhythmus eine große Hektik ausbricht, weil sich die gelebten Abläufe von der festgelegten Papierform entfernt haben. Die »Managementbewertung« erzwingt, dass Energie ein Thema für das Top Management ist und bleibt. Damit ist auch der Zugang der Energiemanager zur obersten Unternehmensführung gefordert.

6.2.7 Verbesserung, »Act«

Wenn »Nichtkonformität« eintritt, sind nach dem festgelegten Verfahren weitere »Korrekturmaßnahmen« zu ergreifen. Das bezieht sich auf »Check«-Zyklen aller Ebenen, also

- dreijährig bei externen Re-Zertifizierungsaudits,
- einjährig bei internen Audits und
- bei »fortlaufenden Verbesserungen«. Sie sind von den hier nicht näher erläuterten Kaizen-Konzepten und KVP (Kontinuierlicher Verbesserungsprozess) inspiriert.

Eine Gliederungsebene tiefer bieten Checklisten des Umweltbundesamtes einen guten Einblick in Inhalte und Anforderungen des EnMS (siehe ebenso Geilhausen 2020, Kals 2015, Reimann 2024).

Abrundend seien **weitere managementorientierte Normen** genannt, die die High Level Structure verwenden: ISO 45001 Occupational Health and Safety Management Systems, ISO 37307 Compliance-Managementsysteme, ISO 27001 Informationssicherheitsmanagementsysteme.

Ergänzend ist die DIN ISO 26000 »Leitfaden zur gesellschaftlichen Verantwortung« wichtig. Sie umfasst zudem die Energieethik bzw. -moral eines Unternehmens. Sie ist nicht in die HLS eingebettet und nicht zertifizierbar.

6.3 Zusammenfassende Bewertung der DIN ISO 50001

Grundsätzlich ist der Kerngedanke der managementorientierten DIN ISO-Normen positiv, naheliegend und bestechend einfach: Wir einigen uns öffentlich auf die wichtigsten Punkte, die ein gutes QM, UM, EnMS regeln muss. Ein neutraler Dritter sieht bei einem Unternehmen nach, ob an alles gedacht wurde und ob systematisch verankert ist.

6.3.1 Vorteile und Nutzen der Normen und Zertifikate

Ein systematisches Vorgehen durch die Anwendung von Normen und Zertifikaten bringt folgende Vorteile:

- Energieeffizienz bei der 50001, Verbesserung der Umweltleistung bei 14001, Qualitätsverbesserung durch die 9001 etc.
- Dadurch Kostensenkung, Risikosenkung in vielfacher Hinsicht und Zukunftsfähigkeit.
- Image nach außen und Motivation nach innen. Dadurch Kundengewinnung, Umsatzsteigerung, Attraktivität für ethische Investoren, Mitarbeitergewinnung (»Employer Branding«), Mitarbeiterengagement usw.
- Das Unternehmen ist im Einklang mit den eigenen Ansprüchen und der von den Stakeholdern geforderten Rolle.

6.3.2 Nachteile und Hinderungsgründe

Es gibt aber auch Gründe gegen eine Zertifizierung, zunächst der Diskussionsbereich **Formalität versus Agilität** zu nennen:

- Agiles Management, Lean Management, Kaizen – in der Unternehmensführung mangelt es nicht an Bemühungen zur Durchsetzung von mehr Schnelligkeit und Flexibilität. Auch der VUCA-Ansatz ist hier einzuordnen (vgl. Reis u. a. 2024). DIN ISO-Normen gehen förmlich in die Gegenrichtung mit ihrer Neigung zum starren Abarbeiten von Checklisten, aufwändigen Audits und detailgetreuer Dokumentation.

- Bürokratie und Starrheit können auch neue funktional-fachliche Hürden und organisatorische Herrschaftsbereiche befördern. Konkret: Neben dem QM-, UM-Beauftragten, der Compliance-Abteilung und der Fachkraft für Arbeitssicherheit will nun auch ein Energiebeauftragter Ressourcen. Er möchte seine Regelungen verabschiedet sehen, seine Teile der Dokumentation durchsetzen und in Sitzungen mitdiskutieren. Aus Engagement und um das Unternehmen voranzubringen. Aber – pointiert formuliert – möglicherweise auch, um seine Stelle zu rechtfertigen, sichtbar zu bleiben oder seine Pfründe zu sichern.

Kritik an der **High Level Structure**:

- Die innere Logik der ISO 50001 erschließt sich nicht immer, so ist der zentrale Geschäftsprozesses (Entwicklung, Beschaffung, Produktion und Distribution) nicht gut erkennbar. Wobei die Norm auch nur ausgewählte Funktionen nennt. Facility Management, Logistik oder die Möglichkeiten der Digitalisierung kommen implizit vor. Eigenes Nachdenken und Engagement bleiben wichtiger als vorgestanzte Normen.
- Die managementorientierten Normen legen großen Wert auf Kennzahlen, Messung und Audits, was auf die Qualitätsprovinienz hinweist. Das ist wichtig und mit fortschreitender Digitalisierung immer leichter zu realisieren. Es verschiebt jedoch die Akzente vom Gestaltungs- zum Kontrollaspekt.
- Manche Begriffe sind problematisch (»Leistung« als Verschmutzung) und die Sprache kommt juristische einher. Es ist erkennbar, dass Gremien um Formulierungen gerungen haben und sich auf Kompromisse einigten.

Kosten bis hin zur Geldmacherei:

- Der Beuth-Verlag ist eine GmbH-Tochter des eingetragenen Vereins DIN. Er vertreibt die Normenfamilien, von denen jede Einzelnorm üblicherweise nur wenige wirklich relevante Seiten umfasst, zu hohen Preisen. Die »Auslegestellen«, z.B. ausgewählte Hochschulbibliotheken, die alle Normen öffentlich zugänglich vorhalten, sind da eher ein Feigenblatt.
- Die eigentlichen Kosten für die Unternehmen entstehen durch den Aufbau des Managementsystems und dessen Zertifizierung. Interne und externe Kosten sind jeweils zu unterscheiden. Die externen (Beratung und Zertifizierer) sind leicht zu beziffern, die internen durch eigenes Personal sind es nicht. Es gibt auch Abgrenzungsprobleme zwischen energiebezogenen und sonstigen Aufgaben von Betriebstechnik, Instandhaltung, Controlling usw.

Das mögliche **Missverständnis, dass zertifizierte Unternehmen besonders gut sein müssen**:

- Die erste Zertifizierung setzt eine Eingangsanalyse voraus, sodann die Formulierung von Verbesserungsmaßnahmen und schließlich eine wiederkehrende

Überprüfung. Somit ist eine stetige Entwicklung angelegt. Unternehmen müssen beim Einstieg aber nicht besonders gut sein.
- Es gibt Unternehmen, die langfristig mit Herzblut dabei sind, und andere, die die Re-Auditierungen mit Fokus auf die Form durchlaufen, um das Zertifikat zu behalten. Unternehmen, die ihr Management überprüfen lassen, sind für die Zertifizierer sowohl Prüfungsobjekt als auch zahlende Kunden. Auch bei gravierenden Mängeln wird so zumeist der Weg der Auflagen gewählt und nicht die Verweigerung des Zertifikats.

Ist **Deutschland führend oder isoliert?** Im Energiebereich setzt sich ein Trend aus QM und UM fort, dass die Anzahl der erteilten Zertifizierungen in Deutschland relativ sehr hoch ist. Für die internationale Energiemanagementsystem-Norm ISO 50001 erfasst die ISO-Umfrage im Jahr 2022 weltweit rund 27.600 gültige Zertifikate. Knapp ein Fünftel davon, rund 5.500 Zertifikate, bestehen in Deutschland (UBA 2024, basierend auf Daten der ISO 2024).

- Machen wir es uns damit im (internationalen) Wettbewerb unnötig schwer oder sind wir Vorreiter? Der Verfasser sieht es als gutes Zeichen für die Leistungsfähigkeit deutscher Unternehmen und deren Management, diese Komplexität bewältigen zu können.
- Die DIN ISO-Normen sind auch in den Kontext vieler weiterer Regelungen zu stellen, die weit schärfer sein können: Good Manufacturing Practice (GMP) in der Pharmaindustrie, Hygieneanforderung in der Lebensmittelbranche, die Störfallverordnung, sobald entsprechende Anlagen im Spiel sind usw. Das ruft aus der Sicht der zur Umsetzung verpflichteten Beteiligten nach Integration und einer transparenten Einheitlichkeit.

Komplexität und Audit-Overkill:

- Die Liste der Themen und möglichen Audits ist lang, QM, UM, Energie und Treibhausgase, Arbeitssicherheit und Gesundheitsschutz, Compliance, Controlling, Mitarbeitergespräche und Ideenmanagement/Vorschlagswesen etc. Alles eher sekundäre Prozesse, nicht direkt die eigentliche Kernaufgaben der jeweiligen Abteilungen wie Produktion oder Logistik betroffen. Jedes dieser und ähnlicher sekundärer Metathemen verfügt über eigene Beauftragte, eigene Vorgaben und Dokumentationen. Die Klage, die Fach-Führungskräfte und -Mitarbeiter kämen nicht mehr recht zu ihrer eigentlichen Arbeit, ist nachvollziehbar.
- Drehen wir diese Argumentation um: Jedes der Felder hat seine Berechtigung und für Energie ist das breit dargelegt. Gute Unternehmen zeichnen sich dadurch aus, dass sie im Kernprozess leistungsfähig bleiben, trotz dieser – so kann es empfunden werden – administrativen Last. Gerade wegen der effizienten Bewältigung dieser ganzen Anforderungen verbessert sich das Unternehmen, bleibt profitabel, international wettbewerbsfähig und zukunftsfähig.

6.4 Integriertes Management

Alles, womit wir uns beschäftigen, durchläuft Wahrnehmungsfilter. Schon die Entscheidung, sich mit Energie im Unternehmen auseinanderzusetzen, hängt von bewussten und unbewussten Modellbildungen ab. In einer strukturierten, wissenschaftlich fundierten Vorgehensweise bemüht sich das Management, diese Werturteile im Basisbereich ins Bewusste zu heben. Dieser Abschnitt bietet eine Zusammenschau wichtiger Sichtweisen und fordert die Unternehmensführung auf, die Themen wie in einem Mobile in ein umfassendes Gleichgewicht zu bringen.

6.4.1 Was ist zu integrieren?

Als Einstieg in diese Herausforderung zeigt Darstellung 6.4 wichtige Betrachtungsweisen auf die gleichen primären, d. h. physischen und administrativen Prozesse. Sie symbolisieren die »Sachziele«, die Produktion mit den Kernprozessen, für die der Kunde letztlich Geld bezahlt. Darum herum gruppieren sich Sichtweisen, die »Formalziele« betreffen. Sie beschreiben, wie die Sachziele erreicht werden sollen. Das soll qualitätsvoll, ökologisch, energieeffizient und nicht zuletzt profitabel geschehen.

Energieprobleme sind im Unternehmen so multidimensional und komplex, dass gute Lösungen nur durch den Austausch und eine Zusammenführung der verschiedenen interdisziplinären und hierarchieübergreifenden Sichtweisen zu erreichen sind:

- Zusätzliche Sichtweisen sind die Funktionen/Abteilungen (▶ Kap. 4).
- Die fachliche Ausrichtung der Mitarbeiter (BWL, Ingenieurwissenschaften, Jura usw.). Bei einer Betriebsbegehung achtet der Betriebswirt beispielsweise auf die Arbeitsorganisation der Teams, der Ingenieur schaut sich die Maschinenfunktionen an und der Jurist hat einen Blick für die Sicherheitsbekleidung der Werker. Obwohl sie das gleiche sehen, hat jeder sein eigenes Konstruktionsprogramm für seine wahrgenommene Wirklichkeit.
- Die Planungsebenen (operativ, taktisch-strategisch) mit ihren Methoden schwingen immer mit.

Drei Perspektiven lassen sich bildlich gesprochen mit einem Würfel illustrieren. Besser passt aber der Vergleich mit einer multidimensionalen, relationalen Datenbank, in der sich beliebig viele Sichtweisen frei kombinieren lassen.

In der Praxis muss die Integration möglichst einfach und nachvollziehbar sein. Folgende Möglichkeiten sind nun erörtert:

- Dokumentation, IT-Datenintegration, digitalisierte Prozessunterstützung (▶ Kap. 6.4.2),
- Mitarbeitermotivation (▶ Kap. 6.4.2),
- Die Anwendung der Aufbau-, Prozess- und Projektorganisation auf die besonderen, hier aufgeworfenen Herausforderungen (▶ Kap. 6.5, 6.6 und 6.7).

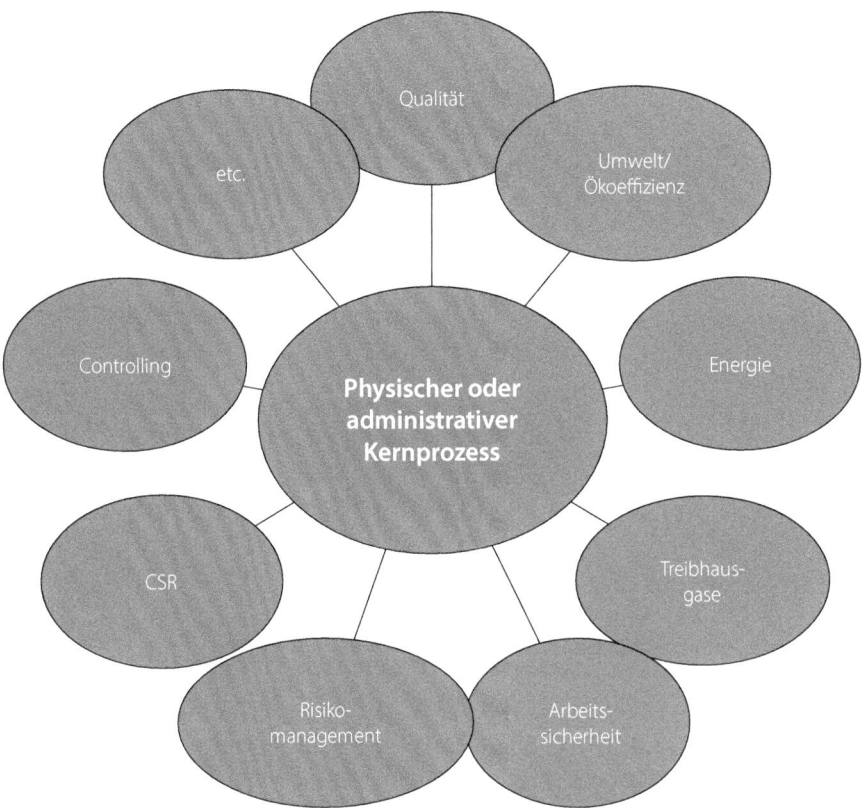

Dar. 6.4: Perspektiven des integrierten Managements

6.4.2 Dokumentation und Motivation

Dokumentation und Digitalisierung

Den Beschäftigten erscheinen die Regelungen der Organisation in **formeller und informeller Form**. Das lässt sich schön anhand der Einstellung neuer Mitarbeiterinnen und Mitarbeiter zeigen (Onboarding). Sie bekommen eine Reihe Unterlagen zur Kenntnis und zum Teil zum Gegenzeichnen, beispielsweise Arbeitssicherheitsvorschriften oder Compliance-Vorgaben. Darin steht beispielsweise:

- Nicht ohne Sicherheitsschuhe und Helm in den Betrieb
- Von Externen keine Geschenke annehmen oder schick zum Essen einladen lassen
- Keine Pishing-Mails aufmachen, keine Daten von fremden USB-Sticks bei Firmenrechnern verwenden usw.

Diese Dokumentation kann einen erheblichen Umfang haben und besitzt teils rechtliche Relevanz. Daneben werden neue Mitarbeiter informell in die Abläufe und Gepflogenheiten eingeführt (»sozialisiert«). Das Ziel ist nun, die formelle und **dokumentierte Organisation** so **transparent, schlüssig und durchdacht** zu gestalten, dass jedes Organisationsmitglied die relevanten Regelungen schnell findet, an möglichst wenigen Stellen. Darstellung 6.5 zeigt die Art und Hierarchie der Dokumente, die im Qualitäts- und Umweltmanagement tradiert wird.

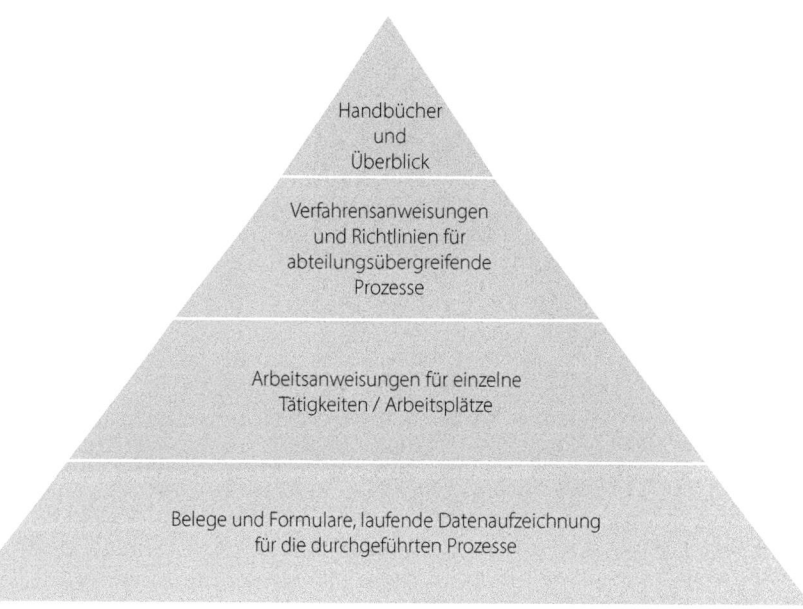

Dar. 6.5: Hierarchie der Dokumentation

Die **Ebenen** kurz erklärt:

- Das Management benötigt **Handbücher**, um einen Überblick zu erlangen. Die Detailregelungen der gesamten Hierarchie der »mitgeltenden Unterlagen« muss das Management – unbeschadet einer übergreifenden Organisations- und Kontrollpflicht – nicht kennen.
- Durch Verweise entsteht ein vollständiges System mitgeltender Unterlagen, wobei auf zweiter Ebene **Verfahrensanweisungen** und **Richtlinien** das Zusammenspiel zwischen den organisatorischen Einheiten (die Geschäftsprozesse) beschreiben. Führungskräfte des mittleren Managements sowie die an den Prozessen beteiligten Mitarbeiter sind die primären Adressaten.
- Die dritte Ebene umfasst die **Arbeitsanweisungen**, die auf einen einzelnen Mitarbeiter, einen Arbeitsplatz, eine Tätigkeit oder einen technischen Prozess bezogen sind.

- Auf einer vierten Ebene dienen Formulare oder auch die Erfassung in der IT dem **Beleg**, dass eine Tätigkeit im laufenden Betrieb richtig ausgeführt wurde.

Diese Struktur sollte für die verschiedenen Handlungsfelder des integrierten Managements einheitlich gestaltet werden. Anders ausgedrückt: Eine einzige, integrierte Architektur soll entstehen für die Dokumentation des QM, UM, EnMS und die weiteren Handlungsfelder. Oft finden sich in der betrieblichen Praxis unübersichtliche, historisch gewachsene Flickenteppiche.

Die **Digitalisierung** bringt diese Dokumentenhierarchie gehörig durcheinander. Durch den Einsatz der IT verändert sich die Arbeitsweise der Unternehmen grundlegend, was in verschiedenen Branchen und einzelnen Unternehmen natürlich sehr unterschiedlich aussehen kann. Hier sind die beiden Antipoden noch mal stichwortartig gegenübergestellt, ohne sich im Weiteren in diesem breiten Feld zu verlieren:

- **Fixe** (starre) **Abläufe**, die klar beschrieben sind. Dokumentation der regelkonformen, tagtäglichen Ausführung, zusehends digital. Zufriedenheit der Zertifizierer gemäß der verschiedenen DIN ISO-Managementsysteme. Wahrnehmung der Organisationspflichten durch die oberste Leitung, um ihre persönliche Haftung bei einem Organisationsverschulden insbesondere bei Umweltschäden abzuwenden. Beispiel: Temperaturführung in einem Reaktor einer Anlage, die der Störfallverordnung unterliegt und deren Dokumentation.
- **Agilität** und **Flexibilität**, das Unternehmen als »lernende Organisation« und als systemischer Organismus. New Work auch in dem Sinne, dass sich Mitarbeiter wie neuronale Netze selbständig zusammenfinden, ebenso wie sich die digitale Infrastruktur KI-gesteuert weiterentwickelt. Einbindung der Organisation in Wertschöpfungsnetze. Beispiel: Gemeinsames Ausprobieren bei der Temperaturführung der Büroräume, dass keine Energie verschwendet wird, aber auch niemand friert.

Ein wesentlicher Teil praktischer Organisationsarbeit besteht darin, informelle Organisation zu formalisieren, dabei zu optimieren und teilweise auch rechtssicher zu gestalten. Das wird wohl vor dem Hintergrund der beiden genannten Aspekte zukünftig schwieriger werden.

Ein Motivations- und Akzeptanzproblem aufwändiger Dokumentation entsteht durch die **Asymmetrie des Nutzens**: Viele Mitarbeiter empfinden es als Schwierigkeit und Behinderung der täglichen Arbeit, wenn sie umfangreiche Qualitätsdokumente beachten müssen. Doch die Gesamtorganisation profitiert davon. Beispielhaft sei der Einkaufsmitarbeiter genannt, der ergänzend zum bestehenden Regelwerk nun auch noch die Lebenszykluskosten energieverbrauchender Geräte in seine Entscheidung einbeziehen muss. Er kann weniger Einkaufsprozesse abwickeln, doch der Nutzen für das Unternehmen liegt auf der Hand.

Mitarbeitermotivation

Als weiterer Faktor für eine Integration der vielen Handlungsfelder ist das Mitdenken der Mitarbeiter, ihr Engagement, die Motivation. Der Begriff »Motivation« drückt sowohl die Tätigkeit aus, andere zu motivieren, als auch das erfolgreiche Ergebnis dieser Tätigkeit, die Motivation der Mitarbeiter. Auf dem Weg zu einer Wissensgesellschaft und -wirtschaft hängt der Erfolg immer mehr davon ab, dass Mitarbeiter gerne ihre Arbeit tun. Auch die vielschichtigen Energieherausforderungen erfordern dies. Übliche **Möglichkeiten** zur Steigerung der Motivation sind

- Professionelle Auswahl, Anweisung und Kontrolle der Mitarbeiter,
- angemessener Führungsstil und Partizipation, neue Formen der Zusammenarbeit,
- Stärkung der Unternehmenskultur, Teilen der Vision, Mission, Strategien,
- Hygienefaktoren wie angemessene Bezahlung, Prämien, betriebliche Altersversorgung usw.

Es scheint etwas in Bewegung gekommen, worauf die Beobachtung zu Generationen Y, Z und Millenials hinweisen. Auch »New Work« ist mit flexiblen Arbeitszeiten und Homeoffice zu kurz gedacht, vielmehr ist der Sinn der Arbeit neu zu denken. Immer mehr Menschen wollen ihre kostbare Lebenszeit nicht mit bloßem Geldverdienen zum Lebensunterhalt ver(sch)wenden. Darauf müssen wir alle eine Antwort finden, wie es die »nachhaltige Globalisierung« in Kapitel 2.5 andeutet. Unternehmen sind sowohl Getriebene als auch Treiber dieser Entwicklung. Dieser (Mega-)Trend lässt hoffen, auch die energiebezogenen Herausforderungen gut bewältigen zu können. Jeder soll mitdenken das Ganze mitgestalten und nicht in seiner »Ab-Teilung« verharren.

6.5 Aufbauorganisation

Auch die Aufbauorganisation kann zur Integration beitragen, was hier am Beispiel des Energiemanagement andiskutiert wird. Wer trägt welche Verantwortung?

Gemäß der Definition besteht das Energiemanagement kurz formuliert aus der Handhabung aller energiebezogener Aufgaben. Diese Aufgaben werden im Unternehmen im Wesentlichen **in der Linie** wahrgenommen, wie es das vierte Kapitel für Facility Management, Logistik usw. zeigt. Dabei ist eine Delegation von Aufgaben, Kompetenzen und Verantwortlichkeiten vom Top Management bis hin zu den ausführenden Stellen erforderlich. Dies entspricht den Anforderungen der DIN EN ISO-Normen.

Neben und ergänzend zu dieser Wahrnehmung von Aufgaben in der Linie ist eine übergreifende Koordination sicherzustellen. Dieser Abschnitt zeigt Möglichkeiten auf, in welcher Weise diese Funktion aufbauorganisatorisch angebunden werden kann. Die Abbildung systematisiert die **Möglichkeiten der Verankerung von Beauftragten-Funktionen neben der Linie** und strukturiert das weitere Vorgehen.

6.5 Aufbauorganisation

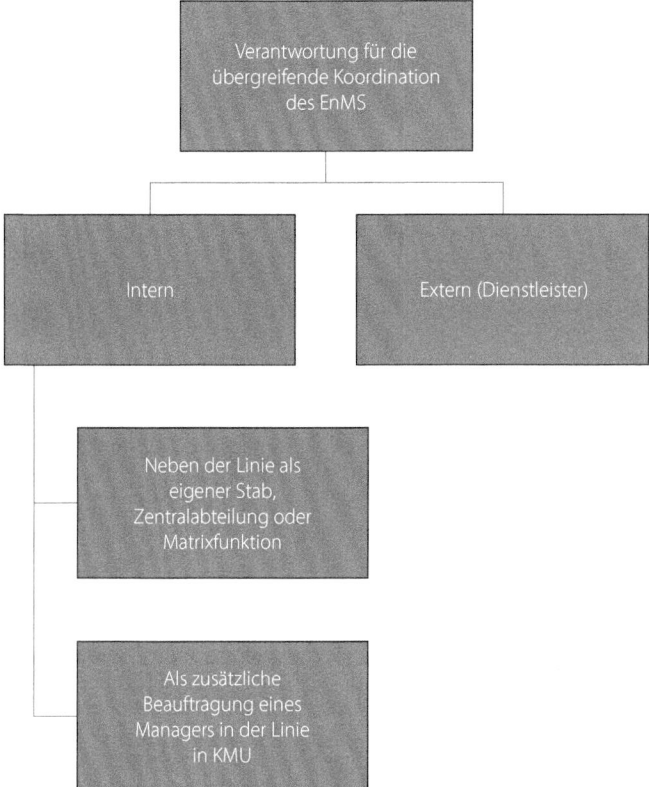

Dar. 6.6: Möglichkeiten für die übergreifende Koordination des EnMS

6.5.1 Intern: Neben der Linie als Stab, Zentralabteilung oder Matrixfunktion

In größeren Unternehmen ist zweckmäßig, eine organisatorische Einheit mit Kompetenzen im Energiemanagement für das gesamte Unternehmen auszustatten, um den Überblick zu erlangen und zu behalten. Sie müssen auf Dauer ausgerichtet sein und eine Anbindung neben der Linie bietet sich durch die übergreifende Ausrichtung an. Die drei Grundformen der Aufbauorganisation

- funktionale Organisation,
- divisionale Organisation und
- Matrixorganisation

sind zu unterscheiden. Sie sind jeweils mit einer Abbildung illustriert.

Die folgende Abbildung zeigt eine funktionale Organisation mit den drei Grundfunktionen Beschaffung, Produktion und Absatz als **Stab-Linien-Organisation**.

325

6 Organisatorische Umsetzung

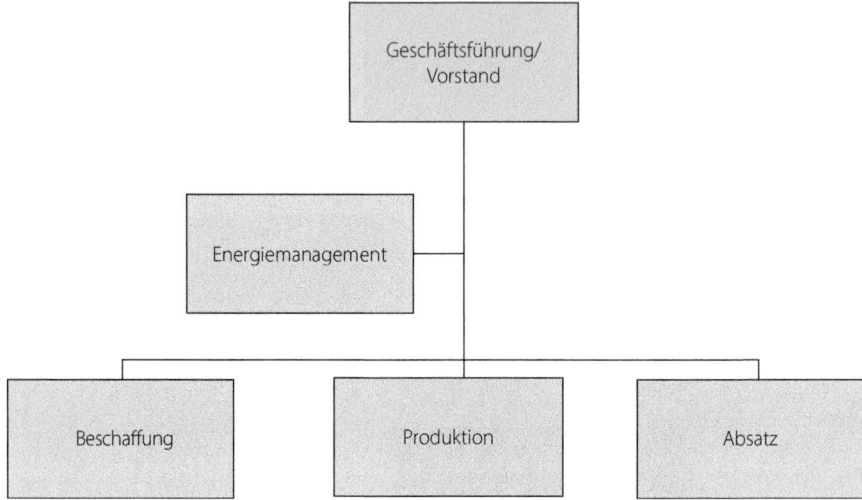

Dar. 6.7: Energiemanagement in einer funktionalen Organisation

In Analogie zu den Beauftragtenfunktionen hat eine solche Stelle keine oder nur eingeschränkte Weisungsbefugnis, sondern vielmehr Beratung-, Kontroll- und Initiativfunktion. Die organisatorische Lösung wird geprägt durch rechtliche Vorschriften für Umweltbeauftragte, die von Unternehmen unter bestimmten Bedingungen zwingend einzurichten sind. Diese Beauftragten müssen

- Zugang zur obersten Führungsebene des Unternehmens haben,
- ihre Sachkunde nachweisen und
- sie dürfen keine eigene Verantwortung für ihr Aufgabengebiet in der Linie tragen. So wird ein Vier-Augen-Prinzip realisiert und eine Selbstkontrolle vermieden.

Beauftragte wirken faktisch über den Rückenwind, den ihnen die Nähe zum obersten Leitungsgremium verleiht. Weiter entfalten sie Wirkung durch ihre fachliche Überzeugungskraft aufgrund ihrer höheren Sachkompetenz, die auch die Kenntnis der rechtlichen Vorschriften umfasst.

Hier kommt auch die **Integration** ins Spiel, die verschiedenen Beauftragten sollen in einer Stabsabteilung gebündelt werden und harmonisch zusammenarbeiten. Eine typische Abkürzung für eine solche integrierte Stabsstelle ist SHEQ – Safety, Health, Environment, Quality:

- Die Beauftragten für QM, UM, EnMS und Treibhausgasmanagement, wie in den Vorabschnitten zu DIN ISO eingeführt. Insbesondere die Teilfunktionen des Umweltbeauftragten (Immissionsschutz, Gewässerschutz, Abfall, Gefahrstoff usw.) kann eine Person bzw. Personalstelle bündeln.

- Die Fachkraft für Arbeitssicherheit (Safety) gliedert sich harmonisch an. (Es gibt Funktionsinhaber, die den geläufigen Begriff »Arbeitsschutz« nicht mögen, weil er als Schutz vor der Arbeit interpretiert werden kann.) Diese Funktion ist rechtlich oft zwingend vorgesehen. KMU erfüllen diese Anforderung vielfach über externe Ingenieurbüros als Dienstleister. »Sicherheitsbeauftragte« haben hingegen eine weit weniger umfassende Rolle und geringe Qualifikationsanforderungen. Sie sollen im lokalen Arbeitsumfeld Arbeitssicherheitsrisiken erkennen und beseitigen.
- Gesundheitsschutz öffnet ein breites Feld bis hin zu höhenverstellbaren Schreibtischen, Rückenkursen und diskreten Ansprechpartnern für psychische Erkrankungen oder Alkoholabhängigkeit.
- Die Debatte um Nachhaltigkeit bündelt und erweitert aus ihrer Perspektive. Immer mehr Management und Manager finden sich unter dieser Bezeichnung in Stabs- oder Zentralabteilungen.
- Die Liste lässt sich fortführen, beispielsweise mit Ethik/Compliance, Werkschutz (Safety), Brandschutz, Controlling, interne Revision usw.

Der wichtigste **Unterschied zwischen Stabs- und Zentralabteilungen** liegt darin, dass Stäbe eine beratende Funktion haben und keine disziplinarischen Befugnisse. Zentralabteilungen sind im Gegensatz dazu mit fachbezogenen Weisungsbefugnissen ausgestattet. Bei der Ausstattung der organisatorischen Einheit Energiemanagement sind die Kompetenzen festzulegen. Mit fachbezogenen Weisungsbefugnissen ist es beispielsweise möglich, dass für das gesamte Unternehmen die energetische Sanierung von Gebäuden entschieden und durchgesetzt wird – wenn nötig gegen den Widerstand der betroffenen Bereichs- und Abteilungsleiter und auf deren Kostenstellenkosten. Im Organigramm wird diese eingeschränkte Führungskompetenz dann als gepunktete Linie dargestellt, so dass sich die Bezeichnung **Dotted-Line-Prinzip** herausgebildet hat. In der Praxis ist die Aufgaben- und Machtverteilung zwischen Linie und Stabes-/Zentralstellen ein schwieriges Thema, das sehr individuell gelöst wird.

Die folgende Darstellung 6.8 zeigt die Anbindung der organisatorischen Einheiten Energiemanagement in einer **Divisionsorganisation**.

Sparten oder Divisionen sind Einheiten in einem Unternehmen, die beispielsweise gemäß einer Produktgruppe oder einer Region gegliedert sind. Innerhalb eines Konzerns kann es sich um rechtlich selbständige Unternehmen handeln, die jedoch unter einheitlicher Leitung stehen. Jede Sparte kann eine eigene, komplexe und unterschiedliche Teilorganisation haben. In der Darstellung ist für Sparte A noch einmal die bereits bekannte funktionale Organisation aufgegriffen.

Für das Energiemanagement kommt zu den geschilderten Herausforderungen hier noch die Abstimmung zwischen dem dezentralen Energiemanagement innerhalb der Sparten und einer bei der zentralen Leitung angesiedelten Einheit hinzu. Die Begriffe zentral oder dezentral müssen immer aus dem Kontext heraus eindeutig sein oder sind zu definieren. Sonst gibt es Verwechslungen zwischen dem

6 Organisatorische Umsetzung

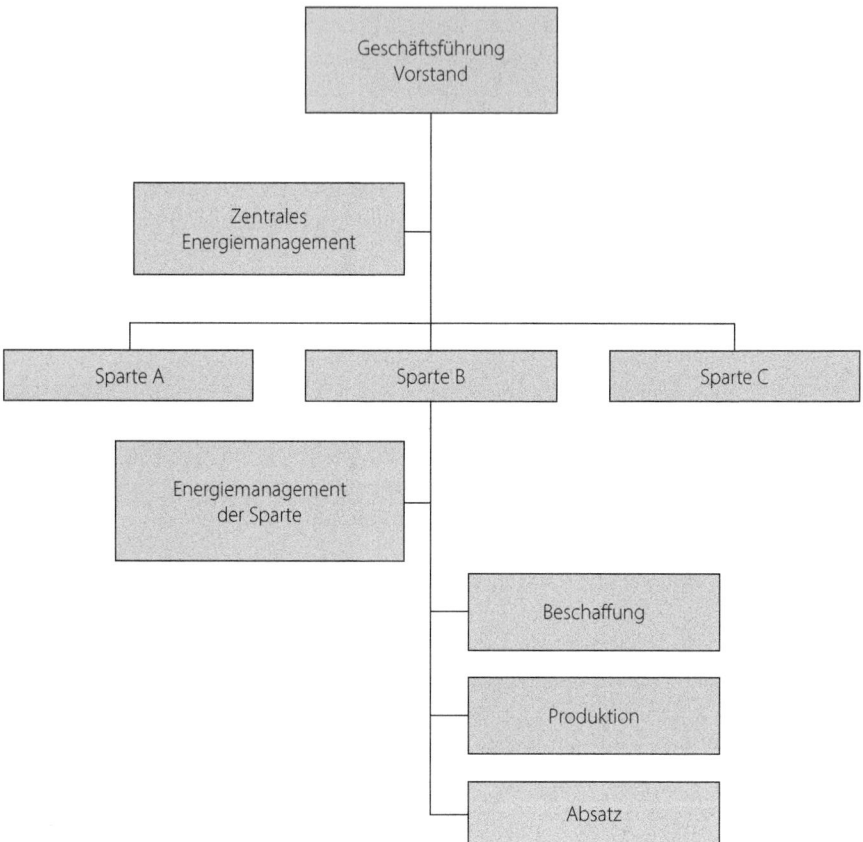

Dar. 6.8: Energiemanagement in einer divisionalen Organisation

Energiemanagement auf Konzernebene, auf Spartenebene oder noch dezentraler in der Linie auf verschiedenen Hierarchiestufen.

Vielfältige Abstimmungen, die in größeren Organisationen notwendig sind, um Synergien auszuschöpfen, haben zur Entwicklung der **Matrixorganisation** geführt. Wenn sich ohnehin alle mit allen abstimmen müssen, so lässt sich auch das Energiemanagement wie in der folgenden Abbildung darstellen.

Wenn das Energiemanagement nicht zentral oberhalb der Matrix auf der Leitungsebene angebunden wird, kann es als eine Matrixfunktion eingebunden sein. Wie in Darstellung 6.9 gezeigt, kann Energiemanagement hier die Funktionen Beschaffung, Produktion und Absatz direkt erreichen, die zweite Matrixgliederung der Produktgruppen jedoch nur indirekt.

Große, komplexe Organisationen lassen sich nicht mehr in einem Organigramm beschreiben. Der Begriff **Tensor-Organisation** wird verwendet, wenn mehr als zwei Gliederungskriterien Verwendung finden. Neben Produkten oder Regionen können dies Projekte sein. Auch Umweltschutz, Qualitätsmanagement, Arbeitssi-

6.5 Aufbauorganisation

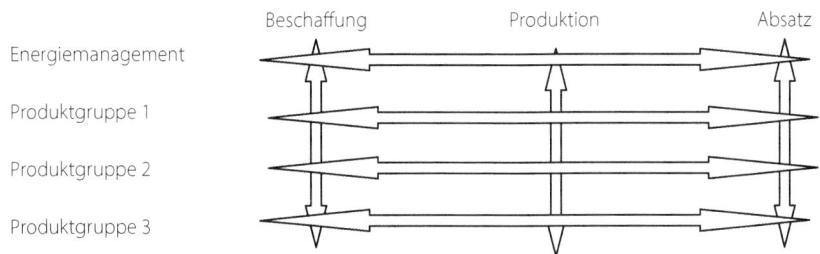

Dar. 6.9: Energiemanagement in einer Matrixorganisation

cherheit usw. arbeiten in die Organisation hinein mit Schnittstellen zu allen Werkbänken und Schreibtischen. Die Strukturen realer Unternehmen sind zudem nicht nach Lehrbuch am Reißbrett entwickelt, sondern sind gewachsen und individuell, erscheinen manchmal voller Widersprüche und Ausnahmen.

6.5.2 Intern: Als zusätzliche Aufgabe eines Managers in der Linie in KMU

Kehren wir zurück von den Strukturen großer Konzerne zu der überschaubaren Welt von kleinen und mittleren Unternehmen. Es findet sich hier in der Praxis auch die Lösung, einem Linienmanager die Verantwortung für die übergreifende Konzeption und Umsetzung des Energiemanagements zuzuordnen. Folgende Gründe können dafürsprechen: Kleinere und mittlere Unternehmen haben nicht die Kapazität, eigene, volle Stellen mit energiebezogenen Fragen einzurichten. Deshalb wird einer Führungskraft (z. B. einem Betriebsleiter), der die größte fachliche und formale Kompetenz bisher schon hat, diese Aufgabe zusätzlich zugeordnet.

Im Organigramm kann dann die beauftragte Person zweimal erscheinen, in ihrer Linientätigkeit (z. B. als Betriebsleiter) und als Energiemanager in der Stabsstelle. So eine Regelung hebelt zwar das Vier-Augen-Prinzip aus, ist aber angesichts der begrenzten Personaldecke eines KMU oft eine pragmatisch-angemessene Lösung.

6.5.3 Extern: Dienstleister

Die typischen Vorteile des Einsatzes von Beratungsunternehmen sind im Energiebereich in hohem Maße gegeben:

- die Einbringung innovativen Know-hows,
- der frische Blick zur Entdeckung von Einsparpotenzialen,
- Verbesserungsvorschläge, die auf interne Empfindlichkeiten, Hierarchien, unternehmensinterne »heilige Kühe« keine Rücksicht nehmen.

Dabei ist zu unterscheiden, ob Berater projekt- und fallweise eingesetzt werden oder dauerhaft, wie es im Mittelstand bei Fachkräften für Arbeitssicherheit öfters geschieht. Es erscheint jedoch problematisch, das Energiemanagement dauerhaft und ausschließlich Externen zu übertragen. Berater sollten also möglichst nur zur Einführung und anschließend begleitend eingesetzt werden.

6.5.4 Zusammenfassende Diskussion

Um zusammenfassend noch einmal die Problematik zu beleuchten:

- Das Linienmanagement ist der wichtigste Adressat und Akteur des Energiemanagements, denn es verantwortet die meisten einschlägigen Aufgaben.
- Jedoch ist das Linienmanagement auf den jeweils verantworteten Bereich fokussiert, während das Energiemanagement übergreifenden Anspruch erhebt. Das mittlere und untere Management ist zudem typischerweise nach wiederholten Lean-Management-Projekten stark ausgelastet vom Tagesgeschäft.
- Auch die im Energiemanagement erforderliche abteilungsübergreifende Arbeitsweise spricht für eine übergreifende Koordination. Um es an einem Beispiel deutlich zu machen: Es ist für den Betriebsleiter nicht ausreichend, eigenständig über eine neue, wirtschaftliche Hallenheizung zu entscheiden, sondern Betriebstechnik, Facility Management, Immobiliengesellschaften müssen das Thema ebenfalls auf dem Schreibtisch haben – und blockieren sich dann möglicherweise durch widerstrebende Interessenlagen. Koordination und möglicherweise ein zentrales Machtwort können helfen. Es ist zudem festzustellen, dass es den persönlichen Prioritäten des Betriebsleiters entgegensteht, sich der Problematik ergänzend zu einem 10 bis 12 Stunden Tag zu widmen.
- Es obliegt dem Top Management, solche strategischen Themen vorantreiben zu treiben, indem es beispielsweise der Linie externe oder interne Berater zur Seite stellt. Externe Berater können schnell Know-how ins Unternehmen bringen und auch eine Initialzündung geben. Der detaillierte Aufbau und die langfristige Umsetzung des Energiemanagements tragen aber eher die Merkmale eines Prozesses der Organisationsentwicklung. Dazu sind interne Stellen (Change Agents) notwendig.
- Oftmals empfindet die Linie diese an sie von unterschiedlichsten Stellen herangetragenen Anforderungen als übertrieben, als Belastungen, die vom eigentlichen Kerngeschäft, mit dem das Unternehmen Gewinne macht, abhält. Die Liste der zentralen Abteilungen, die Anforderungen an die Linie formulieren, ist ohnehin lang. Nun kommt noch das Thema Energie hinzu, das seine Aktualität und seine Bedeutung mit guten Gründen untermauert. Dennoch besteht aus den hier angeführten Gründen die Gefahr, dass diese wichtigen Themen unerledigt bleiben.
- Schablonenhafte Lösungen verbieten sich bei der Entscheidung. Welche organisatorische Einheit dabei im Einzelfall welche Rolle spielt, kann sehr unterschiedlich sein, denn Unternehmen tragen so unterschiedlichen Charakter wie Menschen. Beim Kennenlernen eines Unternehmens staunt man oftmals darüber,

welche Aufgaben eine Abteilung hat. Die typische Antwort ist dann: »historisch gewachsen«. In diesem Abschnitt sind also idealtypische Aufgabenzuordnungen vorgestellt, die eine lernende Organisation anzupassen weiß.

6.6 Prozess-/Ablauforganisation

6.6.1 Herangehensweise und Fallbeispiel

Herangehensweise

Die Abläufe im Unternehmen sind idealerweise bewusst gestaltet und einheitlich dokumentiert. Sie spiegeln sich in den im ERP-IT-System unterstützten Schritten wider. Die Aufgabe der Funktion Energiemanagement im Rahmen einer SHEQ-Stelle besteht darin zu prüfen, ob alle Prozesse optimal im Hinblick auf Energie gestaltet sind. Die Methoden lehnen sich dabei an die üblichen Vorgehensweisen der Geschäftsprozessmodellierung bei QM, UM oder dem Customizing von ERP-Systemen an. Diese Aufgaben werden nun durch die Erörterung der folgenden Punkte konkretisiert und anschaulich gemacht:

- Erfassung von Geschäftsprozessen gemäß des Lebenszyklus von Anlagen (▶ Kap. 6.6.2),
- Exemplarische Arbeitsanweisung für den Detailprozess »Wartung eines Kompressors« (▶ Kap. 6.6.3).
 Die Vorgehensweise folgt einem Drill Down: erst ein breiter Überblick, dann Eingrenzungen bis zu einem ganz konkreten, exemplarischen, wichtigen Einzelprozess aus der Instandhaltung.

Fallbeispiel »Heizung Hochregallager«

Doch zunächst macht eine kleine persönliche Erfahrung deutlich, wie komplex die Herausforderungen im Energiebereich in Konzernen sein können. An einem kalten Wintertag mit Temperaturen deutlich unter null fand die Begehung eines großen Produktionsstandorts eines internationalen Konzerns statt. Hinter der Produktion ist ein Hochregallager, dass die zahlreichen Produkte puffert, die dann auf der anderen Seite zum Versand auf Lkw verteilt werden. Im Hochregallager herrschte eine Temperatur von über 15 Grad. Die Produkte sind nicht temperaturempfindlich, müssen aber trocken gehalten werden. Jedoch verträgt die mit Wasser gefüllte Sprinkleranlage keinen Frost. Die Rohre könnten platzen und das Wasser beim Auslaufen die gesamten eingelagerten Fertigprodukte zerstören. Außerdem fiele das Lager bis zur Reparatur der Sprinkleranlage weitgehend aus.

Der Begleiter war Mitarbeiter der Produktion und überrascht über die hohe Temperatur im schlecht wärmeisolierten Hochregallager. Das muss im laufenden

Betrieb durch die Automation kaum betreten werden. Er erklärte, dass wir uns am Schnittbereich von drei Schwestergesellschaften des Mutterkonzerns befänden, nämlich dem Produktionsunternehmen, das ursprünglich die Aufgaben der beiden folgenden ausgegliederten Unternehmen mit übernahm, der Logistik, die als ausgegliedertes Unternehmen Dienstleister der Produktion ist, und einem Dienstleistungsunternehmen, das Eigentümer der Gebäude sowie von Teilen der Betriebstechnik ist, also die Facilities managt.

Nach Rücksprachen stellte sich heraus, dass es zwei Heizsysteme gab, eine Heizung aus der Abwärme eines Blockkraftwerks mit Nahwärmenetz und zusätzliche »Dachzentralen«, deren genaue Funktionsweise unklar blieb. Ein Ansprechpartner des externen Facility Management konnte jedoch erklären, dass sie die Heizung gar nicht instandhalten und auch den laufenden Betrieb nicht überwachen. Dies sei in einem Komplettvertrag dem Ingenieurunternehmen übertragen, das die Anlage gebaut habe.

Nun erklärte sich die hohe Temperatur: Das Ingenieurunternehmen bzw. der verantwortliche Mitarbeiter will offensichtlich unbedingt Schäden und Haftung vermeiden und hat deshalb die Vorlauftemperatur hoch eingestellt. Sein Unternehmen und er tragen ja nicht die dadurch entstehenden Kosten. Sie minimieren zudem den eigenen Arbeitsaufwand für steuernde Eingriffe, denn sie müssten ja anfahren. Dieses Beispiel zeigt Schnittstellen und juristisch-organisatorischen Hürden, die in arbeitsteiligen Großunternehmen scheinbar einfache Aufgaben komplex werden lassen. Energiemanagement benötigt oft eine Zusammenschau über Prozess- und manchmal Unternehmensgrenzen hinweg. Zudem ist erkennbar, dass die Digitalisierung Lösungen für dieses spezielle Problem bietet, indem die Heizungen und Temperaturregelung an eine Leitwarte angebunden werden.

6.6.2 Erfassung von Geschäftsprozessen gemäß des Lebenszyklus von Anlagen

Um die Detailerfassung und Feinplanung der Prozesse weiter anzunähern, bietet es sich gerade für das Energiemanagement mit seiner technischen Prägung an, die relevanten Prozesse anhand des Lebenszyklus von Anlagen zu strukturieren. In jeder Phase des Lebenszyklus eröffnet sich ein weiteres Bündel von Prozessen, wie es Darstellung 6.10 für das **Beispiel einer Druckluftanlage** im Rahmen eines Hallenneubaus anschaulich gemacht.

Mit dieser Darstellung ist gleichzeitig verdeutlicht, welche Energierelevanz den Phasen des Lebenszyklus zukommt. Das kann jedoch nicht pauschalisiert werden, denn es ist zu unterscheiden nach

- Anlagen, die Energie verbrauchen (wie die Druckluftversorgung im Beispiel),
- Anlagen, die indirekt auf den Energieverbrauch wirken (z. B. Gebäudehüllen) und
- anderen Anlagen ohne besonderen Energiebezug (wie z. B. Lagerregale).

6.6 Prozess-/Ablauforganisation

Dar. 6.10: Lebenszyklus von energierelevanten Anlagen mit beispielhaften Prozessen

Phase im Lebenszyklus	Beispielprozesse	Energierelevanz	Aufgaben, Kompetenz, Verantwortung
Entscheidung über das Gesamtprojekt mit grundlegenden Planungsfixpunkten	Hallenneubau, die Teilplanung einer Druckluftanlage mit Kompressor	Grundlegend, Leitlinien und Ethik als Basis aller folgenden Entscheidungen	Management mit Budgetverantwortung im jeweils erforderlichen Rahmen. Umsetzung der Leitlinien
Detailplanung	Planung der Halle, der Rohrleitungen, technische Anforderungen für den Kompressor	Hoch	Technische Planung, externe Fachplaner für verschiedene Aspekte
Ausführung	Hallenbau, Rohrleitungsbau usw., Kauf von Komponenten wie Kompressor	Gering	Technische Planung und Einkauf beauftragen in der Regel externe Fachunternehmen
Nutzung	Einschalten/Ausschalten/Standby, sparsame Verschwendung der Druckluft	Mittel bis hoch	Betrieb
Instandhaltung parallel zur Nutzung	Wartung des Kompressors und des Druckluftnetzes	Mittel bis hoch	Schlosser
Rückbau	Abriss, Recycling	Gering	Technische Planung und Einkauf beauftragten Spezialunternehmen

6.6.3 Exemplarische Arbeitsanweisung für den Detailprozess »Wartung Druckluftkompressor«

Um beispielhaft deutlich zu machen, wie energierelevante Prozesse detailliert auf der Ausführungsebene festgelegt werden können, ist hier ein wichtiger und typischer Arbeitsablauf herausgegriffen: Die Wartung des Kompressors und des Druckluftnetzes ausgewählt.

Die **besondere Schwierigkeit** liegt darin, dass der Kompressor dazu ausgeschaltet werden muss, also keine Druckluft für den Betrieb zur Verfügung steht. Der Schlosser, der die Instandhaltung ausführt, muss sich also mit einem autorisierten Mitarbeiter des Betriebs abstimmen und sich eine Genehmigung der »Freischaltung« (des Ausschaltens und vom Netz-Nehmens) des Kompressors geben lassen. Fällt die Druckluft aus, können Werkstücke beschädigt werden oder sich sogar Mitarbeiter verletzen.

Daten über das Instandhaltungsobjekt
Technischer Platz: Gebäude 3 – Kellergeschoss – Raum 027
Bauteilbezeichnung: Elektrisch angetriebener Kompressor Nummer 24-9474320-2003, Hersteller Electronica
Maximale Leistungsaufnahme: 22 kW
Funktion: Kompressor Druckluftnetz Betrieb 1
Kostenstelle: 113–27

Daten über die Instandhaltungstätigkeit
Rhythmus: Jährlich
Zuletzt: 17. Mai 201X
Dauer: 0,25 Stunden
Besondere Arbeitssicherheitsausrüstung: keine
Benötigte Prüfgeräte, Betriebsstoffe usw.: Maschinenfett Nummer 947-K9104

Dokumentation der Freischaltung	
Datum:	
Verantwortlicher des Betriebs:	Zeit: Unterschrift:

Auszuführende Arbeiten			
Laufende Nr.	Art	Hilfsmittel	Handzeichen
1	Sichtprüfung auf Undichtigkeit		
2	Funktionserhaltende Reinigung		
3	Auf Laufruhe, Erwärmung prüfen		
4	Lager fetten	Maschinenfett	

Dokumentation der Inbetriebnahme	
Datum:	
Verantwortlicher des Betriebs:	Zeit: Unterschrift:

Bemerkungen (weiterer Reparaturbedarf, Entsorgung von Schmierstoffen usw.):

Dar. 6.11: Arbeitskarte Wartung eines Kompressors

Zur Dokumentation kann das auf einer **Arbeitskarte** geschehen (▶ Dar. 6.11). Die Arbeitskarte wird durch das IT-System, das die Instandhaltung unterstützt, automatisch zum richtigen Zeitpunkt erstellt und muss von den Instandhaltern als Arbeitsauftrag zeitgerecht durchgeführt werden. Das geht auch papierlos, was aber weniger anschaulich ist. Voraussetzung für eine solchermaßen IT-gestützte Instandhaltungsplanung ist

- eine vollständige Erfassung der Stammdaten über Anlagen,
- die Ausarbeitung der Instandhaltungsstrategie und
- Festlegung der Details des Ablaufs.

Mit dem durch die Arbeitskarte beschriebenen Auftrag wird dem Ausführenden auch gleich angegeben, welche Werkzeuge, Schmierstoffe usw. benötigt werden und wie lang die Soll-Arbeitszeit ist. Mit den erfassten Ist-Daten kann die Abrechnung zwischen den Kostenstellen und ggf. auch der Entlohnung erfolgen.

Die Dokumentation solcher Vorgänge wird zusehends von Papierform auf elektronische Medien (Laptops oder mobile Datenerfassungsgeräte) verlagert. Die Anbindung über WLAN stellt die Aktualität der Daten sowie Datenverarbeitung sicher und spart zudem Wege.

6.7 Projektmanagement: ausgewählte Besonderheiten im Energiebereich

Auch hier macht eine persönliche Erfahrung anschaulich, wie sich die Herausforderung in der Praxis zeigen können: Der Verfasser machte mit einem Betriebsingenieur eine Begehung in den Werkhallen und Energieversorgungsanlagen eines Industriebetriebs. Der Führer war Mitarbeiter der Betriebstechnik, die die Weiterentwicklung von Produktionsanlagen im weiteren Sinne verantwortet. Die Abteilung verantwortet also auch Hallen und Medienversorgung einschließlich Energie. Der Autor als technischer Autodidakt merkte am Ende der Begehung vorsichtig an, dass ihm mögliche Ansatzpunkte für energetische Verbesserungen aufgefallen seien, etwa Einfachverglasungen des Hallendaches oder nicht-isolierte Rohrleitungen für Heißwasser. Der Betriebsingenieur schmunzelte, gab dem Verfasser recht, und sagte, er würde noch viele andere Möglichkeiten kennen. Aber da er aktuell 52 größere und kleinere Projekte in allen Stadien betreue, sei die Kapazität ausgeschöpft – irgendwann wolle er abends auch seine Familie sehen.

6.7.1 Welche Art Energieprojekte sind adressiert?

Energiebezogene Projekte sind vielfältig. Dieser Abschnitt geht von folgender Situation aus: Bei der Einführung von DIN ISO Energiemanagementsystemen sind Ziele festzulegen, die dann mit einem Programm zu unterfüttern sind (▶ Kap. 6.2). Dieses Energieprogramm ist dann faktisch ein Bündel von Projekten und Maßnahmen. Zur Festlegung des Programms enthält dieser Abschnitt einige Methoden, Praxisbeobachtungen und -tipps:

- Ein wichtiger Erfolgsfaktor für Projekte ist eine systematische Metaplanung (▶ Kap. 6.7.2). Metaplanung (Meta: griechisch für »über«) ist als Planung der Planung zu verstehen.
- Bei der Ausarbeitung von Lösungskonzepten ist eine ABC-Klassifizierung hilfreich (▶ Kap. 6.7.3).
- Hierbei sind zahlreiche interne und externe Stellen einzubeziehen. Wichtige Schnittstellen und typische Konfliktfelder erfordern besondere soziale Kompetenzen des Projektteams (▶ Kap. 6.7.4).

6.7.2 Metaplanung der Projekte: Energieprogramme top-down oder bottom-up festlegen?

Dieser Abschnitt überlegt, welche Projekte es denn in die Energieprogramme schaffen, um die Energieziele zu erreichen. Eigentlich sind zunächst die Ziele festzulegen, um dann erforderliche Maßnahmen zu Programmen bündeln. Tatsächlich ist es ein Wechselspiel im Sinne des Gegenstromprinzips: Man schaut mal, welche Maßnahmen mit welchem Aufwand denn verfügbar sind, und passt dann die Ziele an. Das kann auch so weit führen, dass die Verantwortlichen sich »warm anziehen« – sprich: bescheidene Ziele festlegen, um später eine Übererfüllung verkünden zu können. Und in weiteren Planungsperioden auch noch Potential für Verbesserungen zu haben.

Top-down-Planung

Idealtypischer Weise setzt die Festlegung der Investitionen

- bei den grundlegenden Werten und Normen an, die in Leitlinien, den diversen Politiken oder einem Code of Ethical Conduct niedergelegt sind.
- Darauf basiert die Strategie mit ihren langfristigen Zielen.
- Diese wiederum spiegelt sich in Investitionsleitlinien, wenn eine formuliert ist.

Es geht letztlich um die Frage, wie über Investitionen entschieden wird und wie hoch das gesamte Investitionsbudget sein soll. Das hängt von der Wirtschaftlichkeit der zur Auswahl stehenden Maßnahmen ab. Große Unternehmen und Konzerne (deren Töchter von der Mutter abhängen) haben formalisierte Planungs- und Budgetierungsprozesse über gestufte Hierarchieebenen und festliegende zeitliche Rhythmen. Die Energiebeauftragte zusammen mit den von den Investitionen betroffenen Fachabteilungen (z. B. Betrieb) und den Ausführenden (wie der Betriebstechnik) müssen ihre Projektideen einspeisen und möglichst durchsetzen.

Der Mittelstand ist einerseits flexibler und schneller in der Freigabe von Energieeffizienzprojekten. Die Entscheidungsgewalt und der Überblick sind in der Geschäftsleitung gebündelt. Anderseits fehlen oft Know-how und Managementkapazität, wie es allerdings auch bei der Eingangsanekdote im Großunternehmen der Fall war. Investitionen betreffen nicht nur technische Verbesserung, sondern auch den Aufbau eines Managementsystems mit Personalkapazität, wie es die ISO 50001 mit der Aufforderung zur Einrichtung von Beauftragten zurecht fordert.

Bottom-up-Planung

Die bisherigen Überlegungen sind vom Top-down-Denken geprägt. In der Praxis ist jedoch vielfach eine Bottom-up-Vorgehensweise zu beobachten, bei der ein auftretendes Problem aufgrund eines konkreten Anlasses gelöst werden soll (etwa überhöhte Energiekosten in einer Halle oder neuen rechtlichen Regelungen wie der Novellierung des GEG). Beim Bottom-up-Ansatz besteht die Gefahr einer unsystematischen, improvisierten Herangehensweise mit der möglichen Folge der unvollständigen, suboptimalen Lösung des Problems oder der Schaffung einer Insellösung. Mit einer sorgfältigen Metaplanung von Energieprojekten ist es möglich, solchen Fehlentwicklungen zu begegnen.

Projektprofil im Spannungsfeld Top-down und Bottom-up

Darstellung 6.12 zeigt wichtige Kriterien in der Form von Gegensatzpaaren, die zu bedenken sind, um ein Projektprofil zu entwickeln.

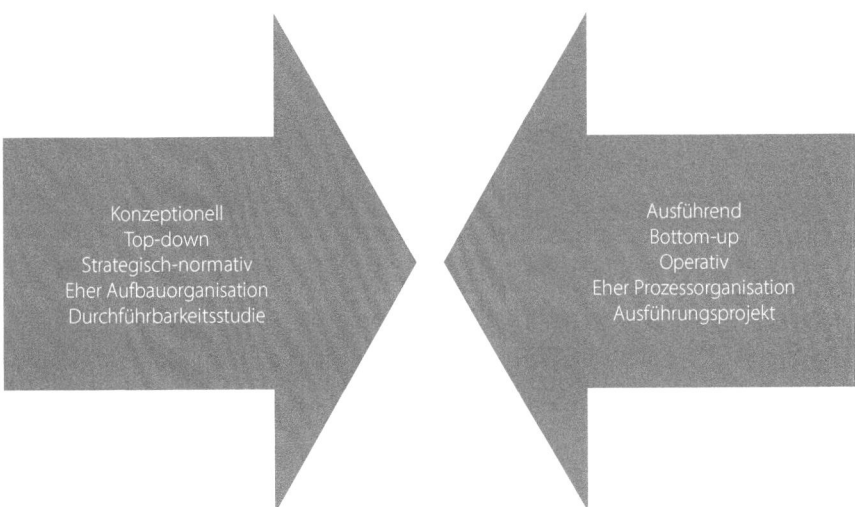

Dar. 6.12: Projektprofil von Energieprojekten

Diese systematische Vorgehensweise entspricht dem »Project Charter« als Instrument des projektorientierten Qualitätsmanagements im Rahmen des Six-Sigma-Ansatzes. Die Grundidee ist unmittelbar plausibel: Nehmen sich die Projektverantwortlich in der frühen Phase der Projektdefinition die Zeit für grundlegende Festlegungen, so erhöht sich die Wahrscheinlichkeit für einen Projekterfolg erheblich. Folgende Fragen sind zu beantworten:

- Was ist der Anlass?
- Ist der Anlass Symptom einer tieferliegenden Problematik?
- Wie entwickeln sich daraus die Projektziele und der Zeithorizont?
- Welche Budget- und Personalausstattung ist für das Projekt vorgesehen?
- Welche Methoden für Projektorganisation, Planung, Steuerung und Kontrolle?

Die Metaplanung sieht sich regelmäßig mit dem Problem konfrontiert, dass sie den Aufwand von Energieprojekten festzulegen hat unter Abschätzung der Einsparungen. Eine Durchführbarkeitsstudie (Feasibilty-Studie) hilft, um über die Durchführung des Hauptprojekts zu entscheiden (▶ Kap. 5.1.5).

6.7.3 ABC-Klassifizierung von Maßnahmen

Aufwand für die Entscheidungsvorbereitung optimieren

Bei Durchführbarkeitsstudien mit der groben Ausarbeitung von technisch-organisatorischen Lösungen findet sich der Energiemanager oder das Projektteam sehr schnell tief in technischen, rechtlichen und organisatorischen Diskussionen, die quer durch die Abteilungen gehen. In der Praxis geht es nicht um Feinheiten der Investitionsrechnung, sondern um pragmatische Abschätzungen, kommunikatives Geschick und die Bündelung interdisziplinärer Informationen in Konzepten. Deshalb bietet sich von Anfang an das Denken in einer ABC-Klassifizierung an. Das kann auch über eine Kennzeichnung von Maßnahmen über die **Ampelfarben grün, gelb und rot** anschaulich gemacht werden:

- Die bessere Steuerung von Anlagen (Klimatechnik, Produktionsanlagen, Kompressoren) sind typischerweise fast ohne Kosten realisierbar und können zu erheblichen Einsparungen führen. Damit ist eine A-Klassifizierung gerechtfertigt und die Ampel steht auf **grün**. Beim Start in ein systematisches Energiemanagement wird es noch viele »low hanging fruits« geben, die dann in weiteren Planungsperioden abgeerntet sind.
- Andere Maßnahmen haben bei heutigen Energiepreisen Amortisationszeiten von mehr als 15 Jahren und die Verantwortlichen werden das Investitionsbudget verweigern, falls nicht eine offensive Energiestrategie verfolgt wird. Diese Maßnahmen sind als C-Kategorie zu sehen und die symbolische Ampel steht auf **rot**. Allerdings ist hier der Appell aus Abschnitt 5.1.6 zu wiederholen, bei Investitionen in Anlagen mit langer Nutzungsdauer die Amortisationsrechnung mit einer Wirtschaftlichkeitsrechnung über die gesamte Laufzeit zu ergänzen.
- Maßnahmen mit Amortisationszeiten, die unsicher sind oder die in einem Grenzbereich für das jeweilige Unternehmen liegen, werden in die B-Kategorie eingeordnet und sind mit der Farbe **gelb** verbunden.

Das Projektteam sollte nicht den Ehrgeiz haben, dem Vorstand oder anderen Entscheidern alle vollständig durchgerechneten Entscheidungsalternativen vorzulegen. Es reicht aus, Maßnahmen eindeutig anzunehmen oder auszuschließen. Es ist deshalb eine rationale Vorgehensweise, Informationsbeschaffung nur in B-Maßnahmen zu stecken.

Komplexität bei zusammenhängenden Maßnahmen

Eine ergänzende Schwierigkeit liegt bei komplexen technisch geprägten Projekten darin, dass es schwierig ist, die **Einzelmaßnahmen zu Gesamtkonzepten** zu bündeln. Einzelmaßnahmen können aufeinander aufbauen, sich ergänzen, sich zwingend bedingen oder sich auch ausschließen. Einige Beispiele, um solche Interdependenzen anschaulich zu machen:

- Ist eine neue Klimaanlage sinnvoll oder verhindert sie eine am Horizont heraufziehende, umfassende Contractinglösung?
- Wie entwickelt sich der Heizbedarf, wenn Gebäudeöffnungen abgedichtet werden? Welchen Einfluss hat das auf die Rentabilität einer neuen Heizung?
- Ist eine Prämie bei niedrigem Energieverbrauch für Mitarbeiter überhaupt sinnvoll, wenn der Energieverbrauch durch technische Maßnahmen ohnehin halbiert wird?

Als Lösungsmethoden sind hier Entscheidungsbäume in Kombination mit Szenarien hilfreich. Auch Kreativitätstechniken wie der morphologische Kasten unterstützen dabei, keine Kombinationsmöglichkeiten zu vergessen.

6.7.4 Schnittstellen und Konflikte – Facetten einer energetischen Hallensanierung

Bei der Prüfung und Durchführung von Maßnahmen müssen Projektverantwortliche viele Abstimmungen suchen. Typische interne und externe Stellen werden nun angesprochen. Als Beispielprojekt sei die Konzeption einer Hallenheizung einschließlich der Abschottung von Heizzonen angenommen. Zunächst werden wichtige unternehmensinterne Abstimmungen aufgeführt, dann unternehmensexterne.

Interne Abstimmungen

Der Energiebeauftragte oder das Projektteam muss sich bei der Ausarbeitung der Lösung innerhalb des Unternehmens

- zunächst mit den **Nutzern der Hallen** und der **technischen Planung** abstimmen. Doch auch mit weiteren Abteilungen ergibt sich Abstimmungsbedarf, wenn beispielsweise
- schienengebundene Fördermittel der **Logistik** die Schließung von Öffnungen behindert.
- Bei der Einbindung des Heizsystems in die Mess-, Steuer- und Regeltechnik ist die **Prozessleittechnik** anzupassen.
- Mögliche genehmigungsrechtliche Probleme können der dem **Justitiar**/der **juristischen Abteilung** vorgelegt werden.

- Es ist zu unterscheiden, ob die Maßnahme innerhalb oder außerhalb des Budgets einer Kostenstelle finanziert wird. Bei einer notwendigen Freigabe größerer Investitionsmittel ist wie oben erörtert das **Controlling** oder eine andere Instanz einzubeziehen. Die **Finanzabteilung** und die juristische Abteilung sind bei der Prüfung von Lösungen des Contracting hilfreich.

Weiter sind übergreifende, interne Funktionen zu nennen:

- Die **Fachkraft für Arbeitssicherheit** prüft Luftwechsel, Zugerscheinungen und Temperaturen.
- Das **Qualitätsmanagement** kann begrenzende Rahmenbedingungen für Energiesparmaßnahmen definieren. Beispielsweise erfordern Sprinkleranlagen oder die Einhaltung von Toleranzen durch Maschinen Mindesttemperaturen.
- Alle Maßnahmen, die **Mitarbeiter** betreffen, sind auf Informations-, Mitwirkungs- und Mitbestimmungsrechte gemäß Betriebsverfassungsgesetz zu prüfen. Die Absenkung von Temperaturen an Arbeitsplätzen oder zusätzliche Aufgaben bei der Steuerung von Heizung und Kühlung sind Beispiele.
- Das Rollenverständnis des **Betriebsrats** kann sehr unterschiedlich sein.
  - Im **positiven Fall** unterstützt der Betriebsrat die Lösungssuche und die Akzeptanz der Umsetzung bei den Mitarbeitern. Die Projektverantwortlichen achten auf eine frühe Partizipation der Mitarbeiter und ihrer Vertretung durch Information und Einbindung.
  - Oft ist jedoch auch **eine wenig konstruktive Haltung** von Arbeitnehmervertretern zu beobachten. Es steht dann nicht die gemeinsame Suche nach guten Sachlösungen im Vordergrund. Sondern Ideen zur Energieeinsparung werden sofort daraufhin überprüft, wie eine bessere Bezahlung durchzusetzen wäre. Eine Absenkung der Hallentemperatur führt zur Forderung einer Lohnzulage; bei der Zuordnung der Verantwortung für die Steuerung der Klimaanlage wird auf die Prüfung gedrängt, ob die Stellenbeschreibung zu ergänzen und eine Neubewertung des Arbeitsplatzes durchzuführen ist usw.

Externe Abstimmungen

Das Projektteam muss neben den internen Stellen auch externe Instanzen in seine Lösungssuche und ihre Prüfung einbeziehen:

- Zunächst sind **Behörden** zu nennen: Stehen Vorschriften des Umwelt- oder Brandschutzes der ins Auge gefassten Maßnahme entgegen? Probleme könnten beispielsweise durch Schnelllauftore zur Abtrennung von Hallen als eigene Klimazonen entstehen, falls sie Fluchtwege bei Bränden oder sonstigen Störfällen versperren. Die Feuerwehr stellt bei ihrem Eintreffen bei Bränden immer sofort den Strom ab, so dass sich ein solches Tor nicht mehr öffnen ließe und Personen eingeschlossen werden könnten. Bei solchen und vielen anderen Maßnahmen stellt sich das Problem, ob die geplanten Veränderungen durch die bestehenden Genehmigungen gedeckt werden. Es ist oft Interpretationssache, ob bauliche Veränderungen genehmigungspflichtig sind oder nicht. Die Verantwortlichen in einem Unternehmen sind im Dilemma: Eine formelle Änderungsgenehmigung kostet viel Zeit, Geld und birgt das Risiko umfangreicher Änderungen an den Plänen. Eine informelle Anfrage bei den Behörden kann bei einem guten Verhältnis einen Einblick in die Perspektive der Behörde bringen. Normalerweise scheuen die behördlichen Ansprechpartner jedoch informelle Vorab-Auskünfte.

- Als externe Informationsquelle für Energieprojekte sind **Lieferanten von technischen Anlagen** sehr wertvoll, sie verfügen oft ein großes Know-how und verwenden ausgefeilte mathematische Modelle zur Berechnung der Energieeinsparung und Rentabilität. Allerdings müssen die Projektverantwortlichen ihrerseits ein Gefühl für die Problematik und für die Plausibilität der durchgerechneten Lösungen und Zahlen entwickeln, um sie vor dem Gesamtzusammenhang beurteilen zu können. Der Angebotsersteller möchte verkaufen und sieht nur seinen Ausschnitt der Gesamtproblematik.

Schlüsselqualifikationen als Erfolgsfaktor

Zusammenfassend wird deutlich, dass sich viele Konfliktfelder auftun können. Ein erfolgreicher Projektabschluss hängt deshalb wesentlich von den **sozialen Kompetenzen der Energiemanager** ab. Energieprojekte verteilen Aufgaben, Kompetenzen und Verantwortlichkeiten im Unternehmen neu. Dabei gibt es bei objektiver Betrachtung (oder auch nur im subjektiven Gefühl der Betroffenen) Gewinner und Verlierer:

- Der Betriebsleiter könnte den Eindruck gewinnen, er darf über »seine« Heizung nicht mehr autonom entscheiden.
- Die Instandhaltung bekommt neue Aufgaben, ohne neue Mittel zugewiesen zu bekommen.
- Die bequemen da pauschalen Verrechnungsschlüssel für Energie werden durch unbequeme, da exakte Zurechnungen ersetzt.

Das Konfliktmanagement des Projektteams ist deshalb gefordert, um die Betroffenen zu einer weitgehenden Akzeptanz zu bewegen.

Als weitere soziale Kompetenz kann der **Umgang mit neuem Wissen** aufgefasst werden. Das umfangreiche und in schneller Veränderung begriffene fachliche Wissen im Energiebereich kann nicht von Einzelpersonen, sondern muss durch Teams abgedeckt werden. Für Projektbeteiligte gilt es, Mut zur Einarbeitung in fachfremde Probleme zu haben. Die Grundprinzipien sind normalerweise auch für Betriebswirte gut zu begreifen. Es kommt darauf an, durch Fragen den Fachleuten die wichtigen Ideen zu entlocken, um sie zu Konzeptvarianten zu verdichten. Technische Experten sprechen oft sehr gerne und begeistert von »ihren« Anlagen, wenn sie echtes Interesse und Neugier beim Fragenden spüren.

Weiter sind **Stressresistenz, Verhandlungsgeschick und Mut** gefordert: Das Energiemanagement hat zahlreiche rechtliche Rahmenbedingungen zu beachten. Oftmals entsteht der Eindruck der Überregulierung. Ohne guten Willen auf allen Seiten – einschließlich der staatlichen Genehmigungsinstanzen – und gelegentlich auch einer weiten Interpretation von Regelungen fühlen sich Manager manchmal an den Rand der Handlungsunfähigkeit gedrängt. Energiemanagement macht die Tätigkeit von Unternehmen noch schwieriger. Es zeigt sich hier der Übergang zu einer Wissensgesellschaft, in der die erfolgreiche Bewältigung von Komplexität der wesentliche Erfolgsfaktor ist. Das Können der Mitarbeiter und ihre Bereitschaft, es in der Zusammenarbeit zu nutzen, werden auf diese Weise immer wichtiger als »Produktionsfaktor« für die Unternehmen.

7 Epilog

Wie ein solches Buch abschließen? »Zusammenfassung und Ausblick« gerät schnell zur Wiederholung. Dieser Epilog rundet hingegen auf überraschende, hoffentlich auch unterhaltsame und inspirierende Weise ab. Schließen wir mit einer gekürzten und überarbeiteten Veröffentlichung des Verfassers: »Immer mehr oder auch mal genug? – Was Jesus, Allah, Buddha und der Humanismus zu Wachstum und Nachhaltigkeit sagen« (Kals 2021): Offensichtlich müssen wir etwas anders machen, um unseren Nachkommen ein gutes Leben auf dieser Erde zu ermöglichen. Meine Generation der Babyboomer hätte noch halbwegs problemlos umsteuern können. Aber wir haben es verbockt, der Eisberg kratzt schon an der Titanic. Um endlich durchzustarten, müssen wir fragen, welche Werte uns tragen. Also nicht die Sonntagsreden und Hochganzpapiere, sondern die Frage, **was wir wirklich denken und glauben**? Da scheint sich etwas zu verändern.

Humanismus und Religionen

Es gibt zwei große Gruppen von Wertesystemen, die humanistischen und die metaphysischen (über die Physik hinausgehenden) Religionen:

- Der Humanismus stammt aus der Aufklärung, basiert auf der Menschenwürde und findet seinen Ausdruck beispielsweise in der Charta der Vereinten Nationen, die fast 200 Staaten unterstützen.
- Die enthaltenen Werte wie das Recht auf Leben, Freiheitsrechte oder Sozialfürsorge entsprechen auch religiösen Wertvorstellungen. Nur führen die sie auf Quellen jenseits herkömmlicher Naturwissenschaften zurück.

Diese Wertbasen stimmen im Grunde harmonisch überein beim Schutz des Planeten und der Wertschätzung aller Menschen. Als Managementprofessor stelle ich im Sinne des »Projekt Weltethos« (Küng 1990) fest: Prima, wir sind uns auf der Ebene der handlungsleitenden Werte weitgehend einig. Wir können die Umsetzung in Angriff nehmen.

Bedürfnisbedürfnisbefriedigung versus Ressourcenverbrauch

Doch stellt sich vielfach ein fundamentaler Zielkonflikt. Bedürfnisbefriedigung der Menschen setzt Ressourcenverbrauch voraus, jedoch haben wir es mit Blick auf die Begrenzung der Erde und im Hinblick auf die Folgen des Ressourcenverbrauchs mit dem materiellen Wachstum übertrieben.

Wie sieht der **Humanismus** diesen Zielkonflikt? Prägend für die Diskussion sind die 17 Sustainable Development Goals der UN. Sie betonen Grundbedürfnisse (kein Hunger, keine Armut etc.) und Ressourcenschutz (Energie, Klima, Wasser etc.). Längst verfügen wir über die Technologie für die nötige Energie-, Verkehrs- und Agrarwenden. Wir müssen es nur wollen. Was hindert uns an der Umsetzung? Auf der globalen Ebene fehlt die erforderliche internationale Kooperation. Beim Einzelnen hindern oft fehlendes Wissen, das Gefühl von Selbstunwirksamkeit sowie die fehlende Bereitschaft zum (konsumtiven) Verzicht.

Die **Religionen** äußern sich prägnant, was sich beispielsweise an Christentum, Islam und Buddhismus plausibel machen lässt: Jesus hat ein sehr einfaches Leben geführt. In zahlreichen Bibelstellen kommt die Ausrichtung auf eine jenseitige Welt zum Ausdruck, geradezu eine Geringschätzung der übertriebenen Anhäufung irdischer Güter (siehe beispielsweise Bergpredigt, Matthäus 5,1 bis 7,29). Der Islam vertritt sogar eine Umweltethik im ursprünglichen Sinne, die der Schönheit der Natur einen Wert an sich beimisst (Sure 17, Vers 44). Buddha hat in der Meditation Erleuchtung gefunden, nachdem er ein bedürfnisloses Leben führte. Spirituelle Überzeugungen, die nicht an etablierte Religionsgemeinschaften gebunden sind, vertreten im Wesentlichen eine ähnliche Haltung.

Verzicht und Wachstum

Müssen wir verzichten? Wie weit und worauf? Die Unterscheidung von drei Formen des Wachstums hilft weiter: materielles, finanzielles und »wirkliches«. Erfreulicherweise schwächt sich das **materielle** Wachstum in den vergangenen Jahren in Deutschland ab, während das **finanzielle** weitergeht. Wir brauchen immer weniger Energie, um 1.000 Euro Bruttosozialprodukt zu erzeugen. Die Wachstumsbranchen haben sich also ins Immaterielle verlagert, weniger Autos, mehr Netflix. Das »**wirkliche**« Wachstum fragt nach Zufriedenheit und Glück. Zeit für sich selbst, Familie und Freunde. Körperliche Freuden wie Sport, Spiel oder was auch immer. Naturerlebnis und Kulturevent. »Zeitreichtum« (Nico Paech) für spirituelles Wachstum. Dazu soll Geld der Zweck sein. Zu oft ist der Zweck noch Geld. Streben wir nach höherer Lebensqualität anstatt nach einem ökonomisch höheren Lebensstandard. Suffizienz (für jeden genug) statt bloßes materielles Mehr.

Literaturverzeichnis

Apple: Bei der Entwicklung unserer Produkte haben wir auch an den Planeten gedacht, Abruf 18.10.2023. https://www.apple.com/de/environment/#reports-product

AG Energiebilanzen: Private Haushalte sparen bei Raumwärme und Beleuchtung, Abruf 1.7.24. https://ag-energiebilanzen.de/private-haushalte-sparen-bei-raumwaerme-und-beleuchtung/

Bardi, Ugo: Peak oil, 20 years later: Failed prediction or useful insight?, in: Energy Research & Social Science, Band 48, Februar 2019. DOI: 10.1016/j.erss.2018.09.022

Bayerische Landesamt für Umweltschutz: Klima schützen – Kosten senken, Leitfaden für effiziente Energienutzung in Industrie und Gewerbe, Augsburg 2004

Berners-Lee, M.: How bad are bananas – the carbon footprint of everything, London 2020

Bloomberg Nachrichtenagentur: Even in Saudi Arabia, Renewable Power Is Cheaper Than Fossil Fuel, Abruf 15.6.24. https://www.bloomberg.com/news/articles/2024-05-23/even-in-saudi-arabia-renewable-power-is-cheaper-than-fossil-fuels

Bundesamt für Wirtschaft und Ausfuhrkontrolle (BAFA): Informationsblatt CO_2-Faktoren, Abruf 17.4.24. https://www.bafa.de/SharedDocs/Downloads/DE/Energie/eew_infoblatt_co2_faktoren_2021.pdf?__blob=publicationFile&v=5

Bundesamt für Wirtschaft und Ausfuhrkontrolle (BAFA): Merkblatt zur Ermittlung des Gesamtendenergieverbrauchs – Informationen für die Ermittlung des Gesamtendenergieverbrauchs für nach § 8 EDL-G sowie § 8, 9 und 17 EnEfG verpflichtete Unternehmen, Stand 23.2.2024, Abruf 14.11.23. https://www.bafa.de/SharedDocs/Downloads/DE/Energie/ea_ermittlung_gesamtenergieverbrauch.pdf?__blob=publicationFile&v=6

Bundesministerium für Umwelt, Naturschutz, nukleare Sicherheit und Verbraucherschutz (BMUV): Green IT, 2020, Abruf 25.2.24. https://www.bmuv.de/themen/nachhaltigkeit/konsum-und-produkte/produktbereiche/green-it

Datenbank des statistischen Umweltamtes (Destatis): BasisDarstellung Bevölkerungsdichte 2021, Abruf 1.7.24. https://www.destatis.de/DE/Themen/Laender-Regionen/Internationales/Thema/Darstellungn/BasisDarstellung_Bevoelkerungsdichte.html

Dathe, T.; Helmold, M.; Dathe, R. et al.: Implementing Environmental, Social and Governance (ESG) Principles for Sustainable Businesses – A Practical Guide in Sustainability Management, Wiesbaden 2024. DOI: 10.1007/978-3-031-52734-0

Dell: CO_2-Fussabdruck von Produkten, Abruf 18.10.23. https://www.dell.com/de-de/dt/corporate/social-impact/advancing-sustainability/climate-action/product-carbon-footprints.htm#tab0=0

Deutsche Bahn: Unser Kompass zum CO_2-Sparen, Stand April 2024, Abruf 8.6.24. https://nachhaltigkeit.deutschebahn.com/de/massnahmen/co2kompass

Deutsche Presse Agentur (dpa): Millionen Todesfäll aufgrund von Antibiotika-Resistenzen, 2022, Abruf 3.6.24. https://www.forschung-und-lehre.de/forschung/millionen-todesfaelle-infolge-von-antibiotika-resistenzen-4360

Deutschen Zentrums für Hochschul- und Wirtschaftsforschung (DZHW): Die Studierendenbefragung in Deutschland: best3, Stand: Dezember 2023, Abruf 2.5.24. https://www.studierendenwerke.de/fileadmin/user_upload/beeintraechtigt_studieren_2021.pdf

Enderle, G.: Die goldene Regel für Manager? In: Lattmann, C., Gerpott, T.J., Steyrer, J. (Hrsg.): Ethik und Unternehmensführung, Heidelberg 1987. https://doi.org/10.1007/978-3-662-01602-2_7

Ernst, D.; Gabriel, R.; Sailer, U. (Hrsg.): Sustainable Business Management, 2. Auflage, München 2023

European Energy Exchange (EEX): Who is EEX?, Abruf 1.7.2024. https://www.eex.com/en/about-eex/eex%20-ag

European Environment Agency (EEA): Vorzeitige Todesfälle aufgrund von Luftverschmutzung in der EU weiter rückläufig – mehr Anstrengungen für eine schadstofffreie Umwelt nötig, Stand 03.08.2023, Abruf 4.4.2024. https://www.eea.europa.eu/de/highlights/vorzeitige-todesfaelle-aufgrund-von-luftverschmutzung

Fuenfgeld, C.: Quantifizierung energierelevanter Kosten als Anreiz zur rationellen Energieverwendung, in: VDI (Hrsg.): Innovationen bei der rationellen Energieanwendung – neue Chancen für die Wirtschaft, Düsseldorf 1998, S. 95–104.

Fraunhofer Institut für solare Energiesysteme ISE: Levelized Cost of Electricity Renewable Technlogy, Freiburg, Abruf 24.4.24. https://www.ise.fraunhofer.de/content/dam/ise/en/documents/publications/studies/EN2021_Fraunhofer-ISE_LCOE_Renewable_Energy_Technologies.pdf

Friedman, M.: The Social Responsibility of Business Is to Increase Its Profits, New York Times vom 13.9.1970

Göllinger, T.: Lernende Energieeffizienz-Netzwerke. In: Jeschke, B. G.; Heupel, T. (Hrsg.): Bioökonomie, Wiesbaden 2022, S. 251-278. https://doi.org/10.1007/978-3-658-34322-4_12

Geilhausen, M.: Kompakter Leitfaden für Energiemanager: Energiemanagementsysteme nach DIN EN ISO 50001:2018, 2. Auflage, Wiesbaden 2020

Gleich, R.: Energiecontrolling, Freiburg 2014

Greenhouse Gas Protocol (Hrsg.): Technical Guidance for Calculating Scope 3 Emissions, 2011, Abruf 28.2.24. https://ghgprotocol.org/sites/default/files/2023-03/Scope3_Calculation_Guidance_0%5B1%5D.pdf

Hauff, M. v.; Isenmann, R.; Müller-Christ, G. (Hrsg.): Industrial Ecology Management – nachhaltige Entwicklung durch Unternehmensverbünde, Wiesbaden 2012. DOI 10.1007/978-3-8349-6638-4

Hessel, V.: Energiemanagement – Maßnahmen zur Verbrauchs- und Kostenreduzierung, Förderprogramme, Vorschriften; Erlangen 2008

Hüther, G.: Schule und Gesellschaft – die Radikalkritik, Abruf 13.10.23. https://www.youtube.com/watch?v=EpIXYHAh3cQ

Idowu, S. O.; Schmidpeter, R.; Capaldi, N. et al. (Hrsg.): Encyclopedia of Sustainable Management, Wiesbaden 2023. DOI: https://doi.org/10.1007/978-3-031-25984-5_565

International Renewable Energy Agency (IRENA): Kosten für die Stromerzeugung aus erneuerbaren Energien im Jahr 2022, Abruf 7.1.24. https://www.irena.org/Publications/2023/Aug/Renewable-Power-Generation-Costs-in-2022-DE

ISO (Hrsg.): 09. ISO Survey of certifications to management system standards – Full results, 2022, Abruf 15.5.24. https://www.iso.org/committee/54998.html?t=KomURwikWDLiuB1P1c7SjLMLEAgXOA7emZHKGWyn8f3KQUTU3m287NxnpA3DIuxm&view=documents#section-isodocuments-top

Jacobson, M. Z.: 100 Percent Clean, Renewable Energy and Storage for Everything, Cambridge 2021

Jeschke, B. G.; Heupel, T. (Hrsg.): Bioökonomie, Wiesbaden 2022. DOI 10.1007/978-3-658-34322-4_12

Jobs, S.: Steve Jobs Convocation Speech Stanford 2005, Abruf 28.4.24. https://de.slideshare.net/slideshow/steve-jobs-standfordconvocationspeech/9669764

Kals, J.: Umweltorientiertes Produktions-Controlling, Wiesbaden 1993

Kals, J.: Energiebilanzen in Unternehmen und Wertnetzen, in: Gleich, R. (Hrsg.): Energiecontrolling, Freiburg 2014, S. 105-124

Kals, J.: ISO 50001 Energy Management Systems – What managers need to know about energy and business administration, New York 2015

Kals, J.: Ressourceneffizientes Energiemanagement, in: Thomaschewski, D.; Völker, R. (Hrsg): Nachhaltige Unternehmensentwicklung – Herausforderungen für die Unternehmensführung des 21. Jahrhunderts, Stuttgart 2016, S. 189-199

Kals, J.: Immer mehr oder auch mal genug? Was Jesus, Allah, Buddha und der Humanismus zu Wachstum und Nachhaltigkeit sagen, in: Sinn und Gesellschaft, Abruf: 7.4.21. https://sinnundgesellschaft.de/immer-mehr-oder-auch-mal-genug/

Kayakutlu, G.; Kayalica, M. Ö. (Hrsg.): Decision Making Using AI in Energy and Sustainability: Methods and Models for Policy and Practice, Wiesbaden 2023. DOI 10.1007/978-3-031-38387-8

Konstantin, P.: Praxishandbuch Energiewirtschaft, Berlin/Heidelberg 2007

Krystek, U.; Fiege, S.: Risikomanagement, in: Gabler Wirtschaftslexikon, Abruf 3.2.24. https://wirtschaftslexikon.gabler.de/definition/risikomanagement-42454/version-173114

Küng, H: Projekt Weltethos. Piper Verlag, München 1990

Marlowe, J.; Clarke, A.: Carbon Accounting: A Systematic Literature Review and Directions for Future Research, in: Green Finance, Vol. 4 Issue 1, 2022, S. 71-87. DOI: 10.3934/GF.2022004

McKinsey & Company: The green IT revolution: A blueprint for CIOs to combat climate change, Abruf 15.12.23. https://www.mckinsey.de/news/presse/green-it-dekarbonisierung-unternehmens-it-studie

Michaelsen, A. u. a.: Überversorgung in der Intensivmedizin: erkennen, benennen, vermeiden – Positionspapier der Sektion Ethik der DIVI und der Sektion Ethik der DGIIN, in: Medizinische Klinik, Volume 116, S. 281–294. DOI 10.1007/s00063-021-00794-4

Nutreon Engineering: Energy Demand Modeling: Central Element of Energy Management. Presentation of Tesch, Ralf, at the University of Applied Sciences, Ludwigshafen, March 21, 2014

Osthoff, A.: Dell Vostro 14 5490: Business-Laptop mit dedizierter GPU im Test, Abruf 1.3.24. https://www.notebookcheck.com/Dell-Vostro-14-5490-Business-Laptop-mit-dedizierter-GPU-im-Test.451047.0.html

Pahuja, S.: Accounting for Greenhouse Gas (GHG) Emissions. In: Idowu, S. O., Schmidpeter, R., Capaldi, N. et al. (Hrsg.): Encyclopedia of Sustainable Management, Wiesbaden 2023. DOI 10.1007/978-3-031-25984-5_565

Park, S.Q.; Kahnt, T.; Dogan, A. et al.: A neural link between generosity and happiness, in: Nature, 11 July 2017. DOI: https://doi.org/10.1038/ncomms15964

Pehnt, M.; Militz, E.: Erneuerbare Energien in Deutschland – Stand und Perspektiven, 2007

Pleger, W.: Der kategorische Imperativ (Kant). In: Das gute Leben. J. B. Metzler, Stuttgart 2017. https://doi.org/10.1007/978-3-476-04483-9_12

Posch, W.; Vorbach, S.; Zsifkovits, H. et al. (Hrsg.): Erfolg durch nachhaltiges Energie- und Ressourcenmanagement, Baden-Baden 2023

Puca, A.; Carrano, M.; Liu, G.: Energy and eMergy assessment of the production and operation of a personal computer, in: Resources, Conservation and Recycling, Volume 116, January 2017, S. 124-136. DOI:
[@ Autor: Bitte prüfen: file:///C:\\Users\\kals\\Documents\\aaVeröffentlichungen\\7OD2th4P0kkQBxfC\\10.1016\\j.resconrec.2016.09.030]

Quaschning, V.: Erneuerbare Energien und Klimaschutz – Hintergründe – Techniken – Anlagenplanung – Wirtschaftlichkeit, 2. Auflage, München 2009

Radgen, P.: Energieeffizienz und Emissionsminderung mit der Querschnittstechnologie Druckluft, 2004

Rager, M.: Energieorientierte Produktionsplanung – Analyse, Konzeption und Umsetzung, Wiesbaden 2006

Reimann, G.: Erfolgreiches Energiemanagement nach DIN EN ISO 50001: Lösungen zur praktischen Umsetzung – Beispiele, Musterformulare, Checklisten, Berlin 2025

Reis, J.; Pinho, T.; Barbosa, V. et al. (Hrsg.): Driving Quality Management and Sustainability, in: VUCA Environments: 4th International Conference on Quality Innovation and Sustainability, Wiesbaden 2024. DOI 10.1007/978-3-031-52723-4

Sailer, U.: Nachhaltigkeitscontrolling: so werden Unternehmen nachhaltig gesteuert, 4. Auflage, München 2022

Schieferdecker, B.; Fuenfgeld, C.; Bonneschky, A.: Energiemanagement-Tools, Berlin/Heidelberg/New York 2006

Salman, A., Tharwat, A. (Hrsg.): Smart Designs for Business Innovation, Wiesbaden 2024. DOI: https://doi.org/10.1007/978-3-031-49313-3_8

Sial, M. S.; Razzaq, M. G. A.; Salman, A. et al.: Carbon Accounting: A Social and Corporate Perspective. In: Salman, A., Tharwat, A. (Hrsg.): Smart Designs for Business Innovation, Wiesbaden 2024. DOI 10.1007/978-3-031-49313-3_8

Sinn, H.-W.: Das grüne Paradoxon. Plädoyer für eine illusionsfreie Klimapolitik, Berlin 2020

Steinmann, H.; Löhr, A.: Grundlagen der Unternehmensethik, Stuttgart 1992

Strebel, H.: Umweltbilanzierung, in: Kramer, M.; Strebel, H.; Kayser, G. (Hrsg.): Internationales Umweltmanagement, Band III, Wiesbaden 2003, S. 313-343

Synwoldt, C.: Mehr als Sonne, Wind und Wasser – Energien für eine neue Ära, Weinheim 2008

Thomaschewski, D.; Völker, R. (Hrsg): Nachhaltige Unternehmensentwicklung – Herausforderungen für die Unternehmensführung des 21. Jahrhunderts, Stuttgart 2016

Umweltbundesamt (UBA): Energiemanagementsysteme in der Praxis, Anhang: Die Energiemanagement-Checkliste, Abruf 31.7.2024. https://www.umweltbundesamt.de/sites/default/files/medien/376/publikationen/iso50001_checkliste_final.pdf

Umweltbundesamt (UBA): Flugreisen möglichst vermeiden und Alternativen nutzen, Abruf 27.4.2024. https://www.umweltbundesamt.de/umwelttipps-fuer-den-alltag/mobilitaet/flugreisen

Umweltbundesamt (UBA): CO2-Emissionsfaktoren für fossile Brennstoffe Aktualisierung 2022, Abruf 25.7.2024. https://www.umweltbundesamt.de/sites/default/files/medien/479/publikationen/cc_28-2022_emissionsfaktoren-brennstoffe_bf.pdf

Umweltbundesamt (UBA): Vergleich der CO_2-Emissionen einzelner Verkehrsmittel, Abruf 27.4.2024. https://www.umweltbundesamt.de/bild/vergleich-der-durchschnittlichen-emissionen-0

Umweltbundesamt (UBA): Energieproduktivität, Abruf 13.3.2024. https://www.umweltbundesamt.de/daten/energie/energieproduktivitaet

Umweltbundesamt (UBA): Umwelt- und Energiemanagementsysteme, Abruf 7.4.2024. https://www.umweltbundesamt.de/daten/umwelt-wirtschaft/umwelt-energiemanagementsysteme#umwelt-und-energiemanagement-in-deutschland-eine-positive-bilanz

Wannenwetsch, H.: Integrierte Materialwirtschaft, Logistik, Beschaffung und Produktion, Wiesbaden 2021

Wellendorf, Matthias: Nachhaltige Notebooks – Was muss ich beim Kauf beachten? Abruf 12.4.24. https://www.inside-digital.de/ratgeber/nachhaltige-notebooks-kaufen

Weltklimarat: Emission Factor Data Base (EFDB), Abruf 31.7.2024. https://www.ipcc-nggip.iges.or.jp/EFDB/find_ef.php

Wirtschaftswoche: Acht Menschen sind reicher als komplette ärmere Hälfte der Welt, Onlineartikel vom 16.1.17, Abruf 15.6.24. https://www.wiwo.de/politik/ausland/soziale-ungleichheit-waechst-acht-menschen-sind-reicher-als-komplette-aermere-haelfte-der-welt/19250298.html

World Commission on Environment and Development: Report of the World Commission on Environment and Development: Our Common Future (sogenannter Brundtland-Report der UN) 1987. Abruf 13.8.2024: https://sustainabledevelopment.un.org/content/documents/5987our-common-future.pdf

Wrede, I.: Weltweit wachsen Berge von Elektroschrott. Deutsche Welle vom 2.7.2022, Abruf 2.2.2023. https://www.dw.com/de/elektrom%C3%BCll-recyceln/a-54000832

Ziegler, J.: Wir lassen sie verhungern. Die Massenvernichtung in der Dritten Welt, Bertelsmann 2012